TO
OBAMA
With Love, Joy, Anger, and Hope

親愛的
歐巴馬總統

Jeanne Marie Laskas
珍‧瑪莉‧拉斯卡斯 —— 著

For Anna and Sasha.

獻給安娜與莎夏

本書所有注解均為繁體中文版編／譯注

跨越極端，找到同理

范琪斐

（資深駐美特派記者）

2016 年 11 月 8 日是我人生非常重要的一個分水嶺。

那天美國選出了川普當總統。

我的人生頓時由彩色變黑白。

有那麼嚴重嗎？

有。

我對川普總統的嚴重不適應症，可能很大一部分要怪他的前任歐巴馬總統。因為歐巴馬是我最喜歡的美國總統。這不是從我 90 年代抵達美國開始算，是從美國開國開始算；也就是美國 45 任總統裡，我最喜歡歐巴馬。歐巴馬的繼任者跟他的落差太大，大到我哭了好幾天。

我很喜歡歐巴馬不是只因為他很帥，老婆很美，腦袋很好，還有深得我心的自由派政策，雖然這些都是真的，但對我來講，最重要的是，他是個好人。

你說我的標準很低嗎？你去看看美國現在的白宮。

歐巴馬就是台語講的「人格者」。

他從年輕時當社工到當參議員，到當了美國總統，到現在卸任了，我認為他從來沒有忘記初衷。他的初衷就是要幫助弱勢，幫助

更多的人。

所以在他當總統的時候，我可以說 "I love my President." 而且一點都不臉紅。

但在美國卻只有一半的人跟我有一樣的想法，另一半的人非常厭惡歐巴馬，把他當洪水猛獸。我在住在新墨西哥州時，曾看過民眾自己花錢去租高速公路旁的大型廣告看板，上面大大寫著 "Obama is the worst president, ever !"

這當然是美國社會嚴重極化的結果。在我看《親愛的歐巴馬總統》這本書之前，我以為這本書一定大大讚揚歐巴馬，是寫給像我這種同溫層看的。但我認真看了之後，我覺得作者珍‧瑪莉‧拉斯卡斯的野心遠不止於此。她透過給歐巴馬寫信的美國民眾的故事，來看歐巴馬，來看整個美國。

更重要的是後者。

因為拉斯卡斯訪問的這些人，並不是都寫信來稱讚歐巴馬的，很大一部分是來抱怨，來抗議的。這本書對我這種歐巴馬的粉絲來講，最大的價值，不是只幫我了解我的偶像歐巴馬，而是幫我了解這些反歐巴馬的人，這些後來可能投給了川普的人，這些與我政治意見相左的人，這些在我的社交圈裡被視為怪物的人。拉斯卡斯描繪的美國人有時的確讓我覺得偏執，有時讓我覺得太意氣，有時讓我覺得太自私，但有時也讓我覺得很善良很溫暖。他們有的中年失業，有的付不起健保，他們有的在 911 失去女兒，他們有的因為槍枝泛濫失去兒子，他們的憤怒有根有據，有情有理，有血有肉；有時也許怪錯了人，但我對他們的挫折很有感。

在看此書時，我看到的是無數個面孔圖譜，集合起來的一張美國地圖。拉斯卡斯在描繪這些圖譜時，採的是工筆畫法。她會花很多篇幅很多細節來敘述這個人，這跟我當了 30 年電視記者的寫作

風格完全不同。比如有一篇是在講一個營建工人鮑比中年失業的故事，這要是我來寫，就是住在密西西比州的營建工人鮑比 在 58 歲時失業，介紹完畢。但拉斯卡斯就會告訴你鮑比 最喜歡的工具是把大錘子，他最喜歡的鳥是夏天唐納雀，他最喜歡的植物是含羞草，鮑比家的庭院裡還有烏龜，鮑比 在寫信給歐巴馬時，是一邊打字，一邊把貓抱在懷裡。拉斯卡斯把讀者跟受訪者放在同一個空間裡，讓你 360 度的去看。

　　我希望有一天，我也能看到在台灣有人能像拉斯卡斯這樣，願意花這麼巨大的心力，去幫政治光譜兩邊的人更互相了解，對對方的立場想法更有同理心；唯有透過互相了解，而願意在政治上各退一步，我們的民主才有機會。

推薦序

從同理心到民主的可能

張鐵志

（文化評論家，最新著作也是關於美國政治與文化的
《想像力的革命：1960 年代的烏托邦追尋》）

　　每天從辦公室下班時，歐巴馬總統會帶著十封民眾寫給他的信回家。他會在和家人的晚飯後，在處理完公文和看完報告後，閱讀這些信並且親自回覆部分。

　　每天都有上萬封的信寄到白宮給歐巴馬，訴說他們的渴望、苦難、沮喪和憤慨，希望總統可以看到，改變他們的命運。

　　「一名男人終於向妻子承認他是同性戀者，他想要告訴總統這件事；一名汽車代理商來信說他的銀行要讓他倒閉了，感謝你做的好事，總統先生；一名退役軍人不斷看到他過去在伊拉克看到的景象，他寫了一封幾乎沒人看得懂的信來沒頭沒腦地說了一大串，卻反而讓他想傳達的訊息變得更清楚：「幫幫我。」一名囚犯承認自己販賣古柯鹼，但他希望總統知道他並不是個沒有希望的人：『我有夢想，總統先生，大夢想。』」

　　這本書是關於歐巴馬與這些來信背後的故事，是關於美國民眾生活的殘酷與理想、希望與失望，也是關於一個總統的品格與政治領導，更是關於民主的意義。

　　歐巴馬在競選時開始有這個看信的習慣，他會從信中找尋競選時演講的故事。而現在，這個習慣是要提醒他自己作為一名公僕。

「在成為總統之後，你說話常常會變得像速記一樣……你會養成習慣，忘記在每一個議題背後都有一個複雜的人。」「雖然當我生活在與外界隔絕的小圈圈中時，很難用心留意，但這些信是一扇小小的門，我可以每天透過這扇門提醒自己要留意那些良善與智慧。」

　　他自己認為，這個做法背後的政治哲學來自他早期在芝加哥進行社區組織工作的經驗。「我那時做的就只是走訪鄰里，傾聽人民說的話，問問他們過得怎麼樣，他們覺得什麼是重要的。他們為什麼會相信現在相信的事物？他們想要把什麼東西傳承給孩子？」

　　「我在那個過程中學到，只要你夠認真傾聽，每個人都有一個值得尊敬的故事。」「只要他們覺得你是在乎的，他們就會和你分享他們的故事。這變成建立你們彼此關係的強化劑，建立了信任、建立了社群。我的理論是，最終這將會是民主運作的強化劑。」

　　這句話說得極好。民主的良好運作依賴一個活躍的公民社會，而公民社會有賴強大的社會資本（social capital），亦即人群之間的連結與信任，而這又有賴不斷的對話與合作。當代民主的問題就是社會信任的破裂與社群的崩解。知名美國政治學者羅伯・普特南（Robert Putnam）在他經典名著《獨自打保齡球》（Bowling Alone: The Collapse and Revival of American Community）中詳盡分析了這個現象。

　　上述結果是人們缺乏對彼此立場的理解，缺乏對話，只活在自己的過濾泡泡中，這就造成黨派立場的極化。而當每個人都更為孤立時，就更容易相信具有情緒煽動性的政治領袖，民粹主義於焉崛起。而這些問題在社交媒體時代更為惡化。

　　歐巴馬當然深深了解這些問題。他所在的這八年，正是社交媒體一步步主宰世界的關鍵時期，而他的膚色與成長過程更讓他自己從總統任期一開始就被惡毒攻擊。（川普在歐巴馬任期之初一直抹黑他不是在美國出生。）

作為一個生長於於白人家庭的黑白混血兒，歐巴馬深知同理心的重要。他的傳記《歐巴馬勇往直前》一書中提到，同理心「是我的道德準則核心。」「我認為同理心這個特質，能夠理解與認同……人們的希望與掙扎，是要做出公正決定並獲得公正結果所必不可少的要素。」

同理心當然是政治領袖（與一般公民）都很需要的特質，這個看信與回信機制也是一個政治領袖的同理心的實踐。但是他和團隊很清楚，同理心只是出發點，但不是結束。因為關鍵不只是去感受，而是在於解決問題。

「因為就算你聽見某些人的聲音，或者看見他們，他們還是有個具體的問題。他們失去房子，他們失去工作，他們不同意你對墮胎的看法。他們認為你太早讓軍隊退出阿富汗了，你懂吧，他們覺得你的舉動可能背叛了陣亡者的犧牲。這些問題都是切切實實存在的，都是真的。」

總之，這些信一方面提醒了他人民的需求與聲音，讓他在失業率和民調等數字之外認識真實的人的故事，另方面他也希望透過回信讓那些民眾感受到有人在傾聽他們，而不是孤立無援的。他甚至會特別回信給那些反對他的保守派，而一如書中的故事，總統的回信確實會讓這些立場相左者願意去思考和他們不同的觀點。

歐巴馬確實有巨大的同理心，並在任內做出了許多重大改革，從同婚合法化到健保改革，他讓更多差異被尊重、讓弱勢被照顧、讓移民權利更有保障。只是，這一切卻造成巨大的反彈，尤其是美國社會對他最大的期待——促進種族和諧——其後座力卻更是強大。因為這個朝向多元的改變讓許多白人不滿、甚至對自己的國家感到陌生，因此造就了川普主義，一個最自戀、自傲、缺乏同理心的總統。

歷史確實常常進一步退兩步。

最後，這八年來的數百萬封信都送去了美國國家檔案館。「這是 2009 年至 2017 年間，來自美國人民的聲音。這是歐巴馬執政時期的『我們』，撐過了經濟危機、健保改革、幾場戰爭、大規模槍殺、政府停擺、邊境危機、颶風、氣候變遷災損，還有種種困境。這就是過去的我們，帶有些許純真，正如你回頭檢視過去的自己時，也會發現些許純真一樣。」作者說。

　　但除了記錄歷史，「這些信件能重新點燃想像力……這些信件能提醒你，政府『能夠』有所作為，那些承諾要為大眾服務的人真的存在。」

　　希望這些信也能警醒台灣的政治人物要誠懇傾聽人民的聲音，提醒台灣的人民對政治該有的期待。當然寫信之外，還要透過更多公民參與和集體行動改變民主的樣貌。

推薦序

傾聽人民心聲：歐巴馬的同理心

嚴震生

（政治大學國際關係研究中心）

　　歐巴馬總統在執政期間，平均每天都收到 10,000 封來自美國人民寫給他的信，由幕僚過濾後，會挑其中的十封給他看，歐巴馬或是親自回信、或是提示幕僚回信的方向。這是美國立國 230 多年、歷經 43 位總統後，第一位與選民有如此親密互動的白宮主人。

　　雖然這是一項創舉，但對熟悉歐巴馬從政經驗的觀察家而言，應當不會對這項紀錄感到驚訝。畢竟歐巴馬在擔任州及聯邦參議員期間，就和他在伊利諾州的選民，有類似的互動。這點我們可以從他所寫的《無畏的希望》（中譯本名為《歐巴馬勇往直前》）（The Audacity of Hope），就不只一次提到他收到選民來信，以及這些來信如何影響他的政治決定。即使遇到意識形態與他不同、反對他政策立場的選民來信，歐巴馬也能夠因著他們誠懇地表述，而產生同理心（empathy）。

　　根據本書作者的說法，這位美國總統在《歐巴馬勇往直前》一書中表示，「同理心是他的道德準則核心，也是他理解黃金法則的方式──不只是同情或施捨的行為，而是更困難的作為，是設身處地透過他人的雙眼看待事物。」顯然，歐巴馬確實有憐憫他人的能

力，而這正是他前後兩任共和黨總統、特別是川普所欠缺的道德高度。

讓歐巴馬選擇閱讀及回覆這些來信的另一個原因，應當和他所代表的民主黨基本上是一個捍衛女性、少數族裔、移民、低收入者等弱勢族群的政黨有關。這些選民在看到一位傳統上屬於弱勢的非洲裔，首次選上總統、進駐白宮，當然會懷抱希望，因此願意寫信給歐巴馬表達他們的期許，當然也會有許多的陳情與告白，讓他能夠不忘初衷，受到激勵，繼續他所堅持的政策路線，如全民健保（Affordable Care Act）、童年入境暫緩遣返（DACA）、及夢想法案（DREAM Act）。

最後，歐巴馬身為第一位非洲裔的總統，他不僅兢兢業業地盡心盡意想要做好國家領導人的職分，避免少數族群的身分成為日後歷史學家批判的原因，也希望能夠留下一些政治遺產。在目前歷史學家對四十對美國總統評價的排名中，歐巴馬排名第十二，而在「追求全民的公平正義」項目上，他排名第三。歐巴馬重視小市民信件的回覆，當然也和這項評價是一致的。

本書並非將這些來信及回信按照主題分類，而是從負責這項業務的總統信件辦公室（簡稱OPC）人員（50位工作人員、36位實習生、300位志工）如何挑選這十封信、及他們自身對信件選擇的考量，部分寫信者的背景、寫信的動機及通信的後續發展，甚至是與歐巴馬總統本人的訪談展開。

當你讀到明尼蘇達州瑞貝卡·厄瑞爾（Rebecca Erler）看似平淡地敘述她的家庭及生活，卻獲得歐巴馬邀請，成為國情咨文演說的來賓，或是紐約州始終不放棄尋求教育工作的瑪尼·黑澤爾頓（Marnie Hazelton），最終成為曾經將她解僱的長島地區羅斯福學區督學，你會為她們的境遇感到振奮。但是當你讀到因戰後創傷壓力症候群的退伍軍人引發的家庭暴力，或是其他退役軍人所面臨的挑

戰，你的同情心讓你不得不思考美國政府對他們的照應是否足夠？

從這本書中，我們可以輕易認識到美國政治中最受選民關注的議題，如全民健保、非法移民、同性戀、槍枝管制、治安與犯罪、失業與就業、學貸與房貸、退伍軍人的戰後症候群、種族偏見與歧視等。最後一章介紹了薇琪·薛爾（Vicki Shearer）的家庭，她的兩個兒子一個是同性戀，另一個則是娶了墨西哥的移民。這個家庭因著夫妻支持政黨的不同，特別是當她的先生在 2016 年選擇投票給川普，而產生裂痕的情形，讓我們看到政黨極化對家庭和諧的影響，而這種家庭中對政黨認同的差異，也常出現在台灣，我們應不陌生。

過去個人在研究美國政治時，常常會思考政治人物為何總是能夠在選舉期間，說出一些的小人物的故事，而現任總統經常會在國情咨文中，介紹一些與其推動政策有關的小市民。在原先的認知中，有些就是媒體報導過的個人，有些或許是幕僚們提供的資訊，但在閱讀這本書後，才意識到許多相關人物的出現，乃是因為他們主動寫信到白宮，先是讓工作人員看到心動，交給總統閱讀處理後，所導致的結果。

本書另一個值得閱讀之處，在於 OPC 工作人員們在處理這些信件過程中，個人所獲得的一些知識及經驗，以及他們對政策認知的成長，特別是 OPC 主任費歐娜（Fiona Reeves）。台灣不是美國，我們不知道我們總統每天會收到多少來自日常百姓的信件？總統府是否有專職的辦公室及人員負責處理這些信件？更重要的是，我們的總統是否會親自閱讀並回覆這些信件？或許在網路的時代，總統可以從社群網站獲得一般民眾對政策的反應。不過，署名而將親身經歷向總統陳述的信件，還是比那些躲在不具真名的帳號後面，只會發牢騷或做負面批評的表達方式，更具有說服力。

推薦序

推薦序

　　台灣從 2018 年 11 月的「九合一」選舉後，政壇上流行的新名詞是政治人物必須「接地氣」──不可以與民間現實脫節。

　　匹茲堡大學教授拉斯卡斯（J.M. Laskas）的新書「親愛的歐巴馬總統」讓讀者認識美國歐巴馬總統如何「接地氣」，他每天讀美國人民的來信，而且回信；這些信來自三教九流，甚至小學生，中學生。

　　在歐巴馬執政的八年，白宮每天都會收到上萬封民眾來信；他在任八年，每天晚上，都會讀十封由「白宮信件室」成員選出的國民來信。該辦公室五十名職員、三十六名實習生和三百多位輪值志工，每天閱讀從美國各地寄來的一萬多封信加上無數電子郵件和社群留言，並從中挑出十封讓日理萬機的歐巴馬過目。這就是著名的「每日十信」計畫。

　　本人熱烈推薦這本書，它讓讀者更瞭解美國民主政治的運作，也啟發台灣領導人物如何聆聽民意。

張旭成（美國賓州州大政治系榮譽教授，
台灣政經戰略研究所 CEO）

推薦序

　　傾聽民意與交流，是了解民生問題的不二法門，回應民意的速度，也應該要符合大家的期待；我仔細走遍桃園各區，希望聽見每一個不同的聲音，讓桃園往更進步的道路前進。歐巴馬實行的「每日十信」計畫，每天閱讀十封民眾的信件，深入了解民眾的想法，相信已是現今的趨勢，也值得大家一窺究竟。

鄭文燦
（桃園市長）

CONTENTS

繁體中文版推薦序   005

✉ 2008-2009 年信件樣本 信件編號 001-008   019

CHAPTER 1 信件   037

CHAPTER 2 鮑比・英格拉姆 信件編號 009-010   049

✉ 2009-2010 年信件樣本 信件編號 011-032   061

CHAPTER 3 信件室   115

CHAPTER 4 湯瑪士與喬安・米漢 信件編號 033-034   127

CHAPTER 5 想法   141

✉ 2010-2012 年信件樣本 信件編號 035-049   155

CHAPTER 6 比爾・奧立佛 信件編號 050   193

CHAPTER 7 費歐娜挑選每日十信   205

CHAPTER 8 瑪尼・黑澤爾頓 信件編號 051   221

✉ 2013-2014 年信件樣本 信件編號 052-068   235

CHAPTER 9 巴拉克・歐巴馬 信件編號 069-071   267

CHAPTER 10 瑪裘瑞・麥肯尼 信件編號 072-073   285

CHAPTER 11 紅點 信件編號 074-075   299

✉ 2015 年信件樣本　信件編號 076-093　　317

CHAPTER 12　信件之友　　357

CHAPTER 13　尚恩‧達比　　367

✉ 2015-2016 年信件樣本　信件編號 094-111　　379

CHAPTER 14　撰稿團隊　信件編號 112　　419

CHAPTER 15　唐娜‧柯翠普與比利‧厄尼思　信件編號 113-114　　433

CHAPTER 16　大選日　信件編號 115　　449

✉ 2016 年信件樣本　信件編號 116-129　　465

CHAPTER 17　薇琪‧薛爾　　501

CHAPTER 18　穿著牛仔褲的歐巴馬　信件編號 130　　517

✉ 2016-2017 年信件樣本　信件編號 131-150　　543

後記　　590

致謝　　600

Samples, 2008-2009

2008~2009 年信件樣本

Gold Hill, OR

November 10, 2008

President-Elect Barack Obama
United States Senate
713 Hart Senate Office Building
Washington DC 20510

Dear President-Elect Obama,

　　　My name is Benjamin Durrett. I am 18 years old. This was my first time voting, and let me tell you it was not a fun experience. I fought with my father over this election so much that I didn't get my ballot filled out till the morning of the election. It was not until that night when the Democrats had a chance to get sixty chairs that I saw some of the things my father was talking about. He showed me how the Democratic Party now has majority control over all branches of the government. He even went as far as to say that we may not have an election in 2012. After he had finished his rant he looked at me, and said "I pray that you are right and I am wrong." Voting for you in this election was truly the first time I have done something that went against my father. I feel that this has been a big step in becoming the person I am meant to become. I truly believe that you are the man who can make this place we call home a great one again. If we are doomed to collapse then so be it, I will look like a fool along with all of my friends, and my father will tell me its okay and that I never could have predicted this. I don't know what you have to do to fix this place we live in. I don't even know if you can. All I ask is that you give it everything you have. If you do that I will know that I made the right choice.

Sincerely,

Benjamin Durrett

奧勒岡州，金丘市

2008 年 11 月 10 日

總統當選人巴拉克・歐巴馬
美國參議院
哈特參議院辦公大樓 713 號
20510 華盛頓，哥倫比亞特區

親愛的總統當選人歐巴馬：

　　我是班傑明・杜雷特，今年 18 歲，這是我第一次投票。這次投票可不是什麼好玩的體驗，我為了這次選舉與父親起了很大的爭執，到了投票日當天早上才填妥選票。在民主黨有機會取得 60 席的那晚，我才終於懂得父親反覆在說的某些事。他告訴我，現在民主黨取得多數之後，得以掌握所有政府部門的控制權。他甚至說，我們到了 2012 年可能就不會有選舉了。在結束長篇大論的抱怨後，他看著我說：「我衷心希望你是對的，我是錯的。」在這次的選舉中投票給你，是我有生以來第一次違逆我的父親。我認為這一票使我更接近我注定要成為的人。我由衷相信，你可以使我的家鄉美國再次偉大。若我們注定要瓦解，那就瓦解吧，就讓我與我所有朋友都成為傻瓜吧，屆時我父親會告訴我一切都沒關係，畢竟我也無法預料事情會變成這樣。我不知道你該用什麼方式來整頓我們的家園。我連你是否有辦法做到都不確定。我唯一的要求是希望你盡力而為。只要你能做到這一點，我就會知道我做的是正確的選擇。

誠摯的
班傑明・杜雷特

11/4/2008

DEAR MR. PRESIDENT ELECT:

YOU HAVE MY SUPPORT
UNTIL I DRAW MY LAST
BREATH.

GOD BLESS YOU
AND YOURS.

RESPECTFULLY

J. MARTIN BALL
RICHTON PARK IL
USA

2008 年 11 月 4 日

總統當選人先生，你好：

我將會支持你直到我吐出最後一口氣。

願上帝保佑你與你的家人。

J・馬丁・波爾 敬上

J・馬丁・波爾
伊利諾州，理奇頓公園市

38/SAMPLE

MK

June 3, 2009

Dear President Obama,

I saw a report that you take 10 randomly selected letters each day to prepare a response. I hope mine is one of them. I really need to hear from you.

The country I once knew and deeply cared about is disappearing. The capital that I and other generations before me built is being squandered. I have played by the rules thinking my family and I would be secure and that the preparation for old age would be safe in a country that would continue to honor the values of integrity (being a person of your word), fairness (you reap what you sew), self reliance, and discipline(forgoing short term reward for long term gain). All this is crumbling. It started before your watch but is accelerating during your administration. I am saddened.

Let me tell you why I think this way. Like you, I was raised by a single mom of very modest means. My Dad was killed in a plane accident when I was 11. My mom had saved enough to start me in college. I paid for most of it and for all of my MBA which I earned after serving as a US Army Officer. I worked for AT&T/Lucent for 28 years and through a lot of discipline (see definition above) I paid for 2 daughter's undergraduate degrees and helped them with their Masters in Social Work. I have been married for 40 years. I carry no debt except a mortgage. I have served as a church officer, been president of my national fraternity and now tutor, run a business, provide SCORE counseling and serve on a non- profit board. In short I have done my part as a patriotic American and have saved for my retirement without being a burden to my fellow countrymen. I have done all this without government help except for the little I received from the GI bill.

Unfortunately, it appears I have been a sucker. I could be getting transfer payments for being irresponsible i. e. borrowing beyond my means to buy creature comforts, taking extravagant vacations and manipulating the weak to enter agreements they could not afford. I could have avoided the Army. I could have spent all my kid's college money on myself. Instead, I am rewarding this behavior today through my tax dollars and your decisions. Not only that, but I believe the dollar will fail under your wasteful spending and transfer payments to the least productive among us. My savings will be worthless. All my hard work and sacrifice to no avail. All that American capital (moral and physical) from generations past will be spent.

What's more, you make all these decisions knowing that you and your family will never be affected by them. You will always be protected when social unrest and collapse destroys the rest of us.

Here is my request. Reward integrity (people who keep their word), let people reap what they sew (the good and the painful), recognize citizens who have been self reliant and preserve the system that allowed them to become that way, show discipline and demand it of others.

Also, on a personal note, fight against hubris. To be human is to be prone to that condition. I see signs that it is affecting you on the Brian Williams White House report and in your decision to go to NYC on a personal trip using my tax dollars. I think you are probably a decent man but even you can be destroyed by hubris.

I remain a loyal American who at least wrote a letter,

Reply.

Richard A Dexter

Dover, NH

2009 年 6 月 3 日

親愛的歐巴馬總統：

我看到新聞上說你每天會隨機挑十封信給予回覆。希望這封信是其中之一，我真的很需要得到你的回信。

我曾經了解並深切關心的國家正逐漸消失。我與前人共同建立的資本正被任意揮霍。我一向遵守規矩，以為我和家人為養老所做的準備安全無虞，因為我認為這個國家會一直重視節操（說話算話）、公平（一分耕耘，一分收穫）、自食其力與自律（放棄短利以獲得長期收益）的價值。但一切都在崩解。這種現象在你接手之前就存在了，但在你的執政期間變得更加嚴重。我很難過。

請讓我告訴你為何我會這樣想。和你一樣，我由收入不高的單親媽媽養育長大。我爸爸在我 11 歲時因飛機失事而過世，我媽媽存的錢夠我進大學之門。我讀大學的大部分學費和讀企管碩士的所有學費，靠的是我當美國陸軍軍官時的儲蓄來支付。我在 AT&T，也就是朗訊科技工作了 28 年，憑著嚴格的自律（定義如前）付清了兩個女兒的大學學費，幫助她們拿到社工系的碩士學位。我結婚至今 40 年，身上除了房貸之外沒有半分負債。我擔任過教會職員和全國性兄弟會的會長（如今是輔導員）、經營公司、為「得分」[1] 提供諮詢，並在一個非營利組織的董事會服務。簡單來說，我已盡了一名忠誠愛國的美國國民義務，在沒有造成我國同胞的負擔下存夠養老金。除了美國退伍軍人權利法案帶來的少部分補助外，我從未接受過政府的任何幫助。

不幸的是，我顯然一直是個蠢蛋。我原本可以不負責任地去借貸超出我能力負擔的款項，然後恣意去購買物質上的享受、花大錢度假，操縱比我弱小的人簽下他們無法負擔的合約，等破產之後再坐領轉移支付[2]。我原本可以不用當兵，我原本可以把孩子用來念大學的錢全都花在自己身上，但我沒有這麼做。如今我透過繳交稅金與你的決定，獎勵了那些這麼做的人。更有甚者，你的開支和轉移支付都浪費在最沒有生產力的那群人身上，我認為這將導致美元

---

1 SCORE 是個非營利組織，旨在為小型企業創業人提供創業輔導與諮詢等服務。
2 Transfer payment，指政府對家庭、人民團體或企業的無償支付，大部分用於國家對人民的社會福利上，例如弱勢家庭、幼兒、老人、榮民……等的教育、醫療、生活補助。

下跌。我的存款將會變得一文不值。我的辛勤工作與犧牲都是徒然。美國過去數個世代積存的一切資本（無論是道德還是實質上的資本）都將用罄。

　　更糟糕的是，你做這些決定時早已知道，你與你的家人都不會受到影響。當社會動盪和崩解毀滅我們這些老百姓時，你們永遠都會受到保護。

　　我的請求如下。獎勵那些正直（說話算話）的人，讓投入一分耕耘的人獲得一分收穫（無論收穫是好是壞），賞識自食其力的公民，並好好維護體制，讓他們能維持這種作為，謹守紀律並要求他人同樣遵守紀律。

　　另外，就個人層面上，我希望你能克服你的傲慢。人性本就容易傲慢。布萊恩・威廉斯關於白宮的報導指出，你決定要花我們納稅人的錢去紐約市做私人旅遊，我認為這正是傲慢影響你決策能力的跡象。我想你人應該不錯，但就算如此，傲慢也可能毀了你。

　　抱持著忠於美國的心，我至少寫了這封信給你。

回覆

理查・A・德克斯特

新罕布夏州，多佛市

**COPY FROM
ORM**

Richard —

THE WHITE HOUSE
WASHINGTON

Thanks for your letter, and for your service to our country. I applaud your life of responsibility, but frankly am puzzled as to why you think I don't share in those values. The only transfer payments we have initiated were to states to prevent wholesale cuts in teachers, police officers, firefighters etc. in the wake of the financial crisis, and short term measures to prevent the banking and auto sectors from collapsing. (over)

You may disagree with some of these policies, but please know that all I want to see is the hard work of individuals like you rewarded.

Again, thank you for your thoughtful note.

Richard A. Dexter

Dover, New Hampshire

JUN 2 2 2009

26

THE WHITE HOUSE
WASHINGTON

理查：

感謝來信，也謝謝你為我們國家服役的貢獻。我很讚揚你盡責的生活方式，但老實說我有點困惑，不太確定為什麼你會認為我的價值觀與你相左。目前我們只施行過一次轉移支付，目的在於防止老師、警察、消防員等在金融危機後遭受大規模裁員，同時這是預防銀行業與汽車製造業分崩離析的短期措施。

你或許不完全同意這些政策，但希望你能了解，我和你一樣，全心希望努力工作的人能得到回報。

再次感謝你深思熟慮的來信。

巴拉克・歐巴馬

理查・A・德克斯特
新罕布夏州，多佛市

2009 年 6 月 22 日

Jeri LeAnne Harris

Alger, MI

November 5, 2008

President-Elect Barack Obama
John C. Kluczynski Federal Office Building
230 South Dearborn St.
Suite 3900 (39th floor)
Chicago, Illinois 60604

Reply

Dear President-Elect Obama,

I'm not quite sure why I am writing to you, but as I feel compelled to do so – here goes! I am a 'dyed in the wool' republican. I didn't vote for you and felt with my whole heart that you should have been defeated (Not the best start for a letter – smile).

HOWEVER, my country didn't agree with me and therefore, you are going to be the 44th President ... my President of these great United States. As of 12pm last night – my heart changed. I wanted to tell you that even though I did not cast my vote for you, I respect the race that you ran and I will commit to you today – that I will pray for you and your presidency each and every day.

I have voted since I was 18 (the last 8 elections) and even, in all my years of voting – I have never made that promise – or written a letter to a President but, as I stated before, I feel compelled. Your acceptance speech was gracious, and showed the makings of a true leader. I, like many others, am part of the fabric of this country and that I am going to be one of your constituents. I am proud to be an American each and every day and I'm proud that we have a due process that spelled out most definitely that America wants Senator Barack Obama as our next President.

I realize you may never receive this, but I hope you do. I hope you know that there are voters – who like you said last night "Didn't vote for you – but you will be our President" – I may have not committed millions to your cause, I may have not supported you before, but as of today, I am committed to serving you as a citizen and to praying for you daily. I can only hope that there are millions more like me – who will make that commitment to you.

Thank you for your honest campaign and as you said last night – May God Bless the United States of America.

Best Regards,

Jeri L. Harris

傑芮‧莉安‧哈里斯
密西根州，阿爾及爾市

2008 年 11 月 5 日
總統當選人歐巴馬

克盧欽斯基聯邦大廈
迪爾伯恩街 230 號
3900 號辦公室（39 樓）
60640 伊利諾州，芝加哥市

回覆

親愛的總統當選人歐巴馬：

　　我不太確定自己為什麼要寫信給你，但因為我覺得非寫不可——所以我就寫啦！我是個「徹頭徹尾」的共和黨支持者。我沒有把票投給你，並誠心認為你理應被打敗（這並非最好的開場白——笑）。

　　然而，我的國家並不同意我的看法，因此你將會成為第 44 任總統⋯⋯也就是偉大的美利堅合眾國的總統，我的總統。自昨晚 12 點起——我改變心意了。我想要告訴你，雖然我沒有把票投給你，但我依然尊重你為競選付出的努力，我要在今天向你承諾——我將會天天為你以及你的總統任期祈禱。

　　從我滿 18 歲開始，我參與了每次投票（也就是先前的八次選舉），在這些年的選舉中，我從來沒有做過這種承諾，也沒有寫過信給任何一個總統，但正如我在開頭說過的，我覺得非寫不可。你的勝選演說謙和可親，展現出真正領袖的素質。我和其他人一樣，都是這個國家結構的一部分，都將成為你的選民。我天天都以身為美國人為傲，我也很驕傲我國的正當法律程序能清楚反映出美國人民最希望擔任下一任總統的人是參議員巴拉克‧歐巴馬。

　　我知道你可能永遠不會看到這封信，但我希望你能看到。我希望你知道，有些選民就像你昨晚說的一樣：「雖然沒有投給你，但你將成為我們的總統。」或許我沒有捐數百萬美元給你，或許我之前沒有支持過你，但我向你承諾，從今天開始我將會以公民的身分為你服務、為你每天祈禱。我誠心希望美國還有數百萬人能與我一樣，對你做出這樣的承諾。

　　感謝你正直的參加競選，正如你昨晚所說的：天佑美國。

致上最誠摯的問候
傑芮‧L‧哈里斯

THE WHITE HOUSE

Dear Jeri —

Thank you for the wonderful note.
It is most gracious, and please do keep
praying for me, my family, and most importantly,
the country!

Jeri L. Harris

Alger, Michigan

FEB − 2 2009

THE WHITE HOUSE

親愛的傑芮：

　　感謝妳美好的信件，以及妳的雅量之大。請繼續為我、我的家人，以
及最重要的，為我們的國家祈禱！

　　　　　　　　　　　　　　　　　　　巴拉克·歐巴馬

傑芮·L·哈里斯
密西根州，阿爾及爾市

2009 年 2 月 2 日

MK

April 6, 2009

Peggy

Spring, TX

Mr. President:

I am an average American woman. I am fifty-five years old. I am a wife, mother and a grandmother of two beautiful little girls, age seven and eleven. I love my country (The USA) and for what it stands.

My husband and I both work very hard to earn our living. Each month we pay our mortgage, bills, TAXES, buy our food and take care of our own business. We are blessed because on top of that we are able to support our local church and various other organizations that feed the hungry, give water to the thirsty and clothe the naked (the simple things that God wants us to do). Please don't make this harder for us to do by reducing our tax deductions.

I also want you to know that life has not always been so easy for me. I was a single mom for several years. Things were hard some of the time, but I say to you that God met my every need and the government never had to "bail me out".

Mr. President, you are to represent the people of this nation. I can honestly say that I DO NOT feel represented by you. I am so disappointed and angry that you and many of the current representatives are trying to lead our nation into socialism. You should know from observing other countries with socialistic governments that this does not work and will not work in the USA.

I, as one of the WE in "WE THE PEOPLE" say to you STOP this terrible debt that you are telling us to take on. This is not the future that I want to leave to my children and my children's children.

Mr. President, as an average citizen of The United States of America, I ask to you STOP what you are doing (NOW), admit that you are on the wrong path and move forward in governing our country with it's original intent and in a way that would be pleasing to God.

Sir, I know that you are very busy, but I feel that if you have not done so in a while you should read the Constitution of the United States and the Bill of Rights. Please remember this is to be a government for the people and by the people.

Thank you for reading my letter.

Sincerely,

Peggy

Reply.

may we never forget what it took & what sacrifices were made to win freedom for our country!!

32

2009 年 4 月 6 日

佩姬
德州，斯普林市

總統先生：

　　我是個平凡的美國女性，今年 55 歲。我是妻子、母親，以及兩名 7 歲與 11 歲的美麗小女孩的祖母。我愛我的國家（美國），也愛其代表的事物。

　　我的先生和我靠著努力工作過活。我們每個月都繳交我們的房貸、帳單、**稅金**，自行購買我們的食物，顧好我們自己的事。我們很幸運，因為我們還有餘力支助本地教會與不同的慈善機構，讓飢餓的人有飯吃、讓口渴的人有水喝、讓裸體的人有衣蔽體（這都是上帝要我們做的小事）。請你不要降低免稅額，否則我們將難以維持下去。

　　我也希望你能知道，我的生活並不是一直都那麼輕鬆。過去曾有幾年的時間，我是個單親媽媽。有時候生活很艱難，但我要告訴你，上帝總是能滿足我的需求，政府也從來不需要「解救我」。

　　總統先生，你的責任是代表這個國家的國民，但老實說，我**並不**覺得你代表我。你和許多現任議員都試圖將我國導向社會主義，這讓我既失望又憤怒。你只要觀察其他實施社會主義的國家就會知道，社會主義行不通，美國不會也無法實施社會主義。

　　身為「**我們這些人民**」中的一員，我必須請你**停止**要求我們負擔這種糟糕至極的債務。這不是我希望留給我的子子孫孫的未來。

　　總統先生，我要以美利堅合眾國平凡公民的身分要求你**停止**正在做的事（**現在**就停止），承認你走的道路是錯的，繼續帶領我們的國家，以能夠讓上帝喜悅的方式前往應行的方向。

　　先生，我知道你很忙，但我認為若你已有一段時間沒閱讀美國憲法與權利法案的話，你應該重讀一次。請記得，政府應為人民服務，政府來自於人民。

　　謝謝你閱讀此信。

誠摯的
佩姬

回覆

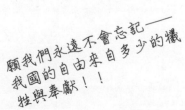
願我們永遠不會忘記──
我國的自由來自多少的犧
牲與奉獻！！

Peggy —

THE WHITE HOUSE
WASHINGTON

Thanks for your letter. I wanted to respond briefly. First, no one is moving the country towards socialism. I have tried to deal with an unprecedented economic crisis by increasing government investments in roads, bridges, schools and other infrastructure to encourage jobs creation until businesses in the private sector get back on their feet.

Second, rather than raise taxes, I have actually cut

taxes for 95 percent of working families. I have proposed to increase taxes on those making over $250,000 per year to pay for the tax cut for everyone else, but those increases don't go into effect until 2010, and the rates will still be lower than they were under Ronald Reagan.

We do need to get control of government spending over the long term, and I am committing all of my team to find places to cut out waste, fraud, and abuse. But please rest assured that I take my oath to uphold the Constitution seriously.

Sincerely,

APR 28 2009

34

THE WHITE HOUSE
WASHINGTON

佩姬：

感謝妳的來信。我想做個簡短的回覆。首先，沒人把美國帶往社會主義的方向。在私人企業能站穩腳跟前，我嘗試藉著增加政府在道路、橋樑、學校和其他基礎設施的投資，從而鼓勵創造就業機會，以解決空前的經濟危機。

第二，我不但沒有提高稅金，反而為 95% 的工薪家庭減少了稅賦。我提出要讓每年收入超過 25 萬美元的人支付更高的稅金，用這筆款項來為其他民眾減稅，但提高稅金這部分要在 2010 年才會生效，而這稅率還是會比雷根總統任期時來得低。

從長遠的角度來看，我們的確必須控制政府開支，我已要求我的團隊全體削減浪費、欺詐和濫用行為。請妳放心，我宣誓信守憲法的態度是認真的。

誠摯的

巴拉克・歐巴馬

2009 年 4 月 28 日

CHAPTER 1

The Letters

信件

席艾拉（Shailagh）說起信件的態度，讓我覺得這些信好像是什麼天大的祕密一樣。她希望我能了解這些信件有多重要，但又看起來有些沮喪，不過說不定她其實只是累壞了，像個心灰意冷的士兵，在終戰前夕繳械投降，自動交出了城門的鑰匙。

那時是 2016 年 10 月。馬修颶風才剛出海離開。三星手機出現數件意外起火事故，共和黨總統候選人唐納・川普在推特發文——「我從沒和這些女人有過任何關係。這都是某些人為了操縱選舉結果編造的胡說八道。沒人比我還要尊重女人了！」——美國的文化正在經歷巨大轉變，我認為席艾拉與其他注意到這些轉變的人一樣，都在跌跌撞撞往前走的同時心懷憂思。

當時她已在歐巴馬政府底下任職六年，最近兩年的職位是資深顧問。我們在她位於白宮西廂的辦公室，開始在擺滿厚重三孔文件夾的書櫃中東翻西找。這些文件夾中裝著歐巴馬上任至今所收到的信件。信件來自於選民，不過是平凡的美國人民寫信給總統。「這些信儼然成為這裡的生命力。」席艾拉說。她裹著一件羊毛衫，已經脫掉鞋子，聲音沙啞，打扮像個簡樸的愛爾蘭人，讓人覺得她應該出現在都柏林的酒吧裡擦吧檯，而不是在總統辦公室對面的辦公室裡舒適地坐著。

當時希拉蕊・柯林頓的民調數字仍然領先超過兩位數的百分點，讓眾人跌破眼鏡的事在當時還是沒有人預料到。希拉蕊競選團隊的工作人員都認為他們將會接管政府，都在設法謀取職位，但席艾拉並不打算參與其中：在白宮歷經兩屆總統任期已經足夠了。她的工作是協助主導政府的溝通策略，也就是擔任歐巴馬與寄信者之間的守門人，而這份工作顯然累壞了她。她說：「我可不會想念這些人。」她告訴我，歐巴馬將在數個月後離開白宮，因此如今正是記者們大做文章的顛峰時期。他們想要做離職前訪問；想要立刻就做；想要自己的訪問是最快、最大、最沸沸揚揚的。她厭倦這些人

傲慢的態度、老是重複的問題以及貧乏的想像力，而川普還在不停發推特，整個世界好像都亂了套。

席艾拉說，在這團混亂中，這些信提供了讓人稍作喘息的空間，接著她拿出幾封信給我看。她挑中了藍色文件夾，把它從書櫃中取出來並翻開，一頁頁瀏覽裡面的信件，有些信是手寫在信紙上的書寫體，有些則用正楷書寫在筆記本頁紙上，還用貼紙做了些裝飾；還有商務書信、電子郵件、傳真，以及各種家庭、軍人與寵物的相片。「這些信件其實是他和國家的對話，不過大家根本沒有注意過這件事，妳懂吧。」她說。她指的是歐巴馬這八年回信給美國人民的習慣。「總體來說，妳看到的是一種美國的綜覽圖。」

歐巴馬在上任時承諾要每天閱讀十封信，他是美國歷任總統中，第一位花費這麼多精力在選民信件上的總統。每天下午五點左右，信件室會把一疊郵件送到總統辦公室。這疊被稱之為「每日十信（ten letters a day，簡稱 10LADs）」的郵件，便輾轉於資深幕僚之間，並在每晚被放入總統帶回官邸的簡報文件夾中。他會親筆回覆其中幾封，其餘幾封他會在信上寫下筆記，由撰稿團隊回覆，有些則是在上面潦草寫下「留存」（save）。

每個資深幕僚都知道這些信件的重要性，但讓席艾拉特別感興趣的，是這些信件對於美國以及席艾拉的老闆，所透露出的集體印象。她告訴我，有時她會放輕鬆來盡情享受閱讀這些文字，就好像這些信是一項歷史計畫，而她則是意圖將其融會貫通的學者。

「這是 2009 年 1 月 23 日的信，就在就職典禮之後，」她邊說邊從文件夾裡隨意揀選出一封信來唸，「『我今年 73 歲，是一家製造公司的老闆。我先生和我白手起家⋯⋯把每一分錢都投注在這份事業中。我們已經連續三個月沒有收到任何訂單與詢問了⋯⋯我們有一棟房子，每月繳 979 美元 71 分的分期付款，房貸餘額還有12 萬美元。我們要怎麼辦才好？』」

「妳懂吧？」她說，「就是這種內容。這麼多的預兆。因為那時美國國內的情勢還不明朗，失業潮還不算真的開始，人民對銀行的抱怨已然寫滿一頁、一頁又一頁。我是說，另外一個預兆就是：你看到憤怒，你看到恐懼。在那個時候，人們的脆弱感已經超過了最基本的限度。所以歐巴馬才剛剛就任，就聽到了許多聲音，他聽到了他的國家經濟委員會主席賴瑞・桑默斯說的話，妳懂吧，然後他也聽到了愛達荷州的法蘭西斯和他太太柯萊特說的話。妳懂吧？就像不停地在和美國民眾對話一樣。」

「**妳懂吧？**」席艾拉這麼說時，就像在懇請我理解。

我告訴她我懂，或者至少我試著去懂。

「我有跟妳說過密西西比那個人寄的信嗎？」她問。

沒有，沒說過。

「喔我的天──」

她站起來，回身到書櫃前拿出另一個文件夾。「等妳看了這封信就知道。」

多年來，每任總統都各有不同的方式處理選民信件。事情一開始很單純：第一任總統喬治・華盛頓（任期 1789-1797 年）就是拆信來讀，然後回信。他每天大約會收到五封信。那時是 18 世紀末，郵差送信靠的是走路、騎馬或坐馬車，信件數量並不怎麼多。接著蒸汽船出現了，然後是鐵路與現代化郵務系統建立，到了 19 世紀末，威廉・麥金萊總統（任期 1897-1901 年）收到的信件已遠超過他所能負荷的數量。為了平均**每天 100 封信**，他雇了專人替他管理信件，這便是總統答信辦公室（Office of Presidential Correspondence）的由來。不過真正讓信件量大增的，是 1930 年代的經濟大蕭條（the Great Depression）。小羅斯福總統（任期 1933-1945 年）在每週的「爐邊談話」

（fireside chat）廣播中，鼓勵人民寫信告訴他遇到什麼問題，開啟了美國總統直接與全國人民對話的傳統。第一週，大約 50 萬封信件瘋狂湧入白宮，信件室變成了火災隱患。從此以後，選民信件日益繁多，而每位繼任總統處理信件的方式都不太一樣。尼克森總統（任期 1969-1974 年）在任期尾聲拒絕閱讀任何帶有負面評論的信。雷根總統（任期 1981-1989 年）會在週末回覆數十封信，偶爾也會造訪信件室，而且最喜歡閱讀孩童的來信。柯林頓總統（任期 1993-2001 年）每隔幾週會讀一疊具有代表性的信件；小布希總統（任期 2001-2009 年）喜歡不時讀個十封已由幕僚回覆的信。以上的趣聞軼事，都可以從以往的白宮幕僚那裡聽來。至於過去政府如何處理選民信件，卻沒有什麼實際數據可考。歷史學者不注重這件事，總統圖書館也不會特意展示，大部分的相關資料都早已銷毀了。

歐巴馬總統是第一個特別提出要每天閱讀十封信的總統。除了外宿時不看信之外，只要他在白宮官邸過夜，就會讀選民信件，而且每個人都知道有這麼一回事，並有一套工作系統來確保執行到位。這些信件能反映現況，有些幕僚稱之為「地下信件」（the letter underground）。從 2010 年開始，所有紙本信件都會在掃描後保存下來。從 2011 年開始，每封信中的每一個字都被收錄建成每日文字雲（word cloud），文字雲會傳遞到白宮的每個角落，使決策者與幕僚均能概略了解選民關注的議題與事件。

2009 年，俄亥俄州梅迪納的一名癌症患者娜托瑪·康菲爾德寫了封信，詳細描述了她的健保費用有多驚人，這封信被裱框掛在歐巴馬的私人書房與總統辦公室之間的走廊上。「我需要你的健保改革來幫我！！！我真的再也付不起健保費了！！」光是健保相關議題，歐巴馬就收到了成千上萬類似這樣內容的來信。每當重大事

件發生，像是康乃狄克州新鎮槍擊案[1]、南卡羅萊納州查爾斯頓[2]的槍擊案、巴黎恐攻、政府停擺[3]、班加西攻擊[4]之後，選民信件會陡然增加。你可以從文字雲裡看出這種趨勢。有時常見的詞語可能是「就業」，或是「敘利亞」、「特雷沃恩[5]」，有時是字詞組合如「家庭－兒童－恐懼」、「工作－貸款－學生」或者「伊斯蘭國－財務－戰爭」，所有字詞全都圍繞著一個巨大的「幫幫我」這個最常見的詞。2016 年，在一名槍手對達拉斯市區的警察開槍後，「警察」一詞大量增加，旁邊圍繞著「上帝－槍枝－黑人－美國」，更旁邊是小小的「和平」，以及更小的「國會」。

在我造訪席艾拉辦公室的那天，我們在談話間聽到走廊上傳來一陣騷動，我跟著她到門口一探究竟。

「嗨！最近怎麼樣？」

「嗨，老兄！」

「你這傢伙！最近怎麼樣？」

「她在這兒！最近還好嗎？」

是副總統拜登。他迅速地穿過西廂走向我們，由面色嚴肅的黑西裝男子隨行兩旁。「嗨，最近怎麼樣？」他用典型的喬·拜登模

1　康州新鎮（Newtown）槍擊案，又稱為桑迪·胡克（Sandy Hook）小學槍擊案。發生於 2012 年，共計 28 人死，是美國史上死亡人數第二多的校園槍擊案。

2　發生於 2015 年，一名白人男子在查爾斯頓（Charleston）當地的黑人教堂中開槍掃射，造成 9 人死亡，其中包括一位議員。

3　2013 年，由於美國國會沒有通過 2014 會計年度的撥款預算，造成美國聯邦政府大部分機構（除國家安全相關事務外）進入 16 天的停擺狀態。

4　2012 年 9 月 11 日，美國駐利比亞班加西領事館遭伊斯蘭恐怖主義武裝份子攻擊，造成美國駐利比亞大使及部分美國外交人員死亡。

5　特雷沃恩·馬丁（Trayvon Martin）命案。2012 年 2 月，17 歲的非裔美國人特雷沃恩因為被懷疑有犯罪可能，而遭到混血拉丁裔美國人茲默曼（George Zimmerman）槍殺，最後茲默曼於 2013 年判為無罪。由於茲默曼為白人，且使用的槍枝為合法配備，因此此案在美國掀起關於種族歧視、槍枝管制等爭議。

式問候我，並用典型的喬‧拜登模式跟我握手，他總是能讓你覺得自己像是剛贏了保齡球錦標賽的某個鄰居，而他也為你感到高興！他抱了席艾拉一下，便又迅速離開。

回到席艾拉的辦公室坐下後，她說：「嗯，我懂。」我們甚至不需要真的把話說出口。或許拜登的行為舉止還是很……很拜登，但他看起來卻不像我們過去習慣見到的那個副總統了。他看起來很清瘦，很脆弱，蒼白又筋疲力竭。我猜想，或許決定放棄做總統這個畢生夢想的 73 歲老人，大概就是這個樣子吧。

「我覺得事情其實複雜得多。」席艾拉說。接著我們談起了往日時光。

我和席艾拉之所以會認識，正是因為拜登的關係。2013 年，我曾替一本雜誌撰寫拜登的介紹。當時席艾拉是拜登的副幕僚長兼通訊主任，她邀請我與拜登一起搭乘空軍二號，到羅馬參加教宗的就職典禮。在飛機上，席艾拉、我與一組耐心十足的記者一起看著鼻梁上掛著飛官墨鏡的拜登與一群世界領袖稱兄道弟。我很感激他們給我這個機會，但事後我告訴席艾拉，我實在沒什麼素材好寫，只能寫我們一群有耐心的記者團站在旁邊，一起看鼻梁上掛著飛官墨鏡的拜登與一群世界領袖稱兄道弟時的感覺。隨行採訪其實大概都是這樣。典型的狀況如下：有權勢的人站在一邊，好奇的人站在另一邊，大家都在邊微笑邊揮手。你無法得知那些人有什麼想法、有什麼惡夢、有什麼珍惜甚或在乎的私人回憶。你無法接近他們。

席艾拉想了想。「我們應該去一趟威明頓，」她說，「讓我問問副總統。」

就這樣，我們三人一起遊訪位於德拉瓦州的威明頓，看拜登在他的故鄉重溫童年記憶。「這裡真的很泥濘，」他一邊說一邊在林間穿行，想要找到過去游泳的水塘，他身後的特勤人員努力想跟上

腳步。「席艾拉，妳絕對不會相信的——席艾拉，來這邊。我跟妳提過這裡，是不是，席艾拉？」他帶著我們經過第一任女友家、第二任女友家、最喜歡的女友家；我們在他就讀的高中與最愛的三明治店停留，又一起坐在他家附近一戶鄰居的大門階梯上，他還是孩子時曾坐在這裡塞了滿嘴石頭，想要治好口吃。我們去了埋葬他第一任妻子奈莉亞和小女兒娜歐米的墓園，只不過他不想靠得太近；還去看他小時候住的房子，我們從窗戶往屋內窺視，想看看拜登的妹妹薇樂莉曾用來躲藏的餐廳碗櫥。「席艾拉，現在妳懂了嗎？要是這些人現在在家的話，我還可以帶你們看看我的房間。」他們兩人像是父女一樣，這一整天都在大笑和鬥嘴。我很榮幸能見到白宮成員如此溫馨的一面，他們就像是家人。或者說，至少這一部分在那時是如此。

我記得當時我問過席艾拉，拜登是否有可能在 2016 年參選總統。「噢，他絕不會阻礙希拉蕊的。」她說。就這樣，也沒什麼好說的。這聽起來似乎有點令人難過，他這一輩子都想要成為總統，距離夢想的位置那麼近，但如今他必須善盡職責，換句話說就是必須閉嘴，不要破壞美國終於可能有女總統上任的機會。

那天，我和席艾拉在辦公室外看到拜登迅速穿過走廊之後，席艾拉告訴我，博·拜登罹患腦癌這件事對所有人造成的影響有多大；副總統的兒子在與病魔的抗爭中戰敗了，於 2015 年 5 月 30 日病逝，享年 46 歲。席艾拉說，這就是為什麼拜登看起來這麼憔悴；她說，如果有人在拜登這麼哀慟的時候還叫他競選總統（有些人一直到 2016 年初選還在提這件事），必定是不了解他，或者根本不愛他。

她再也沒提參選的事。若你看到自己的父親陷入悲痛，也會做出一樣的選擇。

「天啊，這些陳年往事。」她把注意力放回信件上，翻開一本

紅色文件夾。「噢，我記得這個人。沒錯，最後我們邀請她來旁聽總統演說。」

席艾拉那天之所以會拿出幾封信給我看，我想主要是出於懷念之情吧。歐巴馬卸任在即，每個人都準備要打包離開，但這些信件會留下來。這些信最後會變得怎麼樣呢？歷史是……非常龐大的。歷史是宏觀的。歷史應該是值得紀念的事件，而不是瑣碎而無足輕重的小事。

「這些是總統腦海中的聲音。」席艾拉說。我認為這句話直指核心。「他把這些東西內化了。有些信他會隨身攜帶、反覆斟酌。尤其是那些批判他的信。這是他保留起來的私人空間。很有他的行事風格，妳懂吧？」

我覺得這些信件有點像是歐巴馬的威明頓，為我們大開後門，提供一條理解他的道路。我們可以透過這些信件了解歐巴馬，這是多數人從未曾做到的。那些令人無法忘懷的渺小故事、那些求助的聲音、那些他曾誓言要服務的對象所發出的哭喊與吼叫。這些信件塑造了他在內閣會議、雙邊高峰會、募款活動、戰情室時，腦海中會跳出的想法。

「法拍、法拍、法拍，」席艾拉翻閱著一些早期的信件，「這些信件適時反映了房地產危機的進程。人們碰上氣球式貸款⁶的問題，卻連自己有氣球式貸款都不知道。你可以看出經濟危機和健保危機正同時發生，看出人們對一切都失去了信心。銀行正在崩潰；天主教教會陷入混亂，彷彿所有機構都讓人民失望。如今新總統上任了，他帶來了新氣象，與選民建立了聯繫。」

6　氣球式貸款（balloon mortgage）：到期前只須按期支付利息，到期時一次償還全部本金的抵押貸款方式。

席艾拉告訴我，有些寄件者變成了幕僚們心中的英雄，他們的故事也成了總統演講稿和國情咨文的來源。「自從有了每日十信這個制度之後，我們經常邀請寄信者參加活動，還常讓寄信者來介紹總統出場。當總統拜訪美國各地時，還會與寄信者共進午餐。我的意思是，我們不想把它變成一個噱頭，而是試圖尊重這個做法，因為在本質上這是總統與這些民眾之間的私人關係。我認為正因為這種私密性質，讓這個做法極具影響力。」

她一把摘下眼鏡、戴到頭頂上，站起身去拿另一個文件夾。「密西西比州那個人，」她說，「我真的應該要把那封信找給妳。他在信裡寫到他雙手上的繭，說他雙手的歷程其實就是當時整個國家的歷程。我會找到那封信的——

「妳看不到憤世嫉俗的情緒，懂嗎？妳不會在這些信件裡看到我們很習慣看到的那種針對政府的反烏托邦觀點。他們幾乎像是來自另一個時空，這些對話像是來自不同的時代，那時人們向政府和領袖尋求的，並不僅止於索求或是發洩，而是真的希望總統了解他們的問題是什麼。他們真誠地希望總統能了解他們的生活。所以這是很……妳知道的，在這麼多兩極分化、譏諷與消極情緒的背景下，當我們在白宮裡成天面對反對聲浪的攻訐下，這些信不斷提醒我們，還是有人認為政府本質上是一種善的力量。或者希望政府是善的力量，希望政府能做得更好。希望政府能更妥善對待退伍軍人，希望政府能推出更好的健保計畫。

「所以說真的，這實在像是心靈上的提升。你知道有段時間，我們的場景就真的是那種日復一日的殘忍戰鬥。」

我問她，是否覺得這些信對歐巴馬來說也有這樣的作用。

「我只覺得書信很適合他，」她說。「我是說，歐巴馬他們一家人都……妳也知道，從某方面來說很像雷根和布希他們家。他們是……就是說，那種性情保守、普通、傳統的人，對不對？他們完

全佔據了白宮。他們和白宮一樣大。他們適合這裡。你懂嗎？你懂我的意思嗎？就像西裝穿得合身一樣。」

信件也是合適的。就像樟腦丸、良好的儀態、適當的餐桌禮儀，而且不說髒話。「這些信件有一種脫俗感，似乎與我們現在身處的時刻脫節，」她說，「雖然大家在信裡說的其實都是現在。不過這種形式給我一種超俗的感覺，讓我覺得有點老派，很有……伊夫林・沃[7]的味道。」

就像那封來自密西西比的信一樣。她還在找那封信。她又轉向一個綠色文件夾。「我知道那封信一定在這兒……那封信寫得棒極了。就像從小說中摘出了一頁似的。我總覺得人們願意花時間寫信是很有意思的事。是什麼促使他寫了那樣一封完美無瑕、小小一頁的信呢？」

我告訴她，這也是我很好奇的事。誰會寫信給總統呢？自從我不再相信聖誕老人之後，我就沒想過寫信這種事了。這些寫信的人都是誰？寫信能讓他們得到什麼？更進一步來說，我想知道這個實驗的本質。讓歐巴馬每天讀十封信這件事是誰想出來的？我想知道這些信對他來說有何意義，我想知道選民的來信對這個總統有什麼影響（如果真有影響的話）。

我最初的衝動是想去見幾個寫信來的人，第一手聽他們的故事。而儘管我的確這麼做了，我那時卻沒有想到要去信件室走一遭。讓這個機制得以持續運作的人就在信件室中。這些故事環環相扣，缺一不可，必須把故事連結在一起，才能透過寄件者的眼睛講述歐巴馬政府的故事。

席艾拉那天沒有找到她想找的那封信，她向我保證她一定會找到的。寄到白宮的信件有數百萬封，她辦公室文件夾裡的信件只是

7　Evelyn Waugh，英國作家，代表作為《舊地重遊》（Brideshead Revisited，1945），被《時代雜誌》評為「史上 100 本最佳小說」。

冰山一角，只是數千封她最喜歡、偶爾會重新翻閱的信件。「如果你想要了解事情的全貌，你應該去信件室看看。」她說。「試著坐在那邊讀信，你就會知道我是什麼意思了。」

我問她信件室在哪裡。她往後一坐，思考片刻。「信件室有個負責人。她叫費歐娜。妳必須先取得她的同意。」

我問她是否可以替我引薦費歐娜？她點點頭，卻不是很有把握，比較像是有個主意在她腦裡成形。

我對她說，她之前都可以讓我搭上空軍二號和副總統一起前往教宗的就職典禮了，讓我造訪信件室想必是小事一樁吧。

「妳不懂費歐娜。」她說。

CHAPTER 2

Bobby Ingram,

Oxford, Mississippi

鮑比・英格拉姆
密西西比州，牛津

Martha C. Dollarhide

Oxford, MS

MEMPHIS TN 381

18 APR 2009 PM 1 T

President or Mrs. Obama
1600 Pennsylvania Ave.
Washington, D.C. 20500

SG
MAY 16 2009

✓ #139

Bobby Ingram

Oxford, MS.   Reply
  APR. 16, 2009

Mister Obama - My President,

   In 2007 I was proud of my hands.
They had veneered calluses where my palms
touched my fingers. Cuts and scrapes
were never severe. Splinters and blisters
merely annoyed me. With a vise-like grip
and dextrous touch my hands were heat
tolerant and cold ignorant. I was nimble
when whittling or when sharpening an axe.
I could exfoliate with an open palm when
my wife's back itched or my cat arched for
a rub. My nails were usually stained
after a chore; they were tougher, not cracked,
seldom manicured. My hands defined my
work, passions, my life.
   After 23 years as a land surveyor and
nearly 2 years unemployed, I miss my
career and my old hands. I kneel nights
and clutch new hands together, praying we
all can recover what seems lost. May
God guide your hands to mould our future.

Thank you for listening to the Citizen
   I am,
              Bobby Ingram

鮑比・英格拉姆
2009 年 4 月 16 日
密西西比州，牛津

回覆

歐巴馬先生——我的總統：

　　2007 年時，我以我的雙手為傲。當我的手掌與手指接觸時，我能感受到手上有一層薄薄的繭。割傷與擦傷從來不會太嚴重，碎木片與水泡很少對我造成困擾。我的雙手握力如鉗，卻能靈巧的觸摸；能夠忍受高溫，也不畏酷寒。我在削切木頭與磨利斧頭時，動作都十分靈活。當我太太背癢時，或者我的貓弓起身子要求撫摸時，我只要張開手掌就可以幫他們去角質。我的指甲通常會在工作後變髒；它們強健而沒有裂痕，幾乎不需修剪。我的雙手定義了我的工作、熱忱與我的人生。

　　在做了 23 年的土地測量員以及失業幾乎兩年之後，我想念我的職業以及我過去的那雙手。我每晚都緊緊合攏這雙新手，跪著祈禱，希望我們都能尋回那些似乎已遺失的部分。願上帝引領你的手，塑造我們的未來。

感謝你傾聽你的公民

我是，鮑比・英格拉姆

最後一行與結語很重要。你注意到兩者之間的換行嗎？那是刻意安排的。若沒有換行，你就有可能把句子讀成「感謝你傾聽你的公民我」，這麼一來一切就全毀了。他的意思不是那樣，他不是要感謝總統傾聽「他」這個來自密西西比州牛津的公民鮑比・英格拉姆所說的話。他寫下公民（Citizen）時用了大寫的 C，來暗示他指的是一般的公民整體──每一個生活在美國的人。他覺得從某方面來說，只有那個大寫的 C 才足以正確表達他的意思。但從文法上來說，到底有沒有這回事？他坐在書房裡的老舊扶手椅中，腿上躺著貓咪巴比特，對著老舊的桌上型電腦（我們說的可是有軟碟機的那種）發愁。**或許沒有**，他想。**或許文法上不可以這樣講。**你絕對無法想像，他為了寫這封信打了多少次草稿，也無法想像把這封信寫好對他來說有多重要。當時是 2009 年，一切都跌到谷底；是的，可以說他也跌到了谷底。他很高興歐巴馬上任了，或許會有好事發生，歐巴馬或許會是願意傾聽公民的總統，鮑比希望總統知道他這麼相信。（他的確知道。）最開始打算要寫信時，他的計畫是要讓歐巴馬在 2009 年 1 月 21 日早上 8 點 35 分，也就是一上任時，看到的第一封信就是他寫的。他希望歐巴馬知道：嘿，這裡有個傢伙和你不一樣，不是常春藤盟校的，不是芝加哥來的，也不是非裔美國人。嘿，這裡有個來自密西西比州鄉下地方的乾瘦白人，沒受過什麼厲害的教育，生活正陷入可怕的低潮。這裡有個傢伙，他是那種，嗯，全班你最不指望會舉手回答問題的孩子，但他為你舉起了手，跟你說：「兄弟，我喜歡你。我希望你能好好幹。」

　　鮑比花了長達好幾個月撰寫草稿，有時還會為了清空思緒而去研究，他的信會經由哪條郵政路線寄過去，他在月曆上倒數日子，致力於準時完成信件，以便能讓他的信最有可能成為歐巴馬坐在辦公桌前讀到的第一封信。當然他真的研究了郵政路線。**我們在說的人可是鮑比・英格拉姆。**什麼事他都懂一點，或者應該說，什麼事

他都懂不少。這是他的祖父臨終前把寶貝孫子們一一叫到床邊道別時，所灌輸給他的生命箴言：「什麼事都去做。」他這麼告訴鮑比，「嘗試六個月。如果你喜歡，那就繼續做下去。」

再回到文法的問題。大部分的事情，他都是和妻子瑪莎一起做決定，包括道德上的兩難等等。若無法抉擇時，通常由瑪莎做最終決定。幸好，她的標準很寬鬆，不像她的母親「原子彈貝蒂」那樣嚴格。瑪莎知道，不正確本身並不一定是不可取的結果。證據之一就是麥可的可怕文法。麥可是鮑比的弟弟，他是一名長途貨車司機，時常在「駕駛員」或「飛行J」等貨車司機休息站等待洗澡間時寫信。他的信寫得怎麼樣呢？你真該讀讀他的信，語法怪極了，整封信滿是錯字。但這些錯誤卻能在文句中加上個人色彩，屬於麥可的個人色彩，讓你從信紙中感覺到他的存在。「瑪莎，他好流暢呢！」鮑比會這麼說，來讚嘆麥可信件的**流動**方式，和那股他在信紙上給人的感覺。「瑪莎，他現在流暢得很呢！」鮑比知道自己永遠也沒辦法寫出麥可那種信。但這也沒關係，這也沒關係。

鮑比覺得書信是人生中很重要的一件事。他也寫信給妹妹、爸爸、入獄的朋友布萊恩，還有一家集郵的朋友——他們都是好人。信件是寫在紙上的情感，信件是一件禮物。當你寫信給別人，收件者回信給你，彼此之間建立關係，使你們認可彼此。他喜歡在信件裡掉書袋，但前提是要用字優美。例如他在給總統的信裡寫的「靈巧的觸摸」（dextrous touch）。直到今天，鮑比還是不確定這樣的用法是否正確無誤。手可以是靈巧的，但觸摸可以是靈巧的嗎？是不是應該用「輕巧的觸摸」（light touch）才對呢？但「輕巧」就是不夠到位。他需要幾個音節、要有韻律感。「別鑽牛角尖了，」瑪莎說，「就這樣吧。」順道一提，鮑比最喜歡的一個詞是「éclaircissement」，意思是受到某項事物的啟發。看出來了嗎？這個詞的字根來自清晰（clarity）。那可真是個了不起的詞。

鮑比的寫信生涯從和麥可通信開始。他們大概從 50 年前開始通信，那時鮑比正在接受新兵訓練。你知道一個貴格（Quaker）教徒要從軍當兵有多困難嗎？他要填多少張表格、經過多少豁免檢定？陸軍認為，若你是貴格教的人，你就會以宗教信仰為由而抗議，你會毒害軍心。但這並非鮑比的本意。他長年與教會中的長者們一起參與反戰的集會遊行，他很好奇到底何謂戰爭。他反對著他從沒有做過的事，這讓他覺得空洞。他開始對戰爭與政治感到好奇——更不用說昆蟲、蜘蛛、鳥、烏龜、手語、古董車、詩、蘇格蘭短裙、竹子、橋梁和林業了，這都是讓他好奇的事物。他對一切都感到好奇。什麼事都去做。

軍隊把他送到慕尼黑，他在那裡學會了如何替直升機安裝螺旋槳。他寫信告訴麥可這件事，麥可回信說，他把一台金龜車改裝成了沙灘車。從此之後，他們就沒有停止通信過。

信件是兄弟情誼。第一步就是伸出你的手。鮑比寫信給總統時就是這麼做的。**他真的伸出了手。**他坐在電腦前，巴比特躺在他腿上，他伸出自己的手，發現手掌柔軟得可悲，而他必須解釋這是為什麼。不用過度戲劇化，只要說實話，他的個人、精神狀態、自我感知、身體以及靈魂的崩解，都包含在他雙手毫無硬繭的畫面中。

或許在提到測量土地時你不會想到硬繭。你可能不了解有八磅（約 3.6 公斤）那麼重的大鐵鎚，也不了解該如何揮動它。你必須一圈又一圈、砰砰砰地砸了又砸，才能把木樁敲進地裡六英寸（約 15公分）。他在 1983 年買下的大鐵鎚是他第二喜愛的工具，第一喜歡的工具則是灌木斧。這也跟揮動動作有關；若你後退幾步，他會示範如何揮動給你看。還有鉛錘。像這樣拿著鉛錘，它會在停止擺動的時候，告訴你地球的中心點在哪裡。**地球的中心點。**那是個很古老的工具。那是你的鉛錘。他大約每天要背著 80 磅（約 36 公斤）的工具工作，穿越樹林、沼澤和各種地形。他在做喬治·華盛頓做過

的事。他在做路易斯和克拉克做過的事[1]。土地測量把你和過去的人連結起來，讓你了解地主的意圖、了解地契。你必須閱讀這些文件，按圖索驥。像是有一次，他為了確認產業範圍而追溯到喬治國王撥贈的土地。文件上的記載是：「從越過水邊的第一座山岡上的界樁開始。」嗯，是哪一處水邊？哪一根界樁？「騎著驢子走上四天便能抵達下一個邊角，接著轉向北方，在陽光照在臉頰的時候騎著驢子走上兩天。」嗯，驢子能走多快？他必須弄清楚喬治國王統治時期的驢子能走多快，以及他們騎驢丈量土地時的天氣狀況。他最後終於弄清楚了，距離是 110 英里（約 177 公里）。大約是兩小時的車程。他找到了那根界樁。噢，他真的找到了！接著就是運用他的算術能力，弄清楚這一整片土地的邊界，畫出這片土地的界線，大功告成。一切靠的都是算術能力。你要記得，在他剛入行的時候，這都是靠計算尺、切線、餘弦表算出來的。你先查出一個角的餘弦，和**那個數字**相乘之後會讓你得到**那個**切線距離，然後**那個**就是你要計算的這個三角形的角度。棒極了，棒極了。圓周率加五次，跟圓弧半徑比對。這些東西通通與他密不可分。他穿越沼澤地，拿著他的計算尺做計算，找到一幫一百歲的洋槐木樁，然後他會想到那些想得出這些數學方法的埃及人，理所當然該是個神祕的民族。

土地測量就是這麼棒。就是**這麼棒**。

總之，你現在應該開始猜測那是什麼聲音了。那個「恰恰恰」的聲音？還有接下來的顫音？那是北美黑啄木鳥（pileated woodpecker）。很多人在唸牠的英文名字時發音錯誤。要唸「批 - 哩 - 欸 - 體 - 得」（Pi-lee-ay-ted）。那是全密西西比州個子最高的啄木鳥。有 18 英寸（約 46 公分）長。「恰恰恰，恰恰恰」，然後是「咄咄咄咄

1　指「路易斯與克拉克遠征」（Lewis and Clark expedition），1804 至 1806 年，美國陸軍上尉路易斯與少尉克拉克，帶隊橫越大陸，探索西部地區。

咻咻」。他最喜歡的鳥是玫紅比藍雀。他最喜歡的樹是合歡（也就是絨花樹）。瑪莎討厭家後面的竹子，還很害怕蜘蛛，然而她還是容許鮑比保留在屋外的那片蜘蛛棲息地。那就是愛。棕木林蜘蛛結的網通常會比鮑比家的廚房餐桌還要大。南方箱龜這個重要的物種當然也少不得；石頭上的那隻烏龜名叫布噓（BooHiss）。在鮑比養殖的眾多蛇種之中，有東部豬鼻蛇、鼓腹噝蝰和星點王蛇。當然，還有蜥蜴。這整個庭院就是用來養殖幾個特定物種的。他也在養印地安粉赤根驅蟲草，一種多年生的草本植物。此外還有沼澤鳶尾花、韭菜、百合、薊和大蒜。

這些知識有很大一部分都來自土地測量。你整天、每一天，都在外面與大自然作伴。

直到有一天他們叫你回家。2007 年 12 月，經濟衰退猛然降臨，全美各地都有人失去工作。建設工程業是受到打擊最嚴重的行業之一。再也沒有建築工程，再也沒有人買賣地產，再也沒有土地糾紛，再也沒有土地調查。

鮑比出局了。他和瑪莎還可以靠著瑪莎在大學的行政工作撐一陣子，但這全然不是重點。

他失去了他存在的目的。這種悲傷簡直就像是有人死了，或是離婚。這是會把你肺部氧氣抽光、逼你直不起身的大事。兩年的直不起身。**兩年**。他到處找工作，甚至願意隨工作搬到德州。那時他52 歲。沒有人需要他。

他隨時注意新聞。巴拉克‧歐巴馬吸引了他，歐巴馬鼓吹的希望的概念吸引了他。但他看到歐巴馬時，腦海中最大的聲音其實是：**哇喔，這傢伙接手了前人的爛攤子。一個亂糟糟的國家。**他需要幫助，大家都需要幫助。感覺就像是，我們一起來努力吧。這就是鮑比開始寫這封信的想法。

展開他的手掌，那代表一個招呼。那表示：這是我，一個手上

曾經布滿硬繭、中下階層、沒有受過太多教育的人。然而這個人也有好奇心、不斷提出疑問，是個自學成材、多才多藝的人。一個謎樣的人，一個矛盾的人。**這兩個人都是我。**「我遼闊博大，我包羅萬象。（I am large, I contain multitudes）」華特·惠特曼[2]說。別忘記這一點，總統先生：包羅萬象。

鮑比沒能在 2009 年 1 月 21 日讓總統看到信。他一直到 4 月才把信寫完。

信件內容定稿之後，他往後一靠，呼出一口氣，趕走貓，伸手拿來活頁紙。親手書寫是最重要的一點，因為信件是你的一部分。他希望這封信能寫滿一頁，剛剛好一頁，而且他要寫正楷字。他試了好多次（他書房裡有五個垃圾桶），接著他寄出這封信，然後忘記這封信。把信寄出去才是最主要的目的，那樣才算把話說完。從某方面來說，那封信與他過去寫的每一封信並無二致，每封信都是一個禱告。

把信寄出去之後不久，他就從抑鬱中走出來了。就像撥動了一個開關：**我不能用這種方式活著。**就只是一個轉念。瑪莎需要他；「原子彈貝蒂」快死了，這是個難以理解的概念。那個女人生命力之強的！而他知道怎麼跟貝蒂相處；在旁人都難過到無以為繼的時候，他可以整天都握著她的手。接下來他開始了他的「小老太太計畫」（LOLs）：需要有人幫忙處理日常雜務的小老太太（Little Old La-dies）。她們需要他。他能夠安撫人心，他能在幾秒內讓貓睡著。當然他還得照顧布嘘跟屋外那麼多的動物棲息地。天啊，光是那些鳥就夠他忙的！沒多久傑夫打電話來了，他改建船隻需要幫手。每個人都需要幫手！他現在和傑夫一起工作。傑夫負責跟外人打交道，而鮑比則能在最嚴酷的高溫下，一口氣扛起六塊兩吋寬四吋高

2　Walt Whitman，美國詩人，代表作為《草葉集》。

的木料，爬上梯子。

他就是後台裡那種綁著頭巾、滿頭大汗的人，你認識那種人。但他同時也是那種腦海裡有詩句的人，他知道是哪種鳥在歌唱，他想著數學等式，現在他又嘗試著要解決那座湖的水文學問題。

在他把信寄給總統的幾個月後，他收到了回信，一張白色的紙卡上標示著「白宮」。

他和瑪莎一起站在書房裡，仔細端詳那到底是不是歐巴馬親手寫的字。瑪莎說是，她把信舉到窗前的日光下看著。他說或許是，瞇著眼越過她的肩膀打量信件。接著他倒退了一步才想到，咦，等等，瑪莎。總統**會回信**？

編號 No.010

THE WHITE HOUSE
WASHINGTON

Bobby —
Thanks for the powerful letter. I'm working
as hard as I can to make sure that hard
working Americans like you have the opportunities
you so richly deserve.

THE WHITE HOUSE
WASHINGTON

鮑比：

　　感謝你充滿力量的信件。我正盡我所能努力工作，以確保所有像你一樣辛勤工作的美國人民能得到他們本應得到的機會。

巴拉克‧歐巴馬

Samples, 2009-2010

2009~2010年信件樣本

MK -

Reply

TO: ANYONE WITH ANY COMMON SENSE AT THE WHITE HOUSE,

Bonuses?? BONUSES??? For what? Losing the companies money at a record pace??

A.I.G. ....Freddie Mac....Fannie Mae....Morgan Stanley....Wells Fargo....Merrill Lynch....The list goes on & on!!

I realize I'm not the sharpest knife in the drawer, but for the life of me, I cannot understand what in the world is going on in our business sector! And in our Gov't.!! Can just ONE of you up there please explain to me how in the world this can be justified?? And please, don't start with the "best minds in the biz" routine...heard it all before. If that's the best we got, we're all in a world of hurt!!

Is this what we're teaching our kids to do when they move into the world by themselves...steal? Scam?? All in the name of the almighty dollar??

Since when do we reward incompetance?? Please tell me so I can pass it on to my boss!! Perhaps he's missing something! Since this "recession" showed it's ugly face, I have been cut back to working only 4 days a week. I struggle to pay my bills, gas the car, put food on my table. We watch every dime. I pay my taxes on time and mind my own business, but I now realize I've been doing wrong this whole time. What I really need to do to get ahead in the world is put on a coat & tie, get a wig, and smile like I'm everybodies best friend then SCAM the Hell out of them for all they got!!

And now, not only do you guys give my money away to the greedy ones who made
the very mistakes that put us in this mess, but you GIVE THEM BONUSES?????

I, for one, have had enough. It's time the citizens of this country take back our Gov't. & find someone who will not only tell us the TRUTH, (remember that word??), and who will not reward these idiots because they're the BEST WE GOT!!

BONUSES?? Come on...WAKE UP WASHINGTON!!!!!!

Timothy H. Mullin
~~PO BOX~~
LYNCHBURG, VIRGINIA ~~

回覆

致：白宮中任何一位有點常識的人

特別補助？？**特別補助**？？為什麼要給特別補助？因為他們用空前絕後的速度把公司的錢賠光嗎？？

美國國際集團 [1]……房地美 [2]……房利美 [3]……摩根史坦利 [4]……富國銀行 [5]……美林證券 [6]……還有一大堆其他公司！！

我很清楚我並不是才智最出眾的那個人，但打死我也不能理解到底我們的商業界是在搞什麼鬼！我們的政府是在搞什麼鬼！你們這些上位者中有**任何一個人**能跟我說明一下，這種狀況為什麼會是合理的？拜託不要再用老套的「他們是商業界頭腦最好的人」當作開頭了……早就聽過好幾遍了。要是這些人是全美國頭腦最好的人，那我們可就全都完蛋啦！！

我們要在孩子來到這個世界的時候教導他們這種事嗎……教他們偷竊？詐騙？？以萬能的金錢之名？？

我們什麼時候開始獎勵無能的人了？請回答我，以便我可以向我的老闆轉達這件事！！或許我老闆弄錯了什麼呢！自從令人厭惡的「經濟衰退」冒頭後，我的工時就被縮減為每週四天。我只能勉勉強強付清帳單、替車子加油、買食物回家。每一分錢我們都必須精打細算。我向來按時繳稅，也總是照料好自己的工作，但到了現在我才知道，原來我一直都做錯了。我若想在這個世界

1　即 A.I.G.（American International Group），是一家以美國為基地的跨國保險及金融服務機構集團，2008 年 9 月 7 日，由於受到金融海嘯的影響，美國國際集團的評級被調低，銀行紛紛向美國國際集團討債，導致流動資金緊絀。此事件促使美國聯邦儲備局宣布向美國國際集團提供 850 億美元的緊急貸款，以避免公司因為資金周轉問題而倒閉。
2　房地美（Freddie Mac），是美國政府贊助企業之一，商業規模僅次於房利美。在次貸危機持續時，美國政府於 2008 年 9 月宣布以高達 2000 億美元的可能代價，接管了瀕臨破產的房地美及房利美。
3　房利美（Fannie Mae），是最大一間美國政府贊助企業。
4　摩根史坦利（Morgan Stanley），成立於美國紐約的國際金融服務公司，是金融風暴時的華爾街五大巨頭之一。2008 年 9 月 17 日美國聯邦儲備局提供 850 億美元緊急援助，使其免於破產。
5　富國銀行（Wells Fargo），國際金融公司。2008 年秋天趁金融危機時，以低廉價格收購了美聯銀行。
6　美林證券（Merrill Lynch），世界最大證券零售商和投資銀行之一。2008 年 9 月 14 日，美國銀行以約 440 億美元收購美林證券。

出頭，真正該做的應該是穿得西裝筆挺，弄一頂假髮，露出把每個人都當作摯友的笑容，然後把他們的所有財產通通**詐騙**得一乾二淨！！

　　現在可好，你們這些人不但把我的錢送給犯了這種錯誤、導致我們陷入這種慘況的貪婪傢伙，你還**給他們特別補助**？？？？？

　　就我而言，我已經受夠了。是時候該讓這個國家的公民奪回我們的政府了。是時候該找個會告訴我們**真相**（還記得這個字嗎？？）的人了，找個不會因為我們**最多只能找到**這些白癡就獎勵他們的人。

　　特別補助？？拜託好嗎……**清醒點吧華盛頓**！！！！！

提姆西・H・莫林
維吉尼亞州，林奇堡

Tim —
Thanks for your letter. I share your sentiments, and we are moving as quick as we can to restore some common sense to the financial system.

THE WHITE HOUSE
WASHINGTON

Mr. Timothy Mullin
Lynchburg, Virginia

APR - 3 2009

提姆西：

　　感謝你的來信。我的看法與你一致，我們正以最快的速度讓金融系統恢復到有常識的狀態。

巴拉克・歐巴馬

提姆西・莫林先生
維吉尼亞州，林奇堡

2009 年 4 月 3 日

38
SAMPLE/
MILITARY

#21 11258603 - Linette Jones, In ID: 6858341, Out ID: 6696164

From:
Date: 9/29/2009 10:05:18 AM
Subject:Foreign Affairs

President Obama, I am very disappointed that you believe campaigning for the Olympics to be hosted in your home town is more important than my childs safety in Afghanistan! I did not care for George Bush, but at least I felt safe when he was in office. I cannot say the same now that you are President. I fear for my childs safety serving in the military in Afghanistan, I fear for me and my familys safety here in the United States. Your lack of decision making ability is putting us in jeopardy for attacks from terrorists. Please stop campaigning and do your job!

==== Original Formatted Message Starts Here ====

Date of Msg: September 29, 2009

reply

<APP>CUSTOM
<PREFIX></PREFIX>
<FIRST>Linette</FIRST>
<LAST>Jones</LAST>
<MIDDLE></MIDDLE>
<SUFFIX></SUFFIX>
<ADDR1></ADDR1>
<ADDR2></ADDR2>
<CITY></CITY>   North Yarmouth
<STATE></STATE> ME
<ZIP>   </ZIP>
<COUNTRY></COUNTRY>
<HPHONE></HPHONE>
<WPHONE></WPHONE>
<EMAIL>   </EMAIL>
<ISSUE>W_POTUS</ISSUE>
<ISSUE>W_POL_FA</ISSUE>
<ISSUE></ISSUE>
<MSG>
President Obama, I am very disappointed that you believe campaigning for the Olympics to be hosted in your home town is more important than my childs safety in Afghanistan! I did not care for George Bush, but at least I felt safe when he was in office. I cannot say the same now that you are President. I fear for my childs safety serving in the military in Afghanistan, I fear for me and my familys safety here in the United States. Your lack of decision making ability is putting us in jeopardy for attacks from terrorists. Please stop campaigning and do your job!
</MSG>
</APP>

http://iqpers:800/tc_asp/ima_text_popup_v2.asp?xxx=37247.99&oid=6696164&row=21   9/30/2009

#21 11258603 －蕾尼特・瓊斯，入編號：6858341，出編號：6696164

來自：〔隱藏訊息〕
時間：2009 年 9 月 29 日上午 10:05:18
標題：外國事務

　　歐巴馬總統，我對你感到非常失望，因為你認為，和我的孩子在阿富汗的安危比起來，爭取在你的家鄉舉辦奧運更重要[7]！我以前從沒在乎過喬治・布希（小布希），但至少在他的任期裡我覺得很安全。現在你成了總統，我就不再這麼覺得了。我很害怕我在阿富汗當兵的孩子不安全，我很害怕身在美國的我以及家人不安全。由於你缺乏決策能力，導致我們都身陷恐怖攻擊的危險之中。請不要再爭取奧運了，做好你的工作！

回覆

7　2009 年 10 月，歐巴馬曾飛往哥本哈根，向國際奧委會遊說，替芝加哥爭取 2016 年夏季奧運主辦權，最後由里約熱內盧獲選。歐巴馬年輕時住過很多地方，曾說過芝加哥「讓他找到了根」。

THE WHITE HOUSE
WASHINGTON

Dear Linette —

I received your note. I am grateful for your child's service, and have no more important job than keeping America safe. That's why I am puzzled that you would think a one day trip on the Olympics — a trip in which I met with General McCrystal, our commander in Afghanistan, to discuss war strategy — would somehow distract me from my duties as (over)

Commander-in-Chief. You may not like all my policies (that is something you quickly get use to as President), but rest assured that I wake up in the morning and go to bed at night thinking about our soldiers and my responsibilities to them.

Sincerely,

DEC - 9 2009

* Pdf emailed to Mike Kelleher
11-30-2009

68

**COPY FROM
ORM**

親愛的蕾尼特：

　　我已收到妳的來信。很感謝妳的孩子的貢獻，在我所有工作中最重要的一項，就是確保美國的安全。因此我感到有些困惑，為什麼妳會覺得，我為了爭取奧運而進行的當日來回行程——在這趟行程裡，我與美軍駐阿富汗指揮官麥克力斯托將軍[8]討論過我們的策略——是沒有盡到我身為三軍統帥的職責。妳或許對我的某些政策感到不盡滿意（這種事在成為總統後就會很快習慣），但請妳放心，我從清晨起床到晚上睡覺，心中都想著我們的士兵，以及我該對他們負的責任。

　　　　　　　誠摯的

　　　　　　　　巴拉克・歐巴馬

2009 年 12 月 9 日

※ 將 Pdf 檔案給麥可・凱萊赫

2009.11.30

8　General McChrystal（1954-），美國退役陸軍將軍，2009-2010 年擔任阿富汗指揮官。

President Barack Obama
The White House
1600 Pennsylvania Ave, NW
Washington, DC 20500

Dear President Obama;   20/Jan/09

      Hello, my name is Michael P. Powers, and I was born in Waukegan, Illinois on July 4, 1954...Enclosed is a picture of my father, and I have carried it for almost 30 years now...His name was Benjamin Maurice Powers Sr. and like me he was born in Waukegan, Illinois on April 1, 1929...Now the reason I have sent you this picture of my father,(You may keep it if you like), is that he smoked 3 packs of cigarettes a day, and on August 21, 1979 at the age of 50 he died from smoking 3 packs a day...I was 25 years old at the time, and since than their has been roughly about one million times that I wanted, and needed to talk to him...I remember watching you on TV in Grant Park when you won, as you walked out I heard one of your daughters almost scream,"Hi Daddy" and at that moment I missed my father more than I think I ever have, because I did the same thing when I was a kid, and he would get home from work...He was and always will be my best friend... If you always want to be there for your girls, than stop smoking NOW! Someday they are going to need you for something,(we all do need our parents for something at sometime or another), and I want you to be there for them, and also I think The United States, and the World need you now more than ever, and I want you to be there for all of us...I just know you are going to do a knockout job for the next eight years, so like Red Skeleton used to say,"Good day and May God Bless"...

                                     Sincerely, Your Friend

                                     Michael P. Powers

70

巴拉克‧歐巴馬總統
白宮
西北賓夕法尼亞大道 1600 號
20500 華盛頓，哥倫比亞特區

2009 年 1 月 20 日

親愛的歐巴馬總統：

　　嗨，我是麥可‧P‧包爾斯，1954 年 7 月 4 號出生於伊利諾州沃其根……隨信附上我父親的照片，我已經隨身攜帶這張照片將近 30 年……他是老班傑明‧墨利斯‧包爾斯，於 1929 年 4 月 1 號和我一樣在伊利諾州沃其根出生……我之所以把這張照片寄給你（如果你想要的話可以把照片留著），是因為他每天抽三包菸，在 1979 年 8 月 21 號，他因為每天抽三包菸而逝世，得年 50 歲……他過世時我 25 歲，從那之後，我大概有 100 萬次想要也需要和他聊聊……你當選時我正在看電視，那時你在格蘭德公園，當你走到鏡頭之外時，我聽到你其中一位女兒大喊：「嗨，爹地」，那是我這輩子最想念我父親的時刻，因為在我還小的時候，我也曾在他下班回家時做過同樣的事……他曾是也永遠會是我最好的朋友……若你希望能一直陪著你的女兒，請你**從現在開始**別再抽菸了！[9] 她們將會在未來的某天為了某些原因而需要你（我們總是會在某些時候因為某些原因需要父母），我希望屆時你能在她們身旁。此外，我認為如今美國以及這個世界都前所未有地需要你，我希望你能站在我們所有人的身邊……我知道你將會在未來八年交出精彩的成績，在此引述雷德‧斯克爾頓 [10] 的話給你：「日安，願神祝福你」……

你誠摯的朋友
麥可‧P‧包爾斯

9　歐巴馬從青少年起開始抽菸，在 2010 年戒菸成功。
10　Red Skelton，美國喜劇藝人，曾多次獲得艾美獎，演藝生涯長達 70 年。

THE WHITE HOUSE

Michael —

Thanks so much for the wonderful letter, and the good advice. I am returning the picture, since it much be important to you, but I will remember your dad's memory.

THE WHITE HOUSE

麥可：

感謝你美好的來信，也感謝你的忠告。我想這張照片對你來說意義重大，因此寄回給你，但我會將你對父親的回憶牢記心中。

巴拉克·歐巴馬

From: Ali Hazzah
　　　Hobe Sound, Florida
　　　September 16, 2009

I lost my job in 2001, after the tech meltdown. Was a senior IT manager for an Internet company in NY that went belly up. I applied to hundreds of jobs, after this disastrous event - nothing. I was never able to get a full time job, I guess due to my age (I am now 58), but got by on my considerable savings, and some minor real estate transactions. Of course I hade to take out private insurance. I was assured by the sales agent that rates rarely went up. Since 2001, my insurance premiums have gone up exactly one hundred per cent - and i have never had a serious illness of any sort. In the last 8 years, I have paid almost ONE HUNDRED THOUSAND DOLLARS in insurance premiums, for my wife and I, to Blue Cross Blue Shield of Florida. I believed in then Senator Obama, when he said it was time for a change, that yes, he could be the one we could believe in to change things. I was one of the few where I live who put up Obama/Biden election signs (at my own expense, and at some personal risk from Republican goons, who tore them down every night) up and down US1 and did other things (such as contributing $100 to the Senator;s campaign, and working with the local democratic party) to help him get elected - this in a conservative, often bigoted, religion-obsessed county, a place where Rush Limbaugh is actually taken seriously by many. Three month ago, my wife had to have minor arm surgery. Our insurance premium immediately went up 30 per cent, and this is the first claim we have ever put in. I now have to make do without insurance - I can longer afford it - and I am, I repeat, 58 years old, not exactly in my prime. But I guess people like my wife and I dont really matter to you, President Obama, or the rest of the Washington crowd; we are just disposable, powerless losers who will be forced to go through everything we own before we can one day qualify for Medicaid. Thank you, Mr. Obama, thank you so much for reminding me what Washington is really about, and how much my wife and I mean to you. I just have one question: how could you put aside what your own mother had to go through? Sorry for taking up your time. After all, I am nothing but a disposable old fool in your world, right? Good luck getting our vote next time around. I am even going to vote Green or sit out the midterm elections to teach you and your cynical coterie of advisers a very very small lesson about keeping one's promises. You betrayed me, Sir: shame on you. I will never forget it.

寄件者：阿里·哈薩
佛羅里達州，荷布松德
2009 年 9 月 16 日

　　科技業泡沫化後，我在 2001 年失業了。我曾是紐約一家網路公司的資訊科技經理，如今那家公司破產了。在那場災難性事件之後，我申請過上百份工作──但一無所獲。我再也沒能得到一份全職工作，我猜大概是因為我的年紀吧（我今年 58 歲），因此只能靠著我還算不少的積蓄，以及少量的房地產交易維生。我當然得買私人保險。保險業務專員當時向我再三保證，費率幾乎不可能會提高，然而從 2001 年開始，我的保險費增加了整整一倍──而我從來沒有罹患過任何嚴重疾病。在過去這八年間，我替我妻子與我支付了將近**十萬美元**的保費給佛州藍十字藍盾公司。那時我相信歐巴馬參議員所說的話，他說是時候改變了，他說是的，我們可以相信他就是帶來改變的人。在我居住的這一帶，我是少數在車上貼歐巴馬／拜登競選標誌（自費，且冒著會在半夜被共和黨蠢蛋拆掉的風險）並開車上下國道一號的人，此外我還做了其他事（例如捐 100 美元給參議員歐巴馬的競選總部、與本地的民主黨員合作）想幫助歐巴馬當選──雖然這裡是個保守、有時偏執、且執迷於宗教的地方，甚至有許多人會把拉什·林博 [11] 這個人當一回事，但我還是這麼做了。三個月前，我妻子必須在手臂上動一個小手術。我們的保費立刻漲了三成，但這分明是我們頭一次向保險公司求償。我現在不得不放棄保險──我再也付不起了──而我，讓我再複述一次，已經 58 歲，不再處於顛峰期了。我猜像我妻子和我這樣的人，對你或華府的那些人來說根本不算什麼吧，歐巴馬總統；我們只是可丟棄的、無能為力的輸家，在終於能夠符合醫療補助計畫的資格之前，我們必須花光家產才行。謝謝你啊，歐巴馬先生，真是感謝你提醒我們華府真正重視的是什麼，還有我妻子和我對你的意義。我只有一個問題：你怎麼有辦法忽視你自己母親曾經歷過的事呢？抱歉佔用你的時間。畢竟我對你來說什麼都不是，只是個隨時可丟棄的老傻瓜，不是嗎？祝你下次競選時還能得到我們的票。我寧願投給綠黨，或者乾脆在期中選舉時冷眼旁觀，給你和你們那一群憤世嫉俗的小圈圈一個非常非常小的教訓，讓你們知道不守承諾的後果。你背叛了我，先生：你還真有臉。我永遠都不會忘記這件事。

11　Rush Limbaugh，美國右翼電台主持人。

THE WHITE HOUSE
WASHINGTON

Dear Ali —

Thanks for your letter. I confess I was confused
by the anger directed at the Administration, since
we are working every day to get a strong health care
bill passed. Of course I wish it would come
quickly, but change is never easy.
And I am convinced we will get
it done before the end of the year.

THE WHITE HOUSE
WASHINGTON

親愛的阿里：

感謝你的來信。我必須承認，我對於你針對美國政府的怒氣感到困惑，因為我們每天都在努力想辦法通過強大的健保法案。我當然很希望健保法案能盡快實施，但改變並不容易。我深信我們會在年底前把它完成。

巴拉克‧歐巴馬

Dear Mr. President,

I was watching your State of the Union address a few nights ago on television. There was a part in your speech where you alluded to the many letters you receive from people throughout the United States. I'm writing because I thought that you might somehow get to read mine.

I am a 21 year old college senior at East Stroudsburg University of Pennsylvania majoring in elementary education. My home is farther south, in the small town of Walnutport. That is where I reside with my family when I am not living at school. My father is in his fifties and has been laid-off from his job as a union construction laborer for many months. He is receiving some money through unemployment, but not nearly as much as he would receive if there were a job available to him. My mother is in her late forties and has a job in a screen printing factory. Her hours are cut frequently without notice. My 18 year old brother graduated from high school last year and has opted to work two jobs, one at a local grocery store, and the other at UPS. I recently had to take a few months off of my jobs as a swim coach for two teams to ensure that I can put all of my energy into student teaching.

The reason I am writing to you is to ask for some advice. I want to help my family. We are lower middle class and very hard-working, especially my mother and father. We are certainly not at the top of the food chain, but we have always been thankful for the things that we do have, knowing there are others with larger needs. My father is used to experiencing temporary lay-offs, as it is typical of the construction industry. Because of that, we have always been an efficient and frugal family. We've also been able to make it through past financial hardships by sticking together and waiting patiently for things to get better. But I'm starting to really worry. My parents have always kept their concerns hidden by telling my brother and me that they were the adults and there were not problems for us to worry about. Well, I am an adult now, so I have a decent idea of what our status is.

Throughout my life, my father has always been positive about everything. He works incredibly hard and is very good at what he does. But since he has been out of work for so long, I can see a marked change. It is mainly in his eyes. They seem much more sullen. He does not laugh nearly as much. He seems smaller somehow. I can tell by the way he acts that he feels responsible for all of our current worries. Will my mom have enough gas to make it to work? Which car will break down this week that he will need to fix? Out of all of the important bills, which is most important to be paid first? How long until his benefits run out? What if one of us gets sick? What groceries will we be able to afford this week? Will he have a pension when he is finally able to retire? The list goes on and on.

I can see it all eating away at him. He can't sleep. And I wonder... if even he is starting to break, what can the rest of us do?

And my mom, she tries hard as well. She stayed home with my brother and me for most of our lives because her job couldn't pay for child care, and she hated the idea of strangers raising us. She went back to work a few years ago. Now, after getting sent home early due to lack of work, I've seen her come inside, a long while after hearing her car park, only to enter the house with red eyes from the tears she just cried to herself in the car.

Please don't get the impression that I am searching for an apology or pity. Those things are never necessary or useful, and there are others who are far worse off than I can imagine. I know action is the only way we can move forward. But I feel so insignificant and helpless. I don't know what I can say or do to help my family. I know the usual answer, "Just wait, things will get better." I have to be honest though, I don't know how much longer we can wait. I don't know how much longer I can bear to look into my father's eyes and see the deep-seeded sadness that has replaced his positive demeanor and posture. I don't know how much longer I can watch them be told to "just wait, it will be OK," just to see their hopes be smashed again and again. I don't know how much longer I can listen to the subtle note of defeat that is invading my mother's words. And I don't know how much longer I can deal with the guilt of putting additional financial strain on my family by trying to be the first of us to attend and graduate college. And now, I am realizing that the chances of me being able to get an honest job as a teacher is more like a fairy tale than a reality.

I guess the advice I am searching for is "What do I do?" I know that as the president, you have a lot of expectations placed on you. A lot of the things that people are expecting of you are not even things you have direct control over. I also understand that all of the things contributing to our country's problems will not and cannot be fixed overnight, or even over four years. It's not your job to respond to me, or even to read this letter. But for some reason, I felt that I needed to try. Maybe my mind finds comfort in the fact that I took some sort of an action.

Anyway, I don't care about having enough money to buy a new car, or a laptop, or a smart phone. I just want to be able to walk back into my house and see my mom smile the way she used to, or hear my dad laugh without it sounding like it is coming from someone else. I miss that more than anything.

Name withheld
Walnutport, Pennsylvania
March 17, 2010

親愛的總統先生：

　　幾天前晚上，我在電視上看到你的國情咨文演講。你在報告時提到你收到許多人從美國各地寄信給你。我之所以寫這封信，是因為我覺得你有可能會讀到。

　　我是就讀賓州東斯特勞茲堡大學的 21 歲大學生，主修小學教育學系。我家在賓州南部，是一個叫做沃爾特波特的小鎮。當我不住校時，我就會回去那裡與家人同住。我爸爸今年 50 多歲，他曾是工會建築工人，在數個月前被遣散。他可以領失業救濟金，但完全比不上有工作時的收入。我的母親今年將近 50 歲，她在一間網版印刷廠工作。工廠常常沒有事先通知就刪減她的工時。我的弟弟 18 歲，去年剛從高中畢業，他選擇打兩份工，一是在當地的雜貨店，另一個則是在優比速快遞。我為了能全心全意投入教學實習，最近這幾個月必須辭掉之前在兩個泳隊擔任教練的工作。

　　我之所以寫信給你，是想請你給我一點建議。我想要幫助我的家人。我們是中下階級的家庭，全家人都辛勤工作，我爸媽尤其如此。我們的位置當然不是食物鏈的最頂端，但我們一直都很感恩我們所擁有的一切，因為還有許多人比我們更匱乏。我父親習慣了這些暫時性裁員，因為這在建築業很常見。因此，我們一家人一直都很勤儉持家。在遇到經濟困難時，我們總是耐心等待事情好轉，同心協力度過難關。但我現在真的開始擔心了。我父母過去從來不會讓我們看到憂心的一面，他們總是對我們兄弟說，他們是大人，這些問題不該由我們來擔心。如今我也是個大人了，所以大約了解我們現在的狀況。

　　從我出生到現在，我父親總是用樂觀的態度面對一切。他工作時總是盡心竭力，做得非常出色。但在他失業這麼長一段時間後，我發現他有了明顯的改變。最大的改變是他的雙眼。他的眼神變得陰沉，也不再像以前那麼常笑了。不知道為什麼，他好像變瘦小了。我能從他的舉動看出來，他覺得自己該為我們如今所有的煩憂負責。我媽媽車裡的汽油足夠讓她開去工作嗎？這個星期會有哪輛車壞了要他來修理？在這些重要的帳單中，哪一張是最重要、應該最先繳清的？他的津貼什麼時候會結束？要是我們家哪個人生病了怎麼辦？這個星期的菜錢有多少？等他終於可以退休時，他會有退休金可以領嗎？無窮無盡的煩憂。我看得出來，這些問題正慢慢吞噬他。他無法成眠。而我不禁會想……要是他真的開始崩潰，我們三個要怎麼辦？

還有我媽媽，她也非常辛苦。在我們兄弟的成長過程中，她幾乎都待在家裡，因為她的薪水請不起保母，而且她也很不願意讓陌生人照料我們。她在幾年前回到職場上。現在，她會因為沒有工作可做而提早回家。我在家時，會聽到她停好車後，又過了好久才走進家裡，雙眼通紅，顯然是因為剛剛在車裡獨自哭過。

　　請不要誤以為我這麼說是想要得到你的道歉或同情。道歉與同情沒有必要，且沒有意義，這世上還有很多人的情況遠比我能想像到的還要糟。我知道唯有採取行動，我們才能繼續前進。但我覺得自己真的好渺小、好無助。我不知道我該怎麼說或怎麼做，才能幫上我的家人。我知道大家最常說的答案是：「再等一等，一切都會好轉的。」但我必須老實告訴你，我不知道我們還能等多久。我不知道我還能承受多久，一直看著我父親眼底深處的哀傷，過去的樂觀態度與心境消失無蹤。我不知道我還能看多久，一直看著他們聽別人說「再等一等，一切都會沒事的」，而我卻只能看著他們一次又一次地希望破滅。我不知道我還能聽多久，我母親話語間時而隱含的挫敗感。我不知道我還能承受多久這樣的罪惡感，只為了我想成為家裡第一個讀完大學的人，卻將額外的經濟壓力加諸在家人身上。而如今我才發現，原來要得到一份真正的教職難如登天，遠非現實可及。

　　我想，我其實是希望有人能回答這個問題：「我該怎麼做？」我知道你身為總統，一定身負眾望。人民希望你能做到的事當中，有許多是你根本無法控制的。我也很清楚，我們國家有許多問題的根源沒辦法在一夜之間、甚至沒辦法在四年內解決。你沒有義務回信給我，你也沒有義務讀這封信，但出於某些原因，我覺得我必須試試看。或許我會因為做了點什麼而好過些。

　　總之，我不在意我有沒有錢能買新車、筆電或智慧型手機。我只希望能在回家時看到我媽媽像往常一樣微笑，或者聽到我爸爸的笑聲時不會覺得那一點也不像我爸爸。那是我最想念的事物。

〔隱藏姓名〕
賓州，沃爾特波特
2010 年 3 月 17 日

Ellen F. Crain, MD, PhD
Professor, Pediatrics and
Emergency Medicine
Network Director,

Reply.

January 23, 2009

The Honorable Barack H. Obama
President of the United States
The White House
1600 Pennsylvania Avenue NW
Washington, D.C. 20500

Dear President Obama:

I want to share with you a story from our pediatric emergency department which demonstrates the impact of your Presidency on our young people in a way that might not otherwise be apparent. Both the patient and her mother have given me permission to share this story with you as well as their names and address.

On January 21, 13-year-old ██████████ was brought to our pediatric emergency room by her mother, ██████████, after being punched in the face by other youths on her way home from school. She had two lacerations just below her right eye that needed suturing, but she was crying and trembling so much that we couldn't treat the wounds without risking injury to her eye. Nothing anyone said could calm her down. Then I asked if she had watched the inauguration and President Obama's speech. She said yes, and I asked her, "What would President Obama want us to do right now?" She replied, "He would want us to do what we have to do and do our best." She took a deep breath and became still, and we were able to successfully and close her wounds. I told her President Obama would be very proud of her, and she beamed. I know she would treasure a communication from your office. Her address is below:

Ms. ██████████
██████████

More impressive than the many remarks we heard from citizens about your inauguration's meaning to them was to see how your election and inaugural remarks could give a young person the strength to successfully deal with a personally frightening situation.

Sincerely,

Ellen F. Crain, MD, PhD
Medical Director, ████████████████████
████████████

艾倫・F・克雷恩醫師，博士
小兒急診醫學教授
〔隱藏機構〕網路主任

2009 年 1 月 23 日

回覆

敬愛的巴拉克・H・歐巴馬
美國總統
白宮
西北賓夕法尼亞大道 1600 號
20500 華盛頓，哥倫比亞特區

親愛的歐巴馬總統：

　　我想與你分享一個發生在我們小兒急診科的故事，這個故事某種程度展現了你當總統對年輕人的影響力。故事中的病人及其母親都允許我們告訴你姓名地址。

　　在 1 月 21 日，13 歲的〔隱藏姓名〕被她的母親〔隱藏姓名〕帶來我們的小兒科急診室，她在從學校回家的路上被其他孩子一拳打在臉上。她的右眼下方有兩道撕裂傷需要縫合，但她不斷狂哭顫抖，以致我們無法在不傷及眼睛的同時處理傷口。無論任何人說什麼話都無法讓她冷靜下來。當我問她是否看過歐巴馬總統的就職典禮與演講。她回答有，我問她：「歐巴馬總統會希望我們現在怎麼做？」她回答：「他會希望我們盡心盡力做該做的事。」接著她深吸一口氣，不再發抖，我們終於成功地縫合了傷口。我告訴她，歐巴馬總統一定會以她為傲，而她破涕而笑。我認為若你的辦公室能聯絡她，她必定會非常珍惜。她的地址如下：

　　　〔隱藏地址〕

　　我們聽很多人說過，你的就職典禮對他們來說有多重要，但更讓我們感動的，是看見你的當選及就職演講給予一位年輕人力量，讓她成功面對一個可怕的狀況。

誠摯的

艾倫・F・克雷恩

艾倫・F・克雷恩醫師、博士
〔隱藏機構〕醫療主任

COPY FROM
ORM

THE WHITE HOUSE
WASHINGTON

Your doctor, Ellen Crain, told me about your recent difficulty. I'm proud of how you handled things, and have confidence you will do great things in the future.

Be well!

MAR 17 2009

〔隱藏姓名〕：

　　妳的醫師艾倫・克雷恩跟我說了妳最近遭逢的困難。我以妳面對此事的態度為傲，我有信心妳在未來將能成就大事。

　　祝好！

巴拉克・歐巴馬

2009 年 3 月 17 日

THE WHITE HOUSE
WASHINGTON

COPY FROM ORM

Dr. Crain —
Thanks for the note. I wrote to Ms. ████, and
appreciate your interest!

Dr. Ellen F. Crain
Medical Director

MAR 17 2009

克雷恩醫師：

感謝妳的來信。我已致信給〔隱藏姓名〕小姐，衷心謝謝妳的用心。

巴拉克·歐巴馬

艾倫·Ｆ·克雷恩醫師
醫療主任
〔隱藏地址〕

11/25/09 MR

Reply　　　Support　2

Kenny Jops

Chicago, IL

Dear President Obama,

I heard that you are good at correcting homework. I was wondering if you could take a look at this (particularly the highlighted portion on the back). How did I do?

Thank you,
Kenny Jops, Beaubien School
Chicago, IL

肯尼・賈普斯
伊利諾州，芝加哥

回覆

親愛的歐巴馬總統：

　　我聽說你很會改作業。不知道可不可以請你幫我看看這個（尤其是後面特別標記的部分）。我的功課做得怎麼樣？

謝謝你。

肯尼・賈普斯

波比安小學
伊利諾州，芝加哥

Kenny Jobs

-wants you to look
at his homework

Send back with the
vocabulary list.

肯尼・賈普斯
　　希望你能幫他檢查功課。

把單字表一起寄回去。

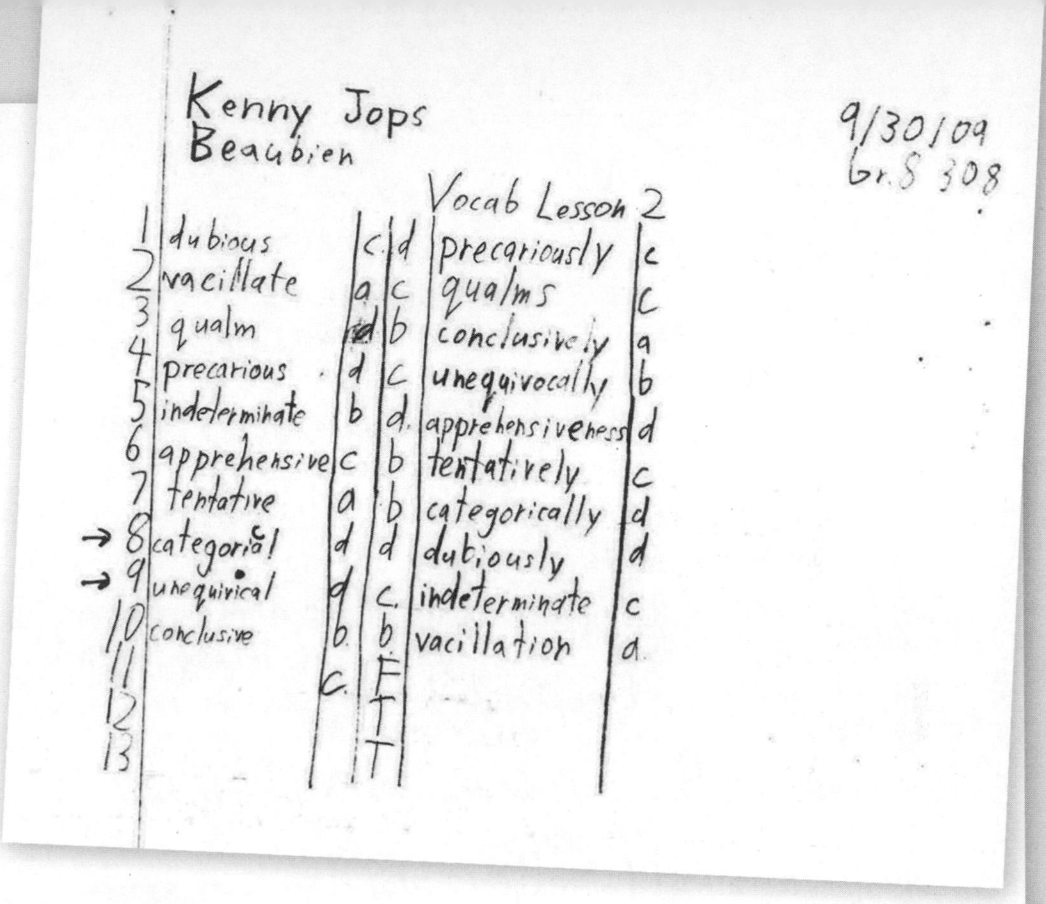

Handwritten note

Kenny Jops
Beaubien

9/30/09
Gr.8 308

Vocab Lesson 2

1	dubious	c. d	precariously	c
2	vacillate	a	c	qualms	c
3	qualm	b	b	conclusively	a
4	precarious	d	c	unequivocally	b
5	indeterminate	b	d	apprehensiveness	d
6	apprehensive	c	b	tentatively	c
7	tentative	a	b	categorically	d
→ 8	categorical	d	d	dubiously	d
→ 9	unequivical	d	d	indeterminate	c
10	conclusive	b	b	vacillation	d
11		c			
12			E		
13			T		

肯尼・賈普斯

波比安小學

第二課單字

1.		懷疑		危險地
2.		搖擺不定		疑慮
3.		疑慮		確切地
4.		危險		確實地
5.		模糊		憂慮
6.		憂慮		姑且
7.		猶豫		斷然
→ 8.		確確實		懷疑
→ 9.		無欸效		模糊
10.		確切		搖擺不定
11.				
12.				
13.				

- apprehensive, anxious, uneasy. Bill was apprehensive about sky diving.
- categorial, absolute, Her categorial boycott of Cheese Flavored Cheese Snacks left her yearning for cheese.
- conclusive, decisive, ending uncertainty, His colclusive report on cells changed the science world.
- dubious, unsure, This report left no one dubious.
- indeterminate, vague, Even slightly indeterminate statements made by the president seemed to fascinate FOX news.
- precarious, This puts Obama in a precarious position. ⟵ dangerous,
- qualm, a sense of doubt, He is probably in a qualm as to why this is happening.
- tentative, uncertain or provisional, FOX is probably tentative as to what to do when he makes good decisions.
- unequivocal, perfectly clear, Some believe that it is unequivocal that during this scenario FOX will run around like a headless chicken and scream death panels.
- vacillate, to switch opinions. They always seem to vacillate drastically so as to disagree with him.

- 憂慮：緊張，不安。比爾對於跳傘感到憂慮。
- 确（確）實：絕對的。她确（確）實抵制起司口味的零食，因此讓她非常想吃起司。
- 確切：決定性的，終結不確定性。他提出了一份關於細胞的確切報告，改變了整個科學界。
- 懷疑：不確定。沒有任何人對這份報告抱持懷疑。
- 模糊：不清楚的。即使總統發表的聲明只是稍微模糊，似乎也會讓福斯新聞 [12] 很感興趣。
- 危險：不安全。這件事使歐巴馬陷入了危險的處境。
- 疑慮：懷疑的感覺。他或許對於這件事發生的原因感到有些疑慮。
- 猶豫：不確定或暫時的。福斯新聞可能在猶豫，在他做了對的決定的時候該怎麼辦。
- 無疑：非常清楚。有些人認為在這種情況下，福斯新聞無疑會像無頭蒼蠅一樣跑來跑去，驚呼「死亡陪審團」[13]。
- 搖擺不定：改變意見。為了表達對他的不同意，他們總是大幅度的搖擺不定。

---

12 福斯新聞為美國政治立場傾向共和黨保守派的媒體，對自由派民主黨的歐巴馬常多有批評。
13 針對歐巴馬健保，反對者以及不信任此措施的人認為，這項施政代表政府將有權選擇誰可以接受醫治，誰又將被犧牲，並因此創造出「死亡陪審團」（Death Panels）這個詞彙。

THE WHITE HOUSE

WASHINGTON

Kenny —
Nice job on the homework. I caught only
two words misspelled on the vocabulary list.
Dream big dreams.

COPY FROM
ORM

Kenny Jops

Chicago, Illinois

✻ Encl. Original homework
vocal list.

DEC 14

肯尼：

　　你的功課做得很棒。我只在單字表上找到兩個錯誤。

　　祝你勇於追求偉大的夢想。

　　　　　　　　　　巴拉克・歐巴馬

肯尼・賈普斯
伊利諾州芝加哥

※ 附原功課及單字表

12 月 14 日

ML.

202 - 456 - 2461

Reply

June M. Lipsky

East Meadow, NY

March 4, 2009

Dear President Obama:

I have not been able to contain myself over the news I have been hearing in the last few days.

I voted for you in the last election and I was very excited about the change you promised. I watched the presidential debates. I remember hearing you say that you would stop the special pork that has plagued every bill passed in Washington for the last several years. I remember you saying that your presidency will be marked by putting an end to special interest groups. I was so excited about the prospect of these changes.

Newsday reported this week that Lobbyists are gearing themselves to help special groups to seek the distribution of the billions of dollars that the Stimulus Package and the Proposed Budget make available contrary to what you promised for CHANGE.

You have nominated and sworn individuals who have been part of the problem in Washington for many years, and while you indicated in your speeches before being elected that you will   CHANGE. It sounds like more of the same.

I am a Democrat and I have always voted with the Democratic Party. I am a regular citizen, part of the middle class. I have worked all of my life, living within my means. Never collected unemployment insurance, never applied for Medicaid, never asked for financial assistance. My mortgage is paid off. I have been saving regularly for my retirement and invested to have a comfortable retirement.

I hear that your program will serve the needs of many taxpayers that earn less than $250,000, that I will receive a sum of money $800 if I remember correctly.

Frankly, I am very disappointed. The $800 will hardly do me any good. You have provided bail out money for large companies who have a history of failing, continue to fail, and you continue to bail them out. Typically the automobile manufacturers, the insurance companies like AIG, the banks, who by the way are licensed to steal money from hard working folk like myself.

If my business had failed, I would have gone bankrupt without credit and without a helping hand such as the one your government is providing these large companies.

Where is the fairness?. I have lived within my means all of my life. I sent my children to school without public assistance, paid my taxes and penalties when required.
In the meanwhile some of the people you appointed are known to have failed to pay their fair share. Even in Congress, Mr. Rangel, head of the Ways and Means Committee has been accused of failing to pay his fair share among other pending accusations that the Ethics committee has failed to investigate. Yet, Mr. Rangel continues to serve.

How would you like me to react when I see that manufacturers, banks, insurance companies, and individuals who have acted irresponsibly are being rewarded while people like me are not reaping the reward of having acted responsibly.

Is this what our sense of justice is?

Thieves such as Bernard Madoff, who have been indicted for stealing 50 billion dollars from hard working folk as well as rich companies, pension plans, rich individuals, retirees, has the gall of requesting that 62 million dollars in his wife's name not be used to compensate the victims of his fraud. Where did a middle class person from Laurelton, Queens, NY get to accumulate such as vast sum of money? Now he wants his wife to keep the reward of this Ponzi scheme to keep it while he serves out his time in jail? How do you expect honest working people to feel when we see so much injustice being committed.

No, Mr. President it is not about republicans or democrats, it is about fairness. We the middle class have been denied the opportunities by previous administrations. We have been holding the bag while banks and powerful politicians in Washington continue to steal our hopes and dreams.

You, Mrs. Pelosi and Mr. Reed are not really trying to work in a bipartisan way, and in the process we the hard working middle class is paying for your vendetta against each other.

Mr. President, it is time to stop the bickering. Your stimulus package and your present budget proposal have violated the promises you have made during the presidential debates and continue to reward a sector of society that hardly contributes to the wealth of this nation.

Wall Street is reacting to the insecurity exhibited by your appointees and by your failure to keep your promises. If you want us to trust you, you must keep the promises you made. You are serving the same interests you spoke against during the presidential campaign, and like in the past, went the same as many other politicians. This, for the Americans is a policy of NO CHANGE!

Like always, in Washington business is as usual, and so far you have not CHANGED anything. Please restore the faith and trust I put in you when I voted for you in

November. When I argued with my friends and yes, even my father and my children, that things would be different if you got into office. So far, they were right and I was wrong. Nothing has changed.

Sincerely,

June M. Lipsky

瓊‧M‧利普斯基
紐約，東梅多
2009 年 3 月 4 日

回覆

親愛的歐巴馬總統：

　　我在前幾天聽到了一些消息，讓我難以自持。

　　上次選舉，我把票投給了你，並很期待你所承諾的改變。我看了你的總統大選辯論，我還記得你說，你將會遏止過去幾年嚴重影響華府各項法案通行的政治分肥狀況，我還記得你說，你將會在任期內終止特殊利益團體，當時我對未來充滿期待。

　　這週的紐約新聞日報（Newsday）報導，說客們正準備要利用振興經濟方案與預算草案，幫特殊利益團體分得這數十億美元的一部分，這與你當初承諾的**改變**完全相反。

　　你提名並任用的好幾個人都是多年來讓華府出問題的人，但你當初在選前演講中表示你將要**改變**。我看不是改變，而是不變吧。

　　我是民主黨員，每次選舉都投給民主黨。我是個平凡的公民，身為中產階級一員，我這輩子都努力工作，量入為出。我從來沒領過失業津貼、沒申請過醫療補助、沒尋求過經濟救助。我已付清房貸。為了退休後能過得舒適，我定時存款也小有投資。

　　我聽說你打算幫助收入少於 25 萬美元的納稅人，沒記錯的話，我將會收到 800 美元。

　　坦白講，我覺得很失望。800 元對我幾乎沒什麼幫助。你金援那些有失敗前科的大公司，他們繼續失敗，你又繼續金援。尤其是汽車製造商和美國國際集團那一類的保險公司、銀行，順帶一提，那些公司還能用政府許可的方式從和我一樣辛苦工作的人民身上偷錢呢。

　　要是我的事業失敗了，我就只能宣告破產，不再有信用申請貸款，也根本不會像那些大公司一樣得到政府提供的幫助。

　　公平何在？我這一生都量入為出。我替孩子付學費時沒有領政府的補助，我繳稅，若遭罰款也必繳納。

　　與此同時，某些你指派的官員並沒有繳交他們應付的份額給政府。就連眾

議院籌款委員會 14 的領導者蘭格爾先生 15 也遭指控未付稅金等罪名，但道德委員會卻沒有調查此事。

你認為我該有什麼反應？我看著這些不負責任的製造商、銀行、保險公司和個人得到獎賞，但像我一樣負責任的人卻沒有得到應得的收穫。

這就是我們公認的正義嗎？

像伯納德・馬多夫 16 之流的小偷，他被控從努力工作的人、有錢大公司、退休金計畫、有錢人、退休者那裡偷走了 500 億美元，居然還有臉要求不得用他妻子名下的 6,200 萬美元去補償這樁詐欺案的受害者。請問住在紐約皇后區勞爾頓的中產階級是怎樣累積了這麼大一筆錢？如今他還希望能在坐牢的時候，讓妻子保存這場龐氏騙局 17 的獎勵？當我們這些勤懇工作的人看到這種不公不義的事時，你要我們怎麼想。

不是的，總統先生，這件事的重點不在於共和黨或民主黨，重點在於公平。過去的執政者拒絕提供機會給我們這些中產階級的人民。當銀行和華府高官不斷竊取我們的希望與夢想時，所有的後果卻一直是由我們承擔。

你、裴洛西女士 18 以及里德先生 19 並沒有真的試著與不同黨派的人合作，你們因為宿怨以公報私，結果是讓我們這些辛勤工作的中產階級付出代價。

總統先生，是時候停止爭吵了。你的振興經濟方案與現今的預算草案違背了你在總統大選辯論中的承諾，你持續獎賞對我國財富沒有絲毫貢獻的一群人。

你指派的人不牢靠以及你未能實踐承諾，讓華爾街隨之做出反應。若你希望我們能信任你，你就必須實踐承諾。你在競選時所反對的利益團體，正是你現在服務的對象，就和以前的政客一樣。對美國人來說，這個政策根本就是**不**

---

14 美國國會中，負責稅收、貿易等事務的委員會，被認為是全美最有權勢的委員會之一。

15 查爾斯・蘭格爾（Charles Rangel，1930- ），美國民主黨籍，1971 年起出任聯邦眾議員至今。他是眾議院籌款委員會首任非裔主席。

16 伯納德・馬多夫（Bernard Madoff，1938- ），是美國金融界經理人，前納斯達克主席，他以對沖基金作為投資騙局的掛牌公司。馬多夫於 2008 年被逮捕，坦承 11 項罪名，被判處 150 年監禁。

17 龐氏騙局（Ponzi scheme）或稱「金字塔式騙局」。是一種無法持續經營的商業模式。「老鼠會」就是經典的「龐氏騙局」案例。

18 Nancy Patricia Pelosi（1940- ），2007~2011 年時擔任眾議院議長，由於民主黨在 2018 年的期中選舉獲勝，自 2019 年起，她再度重回眾議院議長的位置。

19 John Francis "Jack" Reed（1949- ），美國民主黨成員，曾任美國眾議院議員，及現任美國參議院議員（1997 年至今）。

變！

　　一切一如往常，華府還是照舊運作，目前為止你什麼都沒有**改變**。我在 11 月投給你時非常信任你，請你重新取得我的信任。當時我和朋友爭論，甚至和我的父親與孩子爭論，我認為你上任之後情況會有所改變。但目前為止，他們是對的，而我是錯的。什麼都沒有改變。

誠摯的
瓊・M・利普斯基

THE WHITE HOUSE
WASHINGTON

June —

Thanks for the letter. Please know that the only thing I spend my days thinking about is how to help hard-working Americans like you. I share your outrage about the big banks, and the only reason we are helping them is to make sure that the whole banking system doesn't collapse and result in even more hardship for ordinary Americans.

As for as keeping promises, the budget I've outlined only gives tax breaks to middle class folks, and moves us in the direction of health care reform and energy independence. That's what I campaigned on, and that's what I intend to deliver.

I understand your frustrations; I'm frustrated too. But don't give up hope — we will get this done!

Sincerely,

[signature]

Ms. June M. Lipsky

East Meadow, New York

MAR 17. 2009

100

COPY FROM
ORM

THE WHITE HOUSE
WASHINGTON

瓊：

感謝妳的來信。希望妳能了解，我每日所想的，就是要如何協助像妳一樣辛勤工作的美國人。我和妳同樣，對大型銀行感到憤怒，我們協助他們的唯一原因，是為了確保銀行體系不致崩盤，造成美國人民過得更加辛苦。

在實踐承諾這部分，我列出的預算僅降低了中產階級的稅金，使我們往健保改革與能源獨立的方向前進。這正是我競選的宗旨，也是我現在打算要做的事。

我能理解妳的挫折感，我也感到挫敗。但請不要放棄希望——我們一定會成功的！

誠摯的

巴拉克·歐巴馬

瓊·M·利普斯基小姐
紐約，東梅多

2009 年 3 月 17 日

1.28.2009

Reply

Dear President Obama,

 I am in 6 graid, I am a girl, I am elevin years old, I am the only child.

I live with my mom in ▓▓▓▓ and my dad livs in ▓▓▓▓

I am a artist, I draw cartoons. my dad werks on the boats, and my mom werks at the marina. somtimes I pick up trash at the beach.

my contry is the u.s.a, and its fine. my contry is grait be cawse we all are safe, my contry is beautiful, we all runto the beatch and pick up sheals, I run to the beatch with my dog rozi. I want to cainch my contry into...somthing thats in the future in 3001.

me and my mom are homeless. I want a circle house with a bedroom upstears, my mom and me would live thear. the kitchen is supposed to be big. the house neads to be in the forest near a big lake.

ail, see you laiter!

sincerely.

▓▓▓▓

2009 年 1 月 28 日　　　　　　　回覆

親愛的歐巴馬總統：

　　我現在六年及（級），我是個女生，今年十衣（一）歲，我們家只有我一個小孩。

　　我和我媽住在〔隱藏地址〕，而我爸注（住）在〔隱藏地址〕。

　　我是藝術家，我會畫卡通。我爸在船上工做（作），我媽在碼頭工做（作）。我有時後（候）會撿海灘上的垃圾。

　　我的国（國）家是美国（國），這很棒。我的国（國）家很棒，因位（為）我們都很安全，我的国（國）家很美，我們都跑去海攤（灘）撿貝殼，我和我的狗羅西一起跑去海攤（灘）。我想要把我的国（國）家改便（變）成……未來西元3001 年的某仲（種）東西。

　　我和我媽沒有家。我想要一間圓形的房子，臥室在摟（樓）上，我媽和我可以住在那里（裡）。廚房應該要很大。房子要在森林里（裡）一個大湖的旁邊。

　　我門（們）以候（後）見！

誠摯的
〔隱藏姓名〕

THE WHITE HOUSE
WASHINGTON

E██████

Thanks for the beautiful letter, and the great
cartoons!
I will be working hard so that all families
have a nice place to live, and I will keep you
and your family close to my heart.

[signature]

██████████
██████████
██████████
██████████

〔隱藏姓名〕：

　　感謝妳美好的信件，也謝謝妳漂亮的卡通圖畫！

　　我會繼續努力工作，讓每個家庭都有個好地方住。我會把妳與妳的家人牢記在心中。

　　巴拉克・歐巴馬

8/9/2009

Subject: Health Care

Dear President Obama -

I am very concerned about what I am hearing about your new Health Care Plan. My wife and I care for our only child, an 8 yr. old boy, Mason, who has a form of muscular dystrophy is wheelchair bound, ventilator dependent and feeds through a g-tube. Needless to say he is a very happy little boy and the love of our lives. I work full time and am blessed to have health insurance through my employer. This insurance pays for all of our sons care and the medical equipment we use in the home. Our son requires in home nursing care which is also covered by our health insurances and MediCal. My recent concerns are rumors that I am hearing about our proposed health care plan that would no longer allow children like my son to be cared for in our home and lead to he and children like him being institutionalized in order to contain health care costs. Please help me to alleviate these concerns. I have faith in you as our President and truly appreciate all you do.

Thank you,

Scott, Staceyanne & Mason Fontana

Chico, CA

2009 年 8 月 9 號
主旨：健保

親愛的歐巴馬總統：

　　我最近聽說了你的新健保計畫，讓我非常擔心。我妻子和我很在乎我們的獨子，他今年八歲，名叫梅森，罹患肌肉萎縮症，必須倚賴呼吸器、坐輪椅，靠胃管進食。想當然耳，他是個非常快樂的小男孩，也是我們生命中的摯愛。我現在是全職工作，有幸能讓雇主替我保健康保險。這份保險支付了我們兒子的所有醫療費用，以及我們在家使用的醫療器材費用。我們的兒子需要居家護理，目前是靠健康保險與加州醫療保健計畫（MediCal）支付費用。但我聽說我國最近提案的健保計畫，可能不會再允許像我兒子這樣的孩子接受居家護理，而會將他和像他一樣的孩子送到醫療機構，藉此控制醫療成本。請幫我紓解上述擔憂。我相信你是位好總統，也感謝你所做的一切。

謝謝你。

史考特、斯黛西安與梅森‧方塔納
加州，奇科

THE WHITE HOUSE
WASHINGTON

Scott, Stacey anne & Mason —

Thanks for your note. I promise — nothing in our health care plan would take away Mason's care. In fact, we are trying to strengthen the system so care will always be there for him.

THE WHITE HOUSE
WASHINGTON

史考特、斯黛西安與梅森：

　　感謝你們的來信。我向你們保證──我們的健保計畫絕不會取消梅森現有的照護。事實上，我們正試著強化健保系統，讓他一直都能得到護理。

巴拉克‧歐巴馬

Sample / Hardship

10/29/09
MK

Mr. Barrack Obama
The President
The White House

September 25, 2009

Reply

Dear Mr. President:

Congratulations on your election. It has been very interesting to watch your Administration grow and move forward. I am writing to you today as a concerned citizen from middle class America, because I know I am not alone and I want to enlighten you to what happens in the real world to people who have been working hard to see this country prosper.

Three years ago, my family was living a comfortable life. We had a home, cars, a boat, and were able to pay our bills and still provide the little things for our two growing boys. Then my husband lost his job. While he finally found employment in January 2008, it is at about one third of his previous earnings.

We began to fall behind on our bills and I was forced to draw from my retirement and credit to keep us afloat. All the while, my husband, a highly successful salesperson, was trying to get a job and couldn't even get an interview with a local discount store. To make a long story short, after about a year and a half struggle, the repossessions of a vehicle and a boat, and numerous attempts asking for help from our Mortgage Holder, we lost our home in March of this year. We were too late for your help as much as we desperately wanted it.

So, now we are in a rental unit. We are living paycheck to paycheck. Trying to stay afloat in that two year time frame cost me $80,000 out of my retirement and approximately $200,000.00 of debt from a second mortgage and credit card debts we incurred through that period. Now we can barely pay to put food on our table or clothes on our kids for school. We need to file bankruptcy—it is the only solution. The problem is we cannot file for Bankruptcy protection without $2000.00 to pay for it. If we were able to file, we could make it and start again, but there is no money to file and we have run out of options for loans.

Mr. President, I make a good living and I have been at my job for 14 years. While my husband's income trickles in we have to live off an income that was never designed to be the main income. I just am at a loss as to what to do. We are not buying extras—no new clothes for me in two years, not eating out, and no extra amusements for the kids- and yet we cannot get a leg up. I know there are people out there in worse shape. Recently, when I called the power company for help paying a past due bill to keep the power on at my home, I was directed to a number of charities to ask them for help. I could not bring myself to do it, knowing I make a lot more than most people.

We are not the only people in this situation. We are willing to accept responsibility for our actions and take the hit of filing bankruptcy, but we can't afford to do that and keep a roof over our head, so it seems like a catch 22. I cannot sleep and have developed medical conditions over this. I live in constant fear every morning of waking up to find all the money in my checking account—what little there is—gone from a garnishment from which I cannot defend myself.

After all this, I have a very important question to ask you: What does a person who is trying to recover in this economy supposed to do when they can barely afford to pay their bills and need to file bankruptcy, but they cannot afford to do it? I am not condoning bankruptcy, but it is the only solution for us. Where do we go for help? We did nothing wrong and tried to make good on our obligations, but no one will help us. My husband was even fortunate enough to find some work, but it just isn't enough.

My 13 year old son asked me to write to you. He asked me why you won't do anything to help people who are struggling like us. What do I say to him Mr. President? When he cannot have the new school clothes he needs and I have to explain to him that we cannot afford what we used to take for granted, what do I tell him? No child should worry about money or offer to find a way to work to help his family. But, at 13, he is well aware of the stresses on our family despite our efforts to shield him. How do I prove to him that you are the person and lead an administration that will help us?

I am very interested in your reply. My guess is you will never see this letter and some staffer will respond on some form letter. But, I am trying to show my son that our leaders are hearing our pain and responding. You probably have no way to help us either—I have pretty much given up hope and just hope I don't lose my job because I am in financial danger---you see, I work for Bank of America where associates are held to higher standards and cannot even receive help with Overdraft fees because we should know better. They also hold the second mortgage note that we had to default on, so I just hope I can keep my job. The stress never stops   I just pray a lot and hug my kids a lot and hope we can have a roof over our heads as winter comes.

Thanks for taking the time to read the rambling of a frustrated and scared citizen. I know you have bigger and better fish to fry. If I get a reply I will make sure my son knows it. It is important for kids to respect the President and to know he cares.

I would like to leave you with a quote of inspiration as you plow through the many issues you deal with each day, as it sometimes gets me through my day, "A river cuts through rock, not because of its power, but because of its persistence." (Jim Watkins).

God Bless you and America

巴拉克・歐巴馬先生
總統
白宮

回覆

2009 年 9 月 25 日

親愛的總統先生：

　　恭喜你當選。看著你的政府成長並一路前行，是一件很有趣的事。我是一名關心國情的中產階級美國公民，之所以寫信給你，是因為我知道還有許多與我狀況相同的人，我想讓你知道，我們這些努力工作、看著國家繁榮的人在真實世界中遇到了什麼事。

　　三年前，我的家庭還過著舒適的生活。我們有房、有車、有一艘船，我們有能力付清帳單並替兩個還沒長大的兒子買一些小玩具。後來，我先生失業了。當他好不容易才在 2008 年 1 月找到新工作時，薪水只有之前的三分之一。

　　我們漸漸無法付清帳單，我被迫從我的退休金與信用卡提款，讓我們勉強維持生活。我先生是一位很成功的銷售員，這段期間他一直在找工作，但連當地的量販店也不願意面試他。長話短說，經過了一年半的掙扎、因為無法負擔分期付款而失去了一輛車與一艘船，以及向我們的房貸債權人多次請求幫助之後，我們在今年三月失去了我們的家。儘管我們極度需要你的幫助，但一切都太遲了。

　　所以，現在我們住的地方是租來的。我們是月光族。在我先生失業的頭兩年間，我為了能勉強度日已花了大約八萬元的退休金，又用二胎房貸與信用卡借貸了大約 20 萬元，在那段期間我們陷於債務中。如今我們連要買一家人的食物與孩子上學時穿的衣服都很勉強。我們必須申請破產——這是唯一的解決之道。但問題在於我們沒辦法申請破產，因為申請破產保護需要支付 2,000 美元。若我們能申請破產，就能度過難關，重新開始，但我們沒有錢申請破產，也已經沒有任何能申請到錢的貸款了。

　　總統先生，我的收入還算不錯，也已工作了 14 年的時間。但如今我先生的收入微薄，我們家庭必須仰賴一份原本並非主要收入來源的薪水維生。我真的不知道該如何是好。我們不買非必需品——我已經兩年沒買新衣服了，我們

不吃外食，孩子也沒有額外娛樂——但我們的經濟狀況還是沒有起色。我知道還有更多人的狀況比我更糟。我前陣子打電話到電力公司，因為我們逾期未付電費，希望他們能協助我們處理這件事，不要停掉家裡的電，而他們給了我慈善團體的電話，請我打過去尋求協助。我沒辦法撥出這個號碼，因為我知道我賺的錢比很多人還要多得多。

我們不是唯一陷入這種處境的家庭。我們願意為自己的行為負責，接受申請破產帶來的後果，但我們沒有辦法在申請破產的同時還能保住遮風避雨的住處，所以這看來像是第 22 條軍規 [20] 的矛盾處境。我睡不著，身體因此出了一些狀況。我每天早上起來都非常害怕帳戶裡的錢（少之又少的數字）會被扣押，但我卻無計可施。

在經過了這許多之後，我有一個非常重要的問題想要問你：若有人想要從這樣的經濟狀況中重新振作起來，他們幾乎無法付清帳單因而需要申請破產，但又沒有錢能申請破產，他們該怎麼做？我不認為破產是件好事，但我們沒有他法可想了。我們該去哪裡尋求協助？我們沒有做錯任何事，也曾試著好好盡責，但沒有人願意協助我們。我先生找得到工作已經算是運氣好了，但還是不夠。

我 13 歲的兒子要我寫信給你。他問我，為什麼你不能幫助像我們這樣的人。我該怎麼回答他呢，總統先生？當他上學時沒有他需要的新衣服可穿，我必須向他解釋我們如今已經負擔不起從前視為理所當然的開銷了，我該怎麼說？孩子不應該為家中的經濟狀況擔心，也不應該想方設法來幫忙。雖然我們很努力地想要幫他擋掉家裡的壓力，但 13 歲的他其實都很清楚。我要如何向

---

20 Catch-22，美國作家約瑟夫‧海勒（Joseph Heller）的長篇小說。書中所謂的第 22 條軍規指示，發瘋的飛行員可以免於飛行任務，但同時又規定必須由本人提出申請，然而如果本人提出申請，便證明此人並未發瘋，因為「對自身安全表示關注，乃是頭腦理性活動的結果」。後成為常用英語詞彙，引申為荒謬無解的兩難處境。

他證明，你和你所領導的政府將會幫助我們？

　　我很希望能得到你的回覆。但我猜你永遠也不會看到這封信，或許你的工作人員會幫你在制式信上代答。但我想要讓我的兒子看到，我們的領導者有在傾聽我們的痛苦，而且他會做出回應。你可能也無法幫我們──我幾乎已經放棄希望了，我只希望我不會因為金融狀況不佳而丟掉工作──我在美國銀行工作，這裡對員工的要求很高，我們甚至連透支費都沒有減免，因為比起別人我們應該更要管理好自己的帳戶。我違約的二胎房貸也是向我們公司借的，所以我只能希望我還能保住工作。壓力永遠沒有結束的一天。我只能多祈禱和擁抱我的孩子，希望我們能在冬天來臨時還有個能遮風避雨的地方住。

　　謝謝你花時間閱讀我這個沮喪又害怕的公民所寫的冗長信件。我知道你有更大、更重要的事要做。若我能收到回信，我一定會告訴我兒子。尊重總統以及知道總統真的在乎，對於孩子來說是很重要的。

　　我想在此引用一句話送給你，因為我知道你每天都要埋頭處理許多重要議題，而這句話有時能幫助我度過難捱的日子。「河水能穿石，靠的不是力量，而是鍥而不捨的堅持。」（吉姆・瓦特金 [21]）

願主保佑你與美國

21　Jim Watkins，美國新聞播報員。

THE WHITE HOUSE
WASHINGTON

Dear

I know how tough things are, and I am doing everything in my power to speed up the recovery. The economy took a big hit from the financial crisis, but the steps we have taken have halted the slide into Depression, and I'm confident that if we persist, your family and the country will see brighter days!

God Bless,

THE WHITE HOUSE
WASHINGTON

親愛的：

　　我知道日子有多難熬，我正盡一切努力加速經濟復甦。金融危機使我們的經濟狀況大受打擊，但我們採取了許多措施，以阻止國家陷入蕭條。我有信心，只要我們繼續堅持，妳的家庭與美國必定能迎來晴天！

願上帝保佑妳，

巴拉克・歐巴馬

CHAPTER 3

The Mailroom

信件室

費歐娜（Fiona）應該是一名梳著蜂巢頭的老小姐，她的小眼鏡靠在雄偉的胸前，眼鏡鏡腳上掛著細細的鍊子，當她透過黃銅製的郵件槽（槽孔內一片黑暗，散發出一股帶有黴菌的灰塵味）大吼「不行擅闖進來！」時，她圓滾滾下巴上的幾根小鬍會跟著顫抖。

或是類似這樣的情況。總之費歐娜在我心中的形象是一名殺氣騰騰的守門人。所以當她現身時，我覺得自己受騙了：她是一名非常討人喜歡的年輕女性，年紀大約 30 出頭，身材纖瘦，深藍色的雙眼令人著迷，發音如文學教授一樣咬字標準。

她在秋天的一個涼爽早晨到白宮的安檢門口接我，她說：「我們先從參觀開始。」她在電子郵件裡已經告訴我，在我獲准進入信件室之前，我必須先同意遵守一些相關規定。這些規定可以理解，主要都與隱私問題有關——除非我得到信件作者的明確同意，否則我不能洩漏任何我讀到的信件內容——不過費歐娜宣布這些規定時的堅毅態度讓我明確了解到：她非常在乎寫信給總統的人。

要過了一段時間後我才知道，費歐娜的滿腔熱忱到底有多令人驚嘆。

她帶我前往艾森豪行政辦公大樓（Eisenhower Executive Office Building）的卸貨區。大家通常稱這棟大樓為 EEOB，這棟巨大建築座落在一整個街區，但似乎從來沒有在媒體或有線電視台介紹白宮時，出現在照片或者新聞中。這真是一件怪事，因為這樣一棟大樓實在很難讓人視而不見。EEOB 是一棟極端多樣化的附屬建築物，距離西翼大門只有數步之遙。這個巨型人造物的陽台非常引人注目，上有華美的頂飾與精巧的煙囪——建築的外表太過繁複，以至於在19 世紀末初落成時，許多人都抱怨這棟建築看起來就像是塊大蛋糕。馬克‧吐溫說這是全美國最醜的建築物；歷史學家亨利‧亞當斯（Henry Adams）稱之為「建築界的嬰兒收容所」。此類的評語持

續了好一陣子——之後杜魯門總統將之稱為「美國最偉大的畸形怪物」——而該建物的建築師阿爾弗雷德‧穆萊特（Alfred B. Mullett）最後自殺身亡。如今大家把 EEOB 視為理所當然，就像是你常在中型城市裡看到的那種老舊龐大的法院。EEOB 裡面設有超過 500 間政府辦公室，從國家安全委員會總部、特勤局衣物間到副總統會議廳都在這裡。

　　信件室位於一樓，就在卸貨區旁邊。門上寫著「總統答信辦公室」（Office of Presidential Correspondence）。假如你寄一封信給總統，最後都會集中到這裡——在此之前會先在某些祕密地點掃描，以確保信件裡沒有爆裂物或有毒物質。「所以，信件拿來時都已經打開攤平了，信封會釘在後面。」費歐娜邊說邊打開一間辦公室的門，他們稱這間辦公室為「紙本信件室」（hard-mail room）。

　　紙本信件室裡雜亂無章，就像期末考前的大學自修室一樣充滿疲憊與凌亂的氣息——到處都是紙張，牆邊堆滿檔案，桌下也是一疊又一疊的文件，貼著便利貼的電腦螢幕底下用箱子墊高，電線任意懸掛著。聲音壓低的年輕男女，男的穿西裝打領帶，女的穿著毛衣套裝與絲襪——如果你在白宮工作，你就要穿正式點——他們把鉛筆咬在齒間或者塞在耳後，多數人都正低頭閱讀。在白宮大門外的傑克遜廣場街上，還有一間衛星辦公室，叫做「電子郵件收發辦公室」（the email room），是跟這裡一樣擠的工作場所。總共加起來，總統答信辦公室（Office of Presidential Correspondence）——大家都稱之為「OPC」——共需 50 位工作人員、36 位實習生與 300 名輪班志工同心協力，才能跟上每天一萬封信件與訊息的數量。身為總統答信辦公室的運作主管，費歐娜負責讓一切得以流暢運作。

　　「妳何不坐下來讀幾封信呢？」她說。這句話聽起來不太像是問句，比較像是命令。共有十個實習生擠在兩張長桌旁，但那裡還有一個空位。

抓一疊信，坐下，開始閱讀。這整件事非常直接：閱讀。

一名女孩不希望她媽媽被遣返，拜託總統可不可以幫幫她？一名男人終於向妻子承認他是同性戀者，他想要告訴總統這件事；一名汽車代理商來信說他的銀行要讓他倒閉了，感謝你做的好事，總統先生；一名退役軍人不斷看到他過去在伊拉克看到的景象，他寫了一封幾乎沒人看得懂的信來沒頭沒腦地說了一大串，卻反而讓他想傳達的訊息變得更清楚：「幫幫我。」一名囚犯承認自己販賣古柯鹼，但他希望總統知道他並不是個沒有希望的人：「我有夢想，總統先生，大夢想。」一名男人找不到工作；一名女人找不到工作；一名具有高級證照的老師找不到該死的工作；一對女同性戀伴侶剛結婚：謝謝你，總統先生。一名男人寄來他的醫療帳單；一名女人寄來她的學貸帳單；一名孩子寄來她畫的貓；一名母親寄來她青少年孩子的成績單──全科都拿到了 A，棒極了，對嗎，總統先生？

親愛的總統先生：

……**你**，先生，你是美國的**總統**。**你**，先生，你**應該**要**幫助**像我們這種**小人物**的家庭。我們是構成這個國家的人。你說工作機會增加了，大家能負擔的開銷也增加了。**你**，先生，你必須來我住的地方看看事情有多糟。因為在斯波特瑟爾韋尼亞郡這裡，狀況可不是你說的那樣。我住在斯波特瑟爾韋尼亞郡的鄉下帕特洛，讓我告訴你……工作機會屈指可數。我丈夫和我只想要能活下去，只想要在孩子們生日以及聖誕節時能買蛋糕或禮物給他們。這又是另一個問題了──我的兒子們甚至連聖誕節都沒有辦法過，因為我們沒有錢買禮物給他們。**你**是否曾不得不告訴你的女兒們，說今年聖誕老人不會來你家？……

誠摯的
伯達妮・柯恩
維吉尼亞州帕特洛

這裡一疊信，那裡一疊信，更遠的地方又有一疊信；你可以隨心所欲地從中間抽出一封信件來。信件的陳述結構鬆散、內容急切，所有美國人都在同時說話，沒有任何潤飾。手寫字體、墨跡、信頭的選擇——每一封信都是真實的，每一封信都來自一個真實的人，現在你拿著這封信，所以現在你要對這封信負責。

總統先生：

我妻子和我最近失去了我們 22 歲的兒子大衛二世。他用買來的手槍結束了自己的生命。兒子是我們的無價珍寶。他原本可以做任何他想做的事情。

我寫信給你，是因為我們的兒子是一名飽受精神疾病折磨的人，但他卻還是可以買到槍。他曾在 17 歲時接受非自願住院醫療，但賓州卻允許有這種醫療紀錄的人買槍。

我們覺得痛不欲生。我們為了另外三個兒子必須試著堅強振作，但每一天我們都在崩潰之中……

謝謝你。
大衛・科斯特洛
費城

「妳需要一枝鉛筆。」坐在我旁邊的女人說。她看起來像是實習生，但後來我才知道她是費歐娜的副手之一葉娜‧貝（Yena Bae）。她大約 20 多歲，給人一種輕快明亮的感覺，臉上帶著歡迎你的光芒，就像是你在幼兒園的第一位老師。我注意到費歐娜不見了；顯然她把我交給了葉娜。在白宮的期間，我頻繁遇到這種充滿默契的轉移方式，時時刻刻都會有某個人照看著我。

在房間遠處的牆上有一面白板，上面寫著倒數日期：「你還有99 天能改變寄件者的生活。」這裡指的是 2017 年 1 月 19 日，也就是歐巴馬政府執政的最後一天，同時也是 OPC 員工在此工作的最後一天，他們幾乎全都是政治任命，不會在新政府接管之後繼續在白宮工作。距離大選不到一個月。「我們的時間，就是，在倒數了，」葉娜告訴我。「我們希望能替下一任政府把我們的寄件者狀態弄好。我們希望接手的人能好好關照他們。」

「小人物小組（Team little people），」她說，「我們都是這麼稱呼我們自己的。」她說信件室看起來或許是白宮中最沒有光環的工作場所，但這裡的人都認為他們擁有某種祕密的超能力。「妳之後就知道了。」

今晚，這間房間中會有十封信被放到總統的桌上。收發室工作人員的工作之一，是把早上收到的幾千封信件細選分類，最後挑出十封要給歐巴馬讀的信。

「每日十信。（the 10LADs）」葉娜遞給我一支鉛筆。

「妳要用屬性為信件編上代碼。」其中一位實習生說。

紙本信件室的第一項工作，就是在每封信的左上角標出「屬性」（要用鉛筆寫）。寄信人寫的內容是什麼？槍枝暴力、健保、無人機轟炸、家暴、烏克蘭、德州。把你的名字縮寫寫在這些代碼下。把整疊信件都標上代碼後，再伸展你的脖子和雙腳，把這疊信拿到「牆」旁邊，那裡有一個塞滿紙張的淺棕色置物系統，每個置

物架上都貼有相應屬性的標籤。關達那摩灣（Gitmo，美國在古巴的軍事基地）、次貸危機、移民、蜜蜂。（**連蜜蜂都有？**）這些代碼分別對應到一百多種總統回覆的制式信件，由九人制的「OPC 撰稿小組」不斷更新。同時，所有兒童寄來的信件會放進另一個不同的箱子裡，由樓上的「兒童小組」拿走；生日、周年紀念或者告知有新生兒的信件，則交給「祝賀小組」；禮物送到「禮物小組」。走廊對面有一個六人組成的「個案工作小組」，他們負責處理需要聯邦機構給予特別關注的信件。舉例來說，或許有人需要幫助才有辦法向退伍軍人事務部申請福利，個案工作者可以介入調查。還有幾個代碼是需要額外注意的。例如「敏感信件」代表來信者想告訴總統的事與重大損失、疾病或者其他個人創傷有關，這些信件要交給傑克・康明（Jack Cumming），他穿著一身淺棕色西裝，外貌文靜，整天閱讀的信件都是全國各地陌生人所遭遇的大小慘劇，這些信件充滿令人無法忍受的悲痛，因此他時常需要透一口氣，這時他就會跑到紙本信件室來逛。「來這裡光是……讀信，就讓人覺得很好。」他說。

許多在 OPC 工作的人都跟我說過這句話。當你的工作陷入瓶頸，或煩心或無聊時，你會去的地方就是紙本信件室。這裡能讓你找回中心，提醒你是為何來到這裡。坐下來讀信。箱子永不會見底。美國有許多話要說，要是你不聽，就沒有其他人會聽了。

紙本信件室裡的實習生要在一天內看完 300 封信，因此他們習慣了動作迅捷，每個人都坐在一堆堆信件之中，各自在角落塗塗寫寫。

我告訴葉娜，我還卡在我拿到的第一封信上。寄件者是一位來自科羅拉多州的男人。他曾吸食海洛因。他寫信告訴總統，他已經戒毒了。

「對，我們常收到這一類的信。」葉娜說。

但他後來又再次吸毒。他對自己的性傾向感到不自在。他的父親死了。他試圖自殺。他的媽媽從來沒有放棄他。這是一封很長的信，我讀得愈深入，就愈覺得讀得很不舒服，這種感覺就像是我打擾了一段私密的友誼。

　　「他後來又戒毒了。」我告訴葉娜。我看了看她必須讀完的那一疊信，接著又看向所有正在讀信的人面前那一堆堆的信件。這些信都像這樣嗎？

　　「妳想要的話，可以直接把這封信放到樣本去。」葉娜說。

　　「樣本」代表的是：把這封信放進有可能是每日十信的那疊信件當中，也就是這封信有可能在當晚送到歐巴馬手上。

　　我想像歐巴馬讀到這個海洛因癮君子的信的樣子。他需要看到這個嗎？我憑什麼決定呢？其他人又憑什麼決定？

　　「在上面寫下『樣本』就可以了。」我詢問要如何把一封信標為樣本時，葉娜這樣回答我。把「樣本」寫在左上角，用鉛筆，字體要小小的。（以示對信件的尊重。）接著拿起信，把信丟進貼有「樣本」貼紙的木製收件箱裡。費歐娜會在每天結束前把這些信件拿走，一一瀏覽並下決定。每天大約會有 200~300 封信件，也就是每天的信件中有 2% 會被丟進樣本箱中。

　　我用筆輕敲桌面，再次看了看這封信。這是一封打字後印出來的信，文法精準無誤。寫信的人似乎花費了許多時間在這封信上。他說他從很久以前就想要寫這封信了，但他想要等到對的時機。他想讓歐巴馬知道，他已經戒毒一年了。這是一件很棒的事。但歐巴馬是否有必要知道這件事呢？這件事是否具有更重大的涵義？會不會有人因此必須準備一份簡報，要求政府提撥更多款項來處理鴉片類藥物成癮危機或其他與這封信相關的議題？

　　「不要想太多。」葉娜說。

　　她告訴我，費歐娜特意把標準放得很低。標準就是：這封信是

否有某些地方特別感動你？不要想太多，把信標為樣本，這些是人
民寫來的信，你是讀信的人，而總統也是人。「只要記得這點，妳
就能繼續下去。」葉娜說。

親愛的歐巴馬總統：

……我是一位無證移民。我在 14 歲時來到美國……我認為自己是
個道地的美國人。我還留著我的第一雙喬丹籃球鞋。這裡幾乎沒
有我不懂的流行文化用語。

……一直到念完大學，並被醫學院錄取後，我才注意到我現在的
狀況並沒有資格申請補助金。

……直到最近《童年入境者暫緩驅逐辦法》（Deferred Action for
Childhood Arrivals，簡稱 DACA）[1] 通過之前，我每一天都過得如
履薄冰，完全不知道我是否安全，也不知道未來會通往哪裡……
我想告訴你，雖然我沒有投給你……主要是因為我沒辦法投給
你……但你為了 DACA 以及《夢想法案》（DREAM act）[2] 所付出
的努力，讓我覺得你投票支持了我。謝謝你。

你誠摯的
達爾·愛德烏米醫師
加州，雷德蘭茲

---

1 《童年入境者暫緩驅逐辦法》（Deferred Action for Childhood Arrivals，簡稱 DACA）是美國總統歐巴
馬在 2012 年 6 月推出的一項政策，由於《夢想法案》遭國會否決，歐巴馬繞開國會，以總統行政
令推動。容許若干在入境美國時尚未滿 16 歲的非法移民申請可續期的兩年暫緩遣返，並容許他們申
請工作許可，兩年期限到期後可再申請延續。自 DACA 實施以來，受惠的非法移民將近 80 萬人，
2 《夢想法案》（DREAM Act）是《未成年外國人發展、救助和教育法案》（Development, Relief, and
Education for Alien Minors Act）的簡稱，但該案自 2001 年推出後屢次遭到國會否決。《夢想法案》
和《童年入境者暫緩驅逐辦法》所規定的條件差異不大。

「妳會產生感情。」坐在我旁邊的實習生這麼對我說。她叫做潔米拉（Jamira）。她的頭髮繫成一束，固定在頭頂，身穿一件漂亮的印花上衣。她說有一次她讀到一封信，寄件者是一名女人，她寫信告訴總統，她因為槍枝暴力而失去了一名家庭成員。「她附上了幾張照片。照片上的車子裡全都是血……」潔米拉把橡皮擦按在桌上，不斷上下挪動。

「每個人都讀過那種信。」葉娜說。信件會帶來心理傷害，因此 OPC 跟白宮的其他單位不一樣，這裡每個月都會提供一次心理諮商療程，任何有需求的人都可以參加。

每個人都必須知道的最重要代碼是「紅點」。「紅點」是緊急事件，有些人會寫信告訴總統他們想要殺了自己或別人，又或者他們可能在某方面已瀕臨崩潰邊緣。若讀到這種信件，你要在信件上方寫下「紅點」，接著立刻穿越走廊，把信拿給坐在角落的蕾西·希格利（Lacey Higley）。在來信者遇到絕境時，她或多或少可以說是負責拯救的人。

「妳要不要休息一下？」葉娜問我。「妳要吃餅乾嗎？我們這邊有。」她拿出一罐燕麥葡萄乾餅乾遞給我。

我問她是否曾讀過紅點的信。

「噢天啊，」她說。白宮每天大概會收到 200 封紅點信件。

我問她有沒有讀過像潔米拉提到的那種，讓她無法忘懷的信。

「有一封母親寄來的信，她失去了兒子。」她說。她將頭髮抿到耳後，像為了說這個故事而做準備。她告訴我，那名母親在電子郵件中解釋，她的兒子在國外被綁架了，那時調查還在進行當中。葉娜把那封信來回讀了十幾次，信中描寫的細節讓她非常震驚，但由於 OPC 的保密協議——也因為國家安全——她不能把詳細內容告訴我。「一切都是機密。」她將此事告知當局，接著就沒有任何她能幫得上忙的地方了，這使她覺得很無助。幾個星期過後，她在

看美國有線電視新聞（CNN）時，發現那名兒子被殺了。那是一則舉國皆知的新聞，一樁國際事件。他的媽媽向政府求助，而她的絕望請求來到葉娜手上，如今他死了。

「我因此而失控了，」她告訴我。「我一直哭、一直哭、一直哭。」那天是星期天。她進到辦公室，坐在她的電腦前。「要是他媽媽又寫信來該怎麼辦？」她告訴我，那次的經驗大大改變了她人生的方向，也改變了她對於自己在這個世界中處於何種位置的認知。

在葉娜說起這個母親以及死去兒子的故事時，潔米拉也靠了過來聽。她放下手上的鉛筆。「這種感覺很奇怪。這裡的實習結束後，我還要回去學校。」她說。「我覺得我很難跟朋友們說清楚這次的實習經驗。」

「這是說不清楚的。」葉娜說。

「我從來沒想過一封信會有這麼大的力量。」

「在妳來這裡之前，妳知道我們有答信辦公室這種單位嗎？」葉娜問她。

「完全不知道。」

「妳大概以為妳是要當送信小妹之類的吧。」

「這裡的確是收發室（mailroom）呀。」

「收發室。」

最後，我放下戰勝海洛因毒癮的男人寄來的信。我沒有在那封信上標記樣本；我沒有在我讀過的任何一封信上標記樣本，有一部分原因是我希望在每封信上都標記樣本，接著我又因為這份責任之重而感到無法負荷。我把我手上的這疊信都還了回去，放回了讓小組重新考慮的一疊信之中。後來見到費歐娜時，我告訴她我讀了一封跟海洛因毒癮有關的信，也跟她說了其他信件的內容，我想知道若我希望這些信件能成為每日樣本信件的話，還有什麼是我能做

的，讓她在坐下來挑選每日十信時能特別注意到這些信。

　　我這才發現，原來每個人的感覺都和我一樣。你會產生感情。你會想要推薦你的信件。若你的信件被選入了每日十信中，你會感到興高采烈。如果你挑的信讓總統決定要回信了，你將會感到歡天喜地。如果你挑的信最後放進了總統演講或者影響了決策，啊，那就該辦場派對了。

　　費歐娜在替 OPC 面試員工時，其中一項測試是要面試的人自己寫一封信給總統。她這麼做不是想要知道這些人想要對總統說什麼，而是希望這些人有機會知道，寫信給總統是什麼感覺。

　　你要能進入陌生人的腦子和心裡——這是在費歐娜的信件室工作的人，必須擁有的重要特質。

CHAPTER 4

Thomas and JoAnn Meehan,

January 21, 2009

Toms River, New Jersey

湯姆士與喬安‧米漢

2009 年 1 月 21 日

紐澤西州‧湯姆斯河

Dear President Obama,   January 21, 2009

My name is Thomas J. Meehan III, the father of Colleen Ann Meehan Barkow, age 26, who perished on September 11 2001 at the WTC. Colleen was an employee of Cantor-Fitzgerald, working on the 103rd Floor. Her upper torso was found September 17th, 2001, the date of her first wedding anniversary. In the days and months afterwards there were to be additional discoveries of her, a total of six, which still did not amount to a whole body, but was more than what some other families affected have been given back, Families still speak in terms of body parts found and not found, and what will never be found.

In the past seven years, my wife and I have been committed to the issue of the ashen remains of those lost that day, which have been interred (bulldozed) into the 40 acres of land known as the Fresh Kills landfill on Staten Island, New York. For the one thousand families who did not receive any remains, this is the final resting place, an un-holy, un-consecrated landfill. The lives lost are there with garbage beneath them and construction fill above them, an unbefitting resting place for those we called heroes and took an oath never to forget.

While this issue has been before the courts, and the remains may in fact be permanently interred at the landfill, parents, spouses, siblings, extended family members must live with the knowledge that their loved ones lie in what was the world's largest dump. How we as a society will be judged in the treatment of those lost, only history will record.

My wife and I mourn the continued loss of American lives in the war in Iraq and Afghanistan while we still await the apprehension and trial of those we hold responsible for the death of our daughter and almost 3000 other American and international citizens.

While we understand the reasons for the closure of the detention facility at Guantanamo Bay, we urge you to allow the trials of those defendants charged in connection with the attacks of September 11, 2001, to go forward, and complete the judicial process and give some small measure of Justice to all of the 9/11 family members, while we still await the capture of Osama Bin Laden.

Our lives have been forever changed by the events of September 11,2001, and yet life goes on, we now have two granddaughters, Brett Colleen ,age four an and Ryann Elizabeth, age two ,we hope that their lives will be in a better world that the one which claimed their aunt. And they will have the opportunities to live their lives to the fullest and live in a safer world, free of the threat of terrorism.

I share these facts with you so that you will understand why these issues mean so much to us, and ask that you not forget the promise "Never To Forget", and will bring to justice those responsible for September 11, 2001.

God Bless You and You're Family,
May the Peace of the Lord Be Upon You and Remain With You,

Respectfully,
Thomas J. Meehan III & JoAnn Meehan
Thomas J. Meehan III & JoAnn Meehan

Toms River, New Jersey

親愛的歐巴馬總統：

我是湯姆士・J・米漢三世，我是柯琳・安・米漢・巴寇的父親，柯琳在 2001 年 9 月 11 日於世貿中心喪生，得年 26 歲。柯琳是康托費茲傑羅[1]的員工，在 103 樓工作。她的上身在 2001 年 9 月 17 日尋獲，那天是她的第一個結婚週年紀念日。在接下來的幾個月裡，她的身體被陸陸續續找到，總共有六個部位，雖然依然無法湊成一具完整的身體，但已經比其他受難者家庭取回的還要多了。家屬們依舊持續談論已找到哪些身體部位、哪些還沒找到，還有哪些部位永遠不會找到。

在過去的七年間，我妻子和我一直致力於處理那天過世的人餘下的遺骸，這些遺骸已埋葬（堆填）在一塊 40 英畝的土地上，也就是廣為人知的紐約史泰登島垃圾掩埋場[2]。對於上千個沒有收到任何遺體的家庭來說，這裡就是他們最後的安息地，一座沒有絲毫神聖與莊嚴可言的垃圾掩埋場。我們稱這些逝者為英雄，發誓永遠不會忘記他們，如今他們埋在一點也不適合安息的地方，身體之下是垃圾，身體之上是建物。

儘管此議題已經進入法庭，這些遺體將可能永遠埋在垃圾掩埋場中，他們的父母、配偶、手足及其他家庭成員必須與這個事實共存共生：他們所愛之人會永遠埋在世上最大的垃圾掩埋場之中。什麼樣的社會會用這種方式處理逝者呢？只有歷史能評斷。

我妻子與我對美國人在伊拉克與阿富汗戰場上的損失深感悲痛，但我們還是希望能夠逮捕、審判那個造成我們的女兒以及近乎 3,000 名美國人與他國人民死亡的罪魁禍首。

我們能理解你要關閉關達那摩灣監獄[3]的原因，但我們也希望你能盡快允許法庭審判 911 攻擊的相關被告，然後，完成審判程序，給予 911 受難者家

1　Cantor Fitzgerald 是美國一家國際投資公司，紐約總部位於世貿大樓北塔 101~105 樓，在 911 事件中有 658 名員工不幸喪生，是該事件中喪失最多職員的公司。
2　此垃圾掩埋場於 2001 年關閉，並於 2008 年開始進行預計為期 30 年的改造工程，計畫改造為「垃圾山公園（Freshkills Park）」。
3　美軍在古巴關達那摩灣建造的軍事監獄，曾傳出多起虐囚醜聞。歐巴馬總統曾於任期內計畫關閉該監獄，但因美國國會的反對，該監獄仍運作至今。

屬一點小小的正義，而我們還在等待你們逮捕奧薩瑪・賓・拉登[4]。

2001 年 9 月 11 日發生的這個事件永遠改變了我們的人生，但生活還是要繼續下去，我們現在有兩個孫女，四歲的布萊特・科琳和兩歲的萊安・伊莉莎白。我們希望她們生活的世界，會比奪走她們姑姑生命的世界更好。我們希望她們有機會過充實的生活，活在更安全的世界裡，免受恐怖主義的威脅。

我告訴你這些事，是希望你能理解，為什麼這些議題對我們來說這麼重要，並請你不要忘記你曾做過的承諾：「永不遺忘」，請你找到那些該為 911 事件負責的人，替我們伸張正義。

願主保佑你與你的家人
願上帝之安樂降臨並與你永在

湯姆士・J・米漢三世與喬安・米漢
紐澤西州，湯姆斯河

4　2011 年 5 月 2 日，歐巴馬總統親自在白宮證實奧薩瑪・賓・拉登已於當日由美軍擊斃。

湯姆士（又稱湯姆）・米漢在雙子星倒塌後沒多久就開始寫信了。他需要一個出口。他記得很清楚，頭幾封信中，有一封是寫給海軍的，但許多事都已經一片模糊。他現在 74 歲，最近打算在過去的記憶消失前把一生記錄下來。

他的妻子喬安禮貌地輕笑了一聲，我也一樣。但她知道湯姆提到記憶消退時說的是真話。冠狀動脈支架、鎮定劑、中風——這些都對他打擊不小。

這是一個炎熱的七月早晨，他們家位於紐澤西州湯姆斯河城，距離海洋與松林泥炭地並不遠。他們夫妻兩人坐在餐桌前。小狗的名字叫做咬咬。喬安有一片來自一號大樓（北塔）的白色大理石，本來是大廳的地板，這是初期應變人員（first responders，或稱「先遣急救員」）送給他們的。「永遠記得柯琳。世貿中心。2001 年 9 月 11 日。」他們在上面這麼寫著。她也拿出他們送的一片窗玻璃給我看。

「你看，玻璃這麼厚，」她說，「說不定有一英寸厚，是因為要抗壓的關係。」

「真的很厚。」湯姆說。

有一次柯琳帶他們去她工作的地方看煙火。那是 103 樓。你不會相信他們的電梯有多誇張，他們上去 103 樓花的時間也令人不敢相信。三台不同的電梯。

「我那時說：『我們這是要去哪裡，天堂嗎？』」喬安說。

柯琳離開大學來到紐約，就是因為她在世貿中心找到了工作。至少在喬安的印象中是如此（另一個原因是為了談戀愛）。喬安不贊成柯琳輟學；讓一名成績優異的學生輟學一點道理也沒有。但柯琳告訴母親，公司需要女性員工，可能以後再也沒有這種機會了。他們送柯琳到俄亥俄州受訓，她學會了怎麼看藍圖，接著又去倫敦學設計好幾次。她還年輕，又正在談戀愛，很享受辛勞忙碌的生

活。她從事的是硬體設備的設計工作。她在一號大樓的 103 樓設計了一間自助餐廳，如此一來，在這裡工作的人就不需要為了一頓午餐搭那麼久的電梯下樓。她甚至還弄了一間吸菸室，在裡面安裝能將煙抽出去的大風扇。她對自己設計的那間自助餐廳非常自豪。

「我們是往**下**欣賞煙火的，」湯姆回憶道，「那就是重點。我們是從上面往下看煙火的。」

「從上面往下看呢！」喬安說。

後來柯琳結婚了，她的丈夫也在同一座城市裡工作。他們買了車。有時他們會共乘那輛車去工作，有時會搭火車，機率大概是各半。若他們搭火車，就會比較早到公司；若開車，就會比較晚到。

2001 年 9 月 11 日星期二，那天早晨天空一片水晶藍，湯姆與喬安當時住家附近的紐澤西卡特萊特區陷入停電，整區的電話線路都癱瘓了。一位鄰居帶著電池供電的露營電視從卡特萊特沿著街跑來，喬安在門廊上來回踱步，不停說著：「拜託妳今天開車上班，拜託妳今天開車上班，拜託妳今天開車上班……」

但那天柯琳搭火車上班。

電視上一遍又一遍重複播放濃煙密布的畫面，這畫面使許多家庭陷入瘋狂。

「很多人都忘了。」湯姆說。

最初的 72 小時，他們一直打電話給醫院。沒有人有任何消息，沒有人知道她的下落。到了週末，她很明顯地已經不在了。在那之後，喬安向學校請假三個月。學校非常體諒她的狀況，在她復職後，學校將她轉為可以一對一面對學生的助理職位，而非繼續教導整個班級的學生。她當時罹患出血性潰瘍，只要看到特本[1] 她的

1　Turban，錫克族、穆斯林、印度教徒等用的包頭巾。

潰瘍就會惡化，而學校裡的確有人穿特本。

「雖然他們都是很可愛、很好的人。」喬安說。

「他們是錫克人。」湯姆說。

「他們和 911 沒有關聯，」她說，「半點關聯也沒有。」

每當看到特本的時候，她的病情就會急遽惡化，這種事沒什麼邏輯可言。

他們認識了其他受難者家庭。剛開始的時候，他們的對話通常都是跟身體的部位有關，你收到了哪些部位。一名女人收到她丈夫的一部分頭皮；另一個人收到一顆睪丸。有些人什麼都沒收到；有些人收到一根手指。一般人可能會覺得討論這種事很可怕，但是這已經變成受難者家屬日常生活中的一部分了⋯⋯拿回部分身體的家屬覺得自己很幸運，沒有收到任何部位的家屬繼續心懷希望，所以收到部分身體的家屬因此而有些罪惡感。他們在建築北邊的殘骸中找到了柯琳的身軀。自助餐廳位於北邊。

「我猜柯琳當時就在自助餐廳裡。」喬安說。

史泰登島垃圾掩埋場滿了；在 911 發生的幾個月前，官方就宣布要關閉垃圾山公園，但後來州政府又決定要再次開放部分區域，用來分類篩檢雙子星大樓的碎石瓦礫。他們在一號和九號山丘做分類，位置就在湯姆和喬安居住的社區旁邊，只隔了一條河。土堆佔地約 50 英畝。他們設置了輸送帶，接著開始有卡車開進這裡。在攻擊事件之後那幾個星期，夜裡卡車引擎的運轉聲、倒車時的嗶嗶聲響、傾倒瓦礫時的轟然響動，攪得湯姆與喬安難以成眠。

「海鷗會攻擊這些土堆，還會動到屍體的殘骸。」喬安說。

「所以工作人員後來搭了帳篷擋住牠們。」湯姆說。

「他們用機器來篩檢這些瓦礫，那些機器會移除所有它們能移

走的東西，剩下移不走的就統統堆進垃圾場裡。」喬安說。「堆在最上面的是建築填充物。」

「工業化的結果。」

「建築填充物。電腦。電腦零件。電線。混凝土。……」

「我知道一定會有人說，你為什麼要為了這種無關緊要的小事而爭執？」湯姆說，「我們真正在討論的是不到 1/4 英寸大小的骨頭碎片。但對我來說，是大是小都不是最重要的。」

分類完畢後，他們像封鎖犯罪現場一樣封鎖了一號和九號山丘，負責管理垃圾掩埋場的衛生部會讓想要進去的人進去看看，直到現在還有很多人會這麼做。你要先簽署一份文件，接著會有人帶你坐著垃圾車到垃圾場去。

到後來，他們立了一個旗桿。

喬安在學區工作完 30 年之後退休，和湯姆搬到湯姆斯河附近，那裡距離達爾和孫女們比較近。達爾是家裡最大的孩子；在達爾之後，喬安又生了一個兒子，但只活了一天，然後她生下了柯琳。有一次，在柯琳兩歲的時候，喬安讓她在嬰兒床裡小睡片刻，自己則到外面剷雪，沒過多久柯琳突然出現在屋外，穿著全套的禦寒衣物出來想幫忙。

「我那時說：『妳在做什麼！』」喬安說。「她那時穿了全套的禦寒衣物，而且她還是自己弄懂怎麼穿的。」柯琳總是綁著辮子。她喜歡把所有東西都放進嘴裡。所有小孩都喜歡來他們家玩。小孩統統睡在遊戲房裡。你永遠不知道會在他們家遇到誰。

總之，湯姆想把話題轉回他寫給海軍的信。他說他也曾寫過信給小布希。事實上，那封信可能寫得比給海軍的信還要早。

「不是，絕對比給海軍的晚。」喬安說。

簡直是一團亂。

湯姆寫信給小布希總統時怒氣沖沖，他在信中問他為什麼沒有為柯琳的死寫一封慰問信。他認為總統應該寄一封那種信。湯姆收到白宮的回信，解釋說受難者名單是由紐約市政府保管，而不是白宮。

湯姆的呼吸變得急促。

「事後有一個很大的問題是：管事的到底是誰。」喬安說。接著她又補充說後來他們收到了一封由（當時的）副總統迪克·錢尼寄來的慰問卡。

「現在不知道被我們收到哪裡了。」湯姆說。呼吸急速是慢性阻塞性肺病的症狀，除了這個，湯姆也有糖尿病。在事發之後，電腦與網路是讓他保持理智的關鍵。他當初就是這樣面對的：他寫了非常多封信。寄給海軍的是第一封，至少絕對是頭幾封。天啊，那是事發後頭幾天寫的信。他非常憤怒，希望有人能立刻採取行動，馬上抓到罪魁禍首。所以他用谷歌搜尋了「海軍」，挑了一艘當時布署在遠東的**卡爾文森號**航空母艦，找出了一個電子信箱地址，接著寫了一封有關於柯琳的信件。數週後他收到回音。誰知道他們真的會收到回音呢？回覆電子郵件的是一位上尉，信中談到他們永遠不會忘記受難者，並附上了一個夾帶檔案。湯姆打開夾帶檔案，那是一張照片，上面有個身穿飛行裝的人彎腰靠在一個炸彈上，炸彈上有「**雷射**」字樣[2]，照片上的人拿著一支筆正在炸彈的彈頭上寫字。「**柯琳·安·米——**」他正在寫米漢的米。

湯姆很樂意與你分享這張照片。

2001 年 9 月 11 日，**卡爾文森號**正從印度南端外海往東航行，而後為了因應美國所遭受的攻擊，立刻改變路線，前往阿拉伯海。

2　該炸彈應該是「雷射導引炸彈（Laser guided bomb）」。

在 2001 年 10 月 11 日，卡爾文森號為支援「持久自由行動³」發動了第一波空襲，瞄準阿富汗的蓋達與塔利班組織發射數百枚飛彈，其中也包括了寫有柯琳名字的那一枚。

湯姆收起飛彈的照片，接著像遵守紀律的學生一樣交疊雙手。喬安覺得咬咬今天異常安靜。牠還是隻小狗，通常這個時候牠會不斷上竄下跳。

調查人員一共在垃圾場找到 4,257 塊人體殘骸，卻只能比對出 300 個人的身分（該次攻擊的死亡人數是 2,753 人），還有上千名受難者的屍體殘骸尚未獲得身分辨識。「妳記得曾在電視上的葬禮中看到那些棺材吧。」喬安說。「那些棺材都是空的。裡面什麼也沒有。」

「人們不會記得這些事。」湯姆說。

人們不會知道，那些人在事件結束之後如何掩蓋這一切。他們沒有詢問過家屬的意見，直接把塵土與建築碎塊倒在土堆上，雖然他們的確也豎了根旗桿在那裡。

「我知道，我的女兒還有一部分在那裡。」喬安說。

湯姆說：「你想爭論法律問題直到世界末日都沒問題，但光是他們沒有告知家屬這個最簡單的事實——」

湯姆和喬安對911國家紀念館又愛又恨。政府花了十年與7,000萬美元打造這座紀念博物館。你可能以為政府會詢問家屬想要怎麼處理受難者的遺體殘骸，並另外撥出資源給他們，畢竟紐約首席法醫辦公室還有 8,000 多個無法辨認身分、無法取得完整 DNA 的屍體殘骸。但最後他們做的決定是把這些遺體殘骸放進塑膠袋中，再把塑膠袋放進紀念博物館的地下室。

博物館不該是用來悼念的場所。

3　Operation Enduring Freedom，俗稱「反恐戰爭」，是美國針對 911 事件進行一連串反擊的總稱。

「進博物館要花 24 元。」湯姆說。

「家屬可以免費進去。」喬安說。

「家屬可以去地下室看。」

「透過一個玻璃牆來看。那就是個儲存設施。就是一排排的儲物櫃。」

湯姆、喬安和其他受難者家屬參與了很多抗議行動。他們參與了「世貿中心受難者家屬支持妥善埋葬組織」。他們參與了公眾紀念活動，有許多人做了很多很棒的事。有拼布被單和禮物，像是初期應變人員給他們的這塊大理石和窗玻璃片。在頭幾個月，湯姆一直戴著一個臂章，上面有柯琳的照片。有一天，他走進一家禮品店時，一位女人看到他的臂章後買了一個玻璃製的天使送他，以資紀念柯琳。這是個最經典的例子。他們還收到人們寫的詩、自製的首飾、念珠、手繪的柯琳畫像、某個人寫好並錄在 CD 裡的一首歌、紀念旗……像山一樣高的禮物。「我都可以自己開一間小型博物館了，」喬安說。他們必須向出租儲藏空間的商家租下一個小房間。每個人都很好心。

每年的紀念日他們都會在世貿中心舊址舉辦一場追思典禮，在典禮上朗讀每位受難者的名字。他們會抽籤決定誰能上台朗讀。被抽中的人可以朗讀 20 個名字。有一年達爾抽中了，後來喬安也曾抽中過。上台朗讀名字是最高榮譽。如今大家卻在討論是否要廢除朗讀名字的環節。

湯姆對這點感到特別生氣。對與記憶相關的一切問題感到生氣。湯姆說退伍軍人有這麼一種說法：「人一生會死兩次。一次是在你離開你的肉體時，第二次是當你的名字最後一次被人唸出聲。」

現在咬咬又變得如同以往一樣活潑了。牠繞著桌子跑了一圈又一圈，牠的腳好小，跑步時踩地的聲音宛如在下雨。

「咬咬，好了。」湯姆說。

喬安重申了前面說過的幾個觀點。「妳想想看，當妳想要去看看自己女兒埋葬的地方時，妳必須打給衛生部預約，再坐著垃圾車過去。」她說。

「911 事件中最鮮為人知的祕密，是遺骸和所有跟遺骸相關的事，」湯姆說。「你可以這麼說。」

「我真的覺得柯琳那時人在自助餐廳裡。」喬安說。

「若是不曾直接涉及這類事件的人，一開始會對家屬所忍受的經驗抱持某種特定的看法，」湯姆說。

有一次，當地的圖書館舉辦一場小型展覽，詢問湯姆和喬安是否能提供一些柯琳的紀念品，因此他們便來到圖書館將物品放進玻璃櫃中。

兩個女人經過他們身邊，**「這些人就不能放下這些事嗎？」**其中一人說道。

清清楚楚。湯姆當時幾乎要撲上去了，然而喬安傳遞了一個眼神給他：別在意。

湯姆做不到。

他回到家，馬上寫了一封信。那時歐巴馬剛當選，因此湯姆寫信給他。他坐下來，想了想自己要跟新總統說些什麼，然後發現他想告訴新總統的話，就是他想告訴圖書館那位女士的話。某方面來說，這封信是寫給以上兩者的。也是寫給每一個人的。湯姆希望每個人都能對受難者家屬的經歷有些許了解。他想說的是，問題不是受難者家屬有沒有放下。「問題在於**你**不該放下。」湯姆說。

「但我離題了。」

「妳想想看，妳得坐垃圾車。」喬安說。

喬安負責校稿，湯姆寄出信件，幾個星期後接到回音時他們都很訝異。

湯姆很樂意給你看看他們收到的回信。

編號 No.034

THE WHITE HOUSE
WASHINGTON

Dear Tom & JoAnn —

I am in receipt of your letter, and wanted
to respond personally. Your story is heartbreaking,
and we will do everything we can to ensure
that the process of bringing all those involved
in 9/11 is completed.

In the meantime, know that we will never
forget Colleen, and that I spend every waking
hour in search of ways to make the future
brighter for your granddaughter and my
daughters.

God Bless,

THE WHITE HOUSE
WASHINGTON

親愛的湯姆與喬安：

　　我已收到你們的信，並想要親自回信。你們的故事令人心碎，我們會竭盡所能，確保抓到該為 911 事件負責的人。

　　同時希望你們能了解，我們永遠不會忘記柯琳，我會把人生中每一個清醒的片刻都用來尋求方法，使你們的孫女以及我的女兒的未來更加光明。

　　　　　　　　　　願主保佑你
　　　　　　　　　　　巴拉克·歐巴馬

CHAPTER 5

The Idea

想法

我問歐巴馬，他怎麼想出每天讀十封信這個主意時，他思索了片刻，然後回答：「彼特‧勞斯（Pete Rouse）。」他的語氣很隨意，彷彿在說一個家喻戶曉的名字。

「彼特對於回信的態度幾近瘋狂。」他接著說道。「我剛當上議員的時候，你知道，我還是個菜鳥，那時他的資歷已經很老了。他讓我逐漸學會如何看待信件的力量。」

「彼特‧勞斯。」他重複道。

談到歐巴馬的早期執政時期以及總統答信辦公室的源頭時，我一直聽到這個名字。席艾拉提過他，歐巴馬的總統府資政大衛‧艾克塞羅德（David Axelrod）和資深顧問瓦萊麗‧賈瑞特（Valerie Jarrett），還有費歐娜，都提過他。費歐娜說：「很多和我年紀相當的人，都是和彼特‧勞斯談過之後，才展開公職生涯或踏入政壇的。」

他們提起彼特時的態度都很相似——你知道吧，就是**彼特嘛**！——每個人都或多或少忽視了我茫然的眼神。

我逐漸發現彼特‧勞斯是個以極力避開媒體而出名的人，他從不接受訪問，只努力待在幕後。因此，雖然圈內的人都知道他是歐巴馬的得力助手，多年來都在距離總統辦公室兩門之遙的辦公室裡工作，但對於政治圈外的一般人來說，他是全然的陌生人。

「我不太擅長講那些軼事。」我到華府市中心的博欽律師事務所（Perkins Coie offices）拜訪他時，他這麼說。2014 年他從白宮退休後就在這裡工作。「我記得的不多。」他還告訴我，雖然他現在在律師事務所工作，但他不是律師，還有，他特別聲明，他也絕對不是說客。雖然很多人常問他，會不會寫一本書講他在白宮與國會的多年經歷，他說：「我他媽絕對不可能會去寫書。」

我對他很好奇，這個人一直選擇使用「不是」與「我絕對不會

這麼做」來定義自己。他大約 70 出頭，語調溫和，態度可親，留著一頭濃密白髮，行走時總像是背痛的樣子，他也承認他就是有背痛的毛病。接著我們毫不費力地將話題轉向我哥哥最近動的背部手術。我不知道我們為什麼那麼快就熟稔起來，才見面沒幾分鐘，我們就像朋友一樣聊起天來。他似乎毫無警戒心，且從不作偽。或許這就是他從來不接受採訪的原因。

我告訴他，歐巴馬說一開始是他想出「每日十信」這個主意的。

「不對，」他說。「每天讀十封信是他的想法。」

我說，歐巴馬好像認為這一切都是因他而起。

「我不想顯得太自大。」他告訴我，他是在歐巴馬 2004 年競選時認識他的。彼特從 1970 年代開始在國會工作，到那時已經超過 30 年了；有很長一段時間，他的職位是前任參議院多數黨領袖湯姆・達希爾（Tom Daschle）的幕僚長，可以說是華府的固定班底，在國會山莊號稱是「第 101 位參議員」。達希爾在 2004 年敗選失去了席位，彼特這位國會識途老馬便失去了工作，而歐巴馬在同一年選上了參議員。歐巴馬邀請彼特加入他的團隊，擔任幕僚長；歐巴馬說他希望能立刻有所作為，而彼特是華府裡經驗最豐富的人。

「我拒絕了。」彼特告訴我。「那時我已經快 60 歲了，正打算退休做點別的事。」

歐巴馬又來找彼特一次。他想要最棒的團隊，而且非常急迫。2004 這年，他在波士頓民主黨全國代表大會上的一場演講，讓他一躍成為全美關注的焦點，而他急著想要不負眾望。

若芝加哥貧民區有一個孩子不會讀寫,就算不是我的孩子,我也會在乎。

若有一位長者付不起醫藥費,只能在買藥與房租之間做選擇,就算不是我的祖父母,我也會覺得生命更加貧瘠。

若有一個阿拉伯裔美國家庭,在沒有律師幫助或非正當程序的狀況下被逮捕,我也會覺得我的公民權利受到威脅。

正是這樣的基本信念,讓這個國家得以運作:我是所有兄弟的守護者,我是所有姊妹的守護者,就是這樣的基本信念。

正是這樣的信念,讓我們能各自追逐夢想,又能團結成為美國這樣的大家庭:合眾而為一。

If there's a child on the South Side of Chicago who can't read, that matters to me, even if it's not my child.

If there's a senior citizen somewhere who can't pay for their prescription and having to choose between medicine and the rent, that makes my life poorer, even if it's not my grandparent.

If there's an Arab American family being rounded up without benefit of an attorney or due process, that threatens my civil liberties.

It is that fundamental belief—it is that fundamental belief—I am my brother's keeper, I am my sister's keeper—that makes this country work.

It's what allows us to pursue our individual dreams, yet still come together as a single American family: E pluribus unum, out of many, one.

彼特拒絕了。任何聽過那場演講的人都知道,歐巴馬注定要在未來競選總統。不過彼特對退休更感興趣。

歐巴馬又來邀請他第三次。「他說:『你可能已經聽說了,我正考慮在 2008 年參選總統。』」彼特告訴我。「他說:『但那絕

對不是真的。或許未來我會競選總統，但我太太絕對不會同意。我的孩子都還太小了。我現在不打算這麼做，我只想好好當參議員。』

「那時我覺得，**這傢伙真是令人印象深刻啊。**」彼特告訴我。

彼特終於答應了，但他只接受暫時的職位。「我同意協助他起步，幫他在擔任參議員時站穩腳跟，組建一個良好的團隊，擬定完善的策略計畫，打造良好的架構。我會打下這些基礎。我當時想，**反正現在沒有什麼事要做。花個一年半幫他處理這些事也沒問題。能有多難呢？**」

歐巴馬原本特別強調要低調行事，一直專注於伊利諾州當地議題，但在一年不到，他發現自己再度上了全國新聞版面。卡崔娜颶風剛剛登陸美國，歐巴馬巡視災情嚴重的格爾夫海岸後，在週日晨間秀初次露面，譴責了聯邦政府不值一提的應對，他不只強調了種族不平等，也揭露了經濟不平等的問題。「那時我覺得或許可以在這個辯論中加入一個有用的觀點。」他告訴《時代雜誌》。「只要有任何關於正義或平等的議題岌岌可危，」他說，「我就會站出來發聲。」人們鼓譟著想再次聽他上台說話。演講邀請立刻增加到數百件，這時，身不由己的戰略大師彼特起草了一份備忘錄：

> 現在應該考慮你要不要利用 2006 年，為你在 2008 年競選總統做好準備，如果你的個人因素與政治因素的「完美旋風」（a perfect storm）在 2007 年得以形成。如果你覺得自己有可能在 2008 年競選，那麼無論這個可能性有多小，你都應該在 2006 年就開始討論並決定你在「沒人注意的時候」要做什麼，若大浪浮現，而且你與家人決定這波大浪值得你們搭上去，你就能把自己擺在大浪前頭的能力發揮到最大限度。

自彼特幫助歐巴馬建立參議員辦公室團隊之後，又過了九年——他經歷了一場總統競選、一間總統交接辦公室、一次就職典禮（彼特拒絕了就職典禮台上為他安排的座位，他比較想坐在家裡從電視上看歐巴馬宣布就職）、在歐巴馬的幕僚長拉姆·伊曼紐爾（Rahm Emanuel）於 2010 年離職後擔任了三個月的緊急代打（「當時我說，我對幕僚長的職務沒興趣；坦白說，我不想在凌晨三點接到宏都拉斯大地震的通知……」），又經歷了**另一場**總統競選，**又花了幾年**在白宮工作——之後彼特才終於說服歐巴馬他是認真的，他提供的協助只是暫時的，他現在想要停下來，回家，花時間陪陪他的貓。

　　「彼特說：『你也知道，確保我們的答信辦公室運作良好，讓選民覺得你聽見他們說的話、你正在回應他們，這能彌補很多事。』」歐巴馬告訴我這句話時，我們正談到早期彼特在他參議員辦公室工作的日子，那時就算是信件這麼平淡的東西也是他們討論的主題之一。

　　「在大概競選了一年半左右，」歐巴馬說，「每隔一陣子就會有人寫信給我。有些人會越過繩欄把信塞給我。有些信棒極了。這些信能幫助我構思競選期間我要講的話，因為這些信並不是虛無縹緲、打高空的東西。

　　「妳懂嗎。這是一個媽媽寫來的信，她想知道如何在回到學校上課的同時還能照顧孩子，而且還能付得起帳單。這封信則是一位失業的爸爸寫的，他在信中描述覺得自己一無是處有多麼糟糕。

　　「這些信能夠……指引我。」

彼特跟我談到當初怎麼會這樣營運信件室時，講得非常直白：「我最痛恨寫信給朋友了。」他說。「所以如果有人因為在乎你而願意坐下來寫一封信，那麼民選官員就應該關注這封信。這通常是公民能直接聯絡民選官員的唯一方式。我一直認為，溝通的品質在一定程度上，代表了民選官員認為自己在『為大眾服務』一事中扮演了什麼角色，這與黨派及政治理念無關。」

這些民選官員要做的就只是：讀你的信。無比簡單。就像繫鞋帶，又或者像念出禱告詞一樣簡單。這件事好像無比清晰明瞭，也或許已在歐巴馬心中盤桓許久。但彼特把它清楚地說了出來，而且也持續這麼說。

「我不想誇大其辭，」彼特說，「我的意思是，比起回覆一封來自蒙大拿州的信，我應該還是比較關心我們會不會抓到賓拉登，所以我並不想暗示自己和其他人有什麼不一樣。但我的確特意想挑選好的人才來總統答信辦公室工作，這是很重要的。而且總統和其他主管也理解這件事的重要性。」

在 2009 年的就職典禮之後，歐巴馬的總統交接小組在抵達白宮時發現，布希的執政團隊沒有留下任何人、事、物來指引他們如何設置總統答信辦公室（OPC）。沒有現成的郵件分類系統可用、沒有程序手冊、沒有樣本、沒有軟體、沒有可以直接套用的制式信件。

接著他們就被信件淹沒了。每週有 25 萬封寄給新總統的信。成箱的信件從地板堆到天花板，排滿了好幾條走廊。而歐巴馬的團隊連信紙都還沒有。

當時站出來接手這個混亂狀況的，是來自歐巴馬參議員辦公室的麥可・凱萊赫（Mike Kelleher）。

彼特很驚訝。他一直以為麥可想要做的是商務部助理祕書那一類的工作，那種充滿活力與生氣的工作比較適合他這樣的人。麥可在 1999 年認識歐巴馬；他們兩人當時都是剛起步開拓政治事業的菜鳥——歐巴馬在那之前是社區發展工作者，麥可本來則在美國和平工作團。兩人一起為了進入國會而競選又落選，之後麥可在歐巴馬的參議員辦公室中擔任經濟發展與對外關係主任。

如今麥可說他想要管理信件。「這是一項必須完成的挑戰，我很樂意接手。」他捲起袖子，寫下了 OPC 的使命宣言——「傾聽美國人民，了解他們的故事與關心的話題，並代表總統作出回應。」他畫出一張組織圖，之後開始進行面試。想要在 OPC 工作的人必須先通過非常詳細的審查。他們必須同意在受僱之前先成為信件室中的志工；麥可想要看看他們如何與彼此互動，以及如何與長者、學生等志工交流。他想要尋找的是同理心。他告訴這些人，能夠來這裡讀信是非常幸運的事——他們將會成為最了解美國的人。

他找好工作人員、為信件室擬定了十頁的策略計劃、寫下信件代碼系統的演算規則、設計了個案決策樹、收集大量的政策略回函，並製作了品質控制手冊。他每天花上 16 個小時，包括週末假日也是，自渾沌中創造出秩序，編列出一隊具有同理心的信件閱讀大軍，其中也包含了費歐娜。

當我聯絡上麥可，詢問他當初創建 OPC 的狀況時，他說：「這不是我創建的。我只是剛好在那裡，負責管理這些人……他們都是很有才華的人……我只是在僱人的時候做了幾次正確選擇。」

接著他說：「彼特‧勞斯。是他定調了我對於公僕的最基本理解。」

他們似乎總是如此——麥可說是彼特的功勞，彼特說是麥可的功勞，彼特說是歐巴馬的功勞，歐巴馬說是彼特的功勞。

你想怎麼批評歐巴馬政府都可以，但顯然他們不是那種自吹自擂的人。

有人傳話說，歐巴馬總統打算在上任第二天就要讀幾封信。麥可收到總統辦公室打來的電話，說總統想要看五封信。接著他們打來更正：總統想要看 15 封信。然後他們又打來一次：他想要在那天看十封信，之後的每一天都要看十封。

「我進入白宮時有人告訴我，說我們一天就會收到四萬封各種形式的郵件，」歐巴馬告訴我，「我開始思考，這下子我該怎麼複製我在競選時的經驗呢？」

「我最後想的是我可以每天讀十封信。這是個微不足道的舉動，但我覺得這麼做至少可以讓我避免不切實際。對我來說，每天讀信能讓我記得，擔任總統時重要的不是我自己，重要的不是華府內的算計，重要的不是政治分數。重要的應該是外面正努力生活的人民，他們有的正在尋求幫助，有的則很生氣我把事情搞砸了。

「我……或許剛開始每天讀十封信的時候，其實並不了解，到最後這個舉動對我會有多大的意義。」

總統決定每天讀十封信帶來了一個附加的好處，就是白宮全體上下，從負責在 EEOB 掃描的低階員工，到演講稿主筆、政令制定者，以及在西廂辦公的資深顧問，都接收到一則訊息：信件很重要。若信件很重要，那麼處理信件的人當然也很重要。在最初那段時間，彼特會親自前往 OPC，告訴信件室的每個人他有多麼感謝他們的貢獻，告訴他們這份工作對總統來說很重要，**他們**這些員工對總統來說很重要。

「這有很大的影響，」彼特告訴我。「這能讓他們知道付出的貢獻是有價值的，而且有人在乎其價值。」

他指向位於窗戶旁邊牆上的一張裱框照片，用它舉了個例子。那張照片旁邊還有許多張照片。照片中的他坐在一張大餐桌前，宴會廳中的其他人都為他起立鼓掌，而歐巴馬則站在講台前。彼特說，這是歐巴馬終於同意讓他退休時歡送他的一份禮物。歐巴馬為彼特辦了一場晚宴，替他照了這張相片，最底下還有一行小字。

「你有興趣的話可以靠過去看看。」彼特說。

彼特，有一整個城市那麼多的人應將他們的成就歸於你。我也是其中之一。謝謝你，我的朋友。

「像這種事情會讓你銘記於心。」彼特說。他坐姿筆挺，雙手輕放在膝蓋上。

照片旁邊的牆上掛了一把吉他，上面好像有歐巴馬的簽名。我問彼特關於這把吉他的事，他站起身來，走近牆邊看看吉他。他走路時左右搖擺，似乎想要避免身上各個地方的疼痛。

「這是芬達（Fender）電吉他。」他說。電吉他上有參議院的徽章、歐巴馬競選團隊的徽章和總統徽章。彼特說這是歐巴馬 委託芬達訂製的，是另一個退休禮物。「上面寫的是什麼？他在上面寫了字，不過有點難看懂。」

我們一起傾身靠近電吉他，歪著頭讀那些字。

「感謝……」我們看不懂歐巴馬在彼特的電吉他上寫的字。

「所以說，你是吉他手。」我對彼特說。

「不是。」他說。

不是吉他手。我停頓片刻，在心中重整彼特的簡歷。他不是律師，不是說客，不是心懷抱負的作者，不是為了成為歐巴馬參議員

的幕僚長而進行遊說的人，更不是歐巴馬總統的幕僚長，他也不是吉他手。（他在博欽公司的職稱是「資深政策顧問」。）

「我是死之華樂團（Grateful Dead）的粉絲。」他微笑著說。他的臉寬大圓潤，而他的微笑抹去了臉上所有憂慮。「我在工作上有兩大成就。」他說。「第二大成就是協助美國第一個非裔美國人選上總統；第一大成就是讓死之華樂團重聚。」

2008 年競選期間，死之華樂團的鮑伯‧維爾曾主動連絡他們，他說他是歐巴馬的支持者，想知道有沒有什麼事是他能幫得上忙的。

「有一件你能幫得上忙的事。」彼特告訴維爾。1995 年，死之華樂團的主奏吉他手傑瑞‧加西亞過世後，樂團就解散了；剩下的團員繼續以不同方式巡迴演出，但再也沒有全員到齊過。「或許就這麼一件事……」

因此，2008 年 2 月 4 日，死之華樂團的成員在舊金山沃菲爾德劇院齊聚一堂演出，票賣得一張不剩，同年 10 月他們再次於賓州大學公園的布萊斯喬丹中心偕同歐曼兄弟樂團（The Allman Brothers Band）演出，門票同樣全部售罄。在這兩場表演中，彼特‧勞斯都在觀眾席上隨著節拍搖頭晃腦。

「這是我工作生涯中最大的成就。」彼特又重複了一次。

這事提醒他想到一點：讓歐巴馬寫感謝卡給死之華樂團與歐曼兄弟樂團應該並不困難。

彼特以為歐巴馬會在寫感謝卡時熱情滿點。畢竟那可是**死之華樂團**耶，那可是**歐曼兄弟樂團**耶。

歐巴馬寫感謝卡時，人在前往夏威夷的飛機上，正要去探望垂死的祖母。「那趟航程的時間很長。」彼特告訴我。他在此之前就已經擬好幾份感謝卡的內容寄給歐巴馬，好讓他在飛機上寫。

「我跟他說：『請給每人各手寫一張感謝卡。』」彼特列出所

有樂團成員的名單，並提供了一些句子，讓歐巴馬能寫出適合每個成員的感謝卡。

競選座機上的一位工作人員打電話給彼特，說歐巴馬想問問有關這些感謝卡的事。為什麼他不能寫一張感謝卡給死之華樂團、一張感謝卡給歐曼兄弟樂團就好了？這樣不夠嗎？

「告訴他，要是他不給每人都寫一張感謝卡，我就要辭職。」彼特對那名工作人員開玩笑地說。

他在轉述這個故事時特別強調了「開玩笑」這個字眼。他是絕對不可能跟歐巴馬辭職的。彼特希望我一定要說清楚這一點，千萬別讓人誤會；他當時有點坐立不安。他不是那種會接受採訪的人，他不擅長說趣聞軼事。

「我覺得從這件事可以看出，他（歐巴馬）對這種事並沒有你我這麼敏銳。」彼特告訴我。「這正是為什麼可以說，他是**真的**在乎人民的來信。」向知名的傳奇搖滾巨星表達衷心感謝是一種（相當基本的）溝通，而回覆來自愛達荷州或者紐澤西州的人民信件，則完全是另一種。「對他來說，單純感謝某人為他做了某件事，不同於在收到一封私人信件後回信，後者對歐巴馬來說是非常個人的體驗，這讓他會**想要**回覆私人信件。」

我們回到沙發落座，彼特坐下時疼得齜牙咧嘴。他說隔天早上他要搭機到芝加哥開會，但現在因為背痛而考慮取消這次會議。他看著我，似乎想要知道我會做何反應，就像有時你在放棄某件事時需要朋友贊同你一樣。

「沒錯，你應該取消這次會議，」我說。「光是穿越機場就……」

「就只為了兩個小時的午餐和一頓晚餐，」他說，「妳懂吧？」

噢，我當然懂。

「妳哥哥做完手術之後有比較好嗎？」他問。

絕對有。

不知為何，話題又轉向了我先生成功做了膝關節置換手術這件事。

「噢，我的膝蓋。」他說。

Samples, 2010-2012

2010~2012 年信件樣本

July 23, 2012

Ms. Emily Nottingham

Tucson AZ

Dear President Obama,

When my son was killed in the Tucson mass murders last year, you asked if there was anything you could do. There is. I am asking you to support some reasonable steps to protect your citizens. Reinstating the ban on assault weapons and extended magazine clips should be a simple step to make our public places more safe for citizens. Our rights of assembly are threatened. I believe that you can be a vigorous supporter of the second amendment and still support modest regulation of weapons of mass murder. If you will not oppose the NRA, then seek out the support of the NRA in this gun safety measure. My son was killed in the mass murder in Tucson. Now it has happened again and more young people have been senselessly murdered by a stranger in a public place armed with weapons designed to kill many people very quickly. Enforcement of existing laws is not a sufficient response; additional steps are necessary to restrict easy access to weapons of mass murder. The Tucson shooter was not diagnosed as mentally ill when he legally purchased these super-lethal weapons; I would not be surprised if the Aurora shooter also had no such diagnosis. We need to look at the weapons themselves.

Please consider being a leader on this issue; others will follow behind you. Thank you for thinking seriously about this and seeking a resolution.

Emily Nottingham

2012 年 7 月 23 日
艾蜜莉‧諾丁罕女士
亞利桑那州，圖桑

親愛的歐巴馬總統：

　　我兒子在去年圖桑大屠殺 [1] 中死亡，那時你問我們，是否有什麼事是你可以做到的。有。我想請你支持幾個合理的措施，以便保護你的國民。請你重新禁止攻擊性武器 [2]、彈夾與彈匣，這個簡單的措施可以使公共場所對公民來說更加安全。我們集會的權利已受到威脅。我相信在積極支持第二修正案 [3] 的同時，你也可以支持對大規模殺傷性武器的適度管制。若你不願意與美國全國步槍協會（NRA）作對，那就請你尋求 NRA 對這項槍械安全管理法的支持。我的兒子死於圖桑大屠殺，如今又有槍擊案發生了，又有更多年輕人在公共場合遭受無情的殺害，而凶手是個攜帶著能快速擊斃多人槍械的陌生人。現今法律的執法人員不足以應對這種狀況；我們必須進一步採取行動，使一般人無法輕易取得大規模屠殺的武器。圖桑槍擊案的凶手在合法買下這些超級致命武器之前，並沒有被診斷出精神疾病；若奧羅拉槍擊案 [4] 的凶手同樣沒有診斷出精神疾病，我也不會感到驚訝。我們必須檢視的是武器本身。

　　可否請你考慮成為此議題的領導者？其他人將會緊隨在後。感謝你願意認真思考此事並尋求解決之道。

艾蜜莉‧諾丁罕

1　2011 年圖桑槍擊事件。美國眾議員嘉貝麗‧吉佛斯（Gabrielle Giffords）在圖桑舉行見面會時遭到槍擊，當時在場的群眾中有 18 人中槍，其中 6 人死亡。嘉貝麗本人頭部中彈，經搶救後脫離險境。
2　在美國，反槍團體常使用「攻擊性武器」（assault weapon）來描述一些外形與突擊步槍相同的半自動槍枝。
3　美國憲法第二修正案保障人民持有和攜帶武器的權利，亦即享有正當防衛的公民權利。
4　2012 年奧羅拉槍擊事件。在電影《黑暗騎士：黎明升起》於奧羅拉市舉辦的首映會上，一名槍手對電影院內的觀眾進行掃射並投擲催淚彈，造成 12 人死亡，58 人受傷。

編號 No.036

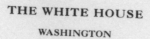

THE WHITE HOUSE

WASHINGTON

Emily —

Thanks you for your letter. I can only imagine the heartbreak you've gone through. I agree with you about common sense gun control measures, and although I confess that it is currently challenging to get Congress to take on the issue, I will do my best to help move public opinion. Sincerely,

---

艾蜜莉：

　　謝謝妳的來信。我難以想像妳的感受是多麼痛苦。我同意妳對於常識性槍枝管制的看法。雖然我必須承認，目前要促使國會面對此議題將會是一大挑戰，但我將會盡最大的努力向國會傳達大眾的意見。[5]

誠摯的

巴拉克・歐巴馬

5　歐巴馬在 2013 年簽署了 23 項控槍相關的行政命令，包括禁止販賣高容量彈匣等，但次年被共和黨擋下控槍法案。

5/9/12 co 4

Contact Us - Civil Rights

Submitted:	May 9, 2012 16:16
Originating Host:	
Remote IP:	
From:	Laura King Ph.D.
Email Address:	
Phone:	
Address (Domestic)	Columbia MO
Topic:	Civil Rights

Back from the OVAL
5/30/12

Message:
I have no idea why you decided to endorse marriage equality today. But I wanted to say thank you, on behalf of myself, my partner, Lisa, and especially our 8 year old son, Sam. In the last few days, I think I had myself convinced that I would be fine if you played the political game and stayed silent on our family's right to exist. I kept telling myself that I "knew" you supported us, even if it didn't make political sense for you to say so. I am a strong supporter of you and your agenda and I had myself convinced that I wanted you to be re-elected more than I needed to hear you say you believe that my family deserves a place at the American table. It turns out I was wrong about that. After hearing about your interview today, I find myself sitting in my office crying and realizing that hearing those words from you means more to me than I ever imagined. I am overwhelmed--touched and surprised and just tremendously grateful that anyone in your position would put principle above politics, would just say the truth about what is right. I admire your courage and character and I am so glad that you are our President. I am proud of you.

My partner's parents live in North Carolina and last night's results were very hurtful to all of us-our son is their only grandchild-as if people could vote away our family. I spent the better part of this morning contemplating what it means to be a member of a tiny minority, so small and dispensable that it seems to be no problem for people to put my civil rights up for a popular vote.

I know from experience that change can only occur when courageous and compassionate straight people take action. To me, the stakes for you seemed impossibly high. I don't know why you decided to take this stand. And I hope that it does not cost you dearly. And I will do all that I can to see that it doesn't. And in the meantime, thank you so much, Mr. President.

Best,

Laura King

Laura A. King, Ph.D.

Columbia MO

聯絡我們－公民權
寄件時間：2012.05.09 下午 4：16
寄件者：蘿拉・金，博士
地址（國內）：密蘇里州，哥倫比亞
主旨：公民權

總統辦公室回覆
2012 年 5 月 30 日

　　我完全不曉得為什麼你會決定要在今天表態支持婚姻平權。但我要替我、我的伴侶麗莎，以及特別為我八歲的兒子山姆謝謝你。過去這幾天，我以為已經說服我自己，如果你是玩政治遊戲，對我們家庭的生存權利保持沉默，也沒有關係。我一直告訴自己，就算要你親口說出支持婚姻平權有違政治常識，我也「知道」你是支持我們的。我非常支持你與你的理念，我也已經說服自己，比起聽見你親口說出你認為我們的家庭值得在美國占有一席之地，我更希望你能連任成功。但其實我錯了。在聽說了你今天的訪談之後，我坐在辦公室裡哭了，我這才發現，原來聽見你說出那些話對我來說是超乎想像的重要。我百感交集——我既感動又訝異，非常感謝你身處如今的地位還能將原則擺在政治考量之上，願意誠實說出對的事。我很欽佩你的勇氣與人格，而且很高興你能成為我們的總統。我以你為榮。

　　我伴侶的父母住在北卡羅萊納州，我們的兒子是他們唯一的孫子。昨天晚上的投票結果 [6] 讓我們都非常難過，讓我們覺得好像大家可以靠投票來排擠我們的家庭。我今天早上大部分的時間都在思考，成為社會上的極少數人代表的是什麼，我們太過渺小、無關緊要，以至於大家覺得用直選來決定我的公民權沒有什麼問題。

　　我從經驗中知道，唯有充滿勇氣與同理心的異性戀者採取行動時，才有可能造成改變。我覺得你所冒的風險極大。我不知道你為什麼決定要表態。希望這不會讓你付出嚴重的代價。我將會盡我所能不讓這種情況發生。還有，真的非常感謝你，總統先生。

祝好
蘿拉・A・金，博士
密蘇里州，哥倫比亞

6　2012 年 5 月 8 日，美國北卡羅來納州以 61% 對 39% 通過一項州憲法修正案，明文禁止同志婚姻、民事結合與同居伴侶關係。

February 1, 2010

Pres. Barack Obama
1600 Pensylvania Avenue NW
Washington D.C. 20500

Mr. President:

I operate a small weekly newspaper in Espanola, NM. You visited here in September 2008 when campaigning.

The Rio Grande Sun was started by my parents in 1956. I don't need to tell you the state of newspapers today. It's hard out there for an editor.

My largest expense is payroll. The next is printing. The third is health care.

I have cut other expenses or not replaced employees who have left on their own to avoid layoffs. I will go into reserves to avoid layoffs. Not many newspapers have that luxury.

I have cut pages and "tightened" the newspaper to lower printing costs.

Health care I can do nothing about. I pay all of the premium for my 13 full-time employees. I also pay their deductible and share in their costs to meet the maximum out-of-pocket expenses.

There are two employees on thyroid medication. They both require quarterly blood tests. Insurance doesn't cover the tests. I pay for them. Last year I paid $204 per month, per person. With minimal small insurance claims and no major claims, my rates went up 35 percent this year.

Instead of paying the ransom, I dropped to a plan with a higher deductible, which I will again pay. The employees will have the same coverage. My gamble is that no one will have a catastrophic event and force me to pay the $4,000 deductible. This is how I deal with health insurance.

I did some calculations regarding my old health plan of 1995 when I received my renewal notice last month. In 1995 I paid $112 per person for a great plan: low copay, no deductible, $15 prescription card. That plan today would cost me over $600 per person.

Mr. President, please keep fighting the lobbyists and business-owned right that does not want real reform in this country. Little people like me need you advocating for common sense. Health care reform must happen if we're to move forward as a country.

Sincerely;

Robert B. Trapp

Managing Editor

2010 年 2 月 1 日

巴拉克・歐巴馬總統
西北賓夕法尼亞大道 1600 號
20500 華盛頓，哥倫比亞特區

總統先生：

　　我在新墨西哥州艾斯班紐拉經營一份小型週報。你在競選時曾於 2008 年 9 月來訪。

　　我父母在 1956 年創辦了《里約格蘭太陽報》。不需我多說，你應該曉得如今報紙的現況，大環境對編輯來說很嚴峻。

　　我最大的開銷是薪資，其次是印刷，第三是健保[7]。

　　我已經刪減其他開銷，並在員工自行離職後不再補人，以避免裁員的必要。接下來我必須動用儲蓄才能避免裁員。但並非每家報社都有這種餘裕。

　　我刪減了報紙的頁數來「緊縮」篇幅，以減少印刷費用。

　　我對健保無計可施。我替公司名下的 13 名全職員工支付健保費。此外，我也替他們支付自付額，在他們的診療費達到最大自付額之前，我都會替他們負擔部分費用。

　　我有兩名員工須服用甲狀腺藥物。他們兩人每三個月都要驗一次血。保險並不涵蓋血檢的費用，我替他們付了。去年我為他們每人每月付了 204 美元。我只申請過小額度的健保理賠，沒有半次高額理賠，但今年我的費率漲了 35%。

　　我決定不再當冤大頭，把保險改成自付額較高的計畫，仍然繼續付費。員工的保險涵蓋範圍還是相同。我賭的是沒有人會遇到重大災難，否則我就必須支付 4,000 美元的自付額。這就是我應對健保的方式。

　　上個月收到健保更新通知時，我算了一下我在 1995 年使用的舊健保計畫。在 1995 年，我只要為每人支付 112 美元就能享有極佳的健保計畫：低廉的掛號費、沒有自付額、每劑處方 15 美元。但如今相同的健保計畫，得讓我為每人花上 600 多塊。

7　此時歐巴馬推行的平價健保法案尚未通過實施。

總統先生，請你繼續對抗那些不希望我國進行真正改革的說客和商業所有權人。像我這樣的小人物需要你繼續倡議常理。若我們作為一個國家要能向前邁進，健保改革就勢在必行。

誠摯的
編輯主任 羅伯特・B・特拉普

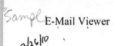

Sample
3/26/10
MK

Dear Mr President
I wrote you and email a few months ago about the health care bill and how I support of what you are doing and ask if
congress could please act faster on this bill. I wrote this letter on behalf of my girlfriend Jana Smith On March 18 2010 Jana
passed away. Jana had some medical problem. She could not afford to go to the doctors and was waiting to see what would
happen with the health care bill. She knew Mr President that you were working on this so all American could receive this
much needed health care. I Know that this cannot help My Jana now but I just wanted you to know that We support
everything you were doing. Thank you Mr President. I am Retired from the Military and I help Jana through what she was
going through. We were going to get married I am very lost right now but I just wanted you to know from me that I want
you to keep the great work that you are doing for all American
Thank you for listen to me

SSGT Robert J Doran
U.S. Air Force (Retired)

Reply

==== Original Formatted Message Starts Here ====

Date: Mar 23 2010 11:30AM

<PREFIX></PREFIX>
<FIRST>Robert</FIRST>
<LAST>Doran</LAST>

<ADDR2></ADDR2>
<CITY>Gilbertsville</CITY>
<STATE>Kentucky</STATE>

<ISSUE>W_POTUS</ISSUE>

Robert Doran

Gilbertsville, KY

3/25/2010

2010 年 3 月 23 日

親愛的總統先生：

　　我在數月前寫了一封與健保費法案相關的電子信件給你，我在信中表示對你的支持，並希望國會能更快完成這項法案。這封信是為了我女友珍娜·史密斯而寫。珍娜已於 2010 年 3 月 18 號辭世。珍娜有些醫療問題，她付不起看病的費用，想觀望健保法案的發展之後再說。她知道總統先生你正在讓所有美國人都能獲得必要的健康醫療。我知道現在健保已經幫不了我的珍娜，但我想讓你知道，我們支持你那時做的一切。總統先生，謝謝你。我是個退伍軍人。我幫助珍娜度過了她最後的時光。我們原本打算要結婚，現在我深感失落，但我還是希望你能從我這裡得知，我希望你能繼續完成出色的工作，繼續為全美國人民服務。

　　感謝你願意聽我說這些。

回覆

羅伯特·J·杜蘭上士
美國空軍（已退役）

羅伯特·杜蘭
肯塔基州，吉伯特維爾

COPY FROM ORM

THE WHITE HOUSE
WASHINGTON

Robert —
    Thank you for your letter. My heart goes out to you for the loss of Tana; but because of the support of people like her, we passed health care reform and can hopefully prevent such hardship for others.
                  God Bless,
    Also, thanks for your service to our country.

羅伯特：

　　感謝你的來信。很遺憾你痛失珍娜，我同感哀傷；正因為有她這樣的人支持，健保改革才得以通過，才能有希望預防同樣的憾事再次發生在他人身上。

　　另外，感謝你對我國的貢獻。

　　　　　　　　願上帝保佑。

　　　　　　　　　巴拉克・歐巴馬

2010 年 6 月 1 日

166

1/3/2010 6:14:28 PM
Desert Hot Springs, California

The unemployment rate in Riverside County, CA, the county in which I live, is over 30%. There are no jobs in sight. Are you going to keep even one campaign promise upon which you built your presidency? I worked for you, I contributed to you and what do I get in return: I'm out of work, I get no cost of living increase on Social Security, and you are going to pay for the new health insurance plan by cutting my Medicare.

Thank you very much.

Respectfully,

Eileen M. Garrish

2010 年 1 月 3 日下午 6:14:28
加州，沙漠溫泉市

　　我住在加州河濱郡，這裡的失業率已超過了三成。舉目所及沒有任何工作。你競選時給的承諾，如今有打算實踐其中任何一項嗎？我替你工作、我捐錢給你，但我得到的回報是什麼？我失業了，社會安全保險提供的生活費沒有增加，現在你還要削減我的醫療保險，把錢拿去投注在新的健保計畫上。
　　真是太感謝你了。

充滿敬意的
艾琳·M·蓋瑞希

THE WHITE HOUSE

WASHINGTON

Eileen —

I got your note and wanted to respond.

The day I walked into office, I inherited the worst economic crisis since the Great Depression. And after a very tough year, we have begun to turn the corner, with the economy growing again.

That may be little consolation to you and others that are out of work, and I won't be satisfied

until jobs are being created in Riverside and across the country.

Having said that, I do want to challenge the notion that I haven't kept my campaign promises, or that I have weakened Social Security or Medicare. The existing Social Security formula didn't provide a cost of living increase because prices/inflation went down this year. Nevertheless, I ordered a $250 stimulus check to seniors that made up for it. And contrary to what the Republicans have said, health care reform does not cut Medicare benefits!

Best wishes,

THE WHITE HOUSE
WASHINGTON

艾琳：

我收到了妳的來信，想要親自回信給妳。

從我走入辦公室那天起，我便接手了自經濟大蕭條以來最糟的金融危機。在經過非常艱困的一年後，我們逐漸轉危為安，經濟狀況慢慢復甦。

對於失業的妳與其他人來說，這種狀況可能連安慰都算不上。除非河濱郡以及全國各地的工作機會增多，否則我也不會對現況感到滿意。

不過，我想要澄清妳說我「沒有實踐競選承諾」或者「削減社會安全保險或醫療保險」等看法。目前的社會安全保險提供的生活費沒有增加，是因為今年的物價／通膨下降了。儘管如此，我還是發放了每人 250 美元的補助金[8]給耆英人口作為補償。另外，事實與共和黨所說的相反，健保改革並沒有削減醫療保險的福利！

致上最誠摯的祝福。

巴拉克·歐巴馬

8　歐巴馬政府於 2009 年公布了美國復甦與再投資法案，其中包括失業救濟金、失業者職訓計畫、食品券、低收入大學生獎助學金等預算。

CAS
Sample Study

January 8th, 2010
2/25/10
MC

Reply.

Dear barack obama,

Hi my name is Rebecca ███.
I am 16 years old, I will be 17 in
march, I live in Florida.

I am also in DCF care, which is
foster care. I have been in foster care
ever since I was 2 years old. I have
3 sisters too. The 2 younger ones names
and ages are, B████ she is 15 and
J█████ she will be 13 on January 10th 2010.
My older sister ███████ is 23 years old.

When I turned 6 years old I found a
family that wanted to adopt me and
my three sisters, so when I turned
7 years old we all was adopted by
the ███████. It was a ladie named
J████ ████ and a man named
D████ ████. Let me tell you a
little about them, well I wanted
to start a new life so I thought
D████ and J███ could be the one's
that would help me start that
new life but, I guess I thought
wrong, because D████ ended up
physically and sexually abusing me,
and J███ had physically abused me.

J___ also new about what D___
did to me and she would tell
him not to take it too fare or
dont get caught.

I also
told D___ and J___ parents
and they told me that they would
never do anything like that. I
wouldn't tell my little sisters
what was going on because
they were too young at the time.
they wouldn't understand. so I
went to my older sister and
told her what was going on, so
that night she called the police
and the police came to the house
that night and took me away and
interviewed me, then I was
thrown into foster care. My
little sisters were bribed by the I___

to stay, so they did. Then D▮▮▮
was arrested over night, then
released the next day, and
nothing happened to J▮▮. So I
went on through life with
every one thinking that im a
liar. When I left the ▮▮▮▮▮
house they wouldn't allow me
to talk or see my sisters, so
I ended up getting locked
up, smoking weed, and drinking
liqour, and running away. Then
the last time I was locked up
which was when I was 16
years old, I told my caseworker
that I need help and that
I can't keep living this life, so
she recomended ▮▮▮▮▮▮▮▮▮▮
▮▮▮▮▮▮▮▮ @ ▮▮▮▮▮▮▮▮▮▮▮▮
My second day at ▮▮▮ I ended up
attempting to runaway with another
comper. We ended up getting caught,
so they brought us back to
▮▮▮▮▮ ever sense that day I
was a whole new person.

Now it is my 6th month here
and I am a whole new person.
I am a role model\leader now.
During my 3 month here I found
out that the something that happened
to me happened to them. They
was then put in foster home
with a nice older lady. I have
visits and weekley phone
calls with them. D is
locked up in prison. We dont
know how much time he
has yet, but I do know that
J has 2 years of probation.
So now I am back in contact
with my sisters and I am
trying to get in contact with
my biological parents, but the
only problem is that my
biological parents droped there
right towards us, so now they
are struggeling getting
visitations with me.
    I am so happy with
myself I never new I could

be who I am today. Thanks
to ▓▓▓▓ When I finish
Highschool I want to go to
college for social services
to be a case worker to work
with other foster kids.
   I am so happy to have
a president like you. you
have already changed alot.
I had wrote a letter to George
Bush when I was younger,
but I think one of the
people that works for him
wrote me back. I hope that
didn't happen. so can you
Please write me back and
please send pictures to me.
         Thanks alot

      Sincerely, Rebecca ▓▓▓▓
         Rebecca ▓▓▓▓

2010 年 1 月 8 日

回覆

親愛的巴拉克・歐巴馬：

　　嗨，我是瑞貝卡。我現在 16 歲，三月就要滿 17 歲了，我住在佛羅里達州。

　　我從兩歲開始就受佛州兒童與家庭部的照顧，也就是寄養照顧。我有三位姊妹。兩個妹妹分別是 15 歲的 B 與將要在 2010 年 1 月 10 日滿 13 歲的 J。我的姊姊是 23 歲的〔隱藏姓名〕。

　　在我六歲的時候，我找到了一個願意領養我與三名姊妹的家庭，因此在我七歲的時候，我們四人都被〔隱藏姓氏〕一家領養。領養我們的是 J 小姐與 D 先生。讓我告訴你他們是怎麼樣的人。當時我想要展開新生活，我覺得 D 先生與 J 小姐就是能幫助我展開新生活的人，但我猜我大概錯了，因為後來我受到 D 先生的身體虐待與性虐待，還受到 J 小姐的身體虐待。J 小姐也知到（道）D 先生是怎麼對我的，她會叫他不要做得太過分，或者不要被抓到。〔隱藏細節〕我也把這件事告訴 D 先生與 J 小姐的父母，但他們告訴我，D 先生與 J 小姐永遠也不可能做出那種事。我不想把這件事告訴兩個妹妹，因為她們那時還太小了，她們不會理解。所以我去找我的姊姊，告訴她這件事，她報警了，警察那天晚上來了之後，把我帶走偵訊，然後我就被丟到寄養機構去了。J 小姐與 D 先生利誘我的兩個妹妹，所以她們留下了。那天晚上 D 先生被逮捕，但第二天就被釋放，而 J 小姐什麼事都沒有。所以後來大家都覺得我是個撒謊的人。我離開那個家時，他們不准我和姊妹說話或見面，所以我後來坐過牢、吸大麻、喝烈酒，甚至逃家。最後一次被關起來時，我 16 歲，我告訴個案輔導員，我沒辦法再這樣生活下去了，她推薦我去找〔隱藏地點〕的〔隱藏姓名〕。我在〔隱藏地點〕的第二天，就和另一個隊員試圖逃跑。但最後我們被抓到了，所以他們把我們帶回了〔隱藏地點〕。自從那天開始，我是個全新的人。現在是我待在這裡的第六個月，我是個全新的人。我現在是這裡的模範／領袖。我在這裡待了三個月後，發現我的遭遇也發生在她們[9]的身上。之後她們被安排到一位好心老太太家寄養。我可以去看她們，每週也和她們通電話。

9　譯註：原文很混淆，但指的應是瑞貝卡的妹妹。

D 先生現在被關進監獄裡。我們不知道他還會被關多久，但我知道 J 小姐還有兩年緩刑。所以現在我與我的姊妹恢復聯絡了，我正試著與我的親生父母取得聯繫，但我遇到了一個問題，那就是我的親生父母直接棄養了我們，因此他們現在要取得探望權很困難。

我現在對自己很滿意。我從來不知到（道）我可以成為如今這樣的人。這都要感謝〔隱藏姓名〕。等我上完高中後，我想要去大學念社會服務系，未來成為個案輔導員，幫助其他寄養的孩子。

我很高興能有你這樣的總統。你已經做出了狠（很）多改變。我在小時候血（寫）過信給布希，但我想回信給我的是他手下的一位工作人員。我希望事實不是這樣。因此，請你回信給我，請你寄照片給我，好嗎？

很謝謝你。

誠摯的
瑞貝卡

COPY FROM ORM

THE WHITE HOUSE
WASHINGTON

Rebecca —
Thanks for the moving letter. I am inspired by your courage, and am sure you will succeed if you keep at it.
Best of luck!

瑞貝卡：

感謝妳的來信，我很感動。妳的勇氣給我帶來很多啟發，我很肯定，只要妳繼續努力下去，妳一定會成功。

祝妳好運！

巴拉克・歐巴馬

2010 年 3 月 8 日

November 18, 2012

Dear President Obama -

My name is Chana Sangkagalo. I came to the United States of America from
NortheasternThailand in November of 1988. I remember it being Thanksgiving.

The reason I came to America is because it is a land of opportunity. The United States
is known as a country where one can begin with nothing and build it into whatever he
wishes and can afford. One's destiny is not pre-determined in the United States - you
have the right to become whatever and whoever you wish. You work hard for
opportunities for a better life. Hard work and determination can get you much farther in
this country than anywhere else in the world - as long as you are working hard enough
to do so. I began my work here at Burger King in Rhode Island. Through the years and
with education I was able to develop my creativity and open my very own hair salon. I
am a successful small business owner in this great country. I am a United States
citizen. I have much to be thankful for.

The reason that the United States needs a constant flow of immigrants is because we
are the people that have the dream - the desire - the fire inside to do something to
better our financial situation. We do not feel entitled to a job or education. We believe
in personal responsibility and accountability.

We need new producers in the United States. It's about new blood - new life - new
givers - not takers. If you look back through history you will see how new blood has
produced and grown our economy.
Immigrants have one thing in common - we work like crazy. We save our money. We
open stores and many other businesses. We do not sit around and complain about this
- that and the other thing. We do not feel entitled. We are not takers but producers. We
need producers and immigrants like myself that provide production. The reasons that
so many immigrants came to America are the same reasons that each and every one
of us should feel grateful for - freedom - freedom of religion - to escape poverty and
oppression - a better future for our families. In short - opportunity.

So Mr Obama - I believe that you are a real person with real beliefs. You have patched
many of the holes left by your predecessor and you continue to do so. I applaud your
re-election. I believe in you and am excited to see what you can accomplish over the
next four years.

God bless you Mr President.

Respectfully -

Chana Sangkagalo

Chan Sangkagalo

Thailand

10/14/1988
10/19/2012

178

親愛的歐巴馬總統：

　　我是察納·桑卡加羅。我在 1988 年的 11 月從泰國東北部來到美利堅合眾國。我還記得那天是感恩節。

　　我之所以會來美國，是因為這是個充滿機會的國度。美國最廣為人知的特色，就是大家可以在此白手起家，可以創造任何你想要的、能負擔的事業。在美國，一個人的命運不是注定好的——你有權利成為任何你想成為的人。只要努力工作、爭取機會，你就能擁有更好的生活。在這個世界上，美國能讓充滿決心要努力工作的人發展得最好——只要足夠努力就能做到。我一開始是在羅德島的漢堡王工作。經過多年的努力與學習，我培養出創造力，自己開了一間美髮店。如今，我是這個偉大國家中一名成功的小生意人。我是美國公民。我非常感謝這一切。

　　美國之所以需要不斷有外國移民進駐，是因為我們這群人擁有夢想、渴望，心急如焚地想要做些什麼以改善我們的經濟情況。我們不覺得自己理應享有某項工作或教育。我們相信個人要切實負責。

　　美國需要新的生產者。重點在於新成員、新生活以及新的付出者，而不是奪取者。如果你回顧歷史，就會發現新成員對於經濟成長的貢獻。

　　外國移民有一個共通點——我們都瘋狂地工作。我們存錢、開設店家及許多不同的企業。我們不會乾坐著抱怨這個、抱怨那個。我們不覺得自己理所當然可以這樣要求。我們不是奪取者，我們是生產者。我們需要像我一樣的生產者與移民來提供生產力。美國會有這麼多移民的原因很簡單，也是我們每個人都該心存感激的原因——自由、宗教自由、逃離窮困與壓迫、讓一家人的生活變得更好。簡單來說，就是機會。

　　所以說，歐巴馬先生——我相信你是真誠的人，你擁有真誠的信仰。你一直在修補過去執政者留下來的漏洞。我為你的連任叫好。我相信你，也很期待能看到你在未來四年的成績。

　　願上帝保佑你，總統先生。

充滿敬意的

察納·桑卡加羅

PK Sample
TY LGBT com
Gold star

UNITED STATES NAVAL ACADEMY

Dear MR. President and First Lady,

I want to Thank you for this milestone in my Daughter's life. Signing the bill and Repealing DADT on Sept 20, 2011 changed her life and that of many of her shipmates.

As A parent I know that there isn't 'Anything that would stop you from Encouraging your daughters to Reach for their dreams. Caitlin went to I-Day, Not under the Radar and I often feared what would happen to her.

You know what she did? She and 5 others started the NAVY Spectrum Club at the Naval Academy! Nowhere near flying under the Radar. They started the Club Because of YOU!! They only had 5 attend but Now it's 2nd largest Club at the Academy. She's my hero and Now leaves a legacy at the Naval Academy. She's off to become a pilot after that.

UNITED STATES NAVAL ACADEMY

I just wanted to thank you again in behalf of my daughter, the entire Navy Spectrum club and parents around this great nation of children who are gay. Thank you for standing up for them.

With much love and gratitude from one parent of an amazing daughter to another parent of two awesome Daughters I thank you.

Regina Bryat
Gold Star Wife
and mom
to an 'icredible Daughter!

Go Navy!

I've made Caitlin a recipe box as part of her graduation gifts. Enclosed you will find a recipe card. If you have an easy, non-fail vegetable or no-meat recipe, please fill it out and we'll include it in her surprise. Bring it to graduation or you can mail it to the address below and I'll add it to her box. You may also email it to

[REDACTED] and I will print it out and put it in her box

 I know this will be something that she will treasure for years to come.

Caitlin Bryant

c/o R. H. Bryant

[REDACTED]

Pensacola, Florida. [REDACTED]

親愛的總統先生與第一夫人：

　　我想要感謝這個在我女兒生命中的里程碑。你在 2011 年 9 月 20 日簽署法案廢除「不問不說」[10]，改變了我女兒以及她許多同袍的一生。

　　身為母親，我知道這世上不會有任何事能阻止你們鼓勵你們的女兒追逐夢想。凱特琳剛拿到了入伍通知，她行事一點也不低調，我常為她擔心。

　　你們知道她做了什麼事嗎？她在海軍官校和五個同學一起創辦了海軍光譜社[11]！這可跟低調完全扯不上邊！他們之所以會創這個社團，正是因為你們的緣故！！他們一開始只有五個成員，但如今這個社團已成為海軍官校裡第二大的社團了。她是我的英雄，如今她在海軍官校留下了可以傳承的禮物。她在畢業後將成為一位飛行員。

　　我想要替我的女兒、海軍光譜社以及這個偉大國家中所有同性戀者的父母再次感謝你們。謝謝你們為他們挺身而出。

　　身為一位出色女兒的母親，我要向你們這對擁有兩個完美女兒的雙親，致上我的愛與感恩，謝謝你們。

蕾吉娜·布萊恩

金星妻子[12] 兼一位出色女兒的母親！

海軍加油！

10　DADT 即「不問不說」（Don't ask, don't tell）政策，是美軍 1994 年起對同志參軍的態度。不問，是指軍隊長官不得詢問軍人的性傾向。不說，是指同志軍人只要不公開自己的性取向，長官就不會試圖揭露同志。直到 2011 年 9 月 20 日才由歐巴馬廢止，而同志可以公開服役。

11　海軍光譜社（Navy Spectrum Club）是美國海軍官校的同志社團。該社團宗旨為敦促美國海軍中同性戀、異性戀及雙性戀等各種性向的服役者互相尊重。

12　Gold Star Wife，指因公殉職的美國軍人遺孀。

我替凱特琳做了一個食譜盒，作為她的畢業禮物。隨信附上一張食譜卡。若你有任何簡單、不易失敗的蔬菜或無肉食譜，請寫在上面，我們會把你寫的食譜當作驚喜一起送給她。你可以把卡片帶到畢業典禮上，或者寄到下列地址，之後我會把食譜加進盒子裡。你也可以把食譜用電子郵件寄到〔隱藏郵件地址〕，我將會把食譜印出來，放進盒子裡。

　　我知道這將會是她在接下來數年都萬分珍惜的禮物。

凱特琳·布萊恩
R·H·布萊恩代收
佛羅里達州，彭薩科拉

September 23, 2011

President of the United States
1600 Pennsylvania Ave. NW
Washington, DC. 20500

RE: LETTER BY FEDERAL INMATE JASON HERNANDEZ #07031-078 IN
SUPPORT OF HIS PETITION FOR COMMUTATION OF SENTENCE

Dear Mr. President:

Greetings. My name is Jason Hernandez. I am sure you have no idea
who I am, and probably wondering why on God's earth am I writing to you.
Well, to summarize it as best as I can I am a 34 year old federal inmate
who has served over 14 years on a sentence of life without parole, which
I was given for conspiracy to distribute crack cocaine and other controlled
substances. As a result therof, I have filed a Petition for Commutation
of Sentence with the Pardon Attorney in hopes you determine there is
sufficient cause to grant my request.

As you are aware there has been major support to completely eliminate
the disparity between powder cocaine and crack cocaine. But that is not
what the substance of this letter is about. I'm not going to sit here
and try to downplay the effects crack cocaine or any other drugs have on
our nation. I know first hand the distruction drugs cause on people,
families, and communities.

Nor will I attest that because I didn't kill anyone, commit rape,
or a crime against a child, that I shouldn't be in prison for an excessive
amount of time. Because the simple truth Mr. President is that I was a
drug dealer. And what I didn't know then that I've learned over the years
is that it would not be an overstatement to view my crime as equivalent,
if not more detrimental, than those just stated. I realize this because
I was selling drugs in the community I was born and raised in. I was
selling drugs to people I grew up with, most of whom were either friends
or family. Everybody I came into contact with I was destroying in one
way or another. From the addicts and the families of those addicts, and
the individuals I encouraged to sell drugs that ended up losing years of
their lives in prison; resulting in parents being without a son, wives
without a husband or kids without a father. Now I can see the cycle of
destruction that drugs have caused on my neighborhood and those across
the United States.

I acknowledge that I deserve to be in prison. For how long? I am
in no position to say. I'm sure there are people who could argue either
for or against my current sentence of life without parole. What I can
say for certain Mr. President is that I am a changed man from that boy
who ran those streets over 15-20 years ago. And if I were given a second
at life I would not let you, my family, or society down. I would do
everything I could to right what I have wronged and try to prevent kids

from making the same mistakes I did when I was young.

If you review my Petition for Commutation you will see I have dreams
Mr. President, big dreams. And not just dreams of being free, but dreams
of becoming someone who is going to make a difference in this world. But
to speak of my goals as dreams doesn't do them justice, for I can see
everything I want to accomplish and how I am going to accomplish it as
clear as day. All I need now is for you to give me a chance to turn those
dreams into reality.

I thank you for your time Mr. President, and I hope that after you
read my Petition for Commutation you come to the conclusion that I was not
a bad person growing up, but a person who made bad decisions.

Sincerly,

Jason Hernandez #07031-078
Federal Correctional Institution
Post Office Box 1500
El Reno, Oklahoma. 73036

2011 年 9 月 23 日

美國總統
西北賓夕法尼亞大道 1600 號
20500 華盛頓，哥倫比亞特區

關於：聯邦囚犯編號 07031-78 傑森・赫南德茲來信，支持其減刑請願

親愛的總統先生：

　　你好。我是傑森・赫南德茲。我知道你一定完全不曉得我是誰，也搞不懂我到底為何寫信給你。這個嘛，我盡我所能地在此簡單總結：我是一名 34 歲的聯邦囚犯，被判終身監禁不得假釋，目前已服刑 14 年，入獄原因是與他人密謀販賣快克古柯鹼和其他違禁毒品。我向特赦檢察官申請了減刑請願，希望你能決定是否應該批准我的要求。

　　正如你所知，大眾多已認為粉狀古柯鹼與快克古柯鹼之間是完全沒有差別的。但這並非本信的主旨。我不打算在此低調帶過快克古柯鹼或者其他毒品對我們國家的影響。我第一手見證了毒品能對人、家庭與社區造成多大的毀害。

　　我也不會宣稱因為我沒有殺人、沒有強暴人、或者沒有傷害孩童，所以就不應該被關進監獄中這麼長的時間。因為事實很簡單，總統先生，我是一個毒販。我在這幾年來了解了我過去不懂的事：就算有人要說我犯下的罪刑和上述罪刑一樣嚴重、甚至為害更大，也並非言過其實。我很清楚這件事，因為我是在我出生成長的社區中販毒的。我把毒品賣給和我一起長大的人，他們大多都是我的親友。我直接間接地毀了和我接觸的每一個人。其中包括毒品成癮者與成癮者的家屬，還有因為受到我的鼓勵而販毒最後被關進監獄好幾年的人；我使父母失去了兒子、妻子失去了丈夫、孩童失去了父親。現在我能看到毒品是如何在我的鄰里與全美國造成破壞性的循環。

　　我知道我活該被關進監獄。要關多久？不是我能置喙之事。我相信對於我終身監禁不得假釋的判決，有人贊成也有人反對。我能肯定的只有一件事，總統先生，那就是我已經改過自新了，我不再是 15、20 年前那個在街上四處遊蕩的男孩。如果能再給我重新更生的機會，我一定不會讓你、我的家人或社會失望。我會盡我所能改正我所犯的錯誤，以及防止兒童重蹈我年輕時的覆轍。

看了我的減刑請願書，你就會知道我是有夢想的，總統先生，我有偉大的夢想。我的夢想不只是得到自由，我還想成為有所作為的人。但把我的目標說成夢想並不公平，因為我已明確知道我想要完成什麼事，以及我要如何完成它們。我現在唯一需要的，就是你能給我實踐這些夢想的機會。

　　感謝你撥冗閱讀本信，總統先生，希望在你讀完我的緩刑請願書後，你會知道我小時候並不壞，只是做錯了決定。

誠摯的
傑森·赫南德茲 囚犯編號 07031-78
聯邦監獄
郵政信箱 1500 號
73036 奧克拉荷馬州，埃爾里諾

COPY

9/10/12 406

Reply

Sandy Swanson

Merion Station, PA

August 8, 2012

President Barack Obama
The White House
1600 Pennsylvania Avenue, NW
Washington DC 20500

Back from the OVAL
9/11/12

Dear President Obama,

I'm writing to tell you about the $15 my family just donated to your 2012 campaign.

It was $15.

That's really all we could give. My husband is currently a student at Temple University, in the final year of his PhD. Since starting his degree, three years ago, we've been living at several hundred percent below the poverty level (I keep forgetting which percent...does it matter?)

But we aren't complaining. Two healthy daughters– dusty, well-travelled backpacks in the basement – a house full of memories – a future full of hope. We're the lucky ones.

So - we're currently *"poor on money – rich in life"* (as we like to say). It hasn't always been like this. My husband spent most of his life doing what he loved -- playing or coaching basketball. Born in SE Iowa, he was an Academic All-American and once-upon-two-good-knees-ago, the local town hero of his small town – after bringing home the State Championship during his junior year of high school, followed by NJCAA National Championship years later as a coach. Then came a coaching stint in Europe (UK), before returning to the States to coach another small town Division I team. Basketball has been his heart-n-soul; his bread-n-butter for decades. And now, a student again. He hopes to teach one day – to pass on all he's learned coaching here&abroad. His research focus is on leadership – what makes a leader and that sort of thing. He's a big a fan of yours by the way...as a player, father and president...not necessary in that order. <wink>

But this really wasn't supposed to be a letter about him.

It's about this year's campaign. It's about wanting to say that $15 means something these days and deserves a moment of pause (and some words on paper) for this girl and her family of Obama fans.

- ❖ $15 is a special pizza dinner at our local pizza stop (Poppy's in Wynnewood).
- ❖ It's 1½ tickets to see the newest film at the old-school cinema we walk our daughter's to.
- ❖ It's getter fresh fruit, instead of frozen; fresh veg, instead of canned.
- ❖ It's tickets to the Franklin Institute in the heart of Philly. (We've never been)

It's all these things to a family like ours.

I've listened with curiosity, mostly frustration, as the nation debates Citizens' United and the string of new laws that now allow the bellowing voices of private interest to drown out the sounds of tiny voices (like ours/mine). Our pebble-in-the-ocean support feels almost pointless. *"Leave the campaigns to the rich,"* I think to myself, *"get your daughters a pizza instead."*

But I refuse to allow new laws to stop us/me from being A PART of this campaign. After all, I will never be a "player" (in the political sense), but I still want to believe I can play a part.

Then, out of the blue, there you are – shooting a jumpshot on my (Facebook) wall– and asking for "players" to join you on your home court. I had to smile, and then I couldn't resist. And so, I have relinquished those $15. Please know that they count. To us. Please stay in Washington. Do, in this second term, what you were not assisted/supported to do during your first term. Get this country moving/working/hoping again. I'm hoping the next pizza will be on you.

Wishes to your brave wife and beautiful daughters from another brave wife with two beautiful daughters.

All good things,

Sandy Swanson

p.s. if you're looking for a hard-working, All-American boy from Iowa for your pick-up game, I know a guy...my husband. His name is Steven.

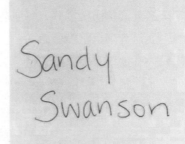

珊蒂・史旺森
賓州梅里恩站
2012 年 8 月 8 日

回覆

巴拉克・歐巴馬總統
白宮
西北賓夕法尼亞大道 1600 號
20500 華盛頓，哥倫比亞特區

總統辦公室回覆

親愛的歐巴馬總統：

　　我寫這封信是想要告訴你，我們家剛剛為你 2012 年的競選捐了 15 美元的政治獻金。

　　15 美元。

　　這真的是我們拿得出來的所有錢了。我先生是天普大學的學生，目前正在讀最後一年的博士。自他三年前入學起，我們家的經濟狀況就低於貧窮標準線好幾個百分點（我一直忘記到底是幾個百分點……這重要嗎？）。

　　但我們從不抱怨。我們有兩個健康的女兒，地下室放著因為時常帶出門而風塵僕僕的背包，有充滿回憶的房子、充滿希望的未來。我們很幸運。

　　因此，我們現在是「財務貧困、生活富足」（我們總喜歡這麼說）。但事情並非一直都是如此。我先生這輩子多數時間都在從事他深愛的事業——打籃球或當籃球教練。他出生於愛荷華州東南部，在他兩個膝蓋還沒壞之前，曾獲選全美明星隊，是他們小鎮上的英雄——他在高二時贏得了州冠軍，多年後又在擔任教練時贏得全國專科學校體育協會冠軍。接著他又在歐洲（英國）擔任教練一段時間，後來回到美國另一個小鎮擔任一級籃球隊的教練。籃球是他的身心寄託，也是他數十年來賴以為生的專業。如今他再次成為學生。他希望能在未來的某天傳道授業——將他在海內外擔任教練時的所學都傳授給下一代。他的主要研究項目是領導力——也就是領導人的特質等等。對了，他是你的忠實粉絲……他崇拜身為籃球選手、父親與總統的你……喜好程度未必按此順序排列。〈眨眼〉

　　但這封信的重點不應該在他身上。

　　重點在今年的競選。重點在我想要告訴你，當前 15 美元的重要、值得你為我和我家人這些歐巴馬粉絲暫停一下（及讀信上一些字）。

　　◆15 美元可以在我們小鎮上的披薩店（溫尼伍德的波比）吃一頓特別的

披薩晚餐。

◆在我們帶女兒走路可到的老派電影院，可以買 1 ½ 張票看新上映的電影。

◆可以買新鮮水果而非冷凍水果；可以買新鮮蔬菜而非罐頭蔬菜。

◆可以買一張費城市中心富蘭克林研究所的入場券（我們從來沒去過）。

對於像我們這樣的家庭來說，15 美元代表了這些事。

全國人民開始熱議聯合公民[13]以及一連串允許私人利益叫囂而淹沒微小聲音（像我們／我的聲音）的新法，我心中帶著些許好奇，但更多的還是沮喪。我們的捐款只是滄海一粟，幾乎沒有絲毫意義。「**讓有錢人去搞競選吧，**」我想，「**妳帶女兒去吃個披薩還比較實際。**」

但我拒絕讓新法阻止我／我們成為選舉的**一部分**。畢竟雖然我永遠不會是「選手」（就政治意義來說），但我依然相信我可以貢獻一部分力量。

接著，你突然出現了——在我的（臉書）塗鴉牆來一記跳投——要求「選手」加入你的主場。我笑了起來，無法拒絕。所以，我放棄了那些 15 美元可做的事。希望你了解，那 15 美元是有意義的。對我們來說有意義。請留在華府，連任後，請實踐那些你在第一次任期中無人協助／支持的事。讓這個國家再次前進／運轉／充滿希望吧。希望我們的下一塊披薩有你請客。

身為有兩名美麗女兒同時也是一位勇敢妻子的我，祝福你那位勇敢的妻子與兩名美麗的女兒一切安好。

願你事事順利。

誠摯的

珊蒂・史旺森

附注：若你打鬥牛籃球賽需要找一個認真努力、來自愛荷華的美國男孩，我認識一個符合條件的人……就是我先生。他叫做史蒂芬。

珊蒂・史旺森

---

13 聯合公民（Citizens United）是一個保守派的非營利組織，曾計畫在電視宣傳詆毀希拉蕊的電影廣告，引發了「聯合公民訴聯邦選舉委員會案」（Citizens United v. Federal Election Commission）的訴訟。2010 年最高法院宣判選舉改革法案中，有關政治宣傳經費上限的規定違憲，而讓利益團體更能將國會選舉變成幾百萬美元的競賽。

" Code 100"
response

THE WHITE HOUSE
WASHINGTON

Sandy —
Your letter inspires me so much.

Thanks,

[signature]

Ms. Sandy Swanson

Merion Station, Pennsylvania

SEP 19 2012
(Priority w/tracking)

" 代號 100 "
回覆

珊蒂：

　　妳的信件對我啟發良多，謝謝妳。

巴拉克‧歐巴馬

2012 年 9 月 19 日

CHAPTER 6

Bill Oliver,
June 20, 2012
Undisclosed Loaction

比爾‧奧利佛
2012 年 6 月 20 日
未公開地點

這裡有些資訊必須保持模糊。比爾‧奧利佛不希望任何人知道他或他的家人住在哪裡，他不願意透露城鎮，甚至不願意透露在哪一州。無論這個城市有多平靜，都必定有西半球最暴力的街頭幫派 MS-13[1] 的成員，只要這個幫派想要找到某個人，他們就必定找得到。

不用說，這讓他上了一課。比爾已經不是過去的那個比爾了。他剛邁入 80 歲。

這件事要回溯到 2011 年，那時比爾‧奧利佛在薩爾瓦多旅遊。他以前是教師，已經退休很長一段時間了，他和妻子珊德拉結褵將近半世紀，一起養育兩個孩子長大，之後離開了北方多雪帶[2]，搬到南方陽光帶[3]定居。為了保持思緒靈活，他在當地大學任教了幾門課程。他帶學生出國到中美洲遊學，是希望能讓他們有所醒悟。讓他們看看別人是怎麼生活的。「珍惜你所擁有的。」這些學生主修的是國際貿易，研修的課程大多是金融、預測分析，以及如何最佳化實踐行銷管理策略。比爾從出生到現在都支持共和黨，他支持小型政府、低企業稅率以及嚴密的邊境安全管制。

薩爾瓦多村民們提供的晚餐是用柴火煮滾的一大鍋雜燴。比爾希望學生能親眼看看這些事。椰子汁來自於**真正的椰子**，是他們親眼看著男孩子從樹上採下來的椰子。在吃飯前，當地的孩子想和比爾的學生比賽踢足球。那些孩子都光著腳。比爾把學生們帶到一旁。他說：「記得不能沒有禮貌。一定要讓他們贏。」當地的男孩子完勝來自美國的大學生。「嗯，這就對了。」比爾說。「**你們看到了嗎？**看看這裡。看看這些人；他們沒有鞋子，他們什麼都沒

1　MS-13 全名為 Mara Salvatrucha，1980 年代發源於美國洛杉磯的國際性犯罪黑幫，原本是薩爾瓦多移民為了自保而組成的街頭幫派，如今已發展成為全美最大幫派。

2　Snowbelt，指美國北部與加拿大交界的五大湖區。

3　Sunbelt，指美國南部北緯 37 度以南的地區，日照時間較充足。

194

有，但他們都顯得**很開心！**」

晚餐後，比爾結識了一個男人，他說他是其中幾個男孩的父親。煮飯的是他妻子。比爾和這位父親站在廚房裡，腳下是泥土地。屋頂是鐵皮浪板，而這位父親沒有穿上衣。他說他有六個兒子，接著一一告訴比爾孩子們的名字，然後說其中一個孩子不在這裡。那個孩子剛滿 17 歲，名叫基克。基──克──。那名父親告訴比爾 MS-13 的事，也說起薩爾瓦多的暴力事件正迅速把這個地方變成全世界的犯罪首都。他說基克的學校在河的對岸，距離村子有一段距離，幫派也在學校那裡。幫派成員之前一直在招募基克入幫，而基克是個需要朋友的孤獨小孩，後來錯信了他們的話。基克很快就發現自己陷入了悲慘的兩難之中。幫派成員威脅他說，如果他不加入幫派就要殺了他，而入幫的代價是要他親手殺掉一名家人。

基克唯一存活下來的希望就是逃跑。因此這位父親讓基克帶著錢上了巴士，他希望這些錢足夠土狼（coyote，人口走私犯）把基克偷渡過美國邊境。這位父親此後再也沒有聽過他的消息。

比爾的個性溫和有禮，任何一個溫和有禮的人在薩爾瓦多這種地板是泥土、屋頂是鐵皮浪板的廚房裡，聽著悲傷的父親說出這樣的話之後，都會做出這樣的回應。「嗯，要是有任何我幫得上忙的地方⋯⋯」

然而沒有任何比爾幫得上忙的地方。

在比爾回到家兩週後，他告訴珊德拉：「我向一位父親承諾說我會幫他找他的兒子。」他沒辦法確切說明是什麼時候、或是他怎麼有了承諾這個概念，他其實什麼都沒有承諾。他的學生修完了這學期的課程，很快就會陸續進修企管碩士並到大銀行上班。比爾現在不忙碌了，至少不像以前那麼忙。若他試著尋找那個男孩，或許他就可以像他自認的那樣，做個信守承諾的人。

他不可能找得到那個男孩。

比爾從德州開始，從休士頓開始找。「我在找一個男孩，」他說。這無異於大海撈針，他本可以就此罷手，心安理得，畢竟他已經嘗試過了。他沒辦法確切說明要繼續尋找的衝動是何時出現的，但若他夠誠實，他會說一開始他其實是不想輸。就像你在玩填字遊戲的時候，你不想被這個字謎擊敗。「我在找一個男孩，」他說，「我在找一個男孩。」

到了 2012 年，共有超過 15 萬名孩童在跨越美國國界時被捕，他們來自中美洲各國，主要是從薩爾瓦多、宏都拉斯與瓜地馬拉，為了逃離 MS-13 而前來美國。他們被帶走並受到扣押，被判定為「無人陪伴之未成年人」。隸屬於美國衛生及公共服務部的難民安置辦公室，會審核確認這些孩子是否與幫派勾連，接著將他們拘留在收容所，在等待移民法庭的聽證會的同時，試圖把他們安置在親戚或擔保人家中。

比爾在紐約找到了基克。難民安置辦公室把他送到一位親友家裡；這部分詳情不明。比爾寫了一封信給受理基克一案的地方法院，沒有收到任何回音，所以他繼續寫信。他寫的信實在太多封了，以至於法官終於打電話給他。法官告訴他，如果你想要替這個男孩做些什麼，你首先要雇用律師並提出動議。比爾上網弄清楚何謂動議後，便開始思考自己到底想要為男孩做些什麼。

他想起那位父親、鐵皮屋頂以及泥土地。當初與那位父親的對話在比爾心中重塑成一個承諾，而今又進展成一個全面的人格測試。他環顧自己家裡展示的陶鍋、毛皮、面具和其他各種村民製作的美麗工藝品，這些東西是他多次到世界各地旅遊所帶回來的。來他家拜訪的人可以由此得知，他遊歷廣、見識多，知道用柴火與陶鍋煮出來的食物是什麼滋味。

想要在地方法院提出動議，首先你要填表表明某些事情。「我

有照顧他的經濟能力。」他在表格中寫道。**我有經濟能力。**

待動議獲准後，他們讓基克搭飛機過去。比爾到機場去接他，從基克的棕色皮膚認出了他。比爾則是個蓄著白色鬍子的圓滾滾大個子，就像聖誕老人一樣，這樣的外表非他所願。基克走向他，兩人一起走向比爾的車。比爾不會說西班牙語，基克不會說英語。比爾不知道基克要在這裡待一天、一個月還是一年，基克自己也不知道。比爾帶基克到一家薩爾瓦多餐廳吃飯，希望能給他家的感覺。他們點了**普普沙**[4]來吃，女服務生的胸部大到快要從上衣裡湧出來了，這是兩人唯一的共同語言，因此他們用眼神與尷尬的大笑就此事交流了起來。

有種應用程式可以讓你用手機翻譯。只要對著軟體講英文，應用程式就會幫你翻譯成西班牙文，反之亦然，因此他們在接下來的幾個星期，就用這個應用程式坐在廚房的桌子旁溝通。比爾問基克的美國行。基克告訴比爾，一開始這趟旅程令他振奮不已，這是他第一次離開薩爾瓦多，獨自搭巴士抵達了瓜地馬拉。他覺得自己像個成年人。他體會到逃離死亡帶來的自由感。在墨西哥，他與陌生人一起坐在卡車後面，沒有交朋友。里約河很淺，最開始可以用走的，等到河水變深，他就脫掉衣服舉在頭頂上，開始游泳。從小在海邊長大的好處這時顯現出來。有些人不會游泳，他伸出手協助其中一個人，同時放棄了保持衣服乾燥。看來他們已經脫離險境，但他們都沒來過這裡，所以不知道要注意什麼地方。原來他們還沒脫離險境。抓住他的人並不粗魯。他把基克放在一輛卡車上。拘留中心很乾淨，只要你遵守規則，你就可以得到點數。點數能用來買糖果、牙膏還有待在電玩室的時間。他之前從來沒有見過電動玩具。在最後一天，他用剩下的所有點數換了糖果，把糖果送給其他孩

4　Pupusas 是薩爾瓦多的傳統美食之一，外層是玉米製成的餅，塞滿各式內餡。

子，因為拘留中心不准你把糖果帶走。

比爾告訴基克，他曾承諾基克的父親要找到他。

「papá está muerto.」基克說。**我父親死了。**

是住在紐約的親戚告訴他的。「**Tu padre está muerto.**」他們說他死於心臟病。

「我很遺憾。」比爾說。

比爾讓基克選擇要住在哪間臥室，基克選了角落的那間。比爾說他要在星期天上教堂，晚飯要和他與珊德拉一起用餐，還要他去學校學習英語。基克說他不想上學。於是比爾告訴學校的人：「我必須誠實地告訴你，他並不想來上學，還有，他是非法移民。」學校說他們會想辦法解決這件事。比爾請了一位家教。基克發現了美食頻道，他把課後時間都花在美食頻道上。他會在廚房幫珊德拉的忙。

比爾和珊德拉決定要領養基克。然而律師說他們年紀太大了，基克也是。在移民法庭決定基克的去向並要他們去聽審之前，比爾可以繼續擔任擔保人。

基克交了女朋友，名叫瑞貝卡，她有一頭絲綢般的棕髮，個性開朗，即將上大學，她說基克比其他美國男生要成熟多了。基克交了很多朋友。車禍由另一輛車高速穿越十字路口而起，當時他和瑞貝卡坐在車子後座，兩人都繫著安全帶。瑞貝卡沒事，每個人都沒事，只有基克除外。他的腸子被安全帶切斷了。在醫院時，比爾告訴急診室的外科醫師說：「我要老實告訴你，他是非法移民。」醫師說他會替基克想辦法。教會的人聽說了基克的事時，也說他們會想辦法。瑞貝卡的父母說他們會想辦法。整個社區都團結起來了。沒有任何人提過誰值得誰不值得的問題，包括公民資格、證明文件、種族、誰屬於這裡誰不屬於這裡的問題都沒有。就只是人幫人、支付手術費、照護基克直到他恢復健康。

比爾完全不了解移民法庭在哪裡，或者怎麼運作。他替基克買了一條西裝褲和一件藍色襯衫。聽審時，比爾指出基克沒有花到美國納稅人的一毛錢。有好多人在幫他。基克做的每件事都是對的。他遵守規則，他去上學，他正在學英語。比爾知道怎麼運用關係，拿到許多來自老師、來自教堂甚至來自市長的信件，一致稱讚基克品行端正。

法官說，為了躲避 MS-13 而違法穿越國界的小孩並沒有豁免權。她說基克必須回去薩爾瓦多。

「我很遺憾，」比爾的律師說。比爾告訴她，他還要再上訴。若基克被送回薩爾瓦多，那他就必須面對在他逃離之前就想殺掉他、如今必定會殺掉他的幫派。

比爾的律師垂下頭看著自己的鞋子。她說，每個人都上訴。每個人的故事都一樣。

在同一個星期裡，2012 年 6 月 15 日，歐巴馬總統在玫瑰園宣布了一項名為「童年入境者暫緩驅逐辦法（DACA）」的政策。這項政策允許特定移民可以免除遣返的命運，並取得工作許可。

比爾沒得選了。他不是歐巴馬的支持者，從來都不是，但他覺得自己變了。然而這對總統來說有差別嗎？

比爾思考著，確切來說，他到底哪裡改變了？所有的長篇大論都可以總結成一句話：比爾認識了一位非法入境美國的人，並逐漸愛上了他。

比爾需要讓他的信聽起來很重要。單純一句「救救我！」似乎有損尊嚴。

GWR
Sample. / Immigration Hardship

9/27/13
f12

June 20, 2012

Back from the OVAL
9/29/13

Reply

Can we find out from Cecilia what the best options for this young man might be — does he qualify for deferred action?

President
Barack Obama
1600 Pennsylvania Avenue NW
Washington D.C.
20500

Dear Mr. President:
 I have always been a strong Republican. I have disagreed with you on many issues, especially immigration issues.

I believe myself to be an objective person, and because of that I could not understand your tremendous focus on immigration. I disagreed with almost everything you identified.

However my objectiveness "kicked-in;" I decided to personally incorporate some of the immigration beliefs you espoused over and over, identifying your determination in "making things right." Honestly, I didn't believe a difference could be made!

As a retired university provost and chief operating officer, I continue to do adjunct work as a professor   I take International Business majors to Central America on a regular basis.

My last trip, while exposing students to a different culture, a life of poverty for many families, I had the opportunity to interact with one family in particular. This is a family of six boys, father, mother, plus another relative. Father's monthly income is about$140.00. They live without the any of the comforts we know, such as electricity and running water. Their "home" has dirt flooring, and corrugated metal walls and roofing. Cooking is done over an open fire and washing clothes in a wash tub.

總統辦公室回覆

2012 年 6 月 20 日
總統
巴拉克·歐巴馬
西北賓夕法尼亞大道 1600 號
20500 華盛頓，哥倫比亞特區

回覆

親愛的總統先生：

　　我一直都非常支持共和黨。過去我在很多議題上都不同意你的作法，尤其是移民議題。

　　我相信自己是個客觀的人，因此我無法理解你為什麼會在移民問題上花這麼多精力。只要是你認同的事，我幾乎統統不同意。

　　不過我的客觀「啟動」了；我決定要親自體現你一直都在支持的移民信念，認同你「把事做對」的決心。老實說，我當時並不認為會造成什麼改變！

　　身為退休的大學教務長與營運長，我依然繼續以教授的身分在〔隱藏單位〕擔任客座。我會定期帶主修國際貿易的學生去中美洲。

　　在最後一次考察中，我如同以往帶著學生體驗不同文化以及許多貧困家庭的生活，但這次我恰好有機會與其中一個家庭有了比較深入的互動。該家庭的成員有六個兒子、父親、母親，外加一名親戚。這位父親的月收入大約是 140 美元。他們沒有任何能使生活更舒適的設備，既沒有電力也沒有自來水。他們「家」的地板是泥土地，牆壁與屋頂是鐵皮浪板。他們用柴火煮飯，用浴盆洗衣服。

我們能否請賽希莉亞 (Cecilia) 看看，或許有什麼適合的方法能解決這位年輕人的問題——他是否符合暫緩驅逐辦法的資格？

他的信後面又接著寫了密密麻麻一張半信紙的內容；他寫下了基克的故事，並在最後寫道：

現在該怎麼辦？我們能做什麼？……
我該怎麼協助我所說的這名年輕人，以及跟他一樣的其他人呢？

他在信上簽名：「威廉·C·奧利佛博士」

與此同時，OPC 一如既往，正在白宮中運作著。比爾大概就像其他寫信給總統的每個人一樣，完全不知道有一群實習生和員工正忙著拿鉛筆做標記。

樣本／移民困難

比爾完全不知道歐巴馬也做了標記。

「回覆，」歐巴馬用藍筆在信上寫著。右邊則備註：「我們能否請賽希莉亞（Cecilia）看看，或許有什麼適合的方法能解決這位年輕人的問題——他是否符合暫緩驅逐辦法的資格？」

．．．

比爾在收到總統手寫的白色紙卡回信時非常驚訝。這封回信就放在家裡某個地方。如果他能找到的話，他會把信拿給你看。坦白說，比那封私人回信還要意義重大的，是白宮的工作人員打來的電話，他告訴比爾一個電話號碼，要比爾在某個特定時間打過去；電話那頭是美國公民及移民服務局，對方向比爾詢問了基克的狀況。

暫緩驅逐辦法有許多必要條件，包括你必須在 2012 年 6 月 15 日當天未滿 31 歲、你必須在 16 歲之前來到美國、你必須至少從 2007 年 6 月 15 日開始就住在美國。根據皮尤研究中心估計，到

2014 年時約有 110 萬人符合該法案的資格。

基克並不是其中之一。他的年紀太大了，他來到美國的時間也不夠久。《童年入境者暫緩驅逐辦法》無法幫助基克。

「我很遺憾聽到這樣的答案，」比爾說。

比爾告訴基克，一定要事先把襯衫和西裝褲洗乾淨、熨平整，隨時為上訴聽審做好準備，接著他打給律師，詢問最新狀況。

她說狀況有變。基克的案子突然終止了。「檢控裁量權 5。」她說。

考慮到目前美國的情勢，比爾不想揭露基克目前移民狀況的細節，但這是好消息：「他目前的身分是一個人能合法待在美國的最低階身分，但他現在是合法的了。」

比爾永遠不會知道這件事與他寫信給總統是否有關；他甚至連可以問誰也不知道。但這重要嗎？基克不用回到薩爾瓦多了。基克得到了新生活。美國給了他第二次機會。對比爾來說，找到基克並不僅僅是找到基克這麼簡單。這趟旅程使比爾產生了一種全新的愛國情操。

比爾帶基克去買訂婚戒指。基克和瑞貝卡結婚了，兩人在度蜜月時看海豚游泳，回來時還趕得及上教堂，正好看到比爾在領唱聖歌。

比爾買了冰箱和微波爐給基克的媽媽，這是他們村莊裡的第一台冰箱和第一台微波爐。

5　檢控裁量權（prosecution discretion），執法人員基於法規認可行使判斷權力。

CHAPTER 7

Fiona Picks
the 10LADs

費歐娜挑選每日十信

費歐娜的辦公室位於 EEOB 的四樓，距離大樓人潮很遠，要穿過一條窄廊，走下斜坡，再打開一扇厚重的木門。辦公室很安靜，有一扇開得很高的大窗戶，高到什麼都看不見，除了如矢車菊一樣藍的天空。我到辦公室找到她的時候是個星期四的下午，她杵在沙發邊上，被散落四處的信包圍，有些信像是蕾絲桌巾一樣披蓋在沙發上、有好幾疊信在她膝旁的咖啡桌上，地板上、她的大腿上，也都是信；整體感覺像是鵝媽媽童謠裡那個和一大堆孩子住在一隻鞋裡、不知如何是好的老太太。

「這些信就像一大群人同時說著各種不同的事。」她說。費歐娜每天會在四點左右坐下來，開始仔細揀選當天的信件樣本，從紙本信件組挑出來的信加上電子郵件組轉寄來的，加起來約有 200 封，她會從中挑出最後總統要讀的十封信。不，她不想要別人幫忙。「必須由我來讀。」她說完後拿起一疊紙上下理了理，把紙張對齊。她是那種認真散發專業精神的人：熟練的手勢、得體的紫紅色洋裝、務實的平底鞋。就算你說她將來會成為大學人文教育學院院長，也不會有人懷疑。

她告訴我，替總統工作從來不在她的生涯規劃中，不過在她小時候家裡就會高聲討論政府的運作模式──她的父親理查・里夫斯（Richard Reeves）是專門研究總統的歷史學家，她的母親已逝世，生前曾在聯合國工作，也曾競選過加州參議員。她母親是那種只因為覺得全家一起環遊世界 30 天很有趣，就突然決定全家出遊的人，他們家就曾經一次遊歷了 16 個國家，還在尼羅河岸休息的時候一起研究雲朵。費歐娜上的是寄宿學校，第一間寄宿學校位於紐約州北部的農場，她如今依然認為那裡是她的家。「每個月爸爸會找一個週末來看我，這點跟很多其他小孩不一樣，所以對我來說，父母在我生命中占了很大的份量。」她高中時到英國莫爾文的鄉間就讀，畢業後回美國就讀杜克大學，主修公共政策與非裔美國人研

究。「我記得我媽媽很不希望我去碰政治科學（Political Science）。她說政治之中沒有科學，那根本就是騙人的。那時我對政治進程的看法很天真，對國家的看法也很天真；我之前根本沒怎麼見識過。如果歐巴馬總統沒有出來競選，我和很多年齡相近的人根本連碰都不會碰政府公職。」

最先吸引費歐娜的是 2006 年出版的《歐巴馬勇往直前》（The Audacity of Hope）這本書。這並非勵志書，作者也並非大師，但對年輕人、高知識份子，以及想為國家盡些義務的人，卻特別像是大師級的勵志書。

> 美國經驗的核心，是一連串不停激發我們集體良知的理念；是一種共有的價值觀，使我們能在彼此不同的狀況下依舊可以團結；是源源不絕的一線希望，使我們實現了幾乎不可能成功的民主實驗。這些價值與理念並非只體現於大理石紀念碑或者朗誦史書的聲音中。它們存活在大多數美國人的心靈與思想中──我們因此而感到自豪、願盡義務並勇於犧牲。──《歐巴馬勇往直前》

2007 年大學畢業後，費歐娜立刻去歐巴馬的競選團隊應徵，最後終於得到與彼特·勞斯面試的機會。

那時她完全不知道這個人是誰。「我對自己當時的做法感到很慚愧。我那時不知道他對歐巴馬有多重要。要是我更精明一點，我就會更努力一點，讓自己看起來更聰明、或者懂更多東西。但我想他一定面試了很多跟我差不多的人，所以我自我安慰他一定不記得我當初有多可笑。」

（他的確不記得。）他雇用了她，派她到新罕布夏州挨家挨戶拜訪。

從甘地反抗英國殖民、波蘭的團結工聯到南非的反種族隔離運動，在上個世紀幾乎每一個成功的社會運動裡，民主都是在地覺醒的結果。──《歐巴馬勇往直前》

　　費歐娜在她的 iTunes 上重複播放《歐巴馬勇往直前》的有聲書。歐巴馬的聲音透過她的耳機日復一日朗誦著。「想當然耳，有聲書中有非常優美的韻律感，我會在私人車道上走路時一次次對自己複述，」她告訴我。「他會講這樣的話：『我請求你相信這場選戰；我請求你相信你自己；我請求你再次相信我們稱為美國的這個夢想。』

　　「中間那句相信你自己的部分，我們全都覺得那是我們要傳達給選民的訊息。我們這些助選員們，以及後來在他政府團隊中工作的人都沒有發現，他是要把那個訊息傳給我們。

　　「他灌輸給我們必要的勇氣這個概念，這才是真正的禮物。」

　　在 2008 年的初選期間，費歐娜在曼徹斯特，有一戶人家把閒置的房間供他們的小組使用，他們就在地下室工作。歐巴馬在不到一週前贏得了愛荷華州的黨團會議投票，在接踵而來的辯論中，希拉蕊·柯林頓試圖將歐巴馬高明的演講技巧轉變成負面形象。「做出改變的重點不在於你相信什麼，也不在於你的演講內容，」她曾這麼說，「我們不需要給人們虛假的希望。」

　　「但事實上話語的確能激勵人心，」歐巴馬反擊道，「話語的確有助於人們參與行動⋯⋯不要削減語言的力量，因為當美國人民決定要讓某件事發生時，那件事就會發生。若人民心懷不滿、憤世嫉俗、心懷恐懼，並被告知某件事不可能發生時，那件事就不會發生。我競選總統就是因為我想要告訴他們，是的，我們可以。」

　　在新罕布夏州初選前夕，歐巴馬在該州的民調大幅超前，領先多達 13 個百分點。「我那時覺得『明天將會是我這輩子最重要的

一天』，」費歐娜告訴我，「我高中時期所有的女性朋友都來了。她們並不習慣挨家挨戶去敲門拜訪，但都還是去輪了一班。我父母的一些朋友也來了。我媽跟我說，她的朋友說我的皮膚看起來不太好，我應該要好好照顧我自己。我知道了，多謝老媽。但你當時會覺得自己正努力為自己覺得重要的東西工作，都沒跟親友怎麼來往。然後到了選舉當天，在很短暫的片刻，我們變成了焦點。」

結果出來的時候，費歐娜開著收音機，一個人待在曼徹斯特的家裡清理廚房。她印象最深刻的是收音機裡的那個傢伙說，要是像歐巴馬這麼善於演說的人輸了的話，聽他的敗選感言一定很有意思。

歐巴馬輸了。

「是的，我們可以。」歐巴馬在那天晚上接受了他在新罕布夏州的失敗，把這句話轉變成他的競選口號。

　　　　這個信念被寫入了宣示一個國家命運的建國文獻：是的，我們可以。

　　　　奴隸與廢奴主義人士在最深的夜晚中燃燒出一條通往自由的道路時，他們曾悄聲說過這句話：是的，我們可以。

　　　　移民從遠方的海岸啟程時，拓荒者向殘酷的荒野西進時，他們曾歌頌過這句話：是的，我們可以。

　　　　集結的工人、爭取投票權的女性、選擇讓月亮成為美國新國界的總統，以及帶領我們踏上山巔、指引我們前往應許之地的國王，他們都曾大聲疾呼這句話：是的，我們可以，我們可以成就正義與平等。

　　　　是的，我們可以，我們可以獲得機會與繁榮。是的，我們可以治癒這個國家。是的，我們可以補救這個世界。是的，我們可以。

像費歐娜一樣在寒冷中獻身工作的民調人員和組織幹部，他們聽著這些話，感覺自己從頭到腳都充滿了這些字句；歐巴馬的話語使他們立刻充滿了力量。他們許下承諾要更努力地工作。他們要將接下來十個月的生命都交給他，在他當選總統後，許多人雖然沒有工作在華府等著他們，卻都搬了過去，因為他們知道自己是改革運動的一部分。

「記得當時找房子的時候，我覺得屋主說不定不願意跟我簽約，因為我完全無法證明自己能留在這裡，」費歐娜告訴我，「這座城市裡擠滿了在歐巴馬競選團隊工作的人。當時城裡有很多聚會。」

費歐娜就是在那時認識麥可・凱萊赫的，那時費歐娜申請在才剛初具雛形的答信辦公室（OPC）工作，麥可是面試官。那次面試並不是很成功。她極度害羞，不敢和麥可對上眼睛，看起來並不開心。但麥可在她身上看到了某些特質。或許彼特也是因為看到這種特質，所以雇用她挨家挨戶拜訪。她充滿熱忱、滿懷著顯而易見的同理心，以及和許多年輕的歐巴馬信徒一樣、對總統及他所傳達的訊息抱著堅不可摧的奉獻精神。當然還有必要的勇氣，他教導他們要相信自己。

然而早期的 OPC 給人的印象，卻像是傾瀉而下的情緒亂流。費歐娜在這裡的第一個工作是「分析員」，她坐在一個小小的工作隔間裡，和一群選前幫歐巴馬競選的成員閱讀民眾來信。信件多到幾乎將他們淹沒，走廊上擺滿一箱箱信件，收件匣裡有**數百萬**封電子信件，信件的數量與內容都讓他們招架不住。民眾寫信來訴說他們的故事。切身的、悲傷的故事。需要健保的人、生意失敗的人、因為付不起學貸而破產的人、說著「救救我！」的人。而這裡有個剛上任的傢伙說，他可以解決問題。這時候還是總統與他的人民

「互相熟悉」的階段。他們告訴歐巴馬他們遇到的問題。有人要他戒菸。有人跟他說，哇，黑人進駐了白宮呢。有人叫他要抓到賓拉登。有人叫他要創造工作機會。「讓我們看看你是不是像我們期望的那麼聰明。」也有人寫信威脅總統和第一家庭，光是這種信每天就有大概 100 封。OPC 必須分出一個人從早到晚專門處理威脅信件。茶黨抗議者寄來的茶包淹沒了信件室。有人把信用卡帳單寄過來，想讓總統看看大幅上升的利率。有人把付不起房貸而遭法拍的單據寄過來。「**救救我！**」「**採取行動！**」「**你答應過的！**」

曾經在競選團隊工作的人，相信自己有責任要在弱勢團體與有影響力的人物之間，在無權無勢的人以及全世界最有權力的人之間，搭起溝通的橋樑，而現在，大家都期待在信件室裡的他們能盡到這個責任。

安瑪莉・艾米特（Annmarie Emmet）是一名退休後到這裡服務的志工，她告訴我，在歐巴馬任下的 OPC 工作人員，她注意到最主要的一點就是**年輕**。自 2001 年起，她每個星期都會抽出三天來讀信，她幾乎全程經歷小布希的兩屆任期，如今也打算在歐巴馬執政期間繼續讀下去。「我從不恥於告訴別人我曾替這兩個政府工作過，」她告訴我。

「這一群新的工作人員進來的時候，我發現他們的年齡說不定比小布希的工作人員年輕了 20 歲，」她說。「他們充滿熱忱，一心一意希望能讓歐巴馬建立好形象。」

她說，民眾寫信來的口氣也有戲劇性的變化。「這些信讀起來比較舒服，或許是因為歐巴馬的孩子還小，大家是看著這兩個小女孩長大的。他們當然也喜歡小布希一家，只不過對他們家的認識並不多。」

她發現，這份親切感是為什麼寫給新總統的信比較個人化的原因。「寫給小布希的信通常是『你為什麼不幫助這群人？你為什麼不替那群人做更多事？』而不是敘述他們個人的困難。要我來說的話，我覺得他們感受到自己跟歐巴馬比較有連結。他們寫的比較像是『我和以前的你一樣；我需要你的幫助。』」

　　「一開始 LGBTQ[1] 的人就湧向他了。在小布希執政時期你看不到這種景象。」

2009 年 1 月
親愛的總統先生：

　　　　（我的愛人如今正在伊拉克光榮地為國家服役，但他會因為愛我而被開除軍籍，所以我必須以匿名的方式寄送此信。我很難過必須這麼做。）

　　　　我的伴侶現在正在伊拉克服役，幾乎每天都受砲火攻擊。他是一名公認十分優秀的士兵，我們的國家需要他繼續盡忠職守。

　　　　在他被外派出國的那天，我讓他在離基地大門很遠的地方就下車了，他孤獨地在一片黑暗中淋著雨走去報到。在出征典禮上，他的同袍有妻小環繞在身邊，但他只能獨自一人。

　　　　他們的電話聯絡名單上沒有我的名字，軍眷福利也沒有我的份——即使我們已經在一起 16 年，還養育了一個美麗的孩子。我們聯絡時必須先自我審查敏感用詞，當我們最需要彼此的時候，更無法給予對方支持。

　　　　要是他遇到什麼意外，他的單位沒有人會聯絡我。要是他像過去那些優秀的士兵一樣光榮殉命，沒有人會來敲我的門，也沒有人會送一面國旗給我。現在或是將來，他的家庭彷彿從未存在過，儘管這是他生命中最重要的事物。

　　　　我不確定我能否確切傳達我所感受到的恐懼、驕傲、心痛與希望，這些感受通通攪在一起，每天都充斥在我心中。

1　女同性戀（Lesbian）、男同性戀（Gay）、雙性戀（Bisexual）、跨性別（Transgender）與酷兒（Queer，非異性戀的泛稱）的縮寫。

費歐娜就這麼開始她的讀信職涯——瀏覽、標上代碼、選出樣本，她逐漸負起更多的責任。麥可‧凱萊赫在 2010 年離開 OPC，將主任職位傳給伊莉莎白‧歐爾森（Elizabeth Olson）。麥可與費歐娜都認為她像個高尚的牧羊人，是維持 OPC 穩定運轉的重要人物。下一個接棒的是費歐娜，她在 2013 年接任 OPC 主任。這名當初在面試時表現糟糕、害羞、無法直視他人眼睛的年輕女性，如今成為了一股力量。

• • •

「這是個有趣的過程，」費歐娜告訴我。她坐在被信件包圍的辦公室沙發上，正試著挑選出她要交給總統的十封信。「有時候我會把挑信的過程想像成從門下面塞進一個托盤。」

她將「每日十信計畫」看作一份神聖的工作。這是她與總統的每日對話，她認為每一份每日十信中所傳遞出來的聲音，都能以最準確的方式表達美國的情緒：**總統先生，這就是美國人民的感受。**

「啊，這封很可愛，」她用指尖捻著一封信。「他是一位焊接工。他描述的場景栩栩如生：一棟小木屋、一隻忠心的狗、他的妻子是志工。『如果你哪天需要焊接什麼東西的話……』」她笑著，重新讀一遍信，仔細考慮。「大致上來說，這封信是支持信件，正是這樣我才會不太確定要不要挑這封信。」總統需要聽到的不只是支持者的聲音，她總是非常留意要有各式各樣的信件。

「這封一定要留下來，」她伸手拿起另一封信。有好幾張紙用釘書針釘在這封信上。「她附上一封她爸爸以前寄給小羅斯福總統的信。這種歷史觀點最合總統的胃口了。

「噢，還有這封，簡直讓我連想死的心都有了，」她又說起了另一封信，並婉拒評論就收了聲，把信放在沙發上那一疊「可考慮」信件上。

「然後這個人說只要災難一出現，小型企業管理局就會馬上跟著出現、無所不在地參與災後重建，但是一旦鎂光燈撤下，所有資源就跟著不見了。我覺得這個意見很有意思，應該放到總統面前，因為他平常很難接觸到這種資訊。」

　　把兩百封信件精簡到二十封是一大挑戰，但真正的功課是從二十封信件裡挑出十封信。她必須冷酷無情。依主題來分類看似最簡單的解決方法：把信件依議題分類，然後給總統一封談能源的信、一封談健保的信、一封談移民的信，依此類推。「可是如此一來，每封信就只能和相同主題的信競爭，而不是和其他所有的信競爭。」她說。

　　這麼做的缺點顯而易見，只是我花了點時間才想通其影響。但是重點在於公平，以及「信件代表的是人民而非問題」這樣的基本假設。

　　「反正，不分類來挑才比較誠實。」她說。

　　把每天的信件挑挑揀揀到剩下 15 封時，她會一封封全部重新閱讀一遍。她的手指纖長，塗著亮紅色的指甲油，溫柔地拿著信箋、輕緩地放下信，好像怕碰壞信似的。「嗯，這封是一定要的……還有這封，雖然讀起來有點難懂，但我覺得就連信件很難懂這件事本身也是故事的一部分……還有這封。我們收到好多信是在反應對於政績長期以來的想法。我不知道……」她在找的是故事。不是贊成這個或反對那個，不是冗長的議論，不是某個人在聽了全國公共廣播電台之後有什麼意見。總統需要聽的是故事，故事是他無法靠一己之力找到的事物。「他不可能走上街頭去看看一般人的生活是什麼樣子。」她說。她把信件當作是一隻潛望鏡，能讓總統看到自己以外的世界，就像以前還沒有特勤局的保護、武裝車輛、媒體團和整個世界盯著看的時候，他看待世界的方式。

　　我問她，有沒有哪種信件或主題會讓她比較想要選進每日十信

當中。

「囚犯的信，」她毫不遲疑地回答，「從一開始就是這樣。這是信函寫作中極其特殊的一種關係，我猜是因為相較於一般社會來說，寫信更像是監獄文化的一部分。」

她說起一開始曾收到的一封囚犯來信。有一個人從西部的監獄裡寄來一幅馬賽克鑲嵌畫。「用糖果包裝紙做的，」她說。「那是一幅總統的畫像。畫在厚水彩紙上。」他用不同顏色的糖果包裝紙碎片，拼貼出非常神似總統的畫像。「那幅畫真的美極了。」她說。我從她向旁一瞥的眼神看得出來，這個故事並沒有好結局。她說那是很早期的事，當時她才剛進 OPC 沒多久。「那是一封單純表達支持的信，他在信中寫說他很開心歐巴馬當選了，他想要送他這幅畫。我記得他還詳細描述了自己的作畫過程，原本他打算用特趣（Trix）巧克力的包裝紙來捕捉他想表現的顏色。但在他服刑的那個監獄裡，販賣機正好換了商品，所以只好用羅洛（Rolo）巧克力的包裝紙，以至於他覺得最後的成品沒能傳達出應有的感覺，不過他已經盡力了。」

她勾起一抹微笑，拿起旁邊的紫色水瓶喝了一大口水，說起當時很希望能夠留下那封信和那個囚犯的禮物。「我那時在想，不知道我可不可以把那幅畫釘在我的辦公桌隔板上之類的。」她說。「但那個時候你不能做這種事，尤其不能留下囚犯寫的信。」

他們有規定，囚犯的信不能留下來，也不能送到總統手上。「你會瀏覽一遍，看看信中有沒有要求赦免，」她說，「或者看看寄件者有沒有提到他遭受虐待。那種信件會被另外歸類為個案。其他的基本上就是通通丟進一個箱子裡，等待進碎紙機。」

她又啜了一口水。「這種做法流傳已久，而我們只是新來的人，你懂嗎？」

費歐娜成為 OPC 主任之後，第一件事就是挑戰關於囚犯信件

的規定。這個規定是哪裡來的？是誰開始的？有明文規定嗎？她當初之所以有勇氣去尋找答案，都要歸功於一位勇氣十足的實習生。「嗯，我覺得這個規定毫無道理。」那位實習生在得知這個規定之後這麼說。他們的總統是從分發食物給遊民的社區發展工作者起家的，他想必會希望知道關在監獄中的人想說些什麼。

某天，費歐娜想著，要是她直接在每日十信中加入一封囚犯寫的信，不知道會發生什麼事。歐巴馬會怎麼做？那些資深職員會怎麼做？

答案是，什麼事都沒發生。沒有半個人對此發表任何言論。所以她又試了一次。接著又一次。

「嗯，現在開始可以留下囚犯的信了，」費歐娜告訴員工，這項規定就這樣改了，非常有費歐娜的風格。紙本信件室中的囚犯信件有了屬於自己的代碼，費歐娜允許眾人將囚犯信件列入樣本，就像所有其他類別的信件一樣。

這是一場個人的勝利，一場信件室中的政變。「因為我覺得好像只有我們知道這件事。」她說。這些人寫信來談論判決不一致與司法正義改革。新聞上不會沸沸揚揚地報導這些話題，但如今這些信件得以送到歐巴馬手上了。2014 年，美國政府推行了司法部計畫，提供行政救濟給因非暴力毒品犯罪而被判長期拘禁的聯邦罪犯。信件室沒有半個人對此感到訝異。他們喜聞樂見，畢竟總統一直都在關注這些信件。

關於同性婚姻以及廢止軍中的「不問，不說」（Don't Ask, Don't Tell）政策等議題，也經歷類似的過程。無論白宮中的任何地方是否有人討論這兩件事，信件室都時常收到與這兩個議題相關的信。費歐娜、在她之前的伊莉莎白，還有更早之前的麥可，他們一定會在每日十信中放進與這兩種議題相關的信。一封封看似微不足道的信件就這麼逐漸累積起來，最終將能改變政策的決定。

在廢止了「不問，不說」法案後，2009 年曾匿名寫信來的人又在 2014 年寫了一封信。這次他留下了他的名字。

2014 年 7 月 4 日
親愛的總統先生：

　　在 8 月 3 日，我的丈夫大衛·羅諾·布倫斯達（David Lono Brunstad）將會升遷至二等士官長，我將會在那天把臂章上多了一條橫槓的新衣服親手交給他。我知道對許多軍人家庭來說，這是非常普通的情景，但是這對我的家庭來說具有非常特殊的意義——在不久之前，由於不問不說的政策，我們的關係必須祕密存在。

　　大衛在 2009 年獲派到伊拉克出征，由於這個政策的關係，那段時期對我們來說既黑暗又孤獨。連續四、五天沒有收到他的消息對我來說是常態，多數軍人家庭都會覺得「沒消息就是好消息」。然而對於同性伴侶來說，因為萬一不幸事故發生，我們也不在任何人的聯絡名單上，所以只要沒有消息，我們心中的壓力就會不斷累積，直到再次在電話中聽到他甜蜜的聲音為止。

　　我知道他時常受砲火攻擊，我一個人在家時，偶爾會覺得自己幾乎快要崩潰了。總統先生，你承諾說要結束這種歧視政策，是讓我得以撐下去的原因。我相信你，我信任你。我知道，無論狀況有多糟，在路的盡頭都會有一線光亮。

　　我丈夫會在明年 6 月再次外派，這次他的負擔會比以往輕一些，因為他不再需要擔心他的家庭是否有人照顧。先生，我想我不太可能有機會當面感謝你，所以我希望你知道，這個軍人家庭將會永遠感激你為我們所做的一切。

致上最誠摯的感激之情。
達寧·柯拉德·布倫斯達（Darin Konrad Brunstad）
華盛頓州，溫哥華市

「現在有一、二、三、四封……」費歐娜算著,她正在挑選最後名單。「九、十,加上這封是十一封,所以還要再刪去一封。」她再次閱讀信件,搖搖頭。「好吧,好吧,大概是這樣。」她把刪掉的那封信放到沙發的另一頭。她往那封信看過去,伸手輕拍它一下。

她拿起最後入選的十封信,開始像洗牌似的改變它們的順序,把一封拿出來,放到另一封信後面,再把另一封信放在前面。我對於她改變順序的動作很好奇。「噢,順序是非常重要的,」她說,就像一本詩集中每首詩的順序,又或者像歌單的順序。「閱讀這些故事的順序將會影響你看待每個故事的態度,」她說,「我們辦公室有時候會用『無預警打擊』(sucker punch)來形容這種做法,聽起來很殘酷,但是……」

葉娜常用「很有種」這個詞來形容費歐娜。她不會猶豫是否要把嚴厲批評政府的信件拿給總統,她也對令人煩擾或心碎的信一視同仁,而她在排列信件時會盡量使信件對總統造成最大的影響力。她會一次把三封對槍枝暴力請願的信件放在一起。她會布局讓總統先看到某個人對平價醫療法案大加稱讚的信,下一封信就是一個貧困的人說他的生活因平價醫療法案而變得更糟。「這些信件的意思並非『你失敗了』,」她說,「而是『這些方法並不能解決每個人的問題。』」

她拿起一枝鉛筆。「有時候在星期五,或者該說尤其是在星期五,我們會用『嘿,我喜歡你打的領帶喔』這樣的信做結尾。」她把這種信稱作「換口味飲料」(chaser)。這類信件談論的話題有可能是狗或是總統騎腳踏車,又或者是簡單直白的「嘿,你喜歡鬆餅還是煎餅?」

親愛的總統先生：

　　我覺得這個國家應該更有精神一點。因為各種的攻擊、茲卡病毒和戰爭，讓這個國家變成了一個很悲哀的地方。請做一些有趣的事吧。例如在重要場合穿著紮染上衣和短褲出席、去加勒比海做一趟滑水旅行、帶你的家人到迪士尼世界玩……做一些有趣外向的事吧。此外，請說些能讓大家冷靜下來的話。你一定不曉得我對政志（治）有多擔心……

誠摯的
莉莉
8 歲

　　「好，就這樣。」費歐娜說。她把大腿上的信箋收齊，像撫摸貓咪一樣把這疊信件撫平。

　　「我會把這封排在第一位。『我從好幾年前就想要寫這封信了。』」

　　「然後是這封，寄件者曾在競選團隊中擔任志工，但如今對平價醫療法案感到失望……這是一個真實的個人故事。」

　　「接下來是這個，一位德州的社會工作者在筆記頁上寫的信，說到在試圖做出改變時所遭受的許多阻撓。」

　　「再來是這封，討論司法部一項修正案沒有擴展至國土安全部。」

　　「在這封有關於監獄評論的後面，我會放一封兒子有重罪前科的信。」

　　「緊接著是一封閱讀起來很困難但卻令人無法忘懷的信，寄件者是一位退役軍人，他無法忘懷過去曾見過的景象。」

「後面一封信在反思我們在天然災害過後所提供的救援都只是暫時的。」

「還有這封，坦白說，我不太確定它該放在每日十信中的哪個位置，但我想就放在這吧。是關於達科他輸油管計畫（Dakota Access Pipeline）的。」

「接下來是一位名叫傑克的男孩寄來的信。他是非裔美國人，他的雙親都是白人。他說：『我希望希拉蕊贏。』我會用這封當作結尾。這對總統來說是衝擊很大的一句話。」

「順序就是這樣。」

她把手上的鉛筆掉過頭，開始用橡皮擦把這十封信件上的代碼都擦掉。絕對不該讓總統看到這些代碼。「如果信件在內文有令人驚訝的大轉折，比如說，在第三頁她的生命中出現了令人驚訝的事情，而我們在給信件分類時卻透露出蛛絲馬跡，那就毀掉這個轉折了。如此一來，寄件者就沒辦法傳達出她本來想要傳達給總統的感覺。」這就是為什麼紙本信件室裡的每個人都必須用鉛筆。

那天，我在離開費歐娜的辦公室之前，問起那幅囚犯用糖果包裝紙做成的拼貼馬賽克畫，它到哪裡去了？是否逃過被丟進碎紙機的命運？

「這幅畫如今只留存在我的記憶中。」她說。「我覺得非常遺憾。」

CHAPTER 8

Marnie Hazelton,
April 5, 2011
Freeport, New York

瑪尼・黑澤爾頓
2011 年 4 月 5 日
紐約州・自由港

她穿著棕色夾克和寬鬆的橘紅色上衣。看起來還可以嗎？項鍊怎麼樣？會太張揚嗎？當你站在炙熱的聚光燈下，臉上頂著厚重的妝，錄著《超級大富翁》（Who Wants to Be a Millionaire）的時候，你真的真的很難讓你的腦袋思考其他事情，除了「**媽呀！我上電視了！**」。

〔掌聲〕

我很好。妳呢？

我也很好。是的，我在先前的介紹中曾提過，妳曾經經歷過一段艱辛的時候，雖然妳在擔任教育工作者的時候非常受愛戴，卻依然被遣散了，但妳收到一封來自總統的來信，讓妳信心倍增。

對。

我注意到妳今天把信帶來現場了。妳是否可以唸那封信給我們聽呢？他真的寫信給妳了，對嗎？

對。對，他寫信給我了。

所以妳沒有精神失常。

〔笑聲〕

不、不、不。我那時只是希望他能——

是專用的信紙！

對。是白宮的專用信紙。

哇。真棒。

她把信放在面前的桌上，指尖不斷在信紙上滑動。白色紙卡上有歐巴馬獨樹一格的手跡（她發現歐巴馬並沒有在每個字母 t 上加橫槓）。這封信和上電視參加競賽毫無關聯；這是個人的東西，是電視台的人想要使她的故事更豐富、更有上電視的價值，她才在交代近況時湊巧提到。他們說：「把信帶來！」問她願不願意在現場轉播的時候唸信？（她有一張影本。畢竟她絕對不會把信件正本帶出家門。）

呃，上面寫說，「瑪尼。」呃，「感謝妳對教育界的奉獻。我知道現況使人沮喪，但一旦經濟狀況與政府預算恢復，我國對於像妳這樣具有專業技能的人以及教育工作者的需求將會再度成長。與此同時，我在為妳加油！巴拉克·歐巴馬

〔掌聲〕

太酷了！這是妳會想要永久保存的東西吧。一定的。哇。好的，請妳繼續堅持下去，對於工作前景要保持樂觀喔——此外也要請妳現在保持樂觀，因為妳現在要努力贏得十萬美元。現在妳手上已經有 40,600 美元。又到了進行……經典百萬富翁的時候啦！

「我在為妳加油。」

這是美國總統說的話，對於因經濟不景氣而失業的數百萬人口來說，這句話強而有力，但對瑪尼來說，這句話具有不可思議的魔法。這句話能改變她。每當她開始感到沮喪、挫折與絕望時，只要想到「我在為妳加油」，就能讓她恢復成原本的瑪尼。

瑪尼·黑澤爾頓！

瑪尼·黑澤爾頓不只是一名穿著棕色夾克與橘紅色上衣、試著想要贏得現金的 40 多歲失業單親媽媽。

「女孩，振作起來！」她在過去的日子曾這麼告訴自己。那時她還年輕，剛從大學畢業，想當一名饒舌歌手。（她在街上賣過自己的混音專輯。）「振作起來！」那是她爸爸的聲音、她媽媽的、她祖父母的；回溯再回溯，所有祖先都對她說著同一句話。

她爸爸是第一批進入巴爾的摩綜合技術高中的黑人學生之一。她的媽媽曾因為試圖讓黑人也能進入巴爾的摩[1]一間電影院而入獄

1　直到 60 年代美國南方各州仍實行號稱「隔離但平等」的《吉姆·克勞法》（Jim Crow Laws），將黑人與白人在各種公共設施的使用上隔離開來，巴爾的摩所在的馬里蘭州也實行此法。這項法律直到 1964 年才在美國最高法院的裁定下廢止。

一週，後來加入了和平工作團（Peace Corps）[2]。一名祖父參加過第二次世界大戰，兩名曾祖父參加過第一次世界大戰。一名曾曾曾祖母乘船來到這裡，被當成奴隸賣了。「女孩，振作起來！」妳是傳承的一部分。妳不是可有可無的人。妳的前人皆勇敢地奮鬥過來，妳必須延續下去。「奉獻的一生。」她的父母反覆告訴她，那是她的命運。

「紐約每四個學生中就有一個不識字，」報紙上的廣告寫著，「你能做些什麼？」她提出了申請，得到了一份研究工作；西元2000年9月，在布魯克林309公立學校，是她第一次站在一班五年級的學生面前。這個學校就在紐約州貝德福－史蒂文生區（Bedford-Stuyvesant，簡稱『貝史蒂』[Bed-Stuy]）旁邊，是全州表現最差的學校之一。那裡的五年級生不會讀也不會寫。貧窮的地步，暴力的故事。「我不是在這種環境長大的。」瑪尼告訴學生們，毫無保留的。她說，我媽媽上過大學，我爸爸在一間大公司工作，我要告訴你們，生命遠比你們在家裡能看到的還要遼闊得多。（有些學生根本沒有家。）她希望他們能了解，外面還有一整個世界等著他們。她拿出她從瘋狂追星的少女時期以來，與五角（50 Cent）、阿姆（Eminem）、全民公敵樂團（Public Enemy）的合照。她拿出地圖，把她曾到過的地方指給他們看，她說總有一天，他們也能去這些地方看看。她教導孩子們，他們的意見是重要的。為了幫助非洲蘇丹達佛地區（Darfur）那些因瘧疾死亡的人，布希總統投注資金在買蚊帳上，她問孩子們有什麼看法？他們說：「做得很好！」她告訴他們：「好，不要告訴我。**告訴他。**」他們寫信給布希總統。然後他回信了！還附上他的狗巴尼的照片！這是充滿教育意義的一刻。「充滿教育意義的一刻」這個想法使她開心極了。

2　於1961年成立，由美國政府籌辦的全球性志工服務計畫。該計畫志工會在全球各地為當地政府提供教育、醫療衛生、商業發展等不同領域的協助。

一年後，2001 年，當她正在替學生上英文課時，世貿中心的第一棟大樓被撞了。他們往窗戶外看就能看到。接著是第二棟大樓。灰煙轉變成黑煙；他們聽見街上有人在尖叫。她告訴孩子們：「大家都待在座位上！請待在你的座位上！」接著校長透過廣播要大家保持冷靜，老師們跑到走廊上，互相詢問到底是怎麼一回事。

　　她在貝史蒂區的研究工作原本只有兩年，但她又多留了三年。在教室協助驚慌而急需英雄的孩子們，讓她找到了自己的歸屬。

　　早在她的朋友相信黑人能成為總統之前，她就一直很支持歐巴馬當總統。

　　2001 年，當她專心致志地聆聽歐巴馬的第二次國情咨文，她覺得總統在對她說話：

> 　　影響孩子成就的最大因素，是站在教室講台上的人。南韓人稱老師為「國家建造者」（nation builders）。如今我們美國人也應該以同樣敬重的態度對待教育工作者……
>
> 　　……我想告訴每一位今晚正在傾聽、且尚在考慮未來工作的年輕人：若你想要改變我們的國家；若你想要改變孩子的人生──請成為老師。你的國家需要你。

　　國家建造者。愛國份子。她正是這兩種人。

　　離開貝史蒂區後，她在 2005 年接受了另一個學區的工作，地點位於長島的羅斯福學區（Roosevelt Union Free School District）。這裡的需求與她過去遇過的大不相同，這個學區非常貧窮、負債累累，以至於州政府必須接手管理，將這裡列入「財政與學務堪慮」的觀察名單中。她帶著滿懷抱負來到那間學校。她贏得了教學獎，晉升至行政管理職位，擔任初等教育協調員。

　　很難確切地說整個事情是怎麼發生的，但幾年後她注意到事情

不太對勁。有一天她甚至跑到人資辦公室詢問：「有什麼我需要知道的事嗎？你們有什麼事要告訴我嗎？」

「沒呀，一切都很好！」

就在同一天，當她回到家，一封信就在信箱裡等著她。「該職位已遭裁撤……預算刪減。」一封信。**你在跟我開玩笑嗎？**預算刪減。用一封信通知？

好啦，瑪尼，我們總結一下，妳的手上有 40,600 元。只要再回答四個問題，妳就能獲得 100 萬元，但妳如今已經沒有求救可用了。以下是價值 10 萬元的問題——

沒有求救可用了。真悲哀。更別說她當時因為沒有適合上電視的衣服，還特地外出買了這組夾克和上衣。她看起來是不是很胖？她的眼睛有沒有抽搐？**媽呀！我上電視了！**你絕對無法想像在這種情況下**思考**有多麼困難。這麼說吧：她在上一個問題不得不使用求救，現在這題跟「洗刷刷洗刷刷，三人站在浴盆上。[3]」這首兒歌有關。說真的，她是一名國家建造者，一名愛國份子（還已經讀了兩年的教育領導與政策博士），卻被一首兒歌難倒了。

歌詞是屠夫（butcher）、麵包師傅（baker）還有誰？**還有誰？**

「梅瑞蒂絲（主持人），我想要向觀眾求救。」**九成**的觀眾（他們大多數應該都沒有花兩年讀教育領導與政策博士）都知道答案，不，這首兒歌裡面沒有**鞋匠**（cobbler）。

她距離 100 萬元還有四個問題。但沒有求救可用了。

她已經窮途末路了。

---

3 指一首流傳久遠的英國洗澡兒歌《Rub-a-Dub-Dub》，歌詞開頭即 "Rub-a-Dub-Dub, Three Men in a Tub."，這題考的是其中的押韻歌詞" the batcher, the baker, the candlestick maker"，分別為屠夫、麵包師傅、燭台製造商。這首兒歌流傳甚廣，多數民眾甚至孩童都能琅琅上口。

她需要錢，需要賺房租，她是穿著橘紅色上衣的失業單親媽媽，是沒有國家可以建造的國家建造者。

在**一封信**裡讀到學校預算刪減、讀到她的職位被裁撤的那個晚上，大概是她人生的最低點。她必須有所行動。她決定必須寫一封抱怨信給總統。她必須告知的人應該是總統。要充滿憤怒來寫。充滿悲傷。整個世界都在崩塌。所有你相信的事都沒了。你替自己刻畫出來的所有身分也沒了。要痛飲幾口伏特加來寫。要打電話給你媽媽，哭到聲嘶力竭。

　　她又再倒了一杯伏特加。她又再打給了媽媽。她打給朋友。大哭。再一杯酒。你瞧，她可沒有打算否認自己喝了很多酒。「親愛的總統先生。」

　　寫這封信為的不只是安撫她的自我。為的是安撫數個世紀以來的哭嚎。為了她曾為國家而戰的曾祖父們。為了勇氣與奮鬥。為了她的曾曾曾祖母。

2011 年 4 月 5 日
親愛的總統先生：

我的父母代表的是美國最好的一面……

我的父親曾替國家服役……

我的母親曾響應約翰‧F‧甘迺迪的呼籲替國家工作……

我雙親的外祖父曾一起打過第一次世界大戰……我的外祖父和外叔祖也都打過第二次世界大戰……

我跟隨母親的腳步，成為了老師……

「國家建造者。」

總統先生，我致力於教育美國的未來，雖然有些學生沒有家，晚上只能回到收容所，但我一直在幫助他們回饋這個世界。今年二月，我帶著五歲的兒子到南非蘭加鎮，為鎮上的學校將文具帶給學生。

總統先生……我很確定你每天都會收到上千封訴說失業困境的信，你不太可能一一處理。但我覺得有必要聯繫你……

由於學校已不再收到振興資金，且紐約州長安德魯・古莫砍掉了學校的補助款，因此我失業了。我想問你，如果說我把過去的 11 年生命都奉獻給建造國家與教育美國孩童，那我現在該怎麼養活我的家人……如今教育工作的市場中，有數千名老師由於預算刪減而被解雇了。

祝 活在當下 4
瑪尼・黑澤爾頓

收到總統的回信時，她大為震驚。她盯著那封信，那張白宮官方信紙。他的筆跡看起來比較像是在畫圖，他沒有替每個 T 寫上橫槓。她覺得自己盯著那封信的時間應該有好幾個小時。
　「我在為妳加油。」

沒有求救可用了。距離 100 萬美元還有四個問題。燈光。妝容。她

4　Carpe diem，拉丁格言，一譯「及時行樂」或「把握今朝」。

的劉海是不是太長？你瞧，就算她沒有贏得 100 萬美元，她還是會好好的，好好的。她在想那十萬元。想帶著十萬元離開。這是個益智節目。要不計代價。要解決難題。她寄出的所有履歷表。參加過的所有面試。什麼都沒有。多到數不清的面試。什麼事都沒發生。沒有人打電話來。

這是價值十萬元的問題。

〔緊張的音樂，藍色的雷射光朝上不斷繞圈照射〕

在 2009 年，加拿大的西門菲沙大學（Simon Fraser University）因為哪項教育創新登上新聞頭條？

教育創新！嗯，她一定知道這題的答案，畢竟她是念了兩年博士的教育工作者。這是單選題，總共有四個選項：

A、主修「每件事」的學系

B、沒有書的圖書館

C、女子橄欖球隊

D、比「F」（不及格）還低的成績

快想。益智節目的最基本原則，就是參賽者要能忽視這些燈光和妝容，專心思考。（又或者其實不是如此。）益智節目的人希望你能說出自己的想法，讓觀眾覺得有參與感。

如果要我想創新的主意，我想想，「沒有書的圖書館」。橄欖球隊，女子橄欖球隊不是創新。主修「每件事」的學系……創新還是動機……我不會有動機想要創造……比「F」還低的成績。

好的，現在規則是這樣的，瑪尼：妳手上有 40,600 元。妳可以選擇拿著這些錢就此離開，嗯，但是若妳答對了這題，價值可

是十萬元。要是答錯了，就只剩下 25,000 元。

我來這裡的時候什麼都沒有。

呵呵。

〔緊張的鼓聲〕

好吧，梅瑞蒂絲，就像我昨天說過的，我是來贏得比賽的；我會依照我的直覺走，然後⋯⋯我要選沒有書的圖書館，B，我決定選這個答案。

〔藍色的雷射光往下方不斷繞圈照射〕

我覺得這個答案很合理，但正確答案是 D，比「F」還低的成績。

〔觀眾發出惋惜聲〕

梅瑞蒂絲解釋，正確答案所說的成績是孩子若作弊被抓會獲得的成績⋯⋯之類有的沒的。她的心臟，她的胃，轟的一聲，全都在往下沉。她讓所有人失望了。她媽媽，她兒子，祖先。沒有求救可用了，沒有百萬美元。沒有十萬元。沒有 40,600 元。她現在只能帶著 25,000 元的安慰獎回家。

好吧，嗯，我玩得很愉快。我玩得很愉快。

比「F」還低的成績是「FD」。意思是「因學術欺騙而不及格」（failed for acdemic dishonesty）。

喔，比「F」還低的成績。好吧。

但你知道嗎？就像總統說的，我們都在為妳加油。

〔掌聲〕

好喔。

梅瑞蒂絲傾身給她一個吻，瑪尼接受了下來，接著帶著她剛剛讀給觀眾聽的信件大步走下舞台，藍色的雷射光不斷繞著圈圈。

她回到家，脫下愚蠢的夾克和愚蠢的橘紅色上衣，倒了點紅酒，爬上床。她又花了一點時間才振作起來，明白現實。等等，我剛剛拿到了一張 25,000 美元的支票。她又花了數秒才想清楚，憑空得到這麼大一筆現金是多麼幸運的事。想當然耳，她馬上想通自己有多幸運了。

「我在為妳加油。」

我是瑪尼‧黑澤爾頓！

在接下來的幾個月，她又參加了更多工作面試。為了祈求好運，她一直隨身帶著歐巴馬的信（影本），放在皮包裡，那封信成了她的護身符。她每天午餐時、晚餐後和早餐前都會拿出信來看看。

在被遣散 13 個月之後，她接到了羅斯福學區的電話。

他們希望她能回去。他們需要她。**他們需要瑪尼‧黑澤爾頓。**

重新振作，改頭換面。她回到教室後，拿出歐巴馬總統的回信給學生們看；這是充滿教育意義的一刻。她告訴孩子們：「我在為你加油。」在家長會的晚上，她告訴家長們她在為他們加油。她告訴學校董事會的董事、老師和教練；她告訴社區裡的企業老闆們（他們應該振作起來、幫助學校）；她告訴每個人：「我在為你加油！」

她升職了，她博士班畢業了，她又升職了幾次，接著在 2016 年年初的某一天，她成為了羅斯福學區的督學。

她在曾遣散她的學區當督學。

你再也不會在紐約州財政與學務堪處的觀察名單上找到她的學校。他們啟動了「羅斯福文藝復興，好還要更好」計畫，目標是讓學校在 2020 年達到 100% 的畢業率，負責人是國家建造者瑪尼‧黑澤爾頓。

THE WHITE HOUSE
WASHINGTON

Marjorie —
    Thanks for your thoughtful letter. Your story
is an example of what makes me optimistic about
this country!

THE WHITE HOUSE
WASHINGTON

瑪尼：

　　感謝妳對教育界的奉獻。我知道現況使人沮喪，但一旦經濟狀況與政府預算恢復，我國對於像妳這樣具有專業技能的人以及教育工作者的需求將會再度成長。與此同時，我在為妳加油！

　　　　　　巴拉克・歐巴馬

2016 年 7 月 16 日
親愛的總統先生：

⋯⋯我想藉由已故的瑪雅・安傑盧 [5] 所說的一句話來表達我最誠摯的謝意：

「我已知道，人們會忘記你所說的話，人們會忘記你做的事，但人們永遠不會忘記你帶給他們的感受。」

祝 活在當下
瑪尼・黑澤爾頓

5　Maya Angelou，美國作家與詩人。

Samples, 2013-2014

2013~2014 年信件樣本

Contact Us - Other

Submitted: April 20, 2013 02:10
Originating Host:
Remote IP:
From: Susan Patterson
Email Address:
Phone:
Address (Domestic):
Topic:

Message:
Dear Mr. President,
I've written and complained about a lot of your policies. I got a response to my opinion on gun control. The response I received I think changed my mind. My concern, one of them, was that mental health seemed over looked. If you do, all you said in the letter, I will support your gun control bills. I also would like to say, I felt very good about the speech you gave last night after the second Boston bomber was captured. I still HATE Obama care, the entire thing. But, the gun stuff could work.
Thank you for the response letter, Susan Patterson

聯絡我們－其他

寄件時間：2013 年 4 月 20 日 上午 2:10
寄件者：蘇珊・派特森

親愛的總統先生：

　　我曾寫信抱怨過許多你的政策。我收到了有關我對槍枝管制意見的回覆，這讓我改變了我的想法。我的其中一項顧慮在於，心理健康似乎被忽略了。若你真的會履行信中所言，那麼我將會支持你的槍枝管制法案。另外，我對你在第二名波士頓炸彈客落網後所發表的演說覺得非常滿意。我仍然徹頭徹尾地不滿於歐巴馬健保制度。但是，槍枝管制應該可行。

謝謝你的回信。
蘇珊・派特森

From: **Erv and Ross Uecker-Walker**

Submitted: 11/17/2014 6:35 PM EST

Email:

Phone:

Address: Milwaukee, Wisconsin

Message: We offer our sincere thanks to President Obama and his Administration for their consistent support of civil rights for the LGBT Community and especially for marriage equality. As a result of your efforts, after being in a committed relationship for 57 years, we will be able to be legally married on November 30th at our church, Pilgrim United Church of Christ, Grafton, Wisconsin. It is particularly significant as November 30th is our 57th anniversary. We never thought it would happen. Thank you for the bottom of our hearts.

寄件者：鄂夫與羅斯・尤克－沃克
寄件時間：東部標準時間 2014 年 11 月 17 日下午 6:35
地址：威斯康辛州，密爾瓦基

　　對於歐巴馬總統及轄下部門持續不懈地支持 LGBT 社群的公民權利，特別是婚姻平權方面，我們致上誠摯的謝意。在你的努力之下，在歷經 57 年的伴侶關係之後，我們終於能在我們的教堂內合法結婚了，婚禮將於 11 月 30 日舉行，地點是威斯康辛州格拉夫頓鎮上的朝聖者聯合基督教堂。特別重要的是，11 月 30 日這天也是我們的 57 週年紀念日，我們從未想過能有這麼一天，我們打從心底感謝你。

Submitted via www.whitehouse.gov/contact
Case Number:
IP Address:

From: **Ms. Melina S**

Submitted: 7/15/2013 5:16 PM EDT

Email:

Phone:

Address:

Message: Dear Mr. Presdient,

Today I went to my Kaiser pharmacy to refill my birth control prescription. Automatically I gave my Kaiser ID card and credit card. The pharmacy said to me 'no co-pay' and gave me back my credit card. I slid it back over the counter to the pharmacist and said, 'It's 30 dollars'. She slid it back and said 'you don't have to pay co-pay'. I asked 'why? Since when?' I was puzzled and sure this was a new employee and she was doing something wrong. She said 'it's the new health care provision'. When she said that, it clicked. I have been hearing about it. I knew about it. But here it was in action, and I could not believe it. I kid you not, I felt'emotional'right away. I felt something. Like an injustice, was turned. Like a wrong was, made right. Like when you hear an apology, you know you deserved' I suppose can't describe it very well in an e-mail. But I felt something so strong, that I had to write you right away and say THANK YOU. Thank you for standing up for women. THANK YOU FOR STANDING UP FOR WOMEN! I know it's a small thing' but it's so big to little old me. What it means, and what it stands for; there is a hope. Things can change. Women do have a friend in politics. And I appreciate you so much for doing the right thing. Really, truly' thank you so much!

Sincerely and respectfully,

Melina S

238

寄件者：瑪莉娜·S 女士
寄件時間：東部夏令時間 2013 年 7 月 15 日 下午 5:16

親愛的總統先生，

　　今天我去了凱瑟藥局[1]領取我的處方避孕藥。我一如往常地拿出凱瑟會員證與信用卡，藥局卻告知我無須負擔共付額[2]，並將信用卡退還給我。我將信用卡遞回給櫃檯後方的藥師，並說：「我應該要付 30 元。」她依舊將信用卡退回，並告訴我：「妳無須負擔共付額。」我問她為什麼？從何時開始的？我感到很困惑，並很確定她是新來的員工，她一定是弄錯了什麼。她說：「這是新的健保規定。」她這麼一說，我才恍然大悟。我聽說過健保新制，但當我親自遇到時，卻無法置信。我沒在跟你開玩笑，我當時就覺得我的「情緒」立刻上湧。這種感覺就像正義轉身到來了，就像一個錯誤被改正了，就像聽到一句你理當接獲的道歉。我想我無法在一封電子郵件中形容得非常好，但我的感覺非常強烈，以至於我必須立即寫信給你，並說一聲**謝謝**。謝謝你為女性挺身而出。**謝謝你為女性挺身而出！**我知道這是一件小事，但這對我這個小人物來說卻意義重大。這件事所意味的、所代表的，就是希望與改變的可能，這代表女性在政治中是有同盟的。我十分感激你做出正確的行為。真的非常非常謝謝你！

致上最誠摯的敬意
瑪莉娜·S

1　凱瑟（Kaiser）是美國一間連鎖醫療體系，旗下有醫院和連鎖藥房。
2　共付額（Co-pay），指醫療保險計畫中規定，病人在看病或領處方前要支付的固定費用。

X03 support sample 7/12/13 *f.1*

Dear Mr. Obama,

"We are true to our creed when a little girl born into the bleakest poverty knows that she has the same chance to succeed as anybody else, because she is an American, she is free, and she is equal, not just in the eyes of God but also in our own."

Do you recognize this? You said this in your presidential inauguration in January, right around my eighteenth birthday. I wanted you to know how much this impacted me, it made me want to succeed more than ever. I don't want to tell you my whole life's story, but I do want you to know that I was one of those little girls. I was born into horrible poverty, and my parents didn't think that I had much of a chance at a future because of our financial circumstances. I proved them wrong. Every statistic said that I didn't have good chances of getting into a good college. I proved them wrong. I met your wife once, she came to my high school, _____ and I was one of the lucky few that got to shake her hand. I thought that was the coolest thing that had ever happened to me in my entire life, and it made me realize that I had just as much of a chance getting into a good college as anyone else. I worked harder after that, and when senior year came around I started doubting my future as a college student, through becoming homeless and finding out that I am a lesbian, I got through all of it and here I am. A soon-to- be high school graduate going to _____ in the fall, and I am telling you all of this so that you know that you had a hand in helping me get where I am today. I heard your inaugural address at school and when you said what you said, I started crying, because I had never had anybody in my entire life tell me that I could succeed just as much as anyone else just because I am an American. People told me that I was crazy, that someone else wrote that speech for you, but I didn't care, I chose to believe your words and I'm happy I did. I just wanted to thank you for saying that, and I wanted to thank your wife for helping me realize that I am equal to everyone else, regardless of how much money I have.

A Hopeful Future College Student,

P.S.: I'm glad you got re-elected☺

The President
The White House
1600 Pennsylvania Avenue NW
Washington, DC 20500

✓#043 465
MAY 20 2013

親愛的歐巴馬先生：

「我們忠於我們的信念，讓一位生於慘澹貧窮中的小女孩確信她有與其他人同等的機會成功，因為她是美國人，她是自由的，她是平等的，不僅在上帝眼中如此，在我們眼中也是如此。」

你記得這段話嗎？這段話是你在一月的總統就職典禮上說的，就在我 18 歲生日那陣子。我想讓你知道這對我的影響有多大，這讓我前所未有地想取得成功。我不打算告知你我一生的故事，不過我想讓你知道，我就是那些女孩的其中一個。我生於悲慘的貧窮中，我的雙親因為家裡的經濟狀況而認為我的未來沒什麼機會翻身，但我證明他們錯了。每一項統計數字都說我沒什麼機會進入一所好大學，我也證明它們錯了。我曾見過您的夫人一次，她來到我的高中〔隱藏校名〕，而我是少數幾位有機會跟她握到手的人。這是我這輩子最酷的經驗，讓我了解到我跟其他人有同等的機會進到好大學。從此之後，我變得更加認真。到了高三時，我開始懷疑自己未來成為大學生的可能性，這段時間裡我經歷了無家可歸，發現自己是女同性戀，但我都熬過來了，並且好好的站在這裡。我現在快要從高中畢業了，即將於秋天就讀〔隱藏校名〕，我之所以告訴你這些事，是想讓你知道，你的那席話幫了我一把，才造就如今的我。我在學校聽到你的就職演說，在你說出那些話時，我哭了起來，因為此生中從未有人跟我說過這件事：僅僅因為我身為美國人，我成功的機會就和旁人一樣大。大家都說我瘋了，演講稿是其他人幫你寫的，但我不在意，我選擇相信你說的話，而我很高興我做出這樣的選擇。我只是想為你說的這段話向你道謝，我也想對你的妻子道謝，因為她幫助我理解到，無論我有的錢是多是少，我跟其他人都還是一樣平等的。

一位充滿希望的未來大學生

附注：我很開心你連任了 ☺

From: Matthew Tyrone Pointer
South Gate, California
December 23, 2013

My name is Matthew Tyrone Pointer and I am a varsity basketball player for South Gate
high school, located in South Gate, California

This is my first year at South Gate high school. I recently transferred from our town
rivals, The South East Jaguars. The reason I transferred was because of basketball. It
keeps my grades up and in the long run I know it'll make me a better person as I grow.
The basketball program is great here, we go to many gyms located in many different
cities and sometimes even in different counties. I can say the most amazing school/gym I
visited was Beverly hills high school, when my team and I were walking around the
campus looking for the gym, we all happen to notice this one classroom. The reason for
that was because the classroom was filled with ipads, for the students of course. All of us
basketball players coming from South Gate high school, were very shocked and just
amazed. While we were stuck on talking about how we wished we had the supplies these
Beverly Hills students have, a Beverly Hills student walked by and looked at us, we were
all in our South Gate attire so that led up to him asking us where South Gate was located,
we all replied "by South Central, on Firestone and State St." the student had no idea what
we had just said but we all understood why. He just proceeded to wherever he was going.

Well now to express the way I feel on being treated unfairly with equal access of school
resources/supplies. Schools like Beverly Hills high school and Redondo Union have great
electronic resources and pretty neat school supplies, that us lower class schools like South
East, South Gate, and Huntington Park don't have.

I dont know if its because we're a minority as a community or maybe because of our
location, but I really feel that school supplies such as computers, classrooms, even pencil
and paper should be equally distributed to all schools no matter the district or location.
What makes those schools like Beverly Hills and Redondo union better than us? Is it the
students? I hope you get the point I'm trying to make Mr.Obama, I just want equality
within every community and imm only talking about school wise. To some kids, school
is the only thing that can help them make it out of where their stuck in. You want
change? , well give us a chance and we'll do our part by doing our job in school.

I dont really care if I get a response back after writing this letter, as long as somebody
hears me out and understands im trying to do better for our community.

寄件者：馬修・泰倫・波因特
加州，南門市
2013 年 12 月 23 日

　　我的名字是馬修・泰倫・波因特，我是南門高中的籃球校隊，這間學校在加州南門市。

　　今年是我在南門高中的第一年，我最近才從這間學校的同城死敵東南高中美洲豹隊轉學過來。轉學的原因是籃球。籃球讓我保持好成績，長期來說，我知道隨著我的成長，籃球會讓我變成一個更好的人。這裡的籃球訓練課程非常棒，我們會去各個城市的體育場比賽，甚至遠征其他郡縣。我認為我去過的所有學校與體育場中，最讓我驚嘆的就是比佛利山高中的體育場。當我和校隊在校園裡邊走邊找體育場時，我們都注意到了一間教室，原因是裡面裝滿了給學生上課用的 iPad。我們這群來自南門高中籃球隊的學生全都非常震驚與訝異。正當我們談著要是我們也有比佛利山高中學生的設備該有多好時，一名比佛利高中的學生經過並看著我們，因為我們都穿著南門高中的服裝。他問我們南門高中的位置，我們一致回答：「在靠近市中心的南方，火石街與邦國街的交叉口旁。」那個學生完全不知道我們在說什麼，但我們都能理解原因為何。然後他就繼續前往他要去的地方了。

　　現在我要來說說我對於學校資源／用品待遇不平等的想法。像比佛利山高中和雷東多聯合高中這類學校，有很好的電子設備資源與相當棒的學校用品，是我們這種比較低階的學校，像是東南高中、南門高中和杭廷頓公園高中都沒有的。

　　我不知道事（是）因為我們社區的人口比較少，還是因為我們的地理位置導致了這樣的結果，但我真的覺得像是電腦、教室甚至紙筆等資源，都應該不分學區或地點，平均分配到所有的學校。像比佛利山高中和雷東多聯合高中這些學校哪一點強過我們？難道是他們的學生比較好嗎？歐巴馬先生，我希望你能懂我說的，我只是想要每個社區都擁有平等權利，而我指出的還只是學校方面而已。對一些孩子來說，學校是唯一的翻身途徑。你想要有所改變？那就給我們一個機會，我們會在學校裡把我們該做的部分做好。

　　我其實並部（不）在意能否在寫完這封信後收到回應，只要有人聽我說，並知道窩（我）正嘗試為我們的社區做些努力就夠了。

THE WHITE HOUSE

WASHINGTON

February 11, 2015

Mr. Matthew Tyrone Pointer
Los Angeles, California

Dear Matthew:

      I've been meaning to write since I read the letter you sent some time ago. Playing basketball in high school taught me about who I was and what I could do, and I'm glad it's played a positive role in your life as well.

      You're right—education is the key to success, and whether students live in Beverly Hills or South Gate, they all should have a world-class education with access to the resources they need to reach for their dreams. Your generation deserves a system worthy of your potential, and every day I'm fighting to make that vision a reality.

      Thank you for your message—your passion to lift up your community is admirable. Keep up the hard work, both on and off the court, and know I expect big things from you.

                 Sincerely,

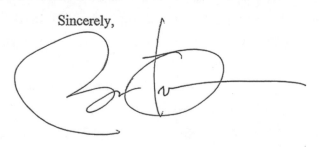

THE WHITE HOUSE
WASHINGTON

2015 年 2 月 11 日

馬修・泰倫・波因特先生
加州，洛杉磯

親愛的馬修：

自從看了你前段時間寄來的信之後，我就一直想寫信給你。高中時，籃球讓我了解自我和自己的能力，我很高興籃球在你生命中也扮演了正向的角色。

你說的沒錯，教育是成功的關鍵，而無論是住在比佛利山還是南門的學生，都應該接受世界級的教育，並擁有讓他們達成夢想所需的資源。你們這一代應得到一套支持你們發揮潛力的制度，而我每一天都在努力實現這件事。

感謝你的來信，你提升自身所在社區的熱情令人激賞。無論是在球場內外，都請你繼續努力，我希望你知道，我對你把有很大的期望。

誠摯的
巴拉克・歐巴馬

Back from the OVAL
7/9/13

Dear Mr. President,

My name is ▇▇▇▇▇▇ and I'm from ▇▇▇▇▇▇ ▇▇▇▇▇▇ a suburb ▇▇▇ ▇▇▇▇ of Boston. I'm a retired Union Ironworker ▇▇▇▇▇▇.

Enclosed please find my still valid NRA card. I will not be renewing my membership after today's' disappointing Senate vote.

Reasonable people expect reasonable action to be taken by their elected officials. That did not happen today. Evidently the NRA's influence is too intimidating for many people. I no longer feel properly represented by the NRA and I would be very surprised if there weren't a lot more who share my opinion.

If you tell the citizens of this country of my actions, I think you'd wind up with a mailbox full of NRA cards. Background checks are the very least we can do in light of Sandy Hook ,Aurora, and Arizona, to name a few. Reasonable people can accept reasonable laws.

Thank you for your time,

總統辦公室回覆

回覆

總統先生你好：

　　我是〔隱藏姓名〕，我住在波士頓〔隱藏地址〕的〔隱藏地址〕市郊區。我是聯合鋼鐵工會〔隱藏細節〕的退休人士。

　　附上我仍在有效期間的美國全國步槍協會（NRA）會員卡。在今天令人失望的參議院表決後，我將不再續訂我的會員資格。

　　有理智的人民期待他們所選的官員採取合理的行動，而今日這並未發生。很明顯地，NRA 的影響力對很多人來說太嚇人了。我不再覺得 NRA 能正確地代表我，若是沒有許多人跟我有一樣的立場，我會感到非常驚訝。

　　如果你將我的作為告知民眾，我想你的信箱大概會被 NRA 會員卡塞滿。有鑑於桑迪胡克小學槍擊案、奧羅拉槍擊事件和亞利桑那槍擊案等事件，背景調查是我們最起碼應該做到的。有理智的人民理應能接受合理的法律。

感謝你撥冗閱讀。

Back from the OVAL
10/18/13

Submitted via www.whitehouse.gov/contact

A message from: John Mier

Submitted: 10/16/2013 11:34 AM
Email:
Phone:
Address:

Reply – and save for me.

Leetsdale, Pennsylvania

Message:

Dear President Obama,

My wife and I are signed up for medical insurance due to begin on January 1, 2014 which we bought off of the Healthcare.gov marketplace.

Yes, the website really stank for the first week but it just stank for the next week. Now, it still smells BUT: instead of paying $1600 per month for a group insurance plan of just me and my wife (we are both self-employed and it was the only way we could get coverage) we will have a plan that will only cost us $692 a month - a savings of $900 per month. Once this program gets underway, I would expect the cost to go even lower. And by next year, the website will work like a champ.

You and your team envisioned, put together, and got through a balky Congress this plan. Despite all the histrionics and lies from the Cruz Control, it will be good for America.

Thanks for doing it and thanks for not caving into the idiots.

Best regards to your wonderful wife, Michelle, and to your fine young daughters Talia and Sasha. They have a father to be proud of.

Very Sincerely,

John M. Mier

p.s. In one of the greater acts of hypocritical gall, there are GOP congressmen who want to investigate why the ACA website didn't work very well in those states where Republican governors would cooperate with the program. But they are losers and in '14, not all of them will be coming back for their government job.

Case Number:

總統辦公室回覆

寄件者：約翰‧梅爾
寄件時間：2013 年 10 月 16 日上午 11:34
電子郵件地址：
電話：
地址：賓夕法尼亞州，利茲戴爾

回覆

親愛的歐巴馬總統：

我的妻子與我都從 Healthcare.gov 上面買了自 2014 年 1 月 1 日起生效的醫療保險。

是的，這網站在第一週時糟透了，第二週也一樣糟。現在，它仍然不怎麼樣，**但是**：我們不用再每月支付 1,600 美元，只為了投保我與我妻子的團體保險方案（我與我妻子都是自雇者，這曾是我們能投保的唯一方法）；我們以後的保險方案只需月付 692 美元，這將為我們每個月省下 900 美元。一旦這項方案開始施行，我預期花費將會更低。而明年這個網站會變得更好用。

你和你的團隊展望未來、努力打造了這個方案，並在窒礙難行的國會中使其通過。無論克魯茲[3] 如何誇張地表演與說謊，我們都知道它對美國的好處。

感謝你做了這件事，也感謝你不對白癡讓步。

在此向你賢淑的妻子蜜雪兒以及你兩位優秀的女兒塔莉亞和莎夏致上敬意，她們擁有一位值得她們驕傲的父親。

非常誠摯的
約翰‧M‧梅爾

附注：在許多虛偽憤怒的裝模作樣之中最甚者之一，有些大老黨[4] 的議員想要調查，為什麼在好幾個共和黨州長願意配合這項方案的州中，「平價醫療法案」的網站都運作得不大好。但他們都是孬種，而且到了 2014 年，他們這些人並不一定都會回到政府工作。

---

3 Ted Cruz，美國共和黨聯邦參議員。2013 年美國政府停擺時發表演講，以冗長辯論反對歐巴馬健保。
4 GOP 是大老黨（Grand Old Party），美國共和黨的別稱。

COPY FROM ORM

THE WHITE HOUSE
WASHINGTON

John —

Thanks for the letter. The website really was a screw up, but I'm glad to hear the actual program is saving you money!

Best wishes,

白宮
華盛頓

約翰：

感謝你的來信。那個網站的確一團糟，但我很高興聽到這項方案本身能為你省錢！

在此致上最誠摯的祝福。

巴拉克‧歐巴馬

10/14/14
f:2
Sample/Ind/Support/younger/adv

Jordan Garey

Independence Ky

Dear Mr. President,

I am 7 years old. My name is Jordan. I want to tell you that I am getting adopted on Oct 8, 2014. I have been a foster kid for 6 years, and I have finally found my forever family. I have two dads named Jeremy and Matt that are keeping me forever. I know you can't come to my adoption, but I wanted to tell you thank you for everything that you are doing to keep me safe.

Thank you, Jordan Garey

Jordan Garey

P.S. I wish I could spend the night sometime in your big house.

喬丹·蓋瑞
肯塔基州，獨立市

親愛的總統先生：

　　我今年七歲，我的名字是喬丹·蓋瑞。我想告訴你，我即將在 2014 年 10 月 8 日被領養。我已經被寄養了六年，現在我終於找到了一個永遠的家。我有兩位父親，傑瑞米與麥特，他們願意讓我永遠留在他們身邊。我知道你不能來參加我的領養手續，但我想跟你說聲謝謝，感謝你為了使我能安全長大所做的一切。

　　謝謝你。喬丹·蓋瑞

附注：希望未來我能有機會在你的大房子住一晚。

Contact Us - Economy

Submitted:	August 28, 2013 01:40
Originating Host:	
Remote IP:	
From:	Tom Hoefner
Email Address:	
Phone:	
Address (Domestic):	
Topic:	

Back from the OVAL
9/12/13

Reply

Message:

Dear Mr. President,

My wife and I live in Brooklyn. I have a Master's Degree from an Ivy League school. She has one from a CUNY. I haven't been able to find full-time work since 2008. I have six figures of student loans I can't pay, most of which I've defaulted on and are now with private collections agencies. We worry about paying bills from week to week. Yesterday I went over the limit on my Target credit card and had to wait with my 6 year old at customer service figuring out how I could pay for our very modest selection of carefully chosen groceries. I have looked for steady work for five years in my field, education, presumably a stable field that is proving not to be. I send resumes out into the void, never to hear from them again.

I am 34. I will likely never own a home. I will likely never have a retirement pension. My generation was always told that if we worked hard and did well in school and stayed out of trouble we'd have secure futures. We were lied to, or at the very least misled.

We do not have pay-cable channels. We have cell phones, but no landline. We have never taken a vacation.

We get by, day to day. Barely. We will never achieve the American Dream, if it ever existed. We will be silent victims, never suffering enough to be pitied but never succeeding enough to pay off our debts, to be able to live as we were promised.

The system is broken. The middle class is dead. We are its silent victims.

Sincerely,
Tom Hoefner

P.S. - I don't expect a response to this. I'm used to getting form letters as a response, or no response at all. This is just one more thing I needed to shout into the empty void.

總統辦公室回覆

寄件時間：2013 年 8 月 28 日 1:40
寄件者：湯姆．霍夫納

回覆

親愛的總統先生：

　　我的妻子與我住在布魯克林。我擁有常春藤盟校的碩士學位，她則擁有紐約市立學院的碩士學位。自 2008 年開始，我就無法找到全職工作了，我無法負擔我六位數字的學貸，其中大部分都因為拖欠違約而轉移到私人追債公司手上了。我們每個星期都為了繳納帳單而焦頭爛額。昨天我刷爆了我的塔吉特[10]聯名信用卡，以至於必須帶著我六歲的小孩待在客服部裡想辦法，看看該如何為我們仔細挑選毫不奢侈的民生食品去結帳。我已花了五年在我的專長領域尋找穩定工作，教育業，一般認為是穩定的就業領域，但事實證明並非如此。我寄出履歷，卻如陷入虛無、杳無音信。

　　我今年 34 歲，大概永遠無法擁有一個家了。大概永遠不會有退休金了。我們這一代總是聽說只要我們努力上進、在校表現良好、遠離麻煩，就會有個安穩的未來。我們被騙了，或者至少是被誤導了。

　　我們沒有付費有線電視台，我們有手機，但沒有市話，我們從未度假過。

　　我們日復一日地苦撐過生活。如果真的有美國夢這回事，我們也永遠無法達成。我們是無聲的受害者，受的苦不足以被同情，但成就永遠不夠我們還債，也永遠無法獲得其他人曾承諾我們的生活方式。

　　這個制度已經崩壞，中產階級已死，我們是無聲的受害者。

誠摯的
湯姆．霍夫納

附注：我不期望得到回應。我對於得到制式化回信或杳無音信，都習以為常了。這只是另一件我需要向虛無發洩的事罷了。

---

10 Target 是美國第二大零售業者。

THE WHITE HOUSE
WASHINGTON

Tom —

I got your letter. I know things are tough out there right now, and I won't try to pretend that I've got a guaranteed solution to your immediate situation. But the economy is slowly getting better, and we are working every day to push through Congress measures that might help — like student loan forgiveness or mitigation.

I guess what I'm saying is that your President is

thinking about you. And your six year old is undoubtedly lucky to have a dad that cares.

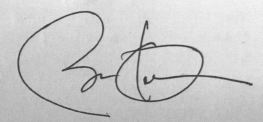

湯姆：

　　我收到你的信了。我知道現在情勢嚴峻，我也不打算假裝我有什麼萬無一失的方案能解決你的現況。但經濟正在緩慢復甦，我們每天都努力在國會推動或許能對你有幫助的方案——例如減輕或寬免學貸債務的方案。

　　我想表達的是，你的總統一直都在為你著想。你六歲的孩子能有你這樣一位關愛備至的父親，無疑非常幸運。

　　　　　　　　　　　　　　　　　巴拉克·歐巴馬

R sample/LGBT pro-LGBT
6/25/13
p.6

New York, NY

March 6. 2013

President Barrack Obama
The White House
1600 Pennsylvania Avenue NW
Washington, DC 20500.

Dear President Obama,

Martin Luther King, Jr. once said, "Our lives begin to end the day we become silent about things that matter." That statement kept going through my mind as I listened to your inauguration speech. It was a moment that was so surreal .... I never thought I would hear these words in my life from a president:

"We, the people, declare today that the most evident of truths – that all of us are created equal – is the star that guides us still; just as it guided our forebears through Seneca Falls, an Selma, and Stonewall."

My Facebook page got hit like crazy. Family and friends keep calling me on the phone to ask if I heard it. I did, and at first I didn't believe my ears. I thought you must been talking about slavery in Stonewall, Mississippi. I mean after all it was also Martin Luther King, Jr. Day. Then it dawned on me. You were talking about the Stonewall Inn. My Stonewall Inn. My eyes fill up when I thought back to the first night at the Stonewall Riots when I was a 20 year old gay kid at the bar the night of the raid.

You see Mr. President; I was there for the first 2 nights of the riots. It was like a war zone. I saw garbage cans burning in the streets; bricks being thrown in the air and young silly little gay kids like myself being beaten by police officers and the tactical police force till they bleed. All this violence because we wanted to dance alone and be unseen from a society that did not want us. I was so unaware at the time that I was being denied my right as an American, but that I was also being denied my basic human right. It is kind of funny when you think about it; my grandfather came to America as an Irish immigrant. He got a job as a laborer assembling the new Stature of Liberty in the New York Harbor. The same one with the mounted plaque that reads "Give me your tired, your poor, your huddled masses yearning to breathe free." I yearn to breathe free Mr. President.

As gay man back then in 1969 I could not serve openly in the military. I could not get a license to practice law or be a hairstylist; if I was trapped doing something "Lewd". I was dammed by almost all religions. The American Psychiatric Association told me that I was mentality ill. I was not allowed to get married, and had to keep my love of another man hidden. I could not adopt children. I was not allowed to receive a legal drink in any bar in New York City with out them loosing their license for serving a "sexual deviant." It was a life that was bleak and filled with one word "NO" and to top it off that night in June 1969, they were now going to tell me I couldn't dance ... not even hidden in back of a dark bar.

You made me proud sir when you mentioned that significant part of my life, but it is a battle that is not over yet, and we still have a big fight on our hands. I still have not gotten to dance that dance I started 44 years ago. The big joyous "I Am A Completely Free Gay American Dance" yet, and I so badly want to dance that dance before I meet my maker ... not just have spent my life listening to the music.

Thank you for making that dance floor a little bit more accessible and starting to play the music.

Sincerely yours,

Daniel (Danny) Garvin
Stonewall Inn Veteran

Mr. Daniel F. Garvin
New York, NY

President Barrack Obama
The White House
1600 Pennsylvania Ave, NW
Washington, DC. 20500

20500

4#006
MAR 20 2013

紐約州，紐約
2013 年 3 月 6 日
巴拉克・歐巴馬總統
白宮
西北賓夕法尼亞大道 1600 號
20500 華盛頓，哥倫比亞特區

親愛的歐巴馬總統：

　　馬丁・路德・金恩曾說過：「我們的生命終結於閉口不談重要之事。」在聽你的就職演說時，這句話不斷掠過我心頭。那是超現實的一刻⋯⋯我從未想過這輩子能從一位總統口中聽到這些話：

　　「我們人民在今日宣告最顯而易見的真理──所有人生而平等──此真理如夜空明星般指引我們，一如它指引著經歷過塞尼卡瀑布城[5]、賽爾瑪[6]及石牆[7]的先人一樣。」

　　我的臉書被瘋狂洗版，親朋好友不斷打給我問我是否聽到消息。我聽到了，一開始我簡直不敢相信。我認為你一定是在講在密西西比石牆鎮[8]的奴隸制度。我的意思是，畢竟那天也是馬丁路德金恩紀念日。[9]然後我才發現，你說的是石牆酒吧，我的石牆酒吧。我忍不住熱淚盈眶，我回想起那晚，當我還只是個 20 歲的同性戀青少年，在石牆暴動面對突襲時的情景。

　　總統先生，當時我在暴動現場待了頭兩個夜晚，那裡就像戰區一般。我看到垃圾桶在街道上燃燒，磚塊在空中呼嘯而過，而像我一樣年輕又愚蠢的同性戀青年被警官與特種警察部隊毆打至流血。這一切暴力僅因我們想獨自跳舞，想遠離那個不接受我們的社會。我當時絲毫沒有察覺我身為美國人的權利被否決了，甚至連身為人的基本權利也被否決了。認真思考時你會發現事情其實滿

5　塞尼卡瀑布城（Senecal Falls）是美國女權運動的發端，位於紐約。1848 年在該地舉行第一次全國婦女大會。

6　賽爾瑪（Selma）是美國反種族歧視的肇起，位於阿拉巴馬州中部。1965 年 3 月 7 日，非裔組織為爭取投票權，發動「賽爾瑪到蒙哥馬利遊行」（Selma to Montgomery marches），數百位非暴力遊行群眾在媒體的鏡頭前，被警察以棍棒和催淚瓦斯鎮壓。

7　石牆（Stonewall）是同志運動的濫觴，位於紐約。1969 年 6 月 28 日凌晨，一間名為「石牆酒吧」的同志酒吧，被警察臨檢騷擾，激起群眾與警方的衝突，稱為石牆暴動（Stonewall riots）。

8　石牆鎮是密西西比州克拉克郡的一個小鎮，該鎮以美國內戰期間著名的南軍將領湯瑪森・傑克森（Thomas Jonathan Jackson）的綽號命名。

9　美國訂定每年 1 月第 3 個週一為馬丁路德金恩紀念日。

有趣的;我的祖父以愛爾蘭移民的身份來到美國,他得到一份在紐約碼頭組合新自由女神像的工作,就是那個底座刻著「給我這些疲憊、窮苦、渴望呼吸自由的人們」的自由女神像。我渴望呼吸自由,總統先生。

在 1969 年,身為一名同性戀,我沒辦法在軍中服役時公開自己的身份。我無法取得律師執照或是當一名髮型設計師,就好像我做了什麼「猥瑣」之事一樣。幾乎所有宗教都遣(譴)責我。美國精神協會說我有心理疾病。我不被允許結婚,必須將我對另一個男人的愛隱藏起來。我不能領養小孩。我連在紐約市的任何一間酒吧合法喝一杯酒都不可以,因為酒吧會因服務「性異常者」而矢(失)去營業執照。那是一種蒼涼且充滿著「不行」的生活,更糟的事發生在 1969 年 6 月的那晚,他們竟然跟我說我不能跳舞……連躲在陰暗酒吧後面跳舞也不行。

先生,你當時提起了在我生命中意義萬分重大的那件事,這使我感到驕傲,但這是一場尚未結束的戰役,眼前依舊有一場硬仗要打。我如今仍未能跳完我 44 年前開始跳的那場舞,那場盛大且歡樂的「我是一名完全自由的美國同性戀之舞」,我是如此想在見到造物主前跳完這一場舞……而非只是耗費我的人生聆聽音樂。

感謝你讓舞池變得更加容易進入,並開始播放音樂。

你誠摯的

丹尼爾(丹尼)・嘉文

石牆酒吧退伍軍人

THE WHITE HOUSE

WASHINGTON

November 29, 2013

Mr. Daniel Garvin

New York, New York

Dear Daniel:

Thank you for the powerful letter you sent this spring—I read it with interest.

At Stonewall, people joined together and declared they had seen enough injustice. While being beaten down, they stood up and challenged not only how the world saw them, but also how they saw themselves. History shows that once that spirit takes hold, little can stand in its way—so the riots gave way to protests, the protests gave way to a movement, and the movement gave way to a transformation that continues today.

You are right that the dance is unfinished. But as long as I hold this Office, I will keep fighting to open the floor for everyone.

Sincerely,

THE WHITE HOUSE

WASHINGTON

2013 年 11 月 29 日

丹尼爾·嘉文 先生
紐約州，紐約

親愛的丹尼爾：

感謝你今年春天寄來那封強而有力的信件——我讀得興致盎然。

在石牆暴動時，人們團結在一起並宣告他們看夠了不公義。當他們被擊倒時，他們站起身，挑戰的不僅僅是世人看待他們的眼光，也是自己看待自己的眼光。我們從歷史中可以得知，一旦精神建立了起來，誰也無法阻擋——因此暴動演變成遊行，遊行演變成運動，運動則演變成如今仍然持續上演的轉變。

你說得沒錯，這場舞的確尚未完結。但只要我還在這個職位上，我將持續努力讓每個人都能進入舞池跳舞。

誠摯的

巴拉克·歐巴馬

From: Mr. Bob Melton
Submitted: 12/18/2014 11:27 PM EST
Email:
Phone:
Address: Morganton, North Carolina

Message: Dear Mr. President,
I thought you would like to know that because of the ACA I went to see a Doctor for the first time in 12 years. I am having pain and the ACA enabled me to at least get examined and now would have had NO insurance. At all. Thank You again Mr. President. You remind me of President Roosevelt. A man was weeping on the street when FDR died. A reporter asked,"Did you know him, you are so upset?" The man replied,"No, I didn't know him. He knew me". I feel that same connection to you Mr. President.

寄件者：包柏・米爾頓　先生
寄件時間：東部標準時間 2014 年 12 月 18 日 晚間 11:27
地址：北卡羅萊納州，摩根頓

親愛的總統先生：

　　我想你會想知道，因為平價醫療法案（ACA），這 12 年來我首度去看了醫生。我有疼痛之苦，而 ACA 讓我至少可以接受檢查並獲得治療。我今年 61 歲，體況良好（至少我這麼認為），但若沒有你的幫助，我**不會**有保險。完全不可能。再次感謝你，總統先生，你讓我想起了羅斯福總統。當羅斯福過世時，有一名男子在路邊哭泣，記者問他：「看你這麼傷心，你認識他嗎？」那人回答：「不，我不認識他。但他了解我。」總統先生，我也感到與你有這種相同的連結。

THE WHITE HOUSE

WASHINGTON

December 13, 2016

Mr. Bob Melton
Morganton, North Carolina

Dear Bob:

I wanted to take a moment to extend my appreciation for the note you sent a few years ago about the difference the Affordable Care Act has made in your life—as you know from my staff's outreach to you, your message moved me and my team deeply.

Over the course of my Presidency, I've seen in letters like yours the courage, determination, and open-heartedness of our people. "The faith of America" of which President Roosevelt spoke still echoes in every corner of our land—shaped and carried forward by generations. I am confident that it will continue to guide us as long as engaged citizens like you keep speaking out for the ideals that bind us as a Nation and as a people.

Again, thank you. You have my very best wishes and my gratitude for your steadfast support.

Sincerely,

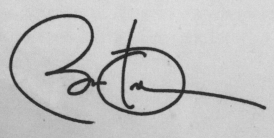

THE WHITE HOUSE

WASHINGTON

2016 年 12 月 13 日

包柏・米爾頓先生
北卡羅萊納州，摩根頓

親愛的包柏：

　　我想花些時間來特別感謝你幾年前的來信，你在信中提到平價醫療法案對你的人生造成的影響——正如你從我的職員那裡所得知的，你的訊息讓我和我的團隊都深受感動。

　　在我的總統任期期間，我在許多與你類似的來信中，看到我國人民的勇氣、決心以及直爽。羅斯福總統所說的「美國的信念」，至今仍在這片土地上的各個角落迴盪著，一代又一代地被形塑與傳承。只要像你一樣熱心參與公眾事務的公民，會繼續把連繫我們國家及人民的理想說出來，我有信心「美國的信念」將會繼續引領我們前進。

　　再次感謝你。對於你的堅定支持，我在此致上最大的祝福與感謝。

誠摯的

巴拉克・歐巴馬

Dear Mr. President,

My name is Gavin Nore. I am a 15 year old young man from Fort Dodge, Iowa. I first met you when I was eight years old. Back in 2007, you gave a speech about your campaign. Once you were done, people were allowed to ask you questions. I got the chance to meet you and I asked, "Would you continue stem cell research?" You told me you would continue the research. When I turned 14, I was diagnosed with Hodgkins Lymphoma on February 14, 2013. I beat the battle. During the summer of 2013, I was cancer free. Then, in August of last year, I was re-diagnosed. I had to have a stem cell transplant. I beat the battle once again. I would like to thank you very much for continuing the research. If the research hadent continued, I wouldn't be here today. Once again, thank you very much Mr. President!

Sincerely,
Gavin Nore

親愛的總統先生：

　　我的名字是嘉文·諾爾。我是來自愛荷華州道奇堡的 15 歲年輕人。我在八歲時第一次見到你。當時是 2007 年，你發表了競選演說。在你結束演說後，輪到觀眾發問。我得到機會與你見面並問你：「你會讓幹細胞研究持續下去嗎？」你告訴我你會讓研究繼續。當我 14 歲時，我在 2013 年 2 月 14 日被診斷出罹患霍奇金氏淋巴瘤。我打贏了這場仗，到 2013 年的夏天，我已經沒有任何癌細胞了。去年八月，我被診斷出癌症復發，必須要使用幹細胞移植。而我又戰勝了一次。我要鄭重感謝你繼續這項研究。如果當時研究沒有持續下去，我今天就不會在這裡了。再次感謝你，總統先生。

誠摯的
嘉文·諾爾

CHAPTER 9

Barack Obama,

The White house

巴拉克·歐巴馬

白宮

我問歐巴馬，他是否會照費歐娜細心安排的順序讀信。「我真的會喔！」他說。「我會一次看一封信。喔對，我知道，妳早就翻看過我的信件了——」

那是一個涼爽的秋日午後，屋外的樹木應景地落下葉子，似乎表明了一個季節正在結束，以及很快將要到來的，一個時代的結束。首位非裔美國人總統，兩屆任期，要結束了。

相較於前幾任總統，歐巴馬總統辦公室中的布置節制得多。他在咖啡桌上放了一個裝滿新鮮蘋果的木碗；小布希通常在那裡放一大束玫瑰。歐巴馬添加了柔和金黃色調的條紋壁紙，並把小布希的白錦緞沙發換成了柔軟的淺棕色刷毛燈芯絨沙發。（柯林頓辦公室採用大膽而明亮的條紋。老布希的整間辦公室都是粉藍色與奶油色。）紅色窗簾讓歐巴馬的總統辦公室多了點活潑的氣氛；整體的效果是個講究的世紀中期現代主義的風格。

不久這裡就會順應新領導人的品味與心境而改頭換面了。

我問歐巴馬，他讀信一般是在總統辦公室，還是在其他什麼地方？他讀信時喝茶嗎？或者一杯白蘭地？

「我的習慣通常是先和家人一起吃晚餐，」他說，「接著我會前往條約廳（Treaty Room）。然後開始一連串的工作。我會坐在我的椅子上，處理政策簡報，處理決策備忘錄，處理……妳知道的，一些情報報告，這些通常要花好幾個小時才能用心完成。我通常會把讀信留到最後。信都放在一個紫色資料夾裡。通常信件會跟信封釘在一起。有時候這個資料夾有點笨重，因為有人會隨信附寄上一些別的東西。最常見的是小孩子的畫，或是家庭合照，或是一些與銀行、官僚打交道卻對他們沒什麼幫助的文件。每隔一陣子會收到私人物品，像是誰的父親在打二次世界大戰時的家書影本，或者是一些，妳知道的，一些對他們來說意義重大的東西，他們希望能送給我。」

我不知道我為什麼會驚訝於總統講話速度之慢。他在公眾場合說話時，聽起來是那麼的……心事重重。和他面對面說話時，他看起來似乎思慮更重，可能是因為你會有種衝動想要……幫忙，也許想要幫他加速一下？但是你不會有中斷他的機會；主導權在他，緩慢地推進，每個想法都是一個帶有逗號的完整句子──就好像每一個字都要先經過一番深思熟慮之後才能說出來。那天我和歐巴馬坐在總統辦公室，聽著他溫和有禮地觀想他看似乏味的每日讀信習慣，就像看著一位嚴謹的老人慢慢完成一幅拼圖。那是一幅充滿漩渦的海景，這邊是藍色，但接下來那邊也是**藍色**，然後另一邊還是「藍色」和……藍色！事實在你眼前；他做得沒錯，完整的圖像正逐漸浮現。

　　「有些信的訴求內容不斷重複，」他接著說道，「這類信包括需要幫助的退伍軍人、背負沉重學貸的年輕人想知道自己是否符合減免資格，還有因為不知道該如何做決定或者缺乏國防部援助而陷入困境的軍人或軍眷。」

　　「如果有一封信特別讓我感動、震撼或難過，我的習慣是把這封信拿給所有人傳閱。讓每個人都能讀到這封信。」

　　他提到他會在信上寫筆記，對幕僚提問題。「有些人會解釋說『和聯邦政府在這個問題上打交道的情形就是這樣』。或者『這項法律就是會有這種影響』，不管理論上應該怎麼樣。」然而總統想要知道為什麼，以及要怎麼做才能使情況改善。「那些幕僚看到這些筆記的時候大概不會太開心，」他說，「但是他們都知道，我在信上寫這些就表示我要得到答案、我要得到解釋──他們必須提出答案或解釋。有時候，幕僚會回答說：『嗯，你也知道，這就是我們這樣做的原因。』我會回答：『嗯，但這毫無道理。讓我們試著改變這個政策吧。』」

　　「如果能去追蹤我們最終修改的倡議（initiatives）數量，或是哪

些倡議曾激發出至少一次施政討論，會是件很有趣的事。這些倡議絕大多數都是上不了頭條的小事，但其數量絕不容忽略。」

「然後還有幾次，你看到回信所造成的反應，」他說，「最撼動我們的例子，大概是在一次受傷士兵及退伍軍人來白宮的例行參觀活動。我記得那次有個非常美好的家庭，年輕的媽媽、爸爸和兩個小孩，我走到他們跟前與他們握手致意時，那位媽媽開始淌眼淚。她給了我一個大大的擁抱，告訴我：『你知道嗎，多虧了你我們才會在這裡。』我說：『為什麼這麼說呢？』她說：『嗯，旁邊這位是我先生，他曾在軍中服役，你懂吧，他之前罹患了很嚴重的創傷後壓力症候群，我很擔心他可能沒辦法撐過去，但你請退伍軍人事務部直接打電話給我們，這件事給了他很大的鼓勵，讓他願意去接受治療。』」

「妳懂吧，這種時刻會提醒你這個答信辦公室的重要性，人們會在得到回覆時覺得自己的生命與關心的事很重要。這對他們如何看待自己的生命，會帶來一些小小的改變，偶爾或許還會是大大的改變。」

我問他是怎麼決定哪些信件要由他親自回覆的。他說這很簡單：「我會在當下馬上回覆的信件，通常內容都是非常私人的問題，讓我覺得他們需要的其實只是某種肯定。」我想起了來自加州哥倫比亞市的雪莉・穆尼茲（Shelley Muniz），她曾在 2009 年寫信告訴歐巴馬，她未成年的兒子米卡因白血病過世，及其悲傷的家人所面臨的巨額健保帳單。「我正是為了像你們一樣的家庭，而致力於健保改革。」歐巴馬回信給她。

「有時候我收到比方說一位長者的來信，他們就只是把他們的預算列出來，」他說，「妳懂吧，就真的是這個月我花了多少錢，我的社會安全補助金有多少。妳懂吧，『日子真的很難過。』」

「有時候民眾寄信給我，是想和我分享他們經歷的轉變。有不

少信件裡，寫信的人會告訴我，他們所成長的家庭環境，教他們懷疑來自別的種族或背景。然而他們本身或自己所愛的人，因為從別人身上看到自己所經歷的成長，則是完全沒預料到的。」

「然後偶爾也會有信件是特意寫信來，呃，說我是個白癡——我覺得我有責任在當下回信給他們。」

「我的答信辦公室一直都知道，要是我只接收誇獎我工作做得很棒的信，」他告訴我，「那麼我連全部的一半都看不到。」

「但是妳知道，我可以告訴妳讓我印象深刻的信，並不是對我們社會正激烈辯論的議題直接提出意見的信，因為那一類的內容都在預料之中。我覺得對我來說，意義最重大的信是那種……能與我建立聯繫的信，能說出人們的生活、價值觀，以及對他們來說重要的事的信件。」

我抗拒了內心的衝動，沒有問他是否有最喜歡的一封信。我覺得這種問題就等同於問他：「嘿，你最喜歡的美國人是誰？」我比較想要知道的是，有沒有哪些信會突然自己跳出來？八年的總統任期，有數千封信件放進他的簡報文件夾，在他回顧所有信件時，有沒有哪封信會馬上就浮現在他的腦海中？

那天他想起了三封信。在我們聊起民眾來信和他的總統任期，以及兩者之間互相影響的程度時，他想起了三封信。

「我記得有一位父親說：『我非常保守，通常都對移民抱持著很負面的看法，但是後來我的兒子和一名年輕人變成朋友，結果他這朋友沒有合法身份。』」歐巴馬開始說起第一封信。

我當時已經讀過好幾封類似的信了，保守派的寄件者改變了他們對於移民的想法，就像比爾·奧利佛提及基克（詳見第6章）的那封信一樣，但我想歐巴馬說的應該是來自北卡羅萊納州桑福德的朗恩·奧寫的信，他在信中提到了他認識的一名**追夢人**[1]：

1　追夢人（DREAMer）是《未成年外國人發展、救助和教育法案》（Development, Relief, and Education for Alien Minors Act）計畫的受惠者，該法案簡稱《夢想法案》（DREAM）或《追夢人計畫》。

AHJ
Kssle/Vet/Iinnig
··· ~·; 7/27/12 w8

Back from the OVAL
7/30/12

Ronn Ohl

Sanford NC

17 June 2012

TO: President Obama
    1600 Pennsylvania Avenue, NW
    Washington, DC 20500

Mister President,

Thank you for your leadership in signing the executive order to permit children of illegal aliens to be able to live and work in this country without being deported. You took action where Congress was unable to do the same with the Dream Act. You took bold measures in doing so, even though it was most likely for political purposes. This may be the initial step to resolving the illegal immigration problem and hopefully the next Congress is able to build from this initiative.

I am a descendant of an illegal immigrant into this country. My great-great grandfather was an Irish stow away on a cargo ship of walnuts from England in the late 1800s. I have served in the military for 21 years. I now reside in a community that has a predominate populace of Hispanics. One of my son's friends since middle school is an illegal alien. My son recently graduated from college with a MPA. This friend came to in the United States when he was 4 years old with his parents looking for a better life. That was 21 years ago. He graduated from high school and played varsity soccer. However, he radically found out that he was unable to do other things legally as his other friends. He could not receive a driver's license, could not apply for college, and he could not find legitimate work.

Again, I strongly agree with your decision. I talked to my son's friend this past Christmas about this topic and he thought it would be years before anything would happen to keep him in this country and not being afraid of being deported. For his entire life all he knew was living in the United States as an American. Now he tries to find odd jobs and always on the alert. The illegal immigrants find a way to make a living without being caught and deported. However, many unscrupulous employers and landlords take advantage of this thus abusing and stealing from them.

As I stated in the initial paragraph, I thought this was probably a political tactic. This is the only issue that I agree on your part for the past 31/2 years. I am a Tea Party conservative. I believe in fiscal responsibility with balancing the federal budget. I also believe in limited federal government with certain responsibilities passed to the state governments, such as health care. I do not concur with your notion that the elite rich should pay a little more of their fair share of taxes. That would in line with a rich person paying $4 for a Big Mac sandwich while the poor person is only expected to pay $3.50 for the same. Where is the Liberty and Justice in that?

Respectfully,

RONN OHL

CC: My personal U.S. Congress Representative

Ronn Ohl

2012 年 6 月 17 日
致：歐巴馬總統
西北賓夕法尼亞大道 1600 號
20500 華盛頓，哥倫比亞特區

總統辦公室回覆

回覆

總統先生：

感謝你領導我國簽下行政命令，允許非法移民孩童能在本國生活與工作，不致被驅逐出境。你在國會無法通過《夢想法案》[2]時採取了行動。雖然你很有可能是為了政治考量才這麼做的，但這依然是非常大膽的舉動。這很有可能是解決非法移民問題的第一步，希望下一屆國會能從這個倡議繼續前進努力。

我是美國非法移民的後代。我的高祖父是愛爾蘭人，他在 19 世紀末從英格蘭搭上一艘核桃貨船偷渡到美國。我在軍中服役了 21 年。現在住的社區中主要人口多為拉丁美洲裔。我兒子有一位中學時期認識的好友，也是非法移民。我兒子最近剛畢業，拿到了公共管理碩士。這個朋友四歲時與父母來到美國，想要尋求更好的生活；那是 21 年前的事了。他曾是足球校隊，已從高中畢業。然而畢業後他發現，他做很多事的時候，都不像其他朋友一樣擁有合法的權利。他不能考駕照、不能申請大學，也不能找一份合法的工作。

我要在此重申，我非常認同你的決定。在上一次聖誕節，我跟我兒子這朋友聊到了這件事，他認為勢必要等到許多年後，這個國家才會有所改變，讓他能合法留下來，不用害怕被驅逐出境。

---

2 歐巴馬以行政命令啟動的《童年入境者暫緩驅逐辦法》，與曾在美國國會提出但未能通過的《夢想法案》（或《追夢人計畫》）所規定的條件差異不大。

他這輩子只知道以美國人的身份在美國生活。如今他想找工作卻得時時保持警覺。非法移民總是能找到方法在不被抓、不被驅逐出境的狀況下活下去。然而，許多不擇手段的雇主和房東會利用這點占非法移民的便宜，欺負他們或者從他們身上撈好處。

　　我在這封信的第一段就說過，我認為這可能是一種政治手段。在過去三年半中，我唯一認同你的地方，就是這個議題。我是茶黨保守派[3]。我認為國家應該要在平衡聯邦預算時負起財政責任。我也認為國家應該限制聯邦政府的權力，把部分責任交到州政府手上，例如健保。你認為富人應該要繳多一點稅金，但我不認同。這麼做等於是在買大麥克漢堡時，有錢人要付四元，而窮人只要付三塊半就可以。那樣的公平與正義何在？

充滿敬意的
朗恩・奧 敬上
信件副本：我所在選區的美國國會議員

3　茶黨保守派（Tea Party conservative）起源於波士頓茶葉黨，亦有評論員將 TEA 引用為 Taxed Enough Already（稅已收夠了）的簡寫。2009 年初開始興起，主要參與者是主張採取保守經濟政策的右翼人士。

歐巴馬有時會因為這些批評他或政府的信件而不豫良久。這一封尤其難倒了他。他做的是這名「茶黨保守派」認為的好事，但為什麼這個寄件者還要懷疑他的作為呢？

編號 No.070

THE WHITE HOUSE
WASHINGTON

Ronn —

Thanks for the letter. Your cynicism about my motives may be a bit misplaced; I know, and similarly care for, a lot of young people like your son's friend.

I won't try to persuade you about the rest of my agenda, but who knows — maybe we have more common ground than you might think.

Best wishes,

朗恩：

　　感謝你的來信。你在信中嘲諷我推行此政策的動機，我想你可能有些誤會；我認識且在乎許多與你兒子朋友一樣的人。

　　我不會試圖說服你同意我的其他政見，但誰知道呢——或許我們之間的共同點比你以為的還多。

　　　　致上最誠摯的祝福。

　　　　巴拉克・歐巴馬

我告訴歐巴馬，我對於他會花這麼多心思回信感到很訝異。我的意思是，一個住在北卡羅萊納州的人不相信總統的動機，這件事有這麼令人訝異嗎？然後他還想要寫信去改變那個人的想法？

「在成為總統之後，你說話常常會變得像速記一樣，」他說，「幾乎每個人向你報告時都短得像是速記。你會養成習慣，忘記在每一個議題背後都有一個複雜的人、或人群、或社群，他們正試著想要釐清自己必須面對的事情。」

所以每當各種信件出現在他的辦公桌，他會特別去注意。「有時我會覺得自己好像有點不公平，因為我有時會在這一類信件上投注較多精神與注意力。因為我真的希望他們能知道，這不只是在網路上留言而已。我希望他們知道，這不是信件的主要功用。信件的功用是：我們都會參與其中。」

· · ·

那天歐巴馬提到的第二封信，是一封引起軒然大波的信。

「我收到住在明尼蘇達州一名女性寄來的一封信，」他說，「事實上，我在一次國情咨文的演說上用了她與她的家庭作為美國典範。如果讀了信你就會知道，信的內容不過是在描述，『我在經歷的是這些事』，還有『我不是尋求施捨或成功的保證；我只是希望有法子讓我的生活變得更輕鬆一點點』。」

這不是那種特別精彩的信。不可愛，也沒有情緒上的波動。信中沒有附上照片或圖畫。當我聯絡上寫這封信的作者瑞貝卡·厄勒爾時，連她都告訴我，她覺得這封信毫不起眼。「我寫這封信的時間不到 15 分鐘，」她說，「我只是希望能讓他知道這裡現在是怎麼一回事。」

2014 年 3 月 1 日

歐巴馬總統與歐巴馬夫人：

　　我以選民、關心政事的女性、妻子與母親的身份寫下了這封信。我想要告訴你一些關於我們家的事。我的先生高中畢業後就在營建業工作，我們相遇時我已大學畢業，工作是專業行政人員……真希望當時的我們能知道將來房屋與營建市場會怎麼樣。後來我懷了我們的第一個孩子。

　　……為了生存，我們決定從我的家鄉西雅圖搬回他位於中西部的家鄉，帶著六個月大的兒子住在他爸媽家的地下室。

　　……我先生找到的工作是在鐵路業擔任貨運列車調度員——這是一份很棒的工作，附帶很棒的福利，但是生活型態很糟。第二個兒子出生後，我在當地的社區大學學習新的會計就業專長。同時我還要自己照顧家中兩個不到兩歲的小孩。我申請了所有的合理學貸。該做的我們都做了。去年十月我們買下了第一棟房子。我先生終於能離開鐵路業的工作，回到營建業。他現在每天晚上都會回家吃飯，每晚都能睡個好覺。那些我們視為理所當然的事物，有時其實得來非常不易。人們在必要時從谷底反彈的能力，其實是非常驚人的。

　　我之所以寫信告訴你這些事，原因很簡單。我所做的正是經濟、你和這個國家呼籲人民去做的事——走出家門、修習新的就業專長、找到一份有升遷希望的工作重新進入職場。

　　在我們忙著找折價券與削減膳食開支的同時，民生食品的價格也大漲了……我們每個月要花 1,900 美元，讓兩個孩子在我們工作時去上當地的幼兒園。再過幾個月，我就要開始償還學貸了……

　　事實是，在美國這個國家，兩個人盡其所能地往成功之路前進、想要從金融崩潰邊緣恢復——經過了失業、重新學習、生小孩、讓人一輩子都在貧困中打滾的卡債，甚至在五年內都不花錢在自己身上也不去度假的嚴格自律——依然幾乎不可能過上簡單的中產階級生活。我們開了 10 年與 15 年的老爺車對我們家來說都太小了，但因為沒有車貸負擔，所以照開不誤。我的父親檢查

出罹患癌症時，他必須替我和我的孩子付機票錢，我們才能去看他，因為雖然我已經 35 歲了，卻沒有能力負擔機票讓孩子去看他們的外公。

我的丈夫和我僅能勉強負擔日常所需。我們家最奢侈的花費是有線電視，讓我們在曲棍球賽季可以看我們最愛的明尼蘇達荒野隊比賽（以及看美國隊在奧運中的表現！）。除了聖誕節和生日之外，我們從來不和朋友出去、不買衣服、玩具或任何東西。

我們不覺得自己是生活的犧牲品——我們的生活很好，也以此為傲。我們家後面有一個花園，我們能在外面的公園奔跑，也能享受明尼亞波利斯地區每一項美好的免費設施。我們是一個堅強且緊密連結的家庭，從成家至今只過了短短七年，但我們撐過了非常、非常艱困的時光。

你選上總統時，我流下了眼淚。2012 年，我帶著兒子去投票所投票，這樣等他長大之後，他就可以說他曾跟我一起投票給歐巴馬……

我只是寫信來提醒你，這裡還有一群安靜的人，我們這些人盡我們所能地努力工作，我們這些人把票投給了你——我們在這裡。

我們希望托育的價格變得合理，或者由政府給予津貼。我們只是希望能在工作時讓孩子待在安全的環境受教育，但一個月花 2,000 美元在幼稚園上面，真的是個天文數字……我們希望自己能付得起食物的錢。我們的薪水已經連續 10 年沒有漲過了，但生活成本卻已經漲了好幾倍。

我很確定寫信給總統是件傻事。但在某種程度上來說，我知道若對於我的所見所聞以及需要改變的事物保持沉默，那麼這一切將永遠不會改變。因此，我寫了這封信給你，希望你知道我們在這個國家中間過的是什麼樣的生活。我希望你會用心傾聽。

謝謝你，並致上最高的敬意。
瑞貝卡‧厄勒爾
明尼蘇達州，明尼亞波利斯

「每個人都在說經濟衰退已經結束了，」我問起瑞貝卡在 2014 年為什麼會想寫那封信時，她告訴我。「但我只覺得：『哪有？並沒有結束啊。』我只覺得：『歐巴馬會懂的。』我知道歐巴馬不會認為我們不負責任。我只是覺得他在不久之前也像我們一樣，也有學貸，有一個普通的家庭。你也知道，以前人們老是說布希不知道一加侖牛奶要多少錢，但我覺得歐巴馬是知道一加侖牛奶價錢的那種人。」

瑞貝卡就像每一個我訪問過的寄件者一樣，他們都不認為總統會讀到自己寫的信，更不用說回信了。但在她寄出信約莫三個月之後，她得到了回應，一通來自白宮的電話。「他們說：『總統希望能跟妳共進午餐。他會去明尼蘇達州。』我當下的反應是：『什麼？』」

幾天後，在 2014 年 6 月的一個星期四，瑞貝卡坐在明尼亞波利斯的馬特小館點了一份「多汁露西」（Jucy Lucy，一個中間夾有起司的漢堡），歐巴馬也點了一樣的餐點。她緊張到吃不下東西。他謝謝她的來信。他告訴她，這封信讓他聯想到他母親寫信時會寫的東西。歐巴馬邀請瑞貝卡稍後隨他一起參加在明尼哈哈公園舉辦的市政廳會議，因此她隨歐巴馬的車隊一同前往，她就坐在歐巴馬旁邊，對面是他的資深顧問瓦萊麗‧賈瑞特（Valerie Jarrett），他們說歐巴馬預計要在隔天到哈里特湖發表經濟政策演講，問瑞貝卡是否願意在演說前向群眾介紹歐巴馬，因此她便那麼做了，她還帶了家人同行，演講結束後，他們彼此擁抱，歐巴馬說：「嘿，如果你們哪天到華府來的話——」之後他就離開了。

「我先生當下只覺得：『現在到底發生了什麼事？』」

媒體人都如眾人預期的表示懷疑，而這種懷疑也相當合理。白宮將該次訪問的照片與影片放到官方網站上；他們下的標題是瑞貝卡「生活中的一天」。期中選舉快到了，歐巴馬的支持率只有

41%。所以說，這有可能是政治操作。又或者，正如連歐巴馬的幕僚都承認的那樣，他只是懷念過去的日子，那時所謂的競選宣傳，就是可以和自己小圈圈之外的民眾談天吃漢堡。

「大家都說：『喔，他利用了妳』，」瑞貝卡告訴我，「『妳是個道具。』但我從來沒有那樣的感覺。事情根本不是那樣。就算現在有人問我『妳覺得他是怎樣的人？』我還是會回答，當初我把票投給他時希望他是怎樣的人，他就正是那樣的人。他讓我覺得他是這艘船的掌舵者。我們只要再堅持一下，就能順利過關。就像上頭有個真正在乎我們的人。從某方面來說這很重要。」

白宮在聖誕節期間再次聯絡了瑞貝卡。問她和她的家人是否願意來旁聽國情咨文演說？她抵達的時候，白宮把她介紹給許多人，包括演講稿撰稿人、內閣成員、各種政策制定者等等。她見到了費歐娜，費歐娜向瑞貝卡介紹當初坐在紙本信件室閱讀她來信的那位實習生。實習生那天讀了數百封信；這只不過是他抽看過的信件中之一，而他希望他的選擇是對的。「我那時對他說：『哇，看看你做了什麼事』，」瑞貝卡告訴我。「他大概 23 歲左右，看看他做了什麼事。」她也見到了當時的勞工部長湯姆‧裴瑞茲（Tom Perez）。「他說，『總統把妳的信拿給每一個內閣成員讀了一遍，並說「請記得你們是在為誰工作」』。」

歐巴馬發表國情咨文演說時，她坐在蜜雪兒‧歐巴馬和副總統夫人吉兒‧拜登中間。這場演說以瑞貝卡的信件為基礎，歐巴馬講述了她的故事，引用了她的信件，在演說中段與結尾時，就像副歌似地再次提起信件內文。

> 我希望我們的一舉一動都能讓所有鄰里中的每一名孩童都知道，你的生命是重要的……
> 我希望在他們成長的國家，年輕的媽媽可以坐下來寫一封信

給總統，告訴總統過去六年發生了什麼事：「人們在必要時從谷底反彈的能力，其實是非常驚人的……我們是一個堅強且緊密連結的家庭，我們撐過了非常、非常艱困的時光。」親愛的美國同胞，我們也同樣是一個堅強且緊密連結的家庭。我們也一樣撐過了非常、非常艱困的時光。我們邁入這個新世紀已有 15 年，我們跌倒後又爬起來，撣落身上的塵土，再次開始改造美國的工作。我們奠定了新的基礎。我們將會寫出更光明的未來。讓我們一起開啟新篇章——讓我們從現在就開始努力。

謝謝。願上帝保佑你們。願上帝保佑我們所愛的這個國家。

那天我和歐巴馬在總統辦公室聊到民眾來信時，他還提起了另一封信。那封信不久前才放在他桌上，所以印象很深刻。「最近我收到一封信，信裡面寫到在她小時候，她媽媽總是使用 N 開頭的那個字眼 4，非常看不起非裔美國人。」他說。

4　Nigger（黑鬼），歧視非裔美國人的稱呼。

Save PDF
Light Version
10/3/16
8/10

Back from the OVAL
10/4/16

From: Mrs. Joelle Graves

Submitted: 9/29/2016 1:25 PM EDT

Email:

Phone:

Address: Medford, Oregon (Valid)

Reply — nice story!
personally

Message: Dear President Obama,
I needed you to hear this story before your last day in the White House. And today's date reminded me to tell you. My mother-in-law (Peggy) was an Indiana girl; adored Chicago; grew up in the suburbs; had a job in a dress shop; met her husband to be and moved to California - the promised land - in the late 40's. Peggy and my father-in-law were life long Republicans. They were surprisingly prejudiced. They used the N word often! At one point I had to actually ask them to refrain from saying such harsh things about African Americans in front of their grandchildren. When my girls were old enough, they asked them that themselves. Fast forward to today's date seven years ago - the day we buried my mother-in-law at the age of 94. She had outlived everyone in her family. I took family leave from my work the last 30 days of her life to provide 12 hours a day of care to save the $7,000 a month it was costing for round the clock care for her. We were out of money, but didn't want her to know. As I sat with her each of those 30 days, chatting about her life - one day I asked her what was her proudest accomplishment. She looked at me with a twinkle in her eye and replied, "The day I voted for a black man to be President of the United States!" She and I both knew that was BIG. She went on to say that she would go to her grave knowing that finally she had cast a vote that would matter. That she was part of history. That she was ashamed of the using the N word her entire life. That she never thought she'd vote for a black man from Chicago! That is was the first time she had voted Democrat. And that she cried tears of joy during your inauguration. She made me promise to work hard to be sure you were elected a second term. So when that time arrived my youngest daughter and I canvassed for you. And we canvassed Peggy's neighborhood. When I encountered a nay sayer, I told them this story and just asked them to think about it before casting their vote! She would be so proud of your two terms in office. Somewhere in heaven she is all dressed up, ready to vote democrat! If only she were here today, right? I just wanted you to know.
Sincerely,
Joelle Graves

總統辦公室回覆

寄件者：喬艾爾・葛雷夫女士

寄件時間：東部夏令時間 2016 年 9 月 29 日下午 1:25

地址：俄勒岡州，梅德福

回覆─很棒的故事！
私人

親愛的歐巴馬總統：

　　我想請你在離開白宮之前的最後一天，聽一聽這個故事。今天的日期提醒我應該要告訴你這個故事。我的婆婆（佩姬）在印

第安那土生土長，深愛芝加哥，於郊區成長，在服飾店工作；40年代後期，她認識了未來的先生之後搬到加州這個應許之地。佩姬和我公公這輩子支持的都是共和黨。他們帶有非常嚴重的種族歧視。他們常常使用 N 開頭的字！後來我甚至必須請他們在孫兒面前不要使用這種惡毒的字眼來稱呼非裔美國人。在我女兒們年紀夠大了的時候，連她們自己都會要求她們的祖父母不要用這種字眼。接著讓鏡頭快轉到七年前的今天——我們在那天下葬了享壽 94 歲的佩姬。她活得比她家裡的每一個人都還要久。在她生命中的最後 30 天，我向公司請了家事假，每天 12 小時照顧她，以便省下每月 7,000 美元的全天看護費。我們沒有錢了，但我們不想讓她知道。在那 30 天中我天天坐在她旁邊，聽她閒談過去——有一天，我問她這輩子做過最值得驕傲的是什麼事。她看著我，眼神閃閃發光的回答：「是我把票投給一個黑人當美國總統的那天！」她和我都知道這可是件**大事**。她接著又說，她會帶著這些念頭進入棺材：她這輩子曾投過有意義的一票、她參與了歷史的一部分、她對自己這輩子曾用過 N 開頭的字感到羞愧、她以前從沒想過會把票投給一名來自芝加哥的黑人！那是她第一次投給民主黨，在你就職時她喜極而泣。她要我承諾，要努力確保你能連任。所以那時候我的小女兒和我都四處替你拉票。我們也向佩姬的鄰居拉票。遇到唱反調的人時，我向他們說了佩姬的故事，請他們在投票前再仔細想想！她一定會以你的順利連任為榮。她在天國一定是仔細打扮好了，準備要去投給民主黨！要是她今天也能與我們同在就好了，對吧？我只是希望能讓你知道這件事。

誠摯的
喬艾爾‧葛雷夫

「我覺得，有種信會將一個人的態度形塑出來，」那天歐巴馬對我說，「個體化和明確性所帶來的力量，不同於任何理性論證或者政策演說。那是一種全然不同的力量。」

他當選後，全體美國人民便成了他服務的對象，在過去八年裡與他建立了關聯；我問歐巴馬，他覺得像喬艾爾這種信，對這些關聯有什麼樣的看法。

「這些信說的是美國人民充滿了良善與智慧，你只要用心留意就會看見，」他說，「雖然當我生活在與外界隔絕的小圈圈中時，很難用心留意，但這些信是一扇小小的門，我可以每天透過這扇門提醒自己要留意那些良善與智慧。」

「這些信件很美好，不是嗎？」

CHAPTER 10

Marjorie McKinney,

August 21, 2013
Bonne, North Carolina

瑪裘瑞·麥肯尼
2013 年 8 月 21 日
北卡羅萊納州布恩

事情發生時，瑪裘瑞人在奧爾巴尼。那是件看似微不足道、非常平凡的日常事件，但瑪裘瑞對此無法忘懷，就像一個人承載悲傷的方式，內心沉重的感覺既不可動搖又平靜無波。

該怎麼描述這件意外呢？好。想像現在外面天色漸暗、寒冷、灰暗，令人倦怠的黃昏降臨，人人都渴望能趕快回到家吃馬鈴薯泥、看電視。瑪裘瑞當時在紐約州立博物館，替她先生肯（Ken）辦事。肯是一位地質學家，在他們的住處北卡羅萊納州布恩的大學任職。從肯入行開始到現在，瑪裘瑞都一直從旁協助他；他們兩人在50年代古生物學課上遇見彼此，從此開始了兩人間的伙伴關係。他們決定讓肯去攻讀地質學研究博士學位；瑪裘瑞則在家帶小孩。她愛極了這樣的生活方式：為了尋找化石相攜走遍世界，互相爭論板塊構造與所有令他們激動的化石所代表的意義。

後來，肯罹患了肌肉萎縮症，輪椅進入了他們的生活，於是如今變成由70多歲的瑪裘瑞獨自完成多數行程。她的身材嬌小玲瓏，皮膚薄透，戴著金絲框眼鏡，任由一頭蓬鬆的白髮自然披散。那天她去奧爾巴尼替肯拿了幾張化石的照片，正打算走回車上。（那時是2011年，肯還健在。如今他已逝世了。）博物館外面的廣場很大，是一個寬闊的四邊形空間，數英畝的水泥地一直延伸到地平線，周圍沒有任何能擋風的事物，令瑪裘瑞感到有點奇怪的是，那時除了離她不遠處有一個模糊的人影之外，一個人也沒有。她之所以會感到奇怪，是因為那天是平日，又是下班尖峰時刻，照理說人們應該要一窩蜂地從建築物中走出，回家享用他們的馬鈴薯泥，不是嗎？

不遠處那個人影是個男的，絕對是男的；他在廣場另一邊的人行道上，與瑪裘瑞走的人行道平行。這時他突然往瑪裘瑞走來。他加快腳步，逐漸靠近。他似乎是直直朝她走過來的，這讓她覺得不太舒服。他看起來很年輕，是黑人，穿著一件連帽上衣。這時他迅

速拉起帽子蓋在頭上，遮住了他的臉。

我應該要趕快跑，瑪裘瑞想著。或許該說是直覺而非想法。她的腿太短，沒辦法讓她跑得太快、太遠。他正繼續靠近。我應該在何時跑開？附近沒有能躲進去的建物。她朝著通往停車場的樓梯走得更快了。他也一樣。她覺得很熱。她從自己的腳趾以及耳尖隱隱感覺到脈搏的搏動，這種搏動正催促著她：快拔足狂奔。

兩人同時走到樓梯口。他抬頭看向她。「風真大，對吧？」他說。接著，他告訴她其實博物館還有一條連接停車場的地下道，他覺得瑪裘瑞或許不知道這件事，下次要是還遇到這麼冷的天氣，她可以走地下道，他說。

就這樣。然後他就離開了。

這件事好像只是微不足道的小事，是件看似微不足道、非常平凡的日常事件。但對瑪裘瑞來說，這件事顛覆了她對自己的認知。

「我為什麼會害怕那位溫和有禮的年輕人？全都只是因為我發現他是黑人。我根本沒有任何理由害怕他。這個認知讓我非常震驚，我從來沒有預期過自己會因此而感到害怕。這是我生命中的轉捩點，我當時赫然發現，你知道嗎，我是種族歧視者。我必須想辦法改正這一點。」

現在瑪裘瑞面臨的最大問題是，她本來以為自己**已經**改正了。她在好久以前就決定要消除種族歧視。對一個在阿拉巴馬州伯明罕南方腹地長大的人來說，這絕非易事。你必須決定「要或不要」，學著擺脫根深柢固的種族歧視思考方式。

瑪裘瑞六歲的時候，發現隔壁鄰居家後門掛著一件白色袍子與尖頂帽[1]。那時她正在跟妹妹玩捉迷藏。「妳在這裡做什麼？」媽

1　白袍、尖頂帽是美國 3K 黨集會裝扮。該組織為奉行白人至上主義、基督教恐怖主義的民間仇恨團體，歷史上曾多次發動迫害黑人的暴行。

媽說，「妳不准進這間房子。」瑪裘瑞知道那是什麼。她總是很好奇穿著這些服裝的人到底是誰。他是鎮裡的理髮師，很討人喜歡，和她爸爸是好朋友。但總有一些事是你不會和他人討論的。

黑人鄰居則住在她就讀的學校對街。那裡就像你永遠不會走進去的另一個村莊。他們也不會走進你的村莊。公車會開到這裡接黑人小孩去數英里遠的另一間學校上課。公車上的白人區域後方有一塊木牌。如果有一位白人在上巴士之後發現沒有位置坐的話，他可以把木牌往後排推，原本坐在那裡的黑人就必須移動。如果黑人的區域滿了，他們之中就必須有人下車。

這是很正常的事。世界就是這樣分類的：兩種人。一切事物都應該有兩種：座位、商店、學校、電影院、球隊。沒人說這麼做有什麼錯。她在高中時聽說了小馬丁‧路德‧金恩的事——蒙哥馬利公車抵制事件（Montgomery bus boycott）之類的。當她在家提起這件事時，被家人趕下餐桌，並告訴她再也不要提起這種事。這不是他們應該摻和的事。這種事讓其他人處理就好。

瑪裘瑞這輩子第一次和黑人講話是 60 年代早期，那時她在教堂山的北卡羅萊納大學念研究所。「呃，你好。」她說。她不知道自己該預期什麼。「我叫瑪裘瑞。」那段對話很正常，就像她和其他人相處時會有的對話。他的行為舉止就像是個一般人。這使她動搖了。

那時她有個朋友是來自德國的交換生，年紀比她大得多，一天午餐時，瑪裘瑞告訴他，她不太理解學生們為什麼要在鎮上的種族隔離餐廳與商店發起室內靜坐抗議與民權運動。「黑人對他們現在的生活很滿意呀。」她說。「這些學生何必惹事呢？」

「妳從哪裡聽說黑人很滿意的？」她的朋友說。

「在我的家鄉伯明罕就是這樣子。」她說。

但當然她的家鄉伯明罕的真實狀況並不是這樣。那只是乖巧白

人女孩在餐桌上聽說的故事版本，他們告訴你，要是再提起這件事就請你離開。事實上，在 50、60 年代，伯明罕的法律規定人民必須施行種族隔離，只有一成的黑人能夠登記投票，黑人的失業率比白人的失業率還要高 2.5 倍；伯明罕沒有黑人擔任警察、消防員、商店店員或公車司機。「可能是整個美國種族隔離最嚴重的地方。」小馬丁・路德・金恩這麼描述伯明罕。

　　因此到了瑪裘瑞念研究所時，那位來自德國的朋友試著想讓她從麻木之中清醒過來，向她解釋了種族歧視、盲從與仇恨，他告訴她德國的故事、他的人生故事以及希特勒青年團的故事：一開始他們只是一群年紀還小的孩子，接著另一組年輕的孩子也加入了，然後是教會與體育社團。希特勒將他們合併一起，宣布除了希特勒青年團之外的青年團體都不合法。希特勒青年團的人數增加到 800 萬人。你必須讀納粹的書、唱納粹的歌，要是不加入青年團，你的父母會被追殺，你可能無法拿到畢業證書或者獲得工作機會。這世界上有兩種人，純種的和不純種的，這支大軍逼迫所有人陷入分裂。

　　若有機會，瑪裘瑞想和那位德國朋友保持友誼。她一直很感謝他那天曾在午餐時向她解釋這些事，讓她的生命進入了新的階段。「妳需要知道這些事。」他說。

　　1963 年，伯明罕的警方放出了警犬驅趕黑人抗議群眾，接著他們動用了消防水帶。金恩被丟進監獄，他在牢中寫了一封公開信給美國。「任何地方所發生的不公義之事都是對普世公義的威脅。」

　　瑪裘瑞參與了民權運動。她這一生都試著跨越種族歧視。就連她和肯在規畫家庭時也是如此。他們說要四個孩子，一個親生，其他領養，其中兩個孩子是混血兒。有太多需要愛的孩子了。

　　所以你可以想見，她經歷了這些事、參與了這些運動、和肯與

四個孩子一起生活了半輩子。如今她在奧爾巴尼，寒冷而昏暗，發現自己仍有一個醜惡的坑洞，就像一隻蟄伏在她生命中、不斷蠕動的蟲所留下的痕跡。

你該怎麼辦呢？

那時崔旺‧馬丁（Trayvon Martin）的慘劇在新聞中逐漸被揭露。那是 2012 年。崔旺‧馬丁是一名 17 歲的年輕人，他住在佛羅里達州桑福德，在 2 月的一個晚上從商店走回家，穿著黑色連帽上衣。喬治‧茲默曼（George Zimmerman）是當地有出入管制的社區守望小組的一員，他覺得崔旺‧馬丁看起來有些可疑，因此跟在他後面，雙方爆發爭執後，他開槍把馬丁打死了。

瑪裘瑞在布恩從收音機上聽到這件事，在她和肯一起建立的家裡，他們家有 17 英畝土地，能遠眺藍嶺山脈。孩子都長大了，肯也走了，這裡只剩下她、兩隻山羊和一隻喜歡吃奇多洋芋片、名叫羅西的驢子。瑪裘瑞透過收音機持續注意崔旺‧馬丁的最新消息。她想著，美國是個分裂的國家，並覺得自己像是共犯。她對茲默曼感到好奇，在他內心是不是也存在著與她相同的那部分呢？就像她在奧爾巴尼發現的那部分？他是不是因此才開槍的？他在發現自己心中的那部分時，是否和她一樣驚訝？

茲默曼當場並未被拘留。直到他殺死馬丁的六週後，才被控二級謀殺罪並予以拘留，這件事在佛羅里達州以及全國引起大規模抗議。審判持續了一個月。法庭宣布無罪裁決時，人民佔據了街頭與社群媒體。「黑人的命也是命！」成了這次街頭運動的口號。

2013 年 7 月 19 日，也就是茲默曼被獲判無罪的六天後，歐巴馬總統在白宮記者招待室即席對此事發表言論。「35 年前的我也有可能是崔旺‧馬丁，」他說。「我認為我們必須了解一件事：非裔美國人族群在看待這件事時，也看到了自己過去的經驗與一段無法迴避的歷史。」

瑪裘瑞認為這段演講很得體。她認為歐巴馬想要經由切身的觀點，來解釋種族歧視在不知不覺間能造成的傷害。

　　「我能理解他談話中所說的種族歧視複雜程度。我覺得歐巴馬想說的是『你不能直觀地說這個男人殺掉崔旺‧馬丁是因為他冷血無情。他自己以及他的思想都存在某些問題。』」

　　瑪裘瑞是這麼理解這段談話的。他有一些問題是與種族有關的，就像她發現自己也遇到了這些問題。

　　但其他人的理解卻不一樣。收音機上的保守派評論家與打電話進去的人都以尖銳的態度批判歐巴馬說的話。他們說茲默曼槍擊案與種族無關，那不過是以悲劇收場的一次扭打而已。他們說歐巴馬不應該牽扯到種族歧視問題，不該因為評論家批評他在任期間對美國種族關係沒有任何建樹，就利用這場悲劇去安撫這些人。

　　你們這群人是怎麼回事？瑪裘瑞想。這件事當然與種族有關。為什麼沒有人討論歐巴馬那天所說的其他言論？

　　「我認為對我們所有人來說，內省都是很重要的一件事。」他那天這麼說。「很多人都說，我們應該召集種族方面的會談。但我沒見過由政治人物組織的會談曾產生特別成效的。這些會談最後都變得裝模作樣、政治意味濃厚，且人人堅持既有的定見。另一方面，一個人在家庭、教堂與工作場合中反而有機會比較誠實一點點，至少你可以捫心自問，我是否已盡我所能摒除心中偏見？我是否能不以膚色評判他人，而是注重對方的人格特質？我認為，在這場悲劇之後進行這樣的思考練習是十分合宜的。」

　　瑪裘瑞坐到電腦前開始打字。她希望歐巴馬總統知道，至少有一個人聽進他的話。她以前從來沒想過寫信給總統。但這個人——總統——需要這封信。她很快就發現自己在信中坦白了奧爾巴尼發生的事。「我希望他知道，我的感受其來有自。我也想要為自己把這段經歷說出來，因為我並不是用理智寫信，而是憑經驗來寫這封

Qos-Trayron Martin
* Sample
8/21/13
8+8

Marjorie McKinney

Boone, NC

Back from the OVAL
8/22/13

Reply

President Barak Obama
The White House
1600 Pennsylvania Avenue, NW
Washington, DC 20500

Dear President Obama,

Thank you for your recent statements after the Zimmerman trial about your own memories of being a young black male. I am a "white" American, born and raised in Birmingham, Alabama where I lived until I moved to North Carolina as a grad student. When I left Alabama, I had the opportunity to know many different people and was impelled to examine the racism in me. I didn't know it existed. I didn't even think about it before.

As years went by, I thought I had done a pretty good job of shedding the racism in me. I had African-American friends, two of my children are bi-racial, I was involved in civil rights issues. Then, came a cold evening in Albany, NY.

I was in Albany for a short visit and was walking in the area between the museum and government buildings. It's a huge plaza with an underground pedestrian area that links the buildings. I had used that to walk to the museum but decided to walk back outside. It was getting dark. The only other person on the plaza was a young black man who was walking parallel to me on the other side. As I pulled a scarf around my neck to cut the wind, I saw the man pull his hoodie up as he changed direction and began walking quickly toward me. Much to my horror, I became afraid and tried to figure why. Into my mind popped the notion that he was a black man, had hidden his face (I had, too), and had suddenly changed direction when he seemed to have looked up and seen me. I was embarrassed to think that, but it was there. I decided to wait and see what happened, fearful all the time. I changed my direction a bit and he seemed to as well. He continued to come directly toward me. As he came near, he looked up and said "Bad wind, isn't it?" and showed me the nearest entry into the pedestrian underground. He was cold as I was and his change of direction was to go into the building close to where I walked. I wish I could have apologized to that fellow. That experience stays with me.

I hope that others who heard your words will be more aware of the fear that lurks within many of us. It's unreasoned, but there. I hope to never forget my walk in Albany and the young man I encountered that cold day. Your candid comments last week meant a lot to me. Thank you.

Sincerely,

Marjorie McKinney

瑪裘瑞‧麥肯尼
北卡羅萊納州，布恩
巴拉克‧歐巴馬總統
白宮
西北賓夕法尼亞大道 1600 號
20500 華盛頓，哥倫比亞特區

總統辦公室回覆

回覆

親愛的歐巴馬總統：

　　你在茲默曼一案審判過後發表了聲明，其中提到了你年輕時身為黑人的回憶，謝謝你。我是一名美國白人公民，在阿拉巴馬州伯明罕出生長大，直到研究所畢業後才搬到北卡羅萊納州。離開阿拉巴馬州後，我認識了形形色色的人，因而使我看清自己其實有種族歧視。我以前完全不知道這件事，我連想都沒想過。

　　過了好幾年後，我以為自己已經成功矯正我的種族歧視了。我結交了幾位非裔美國人朋友，我的兩個孩子是混血兒，我也參與了公民權的議題。接著，在一個寒冷的晚上，我在紐約奧爾巴尼遇到了一件事。

　　當時我短暫造訪了奧爾巴尼，那天下午，我走到了博物館與政府大樓之間一個很大的廣場，有個連接各大樓的地下道。我本來打算走地下道，但後來決定要走回廣場。天色很暗了。廣場上只有我和另一位年輕的黑人男性，他在廣場的另一邊與我平行行走。為了擋住寒風，我把圍巾圍上脖子，這時我發現男子也戴上了連帽上衣的帽子，改變方向，直直往我這邊快速走來。我發現自己竟然開始感到害怕，這讓我覺得很驚恐。我試著釐清原因，從腦海深處冒出來的解釋，是因為那名男子是黑人，他把臉藏了

起來（我也把臉藏了起來），在他突然改變方向之前好像抬頭看了看我。我對自己的想法感到羞愧，但這想法的確存在。我決定按兵不動，看看會發生什麼事，同時心中感到非常害怕。我稍微改變了方向之後，他似乎也跟著改了方向。他繼續朝我直直走過來。來到我身邊時，他抬起頭說：「風真大，對吧？」接著他告訴我地下道的最近入口在哪裡。他和我一樣覺得很冷，改變方向是因為他要去我身旁的那棟大樓。我真希望我當時能向他道歉。我把這件事牢記在心中。

　　我希望其他人在聽了你的聲明之後，能更加留心自己內心中潛藏的恐懼。這種恐懼毫無道理，但的確存在。我期許自己永遠不要忘記我在奧爾巴尼走的那段路，以及不要忘記我在那個冷天遇到的年輕男子。你在上週發表的評論很直率，對我來說意義重大。謝謝你。

信。這對我來說是非常真實的事。」

　　「親愛的歐巴馬總統：」她寫道。「過了好幾年後，我以為自己已經成功矯正我的種族歧視了。……接著，在一個寒冷的晚上，我在紐約奧爾巴尼遇到了一件事。」她告訴他當時有多冷、有多暗。「為了擋住寒風，我把圍巾圍上脖子，這時我發現男子也戴上了連帽上衣的帽子。」她告訴他那些恐懼戰勝了她，以及她當下不解的感受。「我試著釐清原因，從腦海深處冒出來的解釋，是因為那名男子是黑人，他把臉藏了起來（我也把臉藏了起來）……我對於自己的想法感到羞愧，但這個想法的確存在。」

　　她在信中感謝總統針對崔旺‧馬丁所發表的言論，她說她欠奧爾巴尼的那位年輕人一聲道歉。「我希望其他人能在聽了你的聲明之後，更加留心自己內心中潛藏的恐懼。」她說。「這種恐懼毫無道理，但的確存在。」

THE WHITE HOUSE
WASHINGTON

Marjorie —
Thanks for your thoughtful letter. Your story
is an example of what makes me optimistic about
this country!

THE WHITE HOUSE
WASHINGTON

瑪裘瑞：

　　謝謝妳這封為他人著想的來信。妳的故事是絕佳典範，正是因為有這樣的故事，我才能對這個國家一直抱持著樂觀的心態！

巴拉克・歐巴馬

收到總統的回信令人又驚又喜。瑪裘瑞完全沒預料到會收到回信。她將信件裱框，掛在她最喜歡的藍色木扶手椅旁邊，如此一來她就可以坐在這封信旁邊了。她真的這麼做了。她坐在這封信旁邊，開始自省，就像總統在發表談話時建議的一樣。

她決定自己要更頻繁地出門。她發現內省也要有一個限度。

「召集種族方面的會談……家庭、教堂與工作場合。」瑪裘瑞思考著總統在談話中提及的其他事。她開車前往羅利，參加當地備受矚目的公民不服從抗議「道德星期一」（Moral Mondays）的其中一場活動。組織這一系列抗議活動的是宗教領袖，如威廉‧巴柏二世博士牧師（Rev. Dr. William Barber II）就是其中之一，他是美國有色人種協進會（National Association for the Advancement of Colored People，NAACP）北卡羅萊納分部的領導人。瑪裘瑞覺得像這樣成為抗議隊伍的一份子、喊著黑人的命也是命、喊著他們要保護所有人的投票權使她感到振奮。

她想知道為什麼布恩沒有道德星期一遊行。（她不想要一天到晚都要開車到羅利去。）所以她聚集了一些人，「召集種族方面的會談」。她發現，布恩沒有道德星期一遊行的原因之一，是當地沒有正式的 NAACP 分部，或者說整個沃托加郡因為沒有分部，所以沒有抗議遊行。

「我們需要一個分部。」因此瑪裘瑞開始收集簽名。

2014 年 2 月 15 日，和她在奧爾巴尼遇到那個年輕人相距三年了，在她聽到歐巴馬發表有關崔旺‧馬丁事件的臨時談話過後七個月，沃托加 NAACP 分部正式成立。

他們舉辦會議，邀請阿帕拉契州立大學的講者來演說。

他們舉辦研討會，成立了放下種族主義討論小組，分成三個階段進行「解除（我們自身的）仇恨」（Unpacking [our own] HATE）系列討論。他們在好客之家舉辦了「與警察喝咖啡」（the Coffee with a

Cop）的系列活動。嘿，警察們，出來外面和那些害怕你們的人聊聊吧。

其中一個會議想出了足壘球這個主意。幾年過去，在所有社區聯合野餐與新成立的沃托加 NAACP 分部所辦的活動中，如今 75 歲的瑪裘瑞最喜歡的還是足壘球。他們還加了一個投球懲罰池[2]。每個人都必須去水桶上坐一次，真是好笑極了。黑人、白人、西班牙人、警察、小孩、老人……每個人都喜歡足壘球、每個人都喜歡玩投球懲罰池。

瑪裘瑞會四處遊走，確保沒有人孤零零坐著，也確保每個人都知道食物在哪裡。

2　dunking pool，一種娛樂設施，一個人坐在大水桶上方，水桶旁有一個靶，另一人投球擊中靶心時，水桶上的人就會掉進水桶中。

CHAPTER 11

Red Dot

紅點

「我走向他，嗯，我光著腳，踩過玻璃還有一切他用槍打壞的東西。他還在大喊，他還拿著霰彈槍，我走向他，然後──他比我還高大。我爸爸是個很高大的人。他非常強壯──在那天之前我從未意識到他有多強壯。他開始大喊大叫，說沒有任何人感謝他，所有人都忘記他了，所有人都只會批評他。根本沒人在乎。我張開手臂想要擁抱他、安撫他，我想他大概覺得那是帶有攻擊意味的動作。他開始開槍，在他開槍的時候我試著想要制止他，但他就只是一直開槍、一直開槍，在那個時候──我不記得自己那時尖叫了，我之所以知道自己那時在尖叫，是因為我弟弟說我尖叫了。我看到弟弟跑出家門。我當時的情緒機制大概是關機了。我爸爸開始哭，他開始無法抑制地啜泣。我沒見過我爸爸哭，他是海軍陸戰隊的，表面上看起來總是強壯且堅不可摧，我從來沒看過他哭。那時他的手機放在他的口袋裡，手機響了。我從他那裡把手機拿走，接起來。打來的是我們的鄰居。他說警察已經在路上了。我不希望爸爸聽到這件事，因為我知道這會讓他更生氣。所以我掛斷電話，引導爸爸走到他房間，我看到床上放滿了他擁有的每一件武器及這些武器的所有彈藥。這時我就知道他想要做什麼了。那天是聖誕節前夕。

「我試著安撫他，我非常溫和地向他再三保證一切都會沒事的，沒有人在生他的氣。我把他帶到前門，步下階梯，讓他走到前廊。我試著讓他走下樓梯到前院去。外面正在下雨。我看到好多人圍著我們家。我終於讓他走到前院了。我爸爸隨身帶著一把刀，這是許多海軍陸戰隊的人都有的習慣。那些人看到刀之後，要他把刀放下。然後，嗯，他不願意。所以我試著把刀拿走。後來他丟下刀，又突然想要往刀子撲過去。我想要把刀推開，然後我們兩個人都倒在地上，雨還在下。前院一片泥濘。外面很冷。我就在那裡，用盡最後一絲力氣想把他壓在地上，大聲叫其他人來幫我。

「我不知道後來有多少人過來把他扶起來。

「到醫院之後,我在走廊的擔架上哭到自己再也哭不出來。

「聖誕節那天,我媽媽、我弟弟和我都在清理,呃,魚缸的玻璃和其他被他開槍打壞的東西。他也開槍打了當初退休時國家頒給他的國旗,還有他所有獎章跟其他東西——所有跟海軍陸戰隊有關的紀念品都被他打壞了。我們盡量把能清的東西都清乾淨,然後我走上樓,寫了那封信。我是在那個時候寫信的。退役軍人醫師讓他失望了;他稱為朋友的人讓他失望了;海軍陸戰隊讓他失望了。我不知道我還能向誰求助。當時我想著,**如果我所能想到的最後一個人是總統,如果寫信是我最後能求助的資源,那麼我就要把我所擁有的每一絲精力都花在這封信上。**」

艾希莉·德里昂(Ashley DeLeon)寫下了她父親 2014 年聖誕節前夕在他們家做的事,這封信最後到了白宮,成了 OPC 紙本信件室內一疊疊信件的其中一封信。在寒冷的一月午後,一位名叫加勒特(Garrett)的工作人員拿起這封信。他讀信的速度很快,一如他在讀前一封信以及前前一封信的速度。看了幾段之後,他放緩了速度。他調整椅背,從頭開始細讀這封信,一路讀到結尾。「我需要休息一下。」他對旁邊的實習生說。

他拿起信件到外面隨意走走,最後站在蕾西·希格利(Lacey Higley)的桌前。從紙本信件室穿越大廳就能走到蕾西的辦公室。「我剛剛一直在走廊那裡遊蕩。」他說。

「你還好嗎?」蕾西說。

蕾西那時已經很習慣在有人走到她桌前時分辨他們的表情。她是負責紅點的人。紅點代表的是緊急事件。自傷、自殘、飲食失調、強暴、家暴、成癮——種類繁多,紅點的數量每天多達 400

件。這裡的規定是，每一封紅點信件都要在 24 小時內處理，分派給某位專員或某個組織，例如物質濫用和精神健康服務管理局，或美國自殺預防生命線。和郵寄信件相比，這項規定在處理電子郵件這種較即時的訊息還比較有道理，畢竟艾希莉是在聖誕節寄出信件的，蕾西看到信時都已經是好幾個星期之後的事了。

「我們要想清楚該怎麼做。」加勒特把艾希莉的信遞給蕾西。

蕾西開始讀艾希莉的信，然後她放慢速度，從頭開始細讀這封信，一路讀到結尾。她說她需要走走，接著她繞著 EEOB 一樓走了一圈，加勒特也和她一起走了一圈，兩人在一路上討論起剛剛讀的信。

編號 No.074

Ashley DeLeon
Jacksonville, Nc

The White House
1600 Pennsylvania Avenue NW
Washington, DC 20500

FAYETTEVILLE NC
Coastal Carolina Area
26 DEC 2014 PM 3

485
JAN 08 201
✓#031

December 25, 2014

Dear Mr. President,

    My father was a United States Marine for 22 years before retiring as a MSgt. As part of the infantry, he deployed on six occasions. Each deployment my father came back less and less like himself. He missed many moments of my life: birthdays, holidays, award ceremonies. He used to love to hunt, to fish, to spend time with my mother, little brother and I. But after he retired, my father was forgotten. You see, when my dad retired he no longer had the brotherhood of fellow marines; no one thanked him for his service; no one called to check on his well being. He was diagnosed with severe PTSD and was medically disabled.

  So he drank. And drank. My father's alcoholism stole the man that I had known for 21 years of my life. He could easily spend $100 a night on alcohol. He would drink all night, come back at 6 am, sleep all day, and repeat the cycle.

I am a junior at the University of North Carolina Wilmington. My father never called me to ask how I was, how my classes were, or if I had a good day at work. Everyday I would look in the mirror and see the remnants of him in my facial features. But the man that I resembled so much, the man who constituted half of me, wasn't one that I knew any longer.

Christmas Eve was a rainy day in Jacksonville, NC Mr. President. I was taking a shower upstairs when I heard the first two shots. I knew it was him. As I jumped out of the shower and ran down the stairs in nothing but a towel I could see my father pacing in the living room with a shotgun in his hand and tears in his eyes. He yelled at me, his little girl, "Get the f*** out of my house! GET OUT!" And in that moment I knew that I had two choices: to run and leave my little brother upstairs + my dad with a loaded weapon. Or to stay. I chose the latter. You see, I chose to stay in that room and fight over that gun because I knew that my dad was still in there somewhere. He had to be. As I struggled with my father, he shot. And shot. The small girl who grew up waving the American flag at her daddy's homecomings yelled "NOOOO" from the bottom of her gut. Glass shattered. The dogs barked. And in my peripheral vision I saw my brother run out of the house.

I didn't care if I died Mr. President. I'm 21 years old and I would sacrifice myself without a second thought to save the man who raised me from taking his own life. Because when his country turned their back on him, I was still there. The light has long been gone from his eyes, but he is still my father. I am still his little girl. A little piece of me died that day. I will never be the same. This time of year is one to celebrate with family and to be thankful for the blessings provided to us. Instead I spent Christmas Day sweeping up glass and looking at my home riddled with bullet holes. Like a war zone.

I'm writing to ask for your help. Not for my family Mr. President. My family died that night. I'm asking you to help the others. The little girls and boys who have yet to see their mothers and fathers souls die away. They need help. Get them help. Don't forget about them. They need you. Just like Sasha and Malia need you. They do.

With hope,
Ashley De Leon

艾希莉‧德里昂
北卡羅萊納州傑克森維爾
白宮
西北賓夕法尼亞大道 1600 號
20500 華盛頓，哥倫比亞特區

親愛的總統先生：

我父親在美國海軍陸戰隊服役了 22 年，退役時的官階是二級軍士長。身為步兵的一員，他曾被調動六次。每次調動都讓我父親越來越不像原本的他。他錯過了我生命中的許多重要時刻：生日、假期、頒獎典禮。他以前很喜歡打獵和釣魚，也喜歡和我母親、弟弟以及我一起共度時光。但在我父親退休之後，他就被遺忘了。你知道嗎，我爸退休之後就不再享有其他海軍陸戰隊隊員的兄弟情誼了；沒人感謝他曾替國家服務；沒人打電話來問候他是否安好。他被診斷出嚴重的創傷後壓力症候群，在醫學上被歸類為殘疾人士。

所以他喝酒。不斷喝酒。我父親的酒癮偷走了我認識了 21 年的那個人。他一個晚上可以為了喝酒輕易花掉 100 元。他會徹夜喝酒，直到隔天早上六點回家，睡上一整天，接著重複這個循環。

我是北卡羅萊納大學威明頓分校的大三生。我父親從來不曾打電話來問問我還好嗎、我的課業如何，或者我這天過得怎麼樣。每天我看著鏡子，都會從我臉上看到他遺傳給我的臉部特徵。但和我長得這麼像的人、建構了一半的我的人，已經不是我過去認識的那個人了。

那天，北卡羅萊納州傑克森維爾的平安夜下著雨。我在樓上洗澡的時候，聽到了一開始的兩聲槍響。我知道那一定是他。我從浴室衝了出來，圍著浴巾跑下樓，看見我父親在客廳緩步走著，手裡拿著霰彈槍，眼眶含淚。他對我，對他的小女兒吼道：「妳他 X 的滾出我的房子！滾！」在那一瞬間，我有兩個選擇：跑出

去，把我還在樓上的弟弟留在家裡，和手握上膛武器的爸爸共處一室；或者留下來。我選擇了後者。你知道嗎，我選擇留在客廳裡對抗那把槍，因為我知道我爸還活在那具身體中的某個角落，他一定還在那裡。我與父親扭打起來，然後他開槍了。接著又一槍。過去在父親回家時總會揮著美國小旗子歡迎他歸來的小女孩撕心裂肺地大喊：「不──」玻璃碎裂一地，好幾隻狗在狂吠，我從眼角餘光看到我弟弟跑出了房子。我不在意我是不是會死，總統先生，我今年 21 歲，為了拯救生養我的男人，我願意毫不猶豫地犧牲自己。當他的國家背棄他時，我還在這裡。他眼中的光已熄滅良久，但他依然是我父親。我依然是他的小女兒。那天，一部分的我死去了，我再也不是過去的我了。每年的這個時候，我們本該闔家歡慶，感恩上帝賜予我們的祝福。但聖誕節這一整天我都在清理碎玻璃，看著充滿彈孔的家。這裡活像是戰場。

我寫信給你，是希望你能提供幫助。不是幫助我的家，總統先生，我的家已經在那天晚上死了。我希望你能幫助其他人。幫助還沒親眼見證父親與母親的靈魂逐漸死去的小女孩及小男孩。他們需要幫助。請你提供他們幫助。不要忘記他們。他們需要你。就像莎夏和瑪麗亞需要你一樣。他們需要你。

心懷希望的艾希莉‧德里昂

OPC 的每個人很快地學會一件事：他們需要彼此。他們需要把這些事情宣之於口。信件的內容、一成不變的請願、紙張上起起伏伏的情緒。你不可能和 OPC 之外的人解釋清楚，整天坐在這裡讀這些情緒強烈的信是什麼感覺，這就是為什麼許多 OPC 的工作人員會住在一起，許多人是一起通勤、一起吃晚餐、一起看網飛（Netflix）的室友。蕾西先是跟薇妮和史蒂夫一起住，然後是米契爾，接著是海蒂。在辦公室中，她和葉娜共用同一面牆，她們時常會在工作時敲敲牆壁，告訴隔壁的人：請你過來這裡讀這封信。我沒辦法獨自處理這封信。

　　蕾西比她多數的朋友都還要高一點，她身材修長，外表樸素；她在移動時略顯僵硬，由此可知她的身高對她來說是一種負擔。她剛滿 23 歲，若你請她用一個形容詞描述自己，她會說自己是個膽小的人。你會覺得她看起來不像有辦法處理紅點這種需要考驗情緒的文件。她在念大學時以實習生的身份初次進入 OPC。第一天走進 EEOB 時，她覺得自己就像是太快離巢的鳥。她陷入迷惘之中，淚流滿面地打電話給她爸爸。「幫幫我。」她認為自己太緊張了，沒辦法在真實世界中成功辦好任何事，她的聲音太尖，喉嚨太緊，空氣無法順利通過。她從來沒有在真實世界成功過，她覺得自己有什麼地方出了問題，白宮裡一定會有人發現她根本不應該和他們一起工作。她在政府裡面沒有背景；她沒辦法參與任何有關政策或決策的對話；她和其他人不一樣，她沒有在歐巴馬的競選團隊中工作過——她沒有在任何人的競選團隊中工作過。她是沒有歸屬的無名小卒。

　　「一個人的聲音可以改變一間房間。」若要說她最喜歡的一場歐巴馬演講，那一定是那場，很久以前的那場，被一位鑲金牙的女人所啟發的那場。鑲金牙的女人是 2017 年歐巴馬在南卡羅萊納州格林伍德舉辦集會時出現的。那次的集會很失敗，只有一小群想找

點事做的當地民眾參與了集會。歐巴馬放眼望去，台下一片空蕩。「火力全開，準備出擊！」一名鑲著金牙的女人突然大聲吼道。就像是某種暗號一樣，她周圍的人開始跟著重複這句話，接著變成高喊，在那一瞬間，這場慘澹的集會變得充滿榮耀。

「我們由此可知，一個人的聲音是重要的。一個人的聲音能改變一間房間。」歐巴馬在一年後的競選集會中講述這個故事。「如果一個人的聲音能改變一間房間，那麼他就能改變一座城市；如果他能改變一座城市，那麼他就能改變一個州；如果他能改變一個州，那麼他就能改變一個國家；如果他能改變一個國家，那麼他就能改變這個世界。」

若你問蕾西，她怎麼會從擔驚受怕的實習生變成每天處理數百封紅點信件的戰士，她會告訴你，這都是因為歐巴馬和他所說的話。一個人的聲音。一封信。一個實習生。都是重要的。

「你會哭。」她會這麼告訴每一批到她手下做事的新實習生。如今她是紅點信件的負責人了。「這很正常。你們在這裡實習的時候應該至少會看到我哭兩次。這份工作的壓力很大。這份工作很辛苦。如果你們需要回家，就回家去吧。」

. . .

那天，蕾西和加勒特一起走了一圈之後，她把艾希莉的信拿去掃描，再將掃描檔案轉寄給退役軍人危機處理單位。她思考著是不是要將這封信標記為「樣本」；要是總統有機會得知艾希莉的故事，會怎麼樣？他們通常不會這麼做。紅點信件是需要緊急救助的特殊案件，花時間讓總統讀這些信只會拖慢處理進度，因此他們從來不會在紅點信件上標註樣本。這讓蕾西覺得很煩惱。她最近才開始接受憂鬱症與焦慮症的治療，所以她很清楚精神疾病污名化會帶來什麼糟糕的影響。或許她處於這個特殊的位置，就是要幫助那些時常

默默受苦的人們發聲。

她在大廳看到了費歐娜。「總統需要看看這個。」蕾西把艾希莉的信遞給費歐娜。「他需要看看這個。」

在 OPC 工作的每個人都有一封信能定義他或她的工作，對蕾西來說，定義她工作的就是艾希莉的信。她複印了一份信件，貼在她辦公桌旁的牆上。她用粉紅色的螢光筆標註了最後一段。

> 我寫信給你，是希望你能提供幫助。不是幫助我的家，總統先生，我的家已經在那天晚上死了。我希望你能幫助其他人。幫助還沒親眼見證父親與母親的靈魂逐漸死去的小女孩以及小男孩。他們需要幫助。請你提供他們幫助。不要忘記他們。他們需要你。就像莎夏和瑪麗亞需要你一樣。他們需要你。

「我把這封信當作我的指標，提醒我自己在做什麼工作、為什麼在這裡。」她後來這麼說。

那天下午，費歐娜把艾希莉的信放入即將送到總統手上的每日十信之中。

那封信沒有隨著下一批標註著「總統辦公室回信」的信件一起送回來。也沒有隨著再下一批一起送回來。有時總統會延後處理某些信件。

大約又過了一個多星期後，歐巴馬才準備好要給艾希莉的回覆。

THE WHITE HOUSE
WASHINGTON

Ashley —

I was so moved by your letter. As a father, I can only imagine how heartbreaking the situation must be, and I'm inspired by the strength and perspective you possess at such a young age.

I am asking the VA to reach out to your family to provide any support that you need. And please know that beneath the pain, your father still loves his daughter, and is surely proud of her.

Sincerely,

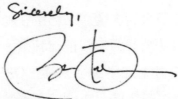

艾希莉:

　　妳的故事讓我深受觸動。身為父親,我難以想像妳遇到的狀況是多麼令人心碎,妳在這個年紀能展現出如此的堅強與決斷力,實在令我深受啟發。

　　我已要求美國退伍軍人事務部聯絡你們家,提供妳所需要的幫助。請妳理解,在層層痛苦之下,妳父親依舊愛著他的女兒,他必定以妳為榮。

　　　　　　誠摯的

　　　　　　巴拉克・歐巴馬

「我收到白宮寄來的一個牛皮信封。裡面是一封信——信紙不大，但是總統親手寫的。我大吃一驚。我以為不會有任何人讀到這封信，更不用說回信了。那封信大致上是在說，要我堅強地繼續撐下去。

「他們打電話給我，讓我聯絡退伍軍人事務部，他們想要替我爸爸爭取一些資源，針對酒癮與憂鬱症提供幫助。但那時我已經和我父親斷了聯絡，因為老實說，待在他身邊讓我覺得很不安全。我想他後來應該是參加了名叫『聚焦』的海軍陸戰隊復健計畫。

「我媽很努力地想要拉近我們之間的距離。那是我最後悔的事——我當時一直相信以後我還有時間能慢慢讓這段關係癒合。」

艾希莉的信件帶來的影響並未結束在總統的回信，並未結束在退伍軍人事務部協助她父親參與復健計畫，也並未結束在蕾西決定把信件掛在辦公桌旁。從本質上來講，OPC 的每一封信都是一個潛在的交流機會，這些信件有可能會在經歷一番曲折後，以不同的面貌出現在白宮、國會與人民觀看的電視節目中。

這也是白宮西廂的人之所以把這些信件稱之為「地下信件」（the letter underground）的原因之一。這件事本來應該只是總統每天讀十封信，如此而已，但它卻轉變成了別的東西；這些信件預示了政府政策提案與總統演講的走向，影響了許多人。

艾希莉寄出信件七週後，2015 年 2 月 12 日，歐巴馬在東廳簽署了克雷·杭特 SAV 法案。「SAV 代表的是美國退役軍人自殺防禦（Suicide Prevention for American Veterans），」他這麼解釋。而他在演講中說的是誰，不消多久就很明白了。

我想到最近收到的一封信，那是一位大學生在聖誕節寫給我的信。那是我當上總統以來，收過的信中讀起來最艱難的一封。她在信中提到了父親，她的父親是一名退役的海軍陸戰隊士兵，她告訴我她爸爸以前很喜歡打獵和釣魚，喜歡陪伴她與弟弟。但他深受創傷後壓力症候群所苦，變得越來越不像原本的自己，逐漸與他的家庭脫節。在經歷了這些困難後，她在信中寫道：「我知道我爸還活在那具身體中的某個角落。……他依然是我父親。我依然是他的小女兒。」她說，她寫信是想要尋求幫助——幫助她爸爸找到回去的路——「不是幫助我的家，總統先生。」她說。「我希望你能幫助其他人。」——其他像他們一樣的家庭。她說：「不要忘記他們。」

那就是我們今天這麼做的目的：不要遺忘。……當你感到痛苦時，請記得：你沒有被遺忘。你不是一個人。你永遠不會是一個人。我們都在這裡支持你。美國在這裡支持你——所有人都在支持你。未來我們將盡一切所能使你得到你所需要的照顧與支持，讓你能堅持下去，繼續替我們所愛的這個國家服務。我們需要你。我們需要你。你使我們的國家變得更好。

所以，我要感謝你們每一個人。願上帝保佑我們的軍隊、我們的退役軍人、我們的軍人家庭。願上帝保佑美利堅合眾國。

「我那時坐在學校裡，我還記得，當時我是自己一個人看那支影片，那時已經接近演講的尾聲了。他們問過我是否同意公開這件事，我答應了，前提是他們要隱瞞我的身份。我不知道他們會用什麼方式理解我的信，也不知道他們會不會在某方面誤解了信件內容。這些念頭不斷在我腦海中來來回回。然後我聽到了演講，接著我哭了起來，因為他說，那是他讀過最艱難的信之一。

「我們一直覺得，總統比我們都還要巨大，他是另一種人。但他其實跟我們是一樣的。

「所以，我看到他讀了我的信，看到他的反應——我的信讓他能在某個平台上幫助更多人，那讓我覺得充滿了力量。

「我媽媽說，爸爸在看演講的時候哭了。他一直說他很抱歉。」

蕾西沒有聽到演講，所以她不知道為什麼她的黑莓機瘋了似的瘋狂震動——她的同事們寄來一封封塞滿驚嘆號的電子郵件。大家都知道艾希莉的信對蕾西來講有多重要。這是諸多紅點信件中，第一封被送到總統桌上的，如今總統在簽署法案的演講中提到了這封信。蕾西看了歐巴馬的演講。她一下子就感動得哭了；有一部分的她從未改變。或許這是一封信所能得到的最好結局了，她想著。一位受苦的公民請求他人採取行動，而總統聽見了——也行動了。

她在之後決定投身於協助退役軍人的事業。

• • •

幾個月過去了，艾希莉依然沒有和父親說話。她需要一點距離。她埋首於學校的課業之中，逐漸因為能掌控自己的生活而變得更堅強。

「五月的時候，我打算要參加暑期班，所以我繼續住在學校。那天我已經準備好要去上課了，大約六點的時候我接到一通電話。是鄰居打來的。號碼是我媽媽的手機，這不太對勁。我馬上就知道出事了。他說：『妳必須來格林維爾一趟。出車禍了。』

「我走進加護病房的時候，他們派了一個人來跟我談。他們跟我說：『我們盡力了。』我問了所有我想得到的問題。我是那種想

要盡快了解一切的人，我希望能掌握情勢。我爸爸也是這樣的人。所以那時候對我來說非常折磨，因為我沒辦法掌控任何事。他們說他們盡力了，但他們沒辦法確定。他們一直這樣告訴我——他們沒辦法確定他能不能撐過去。他們沒辦法確定若他撐過去之後能不能恢復正常。他們沒辦法確定。

「他在左邊第一間病房裡。我踏入門後看到了他。但那不是他。那是一個全然不同的東西，那不是一個人。我崩潰了，我開始大喊：『不！』就像他開槍那天一樣，我一直大喊著『不』。他們說最主要的問題在於，我爸爸當時騎著機車，他撞到，嗯，一輛休旅車，相撞的時速大約是 50 英里。他呼吸的時候吸進去的全都是煙。所以他的肺燒壞了。他們說沒辦法治好這種傷。他們說沒有任何人、任何辦法能治好這種傷。

「他們說：『沒辦法，女士，我們救不了他。妳要指示我們，接下來妳想要怎麼做。』

「我一直在心中否認，我告訴自己這一切從沒發生過，他只是被派駐到國外去了，他會回來的。就像我小時候一樣。只要我等得夠久，他就會回來。」

Samples, 2015

2015 年信件樣本

Ms. Alisa Bowman

Submitted via whitehouse.gov
6/27/2015 2:33 PM

Dear President Obama,

I've been voting Democrat since age 18, and I voted for you three times
(including in the primary against Clinton). Throughout your Presidency, I've
rooted for you and cheered for you and celebrated you. But last week, when
you said "Shame on you" to Jennicet Gutierrez, I felt chilled and
disappointed. You are a living example of civil rights progress. I've always
seen you as someone who gets the plight of marginalized and discriminated
against people. In that moment, I realized that I was wrong. You don't seem
to get it. Jennicet was not heckling you. She was merely trying to get your
attention -- on an important issue that affects a nearly invisible class of
people. I understand she may have done it in a rude way, but you are in a
position of great power and she is in a position of being marginalized. You've
so many times demonstrated your ability to be the big person -- the mature
person, the right person, the intelligent person. In this case, you stumbled,
and I forgive you for it. But please, make it right. I am not trans, but I am
raising a transgender child. This world terrifies me -- how it brutalizes,
openly discriminates against, and shames trans people. Gay marriage was a
big step, but only one step. You are in a position to take many more steps
before your last day in office. Please invite Jennicet to the White House and
hear her out. Please look into the injustices happening to trans women--
especially trans women of color. Please ask the attorney general to do the
same. Please listen to their voices rather than shaming them. That is all I ask.

艾莉莎・鮑曼小姐
自 whitehouse.gov 遞交
2015 年 6 月 27 日下午 2:33

親愛的歐巴馬總統：

　　我從 18 歲開始就一直投票給民主黨，我投給你三次（包含你與希拉蕊・柯林頓黨內初選那次）。在你的任期內，我一直都很支持你、為你加油、為你喝采。但當你上週對詹妮斯・古鐵雷斯[1]說出「妳真可恥」時，我覺得心寒又失望。你本身就是公民權進展的模範。我一直以為你能理解被邊緣化和受人歧視的弱勢族群所處的困境。但在那一刻，我發覺我錯了。你似乎並不懂。詹妮斯並不是在刁難你。她只不過希望引起你的注意——她希望你留意一項重要議題，這項議題對一群極度不受重視的人有很大的影響。我知道她的表達方式可能很魯莽，但你是擁有極大權力的人，而她是個被邊緣化的人。你曾無數次展現出你量大不計較的能力——你的成熟、正確與才智。這次你犯了錯，我原諒你。但請你糾正這項錯誤。我不是跨性別者，但我的孩子是。這個世界讓我擔心害怕——這個世界對跨性別者極為殘酷，民眾會公開歧視、羞辱跨性別者。同志婚姻是一大步，但只是一步而已。身在總統這個職位，你可以在卸任之前再往前走更多步。請邀請詹妮斯到白宮，聽聽她要說的話。請你深究跨性別女性所遇到的不公不義——尤其是有色人種的跨性別女性。請你要求司法部長也同樣這麼做。請傾聽她們的聲音，而非羞辱她們。這是我唯一所求。

1　Jennicet Gutiérrez 是跨性別運動者，主張歐巴馬的移民政策沒有考慮 LGBTQ 移民。

THE WHITE HOUSE
WASHINGTON

Alisa —

Thanks for the letter, and the support.

I've got to disagree with you on my handling of the heckler awhile back. This wasn't a public event; she had been invited. We fully support the trans community agenda, which is why they were so well represented at the event. Rather then start shouting, all she needed to do was talk to the numerous White House staff who were there and already working with the LGBT community on a wide range of issues.

So... there's a need sometimes to shout to be heard. I'm an old community organizer, and have organized disruptive actions myself.

That wasn't the time.

But I really appreciate your thoughtfulness and compassion.

THE WHITE HOUSE
WASHINGTON

艾莉莎：

感謝妳的來信與支持。

妳言及不久前我處理激烈抗議份子的方式，我必須說我與妳意見相左。那場活動並非公眾活動；她是受邀出席的一份子。我們非常支持跨性別社群的議程，這也是他們在此活動備受尊重的原因。與其大聲喊叫，她其實只要找白宮的工作人員談話就可以達到目的了，現場有許多工作人員已與LGBT社群一起處理過各式各樣的議題。

所以說……有時我們的確需要大喊才能被聽見。我以前是社區組織工作者，也曾親自發起過擾亂性的行動。

當時並不是適合的時機。

但我真的非常感謝妳的深思熟慮與熱忱。

巴拉克·歐巴馬

114 sample/ TY Prayers

1 -.. 7/9/15
#1

Back from the OVAL
7/10/15

Reply

President Barak Obama
The White House
1600 Pennsylvania Avenue NW
Washington, DC 20500

Dear Mr. President:

I am writing to tell you how my heart went out to you the other day when you announced that you have to make too many announcements about violent episodes in this country. At that moment, I felt a deep kinship with you, albeit a rather sad one. You see I am the pastor of a small church in Newbern, Virginia. Each time one of these horrors occurs I know that on Sunday morning my little flock will be expecting their pastor to have something meaningful to say to them – something that will help them make some semblance of sense out of it all and offer them some comfort and hope. Frankly, Mr. President, I have grown bone weary at this repeated responsibility and I have only twenty souls in my care. Your congregation is so much larger.

I hope it is helpful to you to know there is a pastor in southwestern Virginia who understands something of what you are going through and is keeping you in her prayers.

Shalom, Mr. President,

Rev. Christine G. Reisman,
Newbern Christian Church

Christiansburg, VA

巴拉克·歐巴馬總統
白宮
西北賓夕法尼亞大道 1600 號
20500 華盛頓，哥倫比亞特區

回覆

親愛的總統先生：

　　我寫這封信是為了告訴你，那天你說你已經對我國的暴力事件發表過太多次演說了，讓我深有同感。當下我覺得自己與你有了親如家人的深刻連結，不過是令人難過的那種。我是維吉尼亞州紐伯恩一間小教堂裡的牧師。每次只要發生了這種恐怖的事件，我就知道，我的一小群信眾將會在星期天期待他們的牧師對他們說一些有意義的話——一些看似能幫他們了解一切、給予他們安慰和希望的話語。總統先生，老實說我已經對於這種周而復始的責任筋疲力竭了，而我要照顧的還只是 20 個人的靈魂而已。你要照顧的人比我還要多得多。

　　我只是想讓你知道，在維吉尼亞州西南部有一位牧師能理解你的部分感受，並且會持續替你禱告。希望這能對你有所幫助。

祝你平安，總統先生。

克莉斯汀·G·萊斯曼 牧師

紐伯恩基督教會
維吉尼亞州，克里斯琴堡

DF
Sample

July 1, 2015

President Barack Obama
The White House
1600 Pennsylvania Avenue NW
Washington, DC 20500

Dear Mr. President,

As we approach Independence Day, and after I heard you sing Amazing Grace at my fellow Pastor's funeral, I wanted to share with you my story.

I grew up in a white, military, Christian, right wing family. I have always towed the republican line. I have never voted for a democrat in my life. I worked against your election and reelection, not that the republican candidates were so great, I just knew that democrats were "bad for America". But inside I was facing a struggle, a struggle I'd been dealing with since I was 6 years old.

I grew up, married a wonderful woman, helped create two awesome kids and have lived my life as a conservative Baptist minister. In December, my struggle nearly brought me to the point of ending my life and on December 7, 2014, I finally admitted to myself that I was gay AND that God made me that way. I shared this with my wife and it has been rough these 6 months. I am also looking for another job as this information would be grounds for dismissal in my church if it were discovered.

I write all this to tell you, thank you for being my President. After December 7th my outward perspective reflected the man within and your presidency changed in my eyes. You have done a remarkable job in spite of incredible opposition. From health care, immigration, marriage equality to normalization of relations with Cuba, your presidency will go down as historic. You have brought social justice to so many.

I see our flag in a new light now. To me it always stood for American power in the world, but today for me it stands for liberty and equality for everyone, no more second class citizens.

Thank you for being the first President of ALL the people. I am so proud of you, Mr. President. You have been so good for America and in fulfilling the vision for a truly free republic for everyone.

From the depths of my heart, thank you, Sir.

Cordially,

2015 年 7 月 1 日

巴拉克‧歐巴馬總統
白宮
西北賓夕法尼亞大道 1600 號
20500 華盛頓，哥倫比亞特區

親愛的總統先生：

由於國慶日快要到了，再加上我在一位牧師同事的喪禮上，聽見你唱了〈奇異恩典〉，因此我想要與你分享我的故事。

我在一個信奉基督教的白人右翼軍人家庭中長大。一直以來，我支持的都是共和黨。我這輩子從沒有投給民主黨過。在你兩次參選期間我都努力想讓你無法當選，並不是因為共和黨候選人有多好，而是因為我就是知道民主黨「對美國有害」。但我心中其實一直在掙扎，這種掙扎從我六歲開始就一直存在。

我長大之後，娶了一位很棒的妻子，一起生了兩個傑出的孩子，過著一種保守的浸信會牧師般的生活。在去年 12 月，我內心的掙扎達到了最高點，幾乎讓我想結束自己的生命。2014 年 12 月 7 號，我終於向自己承認，我是同性戀，**還有**，這一切都是上帝的旨意。我告訴我妻子這件事，之後的六個月我們過得很艱難。我現在正在找新的工作，因為要是這件事被發現了，教會會因此將我解職。

我寫下這些話是想對你說，謝謝你成為了我的總統。在 12 月 7 日之後，內在的我影響了我對外界的看法，也改變了我對你當總統的看法。儘管你面對極大的反對聲浪，但你依舊完成了非常偉大的事業。從健保、移民、婚姻平權到古巴關係正常化，你在任期間做的事將會在歷史上留名。你為無數人帶來社會正義。

如今我開始用嶄新的觀點看待國旗。我以前一直覺得國旗代表的是美國在這個世界中的權力，但現在對我來說，國旗代表的是人人都能獲得自由與平等，再也沒有次等公民。

感謝你成為我們**所有人**的總統。總統先生，我以你為榮。美國因為你而獲益良多，你為所有人實現了真正自由的共和國願景。

先生，我發自內心的感謝你。

誠摯的

REINVENTING
ReEntry

Sue Ellen Allen, Founder

Scottsdale, AZ

May 11, 2015

President Barack Obama
The White House
1600 Pennsylvania Ave
NW Washington, DC 20500

Dear President Obama:

You get a lot of mail. I hope this reaches your file, particularly in the light of the deep-seated rage that is exploding in our country. I'm sad, I'm privileged, and I care.

10 reasons why I'm privileged
1. White
2. College educated
3. Mother & Father who believed in me.
4. Taught in very underprivileged schools.
5. Worked in corporate America.
6. Served time in prison late in life with advanced breast cancer. Found my life purpose there.
7. Upon release six years ago, co-founded a 501(c)3 organization to bring educational programs into women's prison. Our success rate is an unprecedented 6%.
8. After AHA moment, founded a new nonprofit with a mission to educate and reshape society's perception of former inmates because Nothing will change unless the perception changes.
9. Am a Tigger in an Eyore world. I never give up.
10. Am aware that I'm privileged.

3 reasons why I'm not privileged
1. I'm old. Definitely a woman of a certain age.
2. I'm poor. I don't look or feel poor but legally I live below the official poverty line.
3. I'm a felon. I will have a prison number **forever**.

You know the recidivism rate. Imagine if Mayo Clinic or Apple with their budgets had a business plan with a 60% failure rate (through death or product returns). That business plan would be unacceptable. So why is our prison business plan with a 60% failure rate acceptable in our country?

School failures; dropout rates; marginalized, disenfranchised. Add to that the complete distrust of our police force. We have a problem. **Remember, I'm privileged.** I was taught to believe the police were my friends, lawyers never lied, and judges were fair and honest. **I was wrong.**

Mission: To educate and reshape our society's perception of former inmates so they may successfully reintegrate and be given a fair chance for employment, housing, education and entrepreneurial opportunities.

If you had told me what I would see and experience in prison, I would have said, "Not in our country. We don't treat people that way." **I was wrong**. Seven years in prison for securities fraud gave me my life purpose. The treatment inside is draconian; the preparation for re-entry is laughable.

Now that I'm out and have created two useful organizations, the judgement and treatment continue in myriad humiliating ways (like a decent place to live for starters). **Remember, I'm privileged.** How much harder is it for a poor Black or Latino man or woman?

How about a task force? Not one full of law enforcement, prison officials and academics. Consider former inmates who have from 5 to 30 years experience inside, mothers willing to chase their sons down the street during a riot, people sent down because they are mentally ill, women and men who are making a difference because of and despite their records. Real prison experts at the table. There are many of us who would be honored to serve. Then add some of the "officials."

The primary reason for this letter is to once again encourage you to visit a prison, not a sanitized Presidential visit (OK, that might not be possible), but a real one, talking to inmates and seeing their cells, eating real prison food. This would be a powerful message to the 2.3 million incarcerated Americans. Most attorneys and judges have never been inside a prison except in the sanitized visitation room. No president has ever visited. You have no idea of the horror inside.

President Obama, you are my president. I admire your approach, your intellectual style, your dignity and your sense of humor. Believe it or not, I've only been disappointed about your approach to racism. I think you should be tougher. The conservatives won't like it, but they don't like anything you do so why worry? The progressives would love it and there are a lot of us just waiting for this part of your leadership. This task force of former felons would be a great start, especially if someone listens. Currently, we are invisible and voiceless. Please see us and be our voice.

Sincerely,

Sue Ellen Allen
Founder

PS: I know your staff seems to chose letters for your folder that are handwritten but I wrote with a golf pencil for a long time and swore I'd never do that again.

亞利桑那州，斯科茨代爾
蘇‧愛倫‧艾倫，創辦人

2015 年 5 月 11 日

巴拉克‧歐巴馬總統
白宮
西北賓夕法尼亞大道 1600 號
20500 華盛頓，哥倫比亞特區

親愛的歐巴馬總統：

你收到的信件很多。我很希望這封信能送到你手上，尤其在這根深柢固的怒火正不斷在國內劇烈爆發之時。我很難過，我很幸運，而且我在乎。

我很幸運的十個原因

1. 我是白人
2. 我受過大學教育
3. 父母親都對我有信心。
4. 在非常貧困的學校教過書。
5. 在美國企業中工作過。
6. 在後半生以末期乳癌之軀鋃鐺入獄。在那裡找到生命的意義。
7. 在六年前獲釋之際，與其他人共同創立 501(c)3 組織 [2]，推行女子監獄教育計畫。我們的成功率是前所未有的 6%。
8. 在驟然大悟之後，成立了另一個新的非營利組織，目標為教育與重塑社會對於更生人的觀點，因為除非社會觀點改變，否則我們無法改變**任何事**。
9. 在這個充滿陰鬱**乞耳（屹耳）[3]** 的世界裡，我是隻陽光的**跳跳虎**。我永不放棄。
10. 我知道自己很幸運。

2　適用 501(c)(3) 免稅條款，為教育、慈善等公共利益而建立並運作的組織。
3　原信 Eyore 應為 Eeyore 筆誤。Eeyore 是小熊維尼故事中名叫「屹耳」的驢子，個性憂鬱悲觀；Tigger 則是故事中個性活潑的「跳跳虎」。

我不幸運的三個原因

1. 我老了。絕對是有一定年紀的女人。

2. 我是窮人。雖然我看起來不窮，我也不覺得自己窮，但從法律上來說我的生活狀況在官方定義的貧窮線以下。

3. 我是有前科的人。監獄編碼將**永遠**跟著我。

你很清楚再犯率是多少。想像看看，若梅約診所[4]或蘋果公司把預算花在一項失敗率（病人死亡或產品回收）為六成的商業計畫上，會是怎樣的光景。沒有人能接受那樣的商業計畫。那麼為什麼我國能接受失敗率高達六成的監獄計畫呢？

學業失敗、輟學率、邊緣化、失去聲音[5]，另外還要加上我們對警力的全然不信任。我們有個問題。**請記得，我是幸運的。**我所受的教育要我相信警察是我的朋友、律師永不撒謊、法官總是公平誠實。**過去的我錯了。**

若你在我坐牢前告訴我會在監獄內看到什麼、經歷什麼，我絕對會告訴你：「我們國家不可能發生這種事。我們不會這樣對待人民。」**過去的我錯了**。我因證券詐欺罪入獄七年，這段經歷使我找到人生目標。獄中對待囚犯的方式極為嚴苛，重返社會的準備更是個笑話。

如今我已經出獄，並創立了兩個對社會有益的機構，但社會依舊用各種非常羞辱人的方式來評判我、對待我（比方說找個棲身之處）。**請記得，我是幸運的。**對於更貧困的黑人或拉丁裔族群來說，事情該會有多困難？

你覺得成立專案小組如何？我說的不是充滿執法人員、獄卒和學者的小組。請考慮曾坐牢 5 ～ 30 年的更生人、願意在暴動中上街追逐孩子的母親、因精神疾病而被判入獄的人，以及就算擁有犯罪紀錄也願意改變，或者說正因為有犯罪紀錄而做出改變的男男女女。這些人才是真正的監獄專家。我們之中有許多人很願意提供幫助。之後再加入一些「官方代表」。

我寫這封信的主要理由，是再次鼓勵你去參觀監獄，我說的不是粉飾太平

4　Mayo Clinic，從原本的醫療機構演變成今日一個全面的醫療保健系統，包括門診、醫院、醫學研究及醫學教育機構，曾榮登美國最佳醫院排行榜。

5　Disenfranchised 原意是被剝奪權利，但現在大多用來形容被邊緣化、沒有聲音的社群。

的總統參訪（好吧，那或許不太可能），而是真正的參觀，和囚犯說話，去看他們的牢房，去吃真正的獄中伙食。這對於被關在獄中的 230 萬名美國人來說會是非常有力的訊息。多數律師及法官只去過粉飾太平的會客室，他們沒有真正進過監獄。從來沒有總統探訪過監獄。你無法理解裡面有多可怕。

　　歐巴馬總統，你是我的總統。我很欣賞你的做法、你的知性風格、你的尊嚴以及你的幽默感。信不信由你，我唯一對你感到失望的，就是你對於種族歧視的作做法。我覺得你應該更強硬一些。保守派不會喜歡這種處事風格，但反正你怎麼做他們都不會高興，所以何必在意呢？進步派絕對會愛極了這種態度，我們這些進步派中有很多人都很期待你這一面的領導風範。成員大多是更生人的專案小組將會是一個很好的開始，若有人願傾聽他們的聲音，那就更棒了。現在沒人看得見我們、沒人聽得見我們。請看見我們，替我們發聲。

誠摯的
蘇‧愛倫‧艾倫
創辦人

附注：我知道你的員工傾向於挑出手寫的信件給你看，但我有很長一段時間一直都用短鉛筆寫字，我發誓我再也不要用鉛筆寫字了。

目標：教育並重塑社會對於出獄人士的觀點，使更生人能成功融入社會、擁有就業、居住、受教育與創業的公平機會。

From: **Yolanda**

Submitted: 10/16/2015 4:08 AM EDT

Email:

Phone:

Address:

Message: Dear Mr. President and First Lady Obama,
This is Yolanda   and it is with a grateful heart that I write this letter to you. I wrote previously a couple of years ago, telling you about my status as a veteran who is disabled and was living out of my car and constantly having nightmares from sexual trauma that occurred while I was in the Navy. You and your cabinet made a national declaration to all states to work on ending homelessness. I let you know about my silent prayer of wanting to be a productive member of society, able to live, pay rent, and contribute. I did not want to die on the side of the road like a piece of trash.

It is with grateful tears that I am able to tell you that today, I signed a lease to Veterans Village   for a 1 bedroom apartment. I am able to pay for it with my OWN money. The application process was rigorous and I was fearful that I would not be able to obtain one as there were 2000 other applicants whom I am sure had more money than me. It was my last hope. I had no other game plan left, I thought my car would be my grave.

Today, I cried tears of joys. I was so proud to be able to give them the money order for rent. It made me feel good that I have a budget and that I am making a productive move. It is all thanks to you, your administration, your staff, and your followers. I am not a number, I am not a piece of dirt that people spit on, I am not forgotten, and I am not unworthy of anything.

God bless you Mr. President and First Lady. I wish I could give you a hug or shake your hand. Something to express these tears of joy that will not stop flowing. I am literally 10 minutes away from my church where I do a lot of volunteer work with the youth and young adults. I am living!!! I am being productive!!!! I NOW have a place to live, a place I can call HOME. How can I express this gratitude that keeps me smiling and my eyes glistening? I Love you and all that work with you!!! Please communicate with them, that I do not take this lightly, I will live up to this graceful gift that has been given to me.THANK YOU!!!! I will make a photobook of my apartment and send it to you so that you can see what all your work as the President and First Lady has done. I will tell all who will listen. I pray God blesses you, your family, your administration, your staff and all whom honor is due.

Sincerely, Yolanda

寄件者：尤蘭達
寄件日期：東部夏令時間 2015 年 10 月 16 日上午 4:08

親愛的歐巴馬總統先生與第一夫人：

　　我是尤蘭達〔隱藏姓氏〕，我滿懷感激地寫下了這封信。我在好幾年前寫過一封信告訴你我的狀況，我是一名身心障礙的退伍軍人，當時住在我的車裡，時常因為在海軍中經歷過的性暴力創傷而做惡夢。你和你的內閣成員向全國發表聲明，要各州開始著手解決遊民的問題。我當時告訴你，我一直在默默祈禱，希望自己能成為有生產力的社會一員，希望我能好好過活、付房租、有所貢獻。我不想要像垃圾一樣死在路邊。

　　如今我得以含著感恩的淚水告訴你，我簽下了租約，在〔隱藏地點〕退伍軍人村租得一間單房公寓。我能夠用我**自己的**錢支付房租。申請程序非常嚴格，我很擔心自己沒辦法從兩千名申請者中脫穎而出，因為我很確定許多人都比我還要有錢。這是我最後的希望了。我沒有其他的辦法了，我那時覺得我大概會死在我的車裡。

　　如今，我留下喜悅的眼淚。我非常自傲我可以用匯票繳房租。我有生活費的預算了，我可以做出有生產力的行動了，這讓我覺得很自豪。這一切都要感謝你、你的行政團隊、你的員工和你的追隨者。我不是一個統計數字，我不是任人唾棄的污垢，我沒有被忘記，我並非不配擁有任何事物。

　　願上帝保佑你們，總統先生和第一夫人。我真希望能給你一個擁抱或者緊握你的手，我希望能用某種方式向你表達我停不下來的喜悅淚水。我的住處距離我去的教堂只有十分鐘的路程而已，我在那邊與許多青少年一起做志工。我活著！！！我有生產力！！！我**現在**有地方住了，一個可以稱為**家**的地方。我無法停止微笑，眼睛閃閃發光，我要怎麼樣才能表達我的感激之情呢？我愛你以及所有與你一起工作的人！！！請讓他們知道，我不會小看這件事，我不會辜負這份令我無比感恩的禮物。**謝謝你們**！！！！我會把公寓的照片做成一本相簿寄給你們，藉此讓你們了解你們身為總統與第一夫人所做出的成就。我會把這件事告訴所有願意聆聽的人。願上帝保佑你、你的家人、你的行政團隊、你的工作人員，以及所有應受榮光之人。

誠摯的
尤蘭達

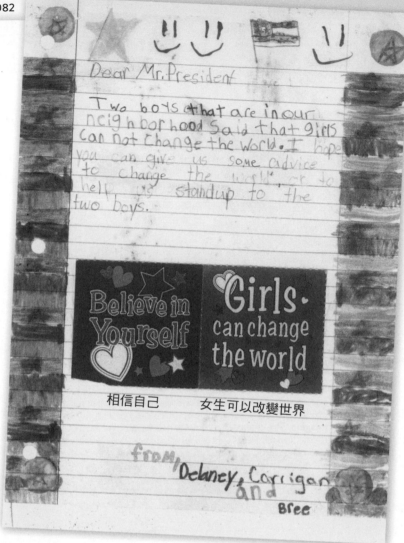

Dear Mr. President

Two boys that are in our neighborhood said that girls can not change the world. I hope you can give us some advice to change the world, or to help us standup to the two boys.

Believe in Yourself

Girls can change the world

相信自己　　女生可以改變世界

from Delaney, Carrigan and Bree

親愛的總統先生：

　　住我們附近的兩個男生說，女生不能改變世界。我希望你可以給我們一些建議，讓我們改變世界，或者幫助我們對抗那兩個男生。

來自 德萊妮、卡莉根與布莉

THE WHITE HOUSE
WASHINGTON

December 8, 2015

Dear Delaney:

Thanks for writing to me with your friends to let me know what was going on in your neighborhood. Don't listen to those boys—girls can change the world, and your letter gave me the sense that you are a strong group of young ladies who will always speak up when things don't seem right.

In the years ahead, remember nothing is beyond your reach as long as you set your sights high and stay involved in issues that matter to you. Know that our Nation is one where everyone can pursue their dreams and that with hard work, you can accomplish anything you can imagine. I'm confident all three of you have bright futures ahead—and if any boys tell you otherwise, let them know their President said they better start recognizing that girls change the world every day.

Your friend,

THE WHITE HOUSE

WASHINGTON

2015 年 12 月 8 日

親愛的德萊妮：

　　謝謝妳與朋友一起寫信給我，讓我知道妳們家附近發生的事情。不要聽那些男生的話——女生可以改變世界，妳們的信讓我覺得，妳們一定是一群堅強的年輕小姐，妳們總會在事情看似不對時挺身而出。

　　請妳們在未來數年間都要記得，只要妳們看得夠遠、並持續參與妳們在乎的議題，那麼世上就沒有什麼是妳們做不到的。我希望妳們知道，在我們的國家，每個人都可以追逐他們的夢想，只要努力就能完成任何你想像得到的事業。我相信妳們三人前途無量——若有任何男生提出相反意見，告訴他們，說他們的總統希望他們能盡早認清事實：女生每天都在改變這個世界。

　　　　　　　妳的朋友

　　　　　　　巴拉克・歐巴馬

From: **Mary Susan Sanders**
Submitted: 6/27/2015 12:02 PM EDT
Email:
Phone:
Address: Kansas City, Missouri

Reply personally — and copy.

Message: Mr. President, I was deeply touched by your Eulogy in Charleston. After wiping the tears from my face, I got my paint brush and paint and went to the lawn jockey on my deck. It represented my heritage: a white, privileged woman from Nashville, Tennessee. I had great uncles who fought for the Confederacy during the Civil War. Now I live in Kansas City. I always told myself this black lawn jockey, like the Conferate flag, was a relic of history. But your words : "that Confederate flag represents more than one history", finally resonated. I began to cry. With all the pain in that Church, with all those families grieving, I made a decision. I went to that lawn jockey and painted him Caucasian. I never want to be the cause, directly or indirectly, to anyone's suffering. Thank you, Mr. President. I believe you are one of the Greatest Presidents our USA has ever had.
Because I'm also gay, I now feel I am a bonafide American.
Respectfully submitted,
Mary Susan Sanders

寄件者：瑪莉・蘇珊・山德斯
寄件時間：東部夏令時間 2015 年 6 月 27 日 下午 12:02
地址：密蘇里州堪薩斯市

私人回覆 並複印

　　總統先生，你在查爾斯頓發表的悼詞令我深受感動。在擦掉臉上的淚水後，我拿起畫筆與顏料走到我放在露臺上的草坪騎師小雕像[6]。這個雕像代表了我所承襲的遺產：一個來自田納西州納許維爾、享有特權的白種女性。我的伯祖父在南北戰爭時期替邦聯[7]打仗。如今我住在堪薩斯市。我一直告訴自己，這個黑人草坪騎師就像邦聯的旗子一樣，是一種歷史遺物。但你說的話終於引起了我的共鳴，你說：「邦聯的旗子代表的，是不止一種的歷史觀。」我哭了起來。那座教堂中的所有痛苦，以及那些家庭的悲慟使我做出了決定。我走到草坪騎師小雕像前，把它塗成白種人。無論是直接還是間接，我都希望自己永遠不會是他人痛苦的來源。謝謝你，總統先生。我相信你是美國有史以來最偉大的總統之一。

　　另外因為我是名同志，如今我覺得自己才是一個真正的美國人。

滿懷敬意的
瑪莉・蘇珊・山德斯

6　美國南方家庭前院常見置放一尊矮小黑人雕像，穿著像騎師，伸出一隻手握著金屬圈，狀似要拴住馬的韁繩。這是代表奴隸制度與服從的意思，具有冒犯之意。

7　邦聯（Confederacy）又稱美利堅聯盟國（the Confederate States of America），是 1861 至 1865 年美國南方 11 個贊成蓄奴的州從美利堅合眾國分裂的政權，經內戰（南北戰爭）而結束。

THE WHITE HOUSE

WASHINGTON

Mary Susan —
Thanks for your letter. It's good hearted people like you that always make me optimistic about this country.

瑪莉・蘇珊：

　　感謝妳的來信。像妳這樣的善心人，正是讓我對這個國家的未來感到無比樂觀的原因。

巴拉克・歐巴馬

GPCL

Gretchen Elhassani

Wilmington, Delaware

5/1/2015

Dear Sir:

So many things happening in the world, and I feel selfish encased in my own skin, in my own dreams and aspirations. This isn't a political letter. It isn't a fan letter. It's just a letter, maybe a diary, something that I didn't want to put on the internet, and I didn't want to say to anyone I know. Maybe I choose you because I know you'll never read this, but I can put a stamp on it and drop it in the mailbox, and relieve myself of the burden of carrying these feelings around inside.

I am a writer. Not a successful writer, a struggling writer. See there, that was a sentence fragment.

I wrote a screenplay and entered it into a contest and I did not win. So I am sad. That's it. Thank you for reading.

Gretchen Elhassani

Registered Democrat
Non profit secretary
Mother

葛雷琴・奧哈撒尼
德拉瓦州，威明頓
2015 年 5 月 1 日

親愛的先生：

　　這個世界上發生的事那麼多，而我包裹在自己的膚色、夢想及志向裡，讓我覺得自己很自私。這不是一封有關政治的信。這也不是一封來自粉絲的信。這就只是一封信，又或者是一篇日記，我不想把這件事放上網路或告訴任何我認識的人。或許我選擇告訴你，是因為我知道你永遠也不會讀到這封信，但我可以在這封信上貼上郵票、把它丟進郵筒，卸下心中縈繞不去的感覺所帶來的負荷。

　　我是一名作家，不是成功的作家，是個還在掙扎努力的作家。你看，我馬上就犯了句型不完整的文法錯誤。

　　我寫了一個劇本參加比賽，但我沒獲選。我很難過。就這樣。感謝你撥冗閱讀。

葛雷琴・奧哈撒尼
已登記民主黨支持者
非營利組織祕書
母親

THE WHITE HOUSE

WASHINGTON

July 10, 2015

Ms. Gretchen Elhassani
Wilmington, Delaware

Dear Gretchen:

    I am glad you trusted me with your letter, and I want you to know it was read.

    I write a lot, too, and it seems we both know the challenges and disappointments it can bring. You shouldn't be afraid of those, though, and you don't have to worry about whether or not what you write will be considered good. I hope you'll keep working at your writing and reaching for your goals—that's the resolve that pushes America forward.

    I appreciate the courage it took to send your note. Don't give up—have faith in yourself and hold on to the dreams that have brought you this far.

Sincerely,

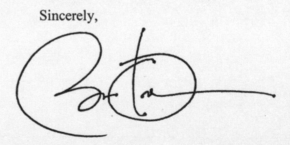

THE WHITE HOUSE

WASHINGTON

2015 年 7 月 10 日

葛雷琴・奧哈撒尼女士
德拉瓦州，威明頓

親愛的葛雷琴：

　　很高興妳因為信任我而寄信給我，我希望妳知道，我已讀了那封信。

　　我也和妳一樣寫很多東西，我想我們都了解寫作能帶來的挑戰與失望。不過，妳不該為此害怕，也不要擔心別人對妳作品的看法是好是壞。我希望妳能繼續努力寫作，往目標前進——這種決心是使美國繼續前進的力量。

　　我感謝妳在寄出這封信時所需的勇氣。不要放棄——請妳相信自己，繼續堅持已經帶妳走了這麼遠的夢想。

　　　　　　　　誠摯的

　　　　　　　　巴拉克・歐巴馬

Adam Apo

Chicago, IL

Mr. President,

As the year nears its close, I realize my list of chores would not be complete without first offering you my humblest gratitude for the great honor and cherished experience you gave to me a few months ago. I am a gay teacher and librarian in a Catholic high school in Chicago; and in early September, I wrote you the first letter I had ever written to a President. I asked that as you meet the Holy Father, Pope Francis, in September, that you keep in mind my fellow gay brothers and sisters and the legal, cultural, and moral equality we continue to fight for in our daily lives. I wrote about hardships and discrimination I have faced as a gay man and as a teacher in a Chicago Catholic high school.

A few days after I sent this letter, I received a call from Max Sgro in your Office of Presidential Correspondence; and I was honored to hear that you had read my letter and that I was invited to the South Lawn for Pope Francis' arrival ceremony. I cried during the call. The privilege of such an occasion was unmatched in my life. And despite many travel complications, Max worked diligently to see to my arrival. He even went so far as to meet me outside the White House perimeter in the early morning hours of the event to hand me my ticket personally. His hospitality was remarkable, and the experience of a member of the federal government working directly for me during those moments humbled me and breathed new air into my love for my country. Furthermore, that night he led me in a tour of the West Wing. In one of the hallways I saw a photograph of the North Portico illuminated in rainbow colors following the *Obergefell v. Hodges* decision. This was an emotional moment I will cherish forever. As a boy in Hawaii, I never thought I'd have the strength to embrace my identity, yet there I stood, personally invited to the White House, having walked the halls of the administration that fought to secure my legal right to marry. I was filled with overwhelming pride for my President, my country, and myself.

Unfortunately, I was asked by my school to withhold the news of my letter entirely. This terrific example of how an ordinary citizen, by the written word, can excel his cause to the highest office in the land, and earn the momentary ear of the President of the United States—will never reach the students who need to hear it. It was snuffed because I am gay, and because it was presumed that people in my community are not yet ready to accept that one of their teachers is gay. And while I've successfully kept my name off the growing list of gay teachers fired from schools, it does not come without pain. It makes me weary, but I have hope. And I remember the surprise and gratitude I felt when standing in the West Wing and I saw that photograph proudly hung.

Thank you, Mr. President, for all that you do, all that you've done, and all that you will do to change our history and arc it toward a greater equality for all.

With highest regards,

Adam Apo

PS: I can't wait to see your Presidential Library in Chicago! Looking for a librarian?

亞當‧艾波
伊利諾州，芝加哥市

總統先生：

　　隨著年度接近尾聲，我的待辦清單中還有一項尚未完成：我要謙卑地向你表達感激之情，謝謝你在數個月前讓我有了一次非常榮耀且值得珍惜的體驗。我是一名同志，也是芝加哥一間天主教高中的老師兼圖書館員；在 9 月初，我寫了這輩子第一封給總統的信。我請你在 9 月會見教宗方濟各的同時，不要忘了同性戀的兄弟姊妹，也別忘了我們在日常生活中仍在不斷努力爭取法律、文化及道德上的平等。我在信中寫下身為同性戀男性以及芝加哥天主教高中老師，所遇到的難處及歧視。

　　在我寄信的數天後，我接到了總統答信辦公室的麥克思‧斯葛打來的電話；我很榮幸聽說你讀了我的信，並邀請我到白宮南草坪參加方濟各的歡迎典禮。我在接到電話時哭了。躬逢這場盛事，對我來說是前所未有的殊榮。在經歷一番旅途上的周折後，麥克思還特別費心地確保我的到來，甚至在典禮當天一大早，在白宮外圍親手把入場券交到我手上。他的殷勤款待令我印象深刻，受到聯邦政府的員工親自接待讓我感到慚愧，也使我對國家的愛又更深了一些。此外，那天晚上他帶我參觀了白宮西廂。我在其中一個走廊上看到一張照片，是「奧貝格費爾訴霍奇斯案」[8] 勝訴後白宮北門廊裝飾成彩虹色的照片。這一刻令我百感交集，我將永遠珍惜這段記憶。我在夏威夷長大，從來沒想過我會有勇氣接納自己，但當時我就站在那裡，受邀來到白宮，行經大廳，心裡知道這是曾捍衛我們合法結婚權利的政府。我對我的總統、我的國家與我自己感到無比驕傲。

　　不幸的是，我的學校要求我對於那封信的消息隱而不宣。這件事清楚展現了一名平凡的公民可以靠著寫信將自己的問題傳達到我國最高官署，得到美國

8　Obergefell v. Hodges，576 U.S.。美國聯邦最高法院針對同性婚姻做出的判例，判決內容稱同性婚姻權利受憲法保障，全美各州不得禁止。

總統的片刻聆聽，但我卻永遠無法將這件事告訴該知道的學子。我無法發聲，因為我是同志，因為他們認為我身處的社區還沒有準備好接受一名老師是同志的事實。身為同志而被解聘的老師日漸增多，我雖然成功保住了教職，但也因此感到痛苦。我感到疲倦，但我還是懷抱希望。我一直記得當時在西廂看見那張高掛的照片帶給我的驚喜及感激之情。

　　總統先生，謝謝你現在正在做的、過去做過的以及未來將要做的一切，你改變了我們的歷史，讓我們走向對所有人來說更平等的未來。

致上最崇高的敬意

亞當·艾波

附注：我等不及要看你在芝加哥設立的總統圖書館了！要招募圖書館員嗎？

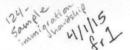

124- Sample immigration hardship
4/1/15 fr 1

March 14, 2015

Dear President Obama,

The year was 2000, we had a small apple orchard in Eastern WA, a bright eyed 4 year old came into my house. Her family was picking apples outside and I was going to read to her in my house. She looked around and asked "what do you do with all these rooms." I told her just my husband and I lived here, but my daughter would come visit and she could have a room. I fell in love with that little 4 year old and have followed her life since that day. Attending her Cincenera and high school graduation and other milestones in her life.

Yesterday she called me sobbing that her dad had been taken away. His crime, he was trying to work. Now please understand I have known this family of 4 plus their extended family since 2000. All I can tell you about them is they came to work from Mexico. Her father said, I came to make a better life for my children. Some have graduated from colleges and hold respectable jobs. Her father's immigration papers have been a problem. Her mom has always worked and just excitedly told me her "papers" will be finalized by July.

I am aware you have worked so hard with congress to get a bill passed to assist persons living in our country without proper papers, but this has been difficult for congress to complete.

I feel such sadness, like I have lost one of my sons, but the grief this family, mom, sister, brother are feeling is immeasurable. I ask that you could please do anything in your power to assist the people of our country who are here undocumented who are just looking to make a better life and work become legal citizens.

Most sincerely,

Sheryl L Cousineau
Sheryl Cousineau

Kennewick, WA

2015 年 3 月 14 日

親愛的歐巴馬總統：

　　2000 年的時候，我們在華盛頓州東部有一座小小的蘋果園，那時一個雙眼閃亮的四歲小女孩來到了我家。她的家人在外面摘蘋果，我打算在屋裡唸故事給她聽。她看了看我家，問道：「妳有這麼多房間要做什麼啊？」我告訴她只有我先生和我住在這裡，但我女兒有時會來拜訪我們，她會睡在其中一間房間。我愛上了這個四歲的小女孩，從那天開始看著她長大，參與了她的成年禮、高中畢業典禮以及她生命中其他的里程碑。

　　昨天她打給我，哭著說她爸爸被帶走了。他犯的罪是想要工作。請你理解，我從 2000 年就認識他們家四口以及他們的其他親戚了。我只能跟你說，他們是從墨西哥來到美國工作的。她的父親說：我來這裡是想要讓孩子的生活更好。這些孩子有的已經大學畢業，找到了體面的工作。她父親的移民文件一直都是個問題。她媽媽一直都在工作，最近才很激動地告訴我她的「文件」會在七月完成。

　　我知道你一直很努力地與國會合作，想要藉由通過新法案來協助住在我國但卻沒有正式文件的人，但國會一直很難完成這項任務。

　　我覺得非常難過，感覺就像失去了一個兒子一樣，但對於這個家庭的母親、妹妹與哥哥來說，這種悲傷是無法衡量的。請你盡一切力量幫助我國這些沒有正式文件、只是想要過更好生活並成為合法公民的人。

最誠摯的

雪莉・庫辛諾

華盛頓州，肯納威克

THE WHITE HOUSE

WASHINGTON

September 15, 2015

Mrs. Sheryl Cousineau
Kennewick, Washington

Dear Sheryl:

Thank you for taking the time to write me a letter. This country's immigration system has been broken for a very long time, and stories like yours underscore the hardships created by this system. It's clear you care deeply about fixing it.

America is not a nation that kicks out hardworking people who strive to earn a piece of the American dream. We're a nation that finds a way to welcome them and to harness their talents so we can make the future brighter for everybody—that's the legacy we need to leave to the next generation.

Again, thank you for writing. In the months ahead, I will keep your letter in mind as I continue to do everything in my power to ensure America remains a place where all of us have the chance to live up to our fullest potential, and where we celebrate the diverse contributions of immigrants across our great Nation.

Sincerely,

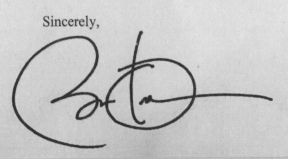

THE WHITE HOUSE

WASHINGTON

2015 年 9 月 15 日

雪莉・庫辛諾女士
華盛頓州，肯納威克

親愛的雪莉：

感謝妳撥冗來信。我國的移民制度已經崩壞很長一段時間了，這樣的體制使許多人陷入了困境，妳所遇到的事正是一例。很明顯地，妳非常關心該體制的整頓。

美國這個國家不會一腳踢開勤奮工作、努力想要實現美國夢的人。美國這個國家會想辦法歡迎他們，運用他們的才能使所有人的未來變得更好——這正是我們該遺留給下一代的精神。

再次感謝妳的來信。未來幾個月，我將會把妳的信牢記於心，繼續盡我所能地確保美國依舊能讓我們每個人都有機會發揮最大的潛能，讓我們能讚美我國各地移民對美國的多元貢獻。

誠摯的

巴拉克・歐巴馬

November /21/2015

President Barack Obama

I am a Syrian girl, I am 17. I want to start by my life in Syria.

Before the War, my life was perfect. I used to make a small party with my friends every Friday. I lived in Idleb, in a small Town is called Taftanaz.

My school was good. I liked my friends and my teachers. I was a little child. That made my life perfect.

When the War started, the Syrian army attacked our town. Its tanks destroyed my school and some of my house. I heard much of the sounds of bombin

Because of that, we crossed into Turkey. We found a house and we rented it. There, a Syrian man established a school for all Syrian children.

It was very nice choice. I met a lot of girls from other cities of Syria. I learnt many things. My little sister suffers from autism, we requested to come here because we could not find choices to go to the Turkesh Collages. Fortunnately, your organization accepted our request and we did come.

America is nice Country, People here respect us.

The school is good. Your curryeculm is easy. I like it. I want to be a dotctor in the future

The helpings you give us are good. My language is not full yet, but I'm learning. I don't have any idea about your universities. I need that in order to forget every thing I saw in Syria. I am thankful, I thank you from my heart because every thing is nice. My teachers at school here are helpful. They are trying to help me as they can. That makes me better. I edored math. I like the American Pizza and pickle. Very nice food. The most important thing is that I'm free and living in peace with my family.

   Best wishes

   Heba Hallak

2015 年 11 月 21 日

巴拉克‧歐巴馬總統：

　　我是一名來自敘利亞的女生，今年 17 歲。我想先從我在敘利亞的生活說起。

　　在開戰前，我的生活很完美。我以前會在每個星期五和朋友一起開個小派對。我住在易德利卜省一個叫做塔夫坦納的小鎮中。

　　我的學校很好。我喜歡我的朋友和我的老師。我是一個小孩子，這讓我的生活很完美。

　　開戰時，敘利亞軍隊攻擊了我住的小鎮。他們的坦克毀了我的學校和我家一部分。我聽到很多轟炸聲。因此，我們穿越邊境進入土耳其。我們找到一間房子，租下來。在那裡，有一位敘利亞人創立了一間學校給敘利亞的孩子讀。那間學校是很棒的選擇，我認識了很多來自敘利亞不同城市的女生，我學到了很多事。我的妹妹有自閉症。因為找不到上土耳共（其）大學的選擇，我們提出來這裡的申請，辛（幸）好你們的組織接受了我們的申請，所以我們來到了這裡。美國是很棒的國家。這裡的人都很尊重我們。學校很好，你們的課程很簡單，我很喜歡。未來我想要當一名醫師。

　　你們給我們的幫助很好。我的英文還沒有學全，但我正在努力學習。我對於你們的大學一點概念也沒有，我需要上大學來幫助我忘記在敘利亞看見的事物。我覺得很感恩，我打從心底謝謝你，因為這裡的一切都很美好。學校的老師都很有幫助。他們盡最大的努力試著幫我。這讓我覺得好多了。我對數學很感興趣。我喜歡美國的披薩和醃黃瓜。食物很棒。最重要的是我能自由、平安地與家人住在這裡。

致上最誠摯的祝福

赫芭‧哈勒克 上

THE WHITE HOUSE

WASHINGTON

May 9, 2016

Heba Hallak
Short Hills, New Jersey

Dear Heba:

Your letter reached my desk, and I wanted to thank you for writing to share your story with me.

I know it must have been difficult to leave your life behind in Syria and make new friends here, but I am glad to hear you are enjoying school—and the pizza—in the United States. Despite all you have been through, I want you to know that America will always be a place where brave young women like you and your sister can come to learn, thrive, and find a sense of belonging.

The optimism and determination of families like yours are what help set our country apart. I trust you'll keep working hard in school and reaching for your dreams—as long as you do, I'm confident there are no limits to what you can achieve.

Sincerely,

THE WHITE HOUSE

WASHINGTON

2016 年 5 月 9 日

赫芭・哈勒克
紐澤西州，肖特山

親愛的赫芭：

　　妳的信抵達到我桌上，我想要謝謝妳寫信與我分享妳的故事。

　　我知道對妳來說，拋下敘利亞的生活並來到這裡交新朋友，一定很不容易，但我很高興聽到妳喜歡美國的學校——還有披薩。無論妳經歷過怎樣的困難，我都希望妳知道，美國會永遠歡迎像妳與妳姊妹這樣勇敢年輕的女性，來這裡學習、成長茁壯，並找到歸屬感。

　　正是因為許多像妳一樣的家庭所把持的樂觀與決心，才使得美國與眾不同。我深信妳將會在學校繼續努力並追逐夢想——我相信只要妳繼續這麼做，妳所創造的成就將不可限量。

誠摯的

巴拉克・歐巴馬

Submitted via www.whitehouse.gov/contact
Case Number:

From: **Mr. Dane Jorgensen**

Submitted: 10/11/2015 12:52 AM EDT

Email:

Phone:

Address: Salt Lake City, Utah

Message: Mr. President, thank you.
In 2008, I couldn't afford to go to college. I tried to get student loans and was rejected. Later, because of actions taken by you, in 2009, I was eligible for and received a Pell grant and a student loan which allowed me to attend college. With federal student aid I could afford to attend college, and in May of 2015, I graduated with my bachelor's degree in Accounting. Before 2009 I had spent two years trying save enough money to attend school but, the cost of attending was always beyond the reach of my savings. Mr. President, I don't know you but; when your actions made it possible for me to pursue a college education; it felt like you knew me. It felt as if you knew how desperately I wanted to be able to afford a college education and YOU, Mr. President, decided I deserved a chance. I now earn a good wage working as an accountant at a property management firm. God bless you Mr. Obama. I will always regard you as my President because; you were the President who believed in me.
Your friend,
Dane Jorgensen

寄件者：丹恩・喬金森先生
寄件時間：東部夏令時間 2015 年 10 月 11 日 凌晨 12:52
電子郵件地址：[隱藏]
電話：[隱藏]
地址：猶他州，鹽湖市

總統先生，謝謝你。

　　2008 年時，我沒錢念大學。當時我試著申請學生貸款，但被拒絕了。之後，由於你採取的行動，讓我在 2009 年有資格申請並獲得佩爾獎助學金，也申請到學生貸款，讓我有錢念大學了。在聯邦助學金的幫助下，我進了大學，2015 年 5 月從會計系學士班畢業。在 2009 年之前，我花了兩年的時間想要存錢念大學，但是我的存款一直無法支付入學所需的費用。總統先生，雖然我不認識你；但當你的行動讓我有可能獲得大學教育；這讓我覺得你好像認識我。這讓我覺得你好像知道我有多渴望能付得起大學教育的費用，而**你**，總統先生，你決定我應該得到一個機會。如今我在一間物業管理公司當會計師，薪水還不錯。願上帝保佑你，歐巴馬先生。我會永遠把你當成我的總統；因為你是位相信我的總統。

你的朋友
丹恩・喬金森

CHAPTER 12

Friends of the Mail

郵件之友

為什麼總統是唯一一個每天讀十封信的人呢？那西廂的其他人呢？歐巴馬的顧問和資深幕僚當然也能從讀信中獲益。「我們都很執著於這個想法，認為政府就該是這樣，」葉娜告訴我。「這就是政府的動力。」後來，OPC 的首要任務成了擴大信件的觸及率。費歐娜和她的團隊將這件事視為他們對寄件者的義務，也是對決策者的義務，若你和他們聊得夠久，他們會告訴你，這也是他們對美國的義務：成為這些信件的揚聲器。打通所有渠道，把音量放到最大。

「基本上，我就是開始廣發給大家看，」費歐娜告訴我。她建立了一個寄信名單，不斷往上面添加名字。幾十封送到總統手上的信，就這麼出現在人們的電子郵箱中。有何不可呢？她不只寄出每日十信，也一併發出其他幾封被標記為樣本卻沒選中的信件。「我們會挑一些我們覺得比較醒目的信寄出去，」她說。一開始，她有點擔心其他人會覺得煩，但後來她愈來愈大膽。「我希望有人能讀這些信；所以我才會廣發出去。但我的意思是，他們並不是**一定**要讀這些信。」

他們讀了。很快就有人開始問費歐娜，為什麼他們**沒有**被列入寄信名單中。「我記得瓦萊麗・賈瑞特（Valerie Jarrett）的助理跑來找我，她說瓦萊麗也想要加入收信名單，」費歐娜說。「我們之所以沒有寄給她，是因為覺得她太資深了。」於是他們把瓦萊麗也列入名單中。OPC 的人慢慢發現，西廂哪些人會特別注意這些信。OPC 的工作人員開始把這些人視為特務、大使，他們把這些人稱為「郵件之友」（Friends of the Mail）。

席艾拉當然也是郵件之友。她告訴我，這些固定收到的信件已經變成西廂資深幕僚早上交談內容的一部分。「我們通常收到的是電子郵件，大家把自己覺得比較特殊的那幾封拿給別人看。幕僚長丹尼斯・麥唐諾（Denis McDonough）常會在資深幕僚會議上把信發給

大家看。他會挑那些他有興趣或是他覺得特別深刻動人的信。每個人對於何謂『好信』都有不同定義。對我來說，一封好信要讓我對某些議題感到困惑，並使我更加了解我們所做的事背後的意涵。」

親愛的總統先生：

我從來沒有對任何一個公眾人物懷有如此複雜的心態。在聽說移民與海關執法局的掃蕩行動後我深深感到失望。但是，你⋯⋯也非常努力地為改變刑事司法制度而戰。在我認識的人之中，許多人因為毒癮而遭受不公的定罪。然而，移民在毒品定罪方面的所承擔的後果⋯⋯在你的治理下依然非常不人道。

⋯⋯我對你感到非常失望。但在你上任之前，從來沒有哪一位總統曾讓我感到如此自豪⋯⋯

麗莎・K・岡本
加州，南帕薩迪納

瓦萊麗・賈瑞特是歐巴馬手下最資深的顧問，她也成為了郵件之友。對她來說，這些信件就像是某種養分。「當你在華府過了糟糕透頂的一天之後，沒有任何事比得上拿起一封人民寫的信來讀，」她告訴我。有時候，她會因為深受一封信的感動，直接拿起電話打給寄件者。「我想要強調一點：華府是非常沒有人味的地方，」她說。「把你對於華府最糟糕的印象再強化十倍，大概就是那麼糟。這裡與世隔絕，**真真正正的**隔絕。這裡的許多事就像灌香腸，人人只等著看結果，都不想知道骯髒的過程和內幕。」她相信，歐巴馬政府一直強調繼續與選民接觸這件事，反映了歐巴馬自己對於這種疏離的反抗。「他不喜歡這種孤立感。他經常提到這點。那種人與

人之間的互動，才是他渴望的。」

　　「我還記得總統給我們的第一要務，就是要確保我們與美國人民固定保持互動，」她說。「在他就職典禮後隔天，他的妻子率先採取行動，她打開了白宮的大門，對美國人民說『請進。這是你的房子。這是人民的房子』。」

　　所以對瓦萊麗來說，拿起電話打給寄件者是一件十分自然而然的事，就像打電話問候鄰居一樣。「我會問他們為什麼會想要寫信，他們大多都會回答說，他們寫信是出於沮喪或絕望或靈感，或者是愛。」

　　愛、沮喪、絕望——這是你在專注灌香腸時無法懂的東西。這些信件是通道。這些信件有情感、情景，與故事。

　　我又接觸了幾位郵件之友，發現有關信件的想法，早在歐巴馬參政初期和競選期間，就已不斷浮現。大衛‧艾克塞羅德（David Axelrod）在歐巴馬兩次總統競選期間擔任數年的資深顧問與首席策略長，他說打從一開始，這些信件就是歐巴馬的生命線。「這些信並不只是那種單純向……你知道的，向基層民眾禮貌性點點頭而已，」他說。「請記得，這個人在四年前——大概四年多前——還只是州參議員。基本上他代表的是芝加哥南邊的一些社區。他習慣在那一區到處走訪，和人民互動。所以四年間他從那樣的經驗變成美國總統，這只會，你懂吧……更明顯感到接觸民眾的機會減少了。

　　「我很驚嘆於他能這麼堅定地落實這件事，」他指的是每日十信這個儀式。「我看過他把東西帶回他住的地方——我的意思是，最後是別人把信送過去的，因為要他把這些都帶著，對電梯是很大的負擔。但他能為這些信空出時間來，始終讓我很驚嘆。」

　　「但我的意思是，你看，你在白宮工作。每一個在這裡工作以及每一個坐在總統辦公室中的人，都在替人民服務。所以我不是想

要提出什麼不公平的比較，也不是在暗示他比其他人還高尚。但對我來說，他與人民之間的常態性溝通是極為出色的。」

在我接觸郵件之友的時候，我發現他們都很高興 OPC 的人認為他們是郵件之友——「喔，這名字取得真貼切！」——而且他們都很樂意主動提供更多我應該知道的郵件之友。其中有較為人知的名字，例如伊利諾州參議員迪克・德賓（Dick Durbin）、白宮新聞發言人羅伯特・吉布斯（Robert Gibbs）、演講撰稿人強・費夫羅（Jon Favreau），同時也有許多我沒聽過的人，名單上的名字愈來愈多——這邊還有兩位、那邊還有六位，而**這些**人手上又還有更多人的名字。這使我開始思考，**西廂裡還有哪一個人**不是**郵件之友嗎？**

或許沒有，盧沛寧（Chris Lu）這麼告訴我。盧沛寧是勞工部副部長與白宮內閣祕書長；在此之前他曾和彼特・勞斯一起在總統交接小組和歐巴馬參議員辦公室並肩作戰。盧沛寧說「沉浸在歐巴馬世界的郵件至上精神中」，就像是獲得某種資格認證一樣。「這對我們來說非常根深柢固，」他說。若你不懂這些信件的重要性，那你是待不久的。在歐巴馬世界中，信件是不可或缺的一部分。

「總統會說，『把這封信寄給維爾薩克部長，我要知道他的回覆』，」他告訴我。「相信我，那些信件馬上就會寄過去。以這個例子來說，是寄到農業部。大家都很清楚這是怎麼回事。那會加快政府機構的回應速度。

「我認為這完全是施政透明的廣義精神，」他說。「整件事的概念在於，人民參政能使政府運作得最好。當然，當你處在三億人口的國家中，這顯然是很難做到的事。不過，人民不只會透過投票表達看法；人民也會用寫信來表達看法。」

盧沛寧和許許多多的其他人都告訴我，歐巴馬會隨身攜帶信件。有時他帶著人民寄來的信紙，有時則帶著故事。他說，這就是歐巴馬思考的方式。這些故事是許多概念的骨架。這些故事有主

角，主角才是**重點**。信件會提供源源不絕的素材。信件是案例寶庫。

　　同樣也是郵件之友的演講撰稿人科迪・基南（Cody Keenan）說，信件是演講的固定素材。「總統會從樓上打電話給我，你懂吧，他會跟我說『讀這封信，這封信棒極了，讓我們把這封信拿來用在什麼地方吧』，」他告訴我。「我還記得有一次我們要和國會辯論是否該擴大失業保險的範圍。我們收到一封來自芝加哥的信，寄件者是一位名叫蜜絲蒂・德馬斯（Misty DeMars）的女士。她是那種很平凡的美國人，她和她先生剛買了一棟房子。由於公司預算刪減，她被遣散了，她寫道『我們就是失業危機的標準面貌』。」那時共和黨大概就是，你也知道的，將之歸類於那些想要鑽漏洞的貪婪少數。總統當時感覺就像『砰！蜜絲蒂・德馬斯。這正是我們需要的一封信』。」科迪以她的故事為底，寫下了 2014 年的國情咨文。

> 蜜絲蒂・德馬斯是兩個年輕男孩的母親。從青少年時期開始，她就一直有穩定的工作。她靠自己上大學。她之前從來沒有領過失業救助。五月時，她和她先生用他們一生的積蓄買了第一個家。一週後，公司的預算刪減，讓她失去了所愛的工作。上個月，當他們得知失業保險被中斷時，她坐下來，寫了一封信給我——那是我每天都會收到的那種信。「我們就是失業危機的標準面貌，」她寫道。「我不靠政府補助生活……我的國家靠著像我們這樣的人，我們自食其力、對社會有所貢獻……關心我們的鄰里……我有信心我遲早會找到工作……我將會繼續繳稅，我會在我們所愛的社區經營我們的家，撫養孩子長大。請讓我們有這個機會。」

　　蜜絲蒂也出席了國情咨文演講，她就坐在蜜雪兒・歐巴馬身邊，適時拍手鼓掌。和選民一起「坐在第一夫人包廂」這個傳統，是從雷根總統開始的。經過多年演變，總統用這個方式來說明特定

的政策問題，或表揚英雄。歐巴馬團隊則讓第一夫人包廂坐滿了從這些信件找來的嘉賓。

　　「如果我們能把他這八年來收到的每封信都彙整成數據的話，」科迪說，「把這些數據全部匯集起來，必定能變成一個非常棒的故事。不管是最後終於獲得承認的愛。或是絕望與恐懼的逆轉。或是未能實現的願望。或是沒能解決的恐懼。或是得到應允的祈禱。我的意思是，若我們有辦法把信件都量化成趨勢，一定會是一個屬於美國的宏大故事。」

　　他說，這些信件有助於形塑歐巴馬從兩屆任期卸任時的態度。「你懂吧，他會在演講結束時說『我對於美國的信念前所未有的強大』，」科迪告訴我，「人們會說『我們國家眼看著就要選出一個煽動者當總統了，你怎麼還能這樣說？』但這是真的。我覺得這與這些信件有關。他看到的是每天都在美國人民身上上演的、未經修飾編輯過的故事——大多數的人看不到這些東西。我們通常瀏覽的都是已經篩選過的推特關注，看我們的福斯新聞頻道（Fox）或微軟全國廣播網（MSNBC）[1]，我們躲在自己的世界觀之中，身邊都是跟我們想法一致的人。我們總是把另一邊想到最糟。但是他讀信。你懂吧？費歐娜很了解要怎麼挑出最具代表性的信件給他。有些信件講的是：『你是個混帳，我等不及要看你全盤皆輸。』不過大多數信件都還算親切，就連在陳述反對意見也是一樣。他要我在今年大會演講中用上其中一封信——寄信的人是保守派，我記得應該是德州人，他的來信內容基本上就是：我在每件事情上都與你意見相左，我幾乎反對你支持的每件事，但我很欣賞你是一位好爸爸。他很愛那封信。」

1　Fox、MSNBC 與 CNN 並列美國三大有線電視台。一般認為 Fox 的立場偏向保守派、共和黨，MSNBC 則偏向自由派、民主黨。

親愛的總統先生：

身為三個女兒的父親，我看到歐巴馬總統與女兒在一起時覺得很感動。從政治上來說，大概很難找到比我還要更反對你的人了，我是支持擁槍的極端自由主義者，但我很感謝你為國服務所做的犧牲，也很感謝你的家庭願意承受壓力。我很高興看到你是一個父親。我剛剛看到你與家人到中央公園出遊的影片，雖然我知道你讀到這封信的機會不大，但我還是寫了這封信給你。就算你將來已不再是總統，你依然要盡父親之職，依照我讀過的各種報導看來，你是一位很棒的父親。若是美國的領導人都能撥出時間與家人一起到公園散步，那麼其他人也應該撥時間陪伴家人，你的舉動有非常大的激勵效果。

願上帝保佑你。
約書亞・拉卡 博士
德州花崗

「一直以來，我都把這些信件看作希望，」柯迪最後補充道，「就算是——不管你的信件內容有多痛苦、多沮喪，坐下來寫信並希望有人能看到這封信本身，就帶著希望。這個國家的機制還是有希望正常運作。就算你坐下來之後寫的是『腦袋裝屎的人，你好』，你還是覺得有人可能會讀到這封信，你懂吧？」

「有一封信是我覺得所有信件中最棒的一封，寄信的人破產、搞砸一切、真的是倒楣到家，他後來得到一份洗碗的工作，他說這是他遇過最棒的事。他把所有功勞都歸於巴拉克・歐巴馬，但我完全不知道我們做了哪件事幫他得到這份洗碗的工作。」

嘿，巴拉克・歐巴馬總統：

我來自維吉尼亞州里奇蒙，我寫信給你是想要告訴你，我的生活狀況正逐漸好轉。幾年前，我沒有工作，我們全家都非常努力填補生計。我當時已瀕臨崩潰，每天都在祈禱我這個年輕人能遇到一些好事。

那天我在家看電視時，電話響了。我很確定那是打來催帳的，但結果打來的是需要洗碗工的一間飯店。我那時快樂極了。長話短說，我得到了工作，至今已在那裡工作兩年了。我之所以能找到工作，都要歸功於歐巴馬政府不眠不休地努力改善經濟狀況。我是見證者，如今我再也不用到當地教堂領食物救濟了，相反的，現在我家每個星期能捐贈三到四個罐頭，讓正在艱難度日的人有食物可以吃。歐巴馬先生，謝謝你！

〔姓名保留〕

為什麼那個人想要寫信給歐巴馬？席艾拉總是卡在這個問題上。「你懂吧，就是回到最初的那個念頭，你要把這個故事講給誰聽？**嗯，我想我要寫信給美國總統**。我的意思是，這能讓我們洞悉民眾是如何看待領導人，其實他們有點把領導人理想化，雖然他們可能會假裝自己並非如此。」

對席艾拉而言，這些信件變成了研究的資源、一個社會學計畫、一門歷史課。「我開始按照時間順序重新閱讀這些信，想要對總統任期得到不一樣的觀點，」她告訴我，「這麼做能使我確立總統職位的公共軌跡，而不是立法或政策日程該怎麼走。這是從外頭往裡看的作法。」

她發現，這些聲音確實為決策者提供了一種情感上的推動。

「單單靠這些信件我們就能看出來，」她說，「舉例來說，即

使推行一項只有單一政黨支持的健保法案會帶來政治風險，我們為什麼還是要堅持下去到完成，甚至不惜在期中選舉時付出沉重的政治代價。我們可以一次又一次、一封又一封信，都看到人民迎著嚴酷的逆風前進，」席艾拉說，「我們唯一能為他們做的事，就是至少創造出健保的基礎，讓他們以後能得到……某些東西。你會覺得，**喔，歐巴馬想要單靠著民主黨的票來通過健保改革法案實在是太天真了。難道他不知道這會讓他輸掉國會嗎？**嗯，若你在讀信時發現每天都有十個人、八個人受健康保險的問題所苦，失業後難以負擔巨額的眼鏡蛇保費[2]——你就會用完全不一樣的觀點看待這件事了。」

　　資深幕僚當然也可以選擇把來自信件收發室的聲音做一個整合。他們當然可以用圖表來表示民意趨勢。「若在歐巴馬收到信之後，由我們負責替他消化這些信件的話，」席艾拉說，「比如說，我們可以在讀信後幫他做一個總結。你可以把所有信件都濃縮成一、兩句話，這麼做一樣可以傳達該信件的主旨，只是去除了信件的結構、聲音與色彩。這樣做當然也可以讓他了解人們擔心的議題，但你不會聽到像鮑比·英格拉姆（詳見第二章）那樣的聲音，那種深度，那種個人的、哀婉的呼喊，那種像是小插曲的故事。你會失去這些東西。」

　　你無法把故事中的人性面塞進簡短的備忘錄中，也無法歸納進長條圖或點圖裡。寄件者的聲音是在背景中持續不斷的合唱、是你腦中揮之不去的流行音樂、是定義一整個文化的歌調。

　　「我想正是因為我們沒有那麼做，」席艾拉說，「我們才能得到不一樣的結果。」

2　COBRA 是《綜合預算調節法》（Consolidated Omnibus Budget Reconciliation Act）的縮寫，俗稱「眼鏡蛇保險」。美國聯邦法律要求為雇主在雇傭終止後一定時期內（一般為 18 至 36 個月）繼續提供被解雇者該類醫療保險，以使其能繼續享用集體醫療保險費率的優惠，直至加入另一醫療保險計畫為止。

CHAPTER 13

Shane Darby,
February 2, 2016
Killen, Alabama

尚恩·達比
2016 年 2 月 2 日
阿拉巴馬州，基倫

尚恩·達比完全不記得自己寫給總統的信是什麼內容，也不記得是何時寫的。若你告訴他那天是 2016 年 2 月 2 日，好吧，他也只能相信你，不過他會對此感到訝異。2 月 2 日是事件發生後的第三天，所以無論他在信中寫了什麼，一定都很可怕。大概，就是，憤怒吧。那是他唯一記得的事。但是為什麼他會寫信給歐巴馬總統呢，他毫無頭緒。如今回想起來，他感到有些尷尬。

請別用這件事打擾史蒂芬妮。這件事毀了她。她再也不會恢復成 2016 年 1 月 30 日之前的那個人了。有鑑於她的遭遇，如今她算是過得很好了。

史蒂芬妮坐在角櫃邊，靜靜聽著。幾乎沒動，就如同她這些日子以來都沒打算挪動一樣。尚恩是個大個子。留著厚厚的山羊鬍，戴細框眼鏡，穿黑色的米老鼠上衣。

他們在葬禮結束後的兩個月買下現在這棟房子。這是分散史蒂芬妮注意力的方法。看房子。裝修房子。就只為了擺脫克莉希的房間，和有關她的所有回憶。克莉希的房門會嘎吱作響。你不會相信的。以前尚恩跟她道過晚安之後，會用無敵緩慢的速度關門，讓門嘎吱嘎吱一直響，直到克莉希抗議：「**爸！**」每天晚上都這樣。在她陷入古怪的青少年情緒時（但她極少如此），如果嘎吱聲一直響，她就會受不了。每一次都這樣。「**爸！**」她有趣極了。沒有什麼事能讓她感到尷尬。想想看，居然有一名青少年比較想和家人吃飯而不是和朋友一起，還有像是，很期待能跟父母一起去度假。這名青少年用她的方式愛她的父母。父親節，她帶他去看超人電影，她身上的衣物全都是超人，連襪子都是。襪子後面還伸出披風來。小小的紅色披風。尚恩簡直不敢相信：「妳不會吧！」

克莉希和史蒂芬妮就像雙胞胎。她們或許真的是雙胞胎。一樣的幽默感。最好的朋友。一天到晚都在傳簡訊。克莉希很**快樂**。坦白說，當時一點預兆也沒有。一點都沒有。當然，接下來你會問：

他真的關心她了嗎？如果他再多關心一點，會不會發現到什麼異常？基本上，所有遭遇到這類苦難的父母都會這麼想。你會因此陷入死胡同中，這輩子再也出不去。

所以。

尚恩會寫信給歐巴馬，真是太瘋狂了。首先，他是共和黨員。但對政治沒什麼興趣。好吧，他曾試著關心政治；比如說 2000 年時他關注過小布希和高爾之間的辯論，但沒多久他就放棄了。華府的人做什麼，對他的生活半點影響都沒有。最好還是就算了吧。所以說，他怎麼會跑去電腦前，寫一封信給美國總統呢——實在沒道理。他平常甚至很少用電腦。都是用 iPad 和 iPhone。

史蒂芬妮想讓狗去睡覺。那是一隻黃金貴賓犬。對啊，挺乖的狗。史蒂芬妮帶狗回牠的籠子，自己又回櫃邊坐著。

史蒂芬妮把整棟房子打掃得纖塵不染。就像座博物館。裡面的一切都停擺不動。該做的尚恩都做了。史蒂芬妮選擇了粉紅色的護牆板。廚房裡一律用了白色的木料。每樣東西都纖塵不染，外面的草坪像地毯一樣平整，他們選擇了不太會長高的灌木，幾乎不需要照顧。

尚恩的工作是經營一間油漆行，史蒂芬妮是郵差。凱西是他們最小的女兒。這整串事件之中，他最想要重來的就是凱西那部分。她那時七歲，坐在後座，就只是待在那裡坐著。史蒂芬妮拿著電話下了車，在停車場中崩潰。而尚恩吐了。凱西就坐在那裡，眼睜睜看著這一切。七歲。

當你的家人過世時，人們會帶食物來給你。尚恩曾認為那非常愚蠢，難道燉牛肉可以提供什麼幫助嗎？事實上還真的可以，而且是很大的幫助。那麼多的關懷泉湧而出。加上他和史蒂芬妮那時已經不再進食，也不再工作了。尚恩幾乎整天都坐在他的房間裡。

軍方不會告訴你任何事。他們提供過一個號碼，說撥這支電

話，對方會告訴你是怎麼回事。但電話那頭根本是個機器人。「目前沒有任何相關資訊。」一樣的句子，一遍又一遍，直到你只剩一個念頭「**難道沒有人能去撞破她的房門嗎？**」

或許他們真的那麼做了，只是他們不能告知外界。或許吧。他們處理這件事的方式……

那個聲音？信不信由你，那是鐘的聲音，就像咕咕鐘一樣，但那不是咕咕鐘。你聽。那是《嘿，朱迪》[1]（Hey Jude）。電池快要沒電了，所以不會整首歌播完。聖誕節的時候他們會把歌換成聖誕音樂。他們會大肆慶祝聖誕節。你可以從這張照片看到，他們全都打扮成聖誕小精靈的樣子。就連克莉希也是。她是個願意打扮成聖誕小精靈的青少年。她很活潑。她那時留著一頭長長的金髮。接著你看到她進了軍隊之後的照片，幾乎認不出那是她。

18 歲的人應該能夠自己做決定了，所以尚恩才沒有跟她一起去募兵說明會。但是**軍人**？克莉希？穿著紮染上衣、不對稱襪子和范斯[2]（Vans）鞋的那個女孩？她總是穿著范斯鞋，就算你在少之又少的某些場合讓她穿上洋裝，她還是會穿著范斯鞋。克莉希想要從軍這件事令人非常意外。尚恩覺得她比較適合的職業是利用社交技巧讓別人開心的那種工作。她在 17 歲的時候曾在薛尼斯速食（Shoney's）工作過。你知道他們會在停車場安排一隻大熊一邊跳舞一邊向人揮手嗎？她就是那隻熊。這其實是滿有趣的一件事，因為她一直都很害怕人扮成的布偶。他們一起去迪士尼樂園的時候，她絕對不會靠近米奇和米妮。

史蒂芬妮在克莉希這個年紀時，曾在海軍陸戰隊待過一小段時間，這或許是克莉希從軍的一部分原因。但就算史蒂芬妮服過役，

1　The Beatles 樂團代表作之一。

2　Vans 是 1966 年創始於美國南加州的街頭潮牌，強調原創精神，致力於推廣各種極限運動、塗鴉、音樂與藝術文化。

其實也沒有很長的時間。她那時弄傷了腳踝，軍方就讓她離開了。而且她也沒有一天到晚跟女兒說：「噢，希望我女兒長大之後能去當兵！」她完全沒做過類似的事。

尚恩只能猜測，大概空軍募軍說明會真的很有說服力吧。克莉希回家之後，非常興奮以後能去德國、巴黎、日本。她很期待軍方將送她到世界各地看看。她一直都很喜歡迪士尼樂園裡的未來世界，就是那個你能從一個國家走到另一個國家的遊樂設施？這大概也是她想要從軍的原因之一。

她的工作崗位是特殊執法人員，也就是憲兵。她在拉克蘭空軍基地（Lackland Air Force Base）的大門工作。她說工作很無趣。尚恩告訴她：「長大成人就是這樣；妳要做很多無聊的事。」他當時正試著灌輸一些價值觀給她。

從基倫開車到拉克蘭要花上 14 個小時。所以她沒辦法開車回家。她每天至少會和史蒂芬妮視訊一次。次數通常比一次還要多得多。有一次，她在視訊的時候讓她媽媽看火，就只是瓦斯爐上的大火。他們當下只想著：「克莉希，快倒一些小蘇打粉在上面啊！」但她只是把 iPad 放在火焰前面，什麼都沒說。或許她覺得這很有趣。她不會煮飯。

所以。

她第一次被勒令 DNA 時，他還不知道那是什麼意思。她休假回家，說那是很常見的事。DNA 代表的是不得攜帶武器（Do Not Arm），代表他們把你的武器拿走大約一個星期，原因是你說的某些話讓他們認為你想要傷害自己或其他人。她把這件事講得好像那是件蠢事，好像軍方的人很荒謬，好像她只是被抓到偷嚼口香糖的小孩，所以尚恩沒有多想。

對了，史蒂芬妮旁邊的那些小雕像都是迪士尼的卡通人物，有迪士尼的所有公主。壁爐架上還有更多個。然後這個燭台上的裝飾

花朵是從葬禮上拿回來的。沒錯,這是你能得到的服務之一,他們會用葬禮上的花幫你裝飾燭台。是啊,尚恩之前也不知道有這樣的服務。

克莉希那時在談戀愛,遠距離戀愛。克莉希是空軍,另一個女孩是陸軍,軍方有一個規定——如果你們結婚了,他們會把你們的工作地點調整得比較近。所以她們結婚了,沒有辦婚禮,從相愛到結婚一切都發生得很快,她們在基地外買了一間公寓。尚恩和史蒂芬妮對這段戀情抱持不同的態度。但,那畢竟是克莉希啊。她本來有可能會愛上一棵樹呢,那也沒關係的。

她第二次被勒令 DNA 的時候,他或許應該多注意一點。但你要知道,尚恩完全不懂軍隊的狀況。要是狀況變嚴重的話,軍方應該會找個人跟她談談,不是嗎?克莉希距離家裡有 14 個小時的車程,她是由軍隊負責管理的。這是一切憤怒的來源。尚恩試著想要壓抑怒火,畢竟你會以為,軍方應該要保護他們的投資。因為對他們來說,她就是一項資產。但是,如果隔天晚上、後天晚上以及大後天晚上你都會得到一大卡車的新兵時,你就不會費心保護你的資產。你不用在乎任何個體。如果你是拉克蘭的指揮官,你會坐在辦公桌後面,看著他們魚貫而入,你知道他們都是可以替代的。

2015 年的聖誕節是克莉希的最後一個聖誕節。她把所有休假都累積到這時候,在聖誕假期回家和他們一起去迪士尼樂園玩。尚恩的父母、史蒂芬妮的父母、表親——總共 18 個人。城堡上的煙火大概是世界上最巨大的東西了。他們吃了魔法早餐,克莉希咬了一大口草莓煎餅,尚恩看向她,「克莉希,妳在哭嗎?」

「就只是太⋯⋯太美好了。」她說。

結束迪士尼樂園的旅程後,她不想要回去軍隊工作。她說她想要離開。只要能離開,她願意接受不榮譽退役。然而尚恩和史蒂芬妮都試著說服她繼續留在軍隊工作,史蒂芬妮對此感到非常內疚。

她是個 19 歲的孩子，你試著讓孩子履行她許下的承諾，為未來做好準備，但尚恩當時就應該直接放棄，把她帶回家的。隨那些人想要怎麼在法庭上判決吧，他原本可以繼續和他的孩子一起生活的，不過是多了一張紙，說她離開軍隊罷了。該死，他還會把那張紙拿去裱框。

在迪士尼樂園之後，過了一個月又四天，他們接到了那通電話。2016 年 1 月 30 日。他、史蒂芬妮和凱西在納什維爾買東西，那裡距離他們家大約兩個小時車程。有很多不錯的商店。可以逛上好一段時間。在逛街時，他們的大女兒科特妮從德州打電話來說：「我沒辦法聯絡上克莉希。我覺得事情不太對勁。」

然後，他們只能得到非常零碎的資訊。基本上他們什麼都不知道。他們還在逛街，然而開始覺得有點擔心。幾個小時之後，他們正開車回家，史蒂芬妮收到了一則臉書訊息：「我很遺憾克莉希遇到這種事。要是我當初能更注意一點就好了。」

什麼事？克莉希出了什麼事？

他們把車停到旁邊的停車場，那是一間購物中心，他們到處打電話。「目前沒有更進一步的消息。」他們打給紅十字。「能不能幫我們問問狀況？」他們不斷打到軍隊那裡。「目前沒有更進一步的消息。」

訪談到這裡時，史蒂芬妮站起身，走出房間。

尚恩最後上了推特。他找到克莉希的推特帳號，找到她伴侶的推特帳號。他發推給她的伴侶。「請打電話給我們。如果妳知道發生了什麼事，請妳打電話給我們，因為沒有人願意告訴我們任何消息。」五分鐘後，她的伴侶打電話來。史蒂芬妮接起電話，尚恩一看她的表情就知道了。史蒂芬妮崩潰了。他再次打給軍方。「目前沒有任何相關資訊。」史蒂芬妮在和克莉希的伴侶說話。她們當時已經分手了，然而是她發現克莉希的。史蒂芬妮崩潰，尚恩則吐了

起來，凱西就坐在車子後座，眼睜睜看著一切發生。

尚恩不記得自己是怎麼開車回家的。他記得空軍的人來敲他們家的門，他替那個人感到難過，沒有人應該要負責這種工作。他記得他獨自一人坐在自己的房間裡。他收到燉牛肉。他覺得他沒辦法對任何人說話，他不是那種會和人談心的人，他不是，他不聊痛苦，也不聊他內在的醜惡。

克莉希做的事一點道理也沒有。如果她留下了遺書，如果她曾說過什麼⋯⋯軍方拿走了她的武器，但是否和她談過？他們處理這件事的態度，就好像這是某種流感。克莉希是他們的責任，你以為他們應該會要保護他們的資產才對。

總統先生與第一夫人，你們好：

我知道我的信大概有 99.9999% 的機率不會被你們兩人讀到，但這是我成年之後首次覺得必須向他人求助。我 19 歲的女兒死了。她在 1 月 30 日於拉克蘭空軍基地自殺身亡。她在 2014 年離家的時候是我這輩子看過最快樂的女孩，要是我能附上照片，我一定會讓你們看看她的笑容，那一定會融化你們的心。我覺得在許多層面上，軍方都讓她失望了。在她的言行舉止傳達出「幫幫我」的訊號時，他們的回應是勒令她 DNA 兩次，一次大概兩個星期。

他們建議她尋求幫助，但你看看她「棒透了」的軍方保險，連讓她每週接受一次諮詢的費用都不能包括在內，若保險涵蓋這個項目的話，我的女兒或許現在還能拿起電話打回家，但如今她只能躺在拉克蘭的一副棺材裡，等待回家的機票。我說過，我能理解你或許沒辦法收到這封信，又或者無法親自回覆我，我很肯定我會收到自動回覆，因為對外人而言，我女兒的生命算得了什麼呢？什麼也不是。她不是華府任何人的第一要務，但如果躺在那副棺材裡的是你的家庭成員，你也會和我一樣憤怒。我沒有把票投給

你，我沒有把票投給任何人，但我相信你的家庭是美國建國以來最棒、最值得進駐白宮的一家人。我相信你們每個人都已盡力在糾正我們國家的錯誤，背後也沒有隱藏其他的動機。我不在意原油、移民或其他議題。我在意的，是不要再有另一個家庭聽到前門有人敲門，告訴他們我們的軍隊幫不了自己的軍人。我們把我們的寶貝交託給你們，而你們有時卻把他們裝在棺材裡送回來。總統先生，第一夫人，若你們讀了這封信的話，感謝你們所花的時間。

——克莉希的爸爸

如今重讀這封信後他感到很訝異。這封信寫得並不好。他希望當初他能更加憤怒。若要他現在重寫一封，他一定會寫得更加憤怒。

克莉希還是拿回了她的武器，也不曾再被勒令 DNA，但她並非使用武器，她當時用的不是武器。這時你會想，嗯，她會不會只是想要裝個樣子引起別人的注意，然後……腳滑了一下？你會替她想出各式各樣的解釋。畢竟她沒有留下遺書，沒有留下任何線索，沒有留下任何事物。

他們等著軍方把克莉希的遺體送回來。「等待」又是額外增加的痛苦。他們等了整整超過一個星期，對於等待埋葬孩子的家庭來說，一個星期真的太久了。「一旦我們知道何時可以送回遺體，我們會打電話通知你。」他們只得到這句話。

軍方後來寄了一支影片，是他們在拉克蘭辦葬禮的影片。基地的領導人在葬禮上談到了克莉希。史蒂芬妮看過影片後告訴尚恩：「不要看。」她說，那支影片暗示了一個會想要自殺的人可能是個弱者。她說：「不要看。」所以他沒有看。他不希望事情演變成他衝到拉克蘭去質問那名掌握大權的人。這麼做不會有什麼好結果，只會讓他鋃鐺入獄。

軍方利用那些不了解軍隊的人，他們就是這麼做的。如果你好奇他們是怎麼做的話，我告訴你他們就是這麼做的。

尚恩不怪歐巴馬總統，這可能有點奇怪的，但真要說的話，他覺得歐巴馬是站在他這邊的。這麼想很詭異沒錯，但他覺得至少歐巴馬一家是有血有肉的人。他本來也不知道他是這麼想的。這真的很詭異——當你獨自一人坐在房間裡，陷入麻木，而且你不擅長談心，但當你需要傾訴時，你挑了美國總統當作傾訴對象？

或許尚恩覺得這樣的對話是父親與父親之間的談話。他從來不用那台電腦，他不知道自己為什麼這麼做，他甚至不記得他曾點擊「傳送」的按鈕。

軍方曾調查過到底發生了什麼事，但他們還沒有把報告寄過來。已經兩年了，他們沒有寄任何報告過來。克莉希當時已經不再被勒令 DNA 了，她自殺時也沒有用到武器。事前沒有任何預兆。她在事發前還花了兩天清理她的車。還和小狗玩耍。事情就這麼出乎意料的發生了。她還曾經在推特上發了一些推，說她想念媽媽。

當初在募兵時和克莉希聊到德國、巴黎和日本的那個人，什麼都沒有表示。他住的地方離他們家大概 15 分鐘的車程，但他沒有打電話來說克莉希自殺讓他感到很遺憾。

2015 年 8 月 5 日

親愛的尚恩：

謝謝你真摯的來信。得知你的女兒空軍一等兵克莉絲蒂娜·西維斯所遭遇的事讓我深感悲痛。身為兩個女兒的父親，我在此對你痛失愛女致上最深切的哀悼。

有太多美國人飽受憂鬱症所苦，我們的軍人也不例

外。克莉絲蒂娜的自殺是一場悲劇，同時也是強而有力的警鐘，提醒我們必須不斷努力改善民眾獲得精神保健服務的管道。如今的系統仍然不完美，我們每天都在努力試著縮小我們與完美之間的差距，希望未來能避免其他軍人家庭受精神疾患導致的自殺所苦。我將會繼續努力，盡我所能地確保其他家庭不會重複你受過的苦痛。

在這個艱難的時刻，蜜雪兒和我希望你與克莉絲蒂娜之間的珍貴回憶能緩和你心中的悲痛。我們將會時時刻刻掛記你與你的家人，日日為你們祈禱。

誠摯的
巴拉克·歐巴馬

尚恩把信收起來。他不是會拿著信四處張揚的那種人。這封信帶給他最大的慰藉，是歐巴馬把克莉絲蒂娜的名字寫對了。多數人都會在克莉絲蒂娜（Cristina）的名字裡多加一個 h。那個人手中的權力比任何人都還要多，那個人肩負的責任比任何人都還要重，然而在那短短的幾分鐘裡，他想著你與你的家人，你的女兒曾在他的腦海中停留過。

Samples, 2015-2016

2015~2016 年信件樣本

3/25/16
8:4

3/29/16

Reply personally

From: Mr. Patrick Allen Holbrook

Submitted: 1/14/2016 10:37 PM EST

Email:

Phone:

Address: Honolulu, Hawaii

Message: Dear, Mr. President

It's late in the evening here on Oahu, and the sun will soon be sinking behind the horizon into the ocean. I sight that gives me comfort when times are confusing, and peace at the end of a long day. Sir, I was injured in Afghanistan in 2011 it was my first deployment, and my last. I was medically retired from the US Army, and after some discussion with my family here to help heal the wounds-- it is slow in coming, but I remain hopeful. I started college when I arrived here it has been a difficult experience, but this summer God willing; I will be a college graduate. It's a funny thing fear, I wasn't afraid in Afghanistan, but I am horrified at thought of my future. I want to serve my country, make a difference, and live up to the potential my family sees in me. I am scared I think, because I have no plan on what employment to pursue. It is something that is extremely difficult to me, and with my family leaving the island soon; I am truly lost. Sir, all my life I've tried to find what a Good man is, and be that man, but I release now life is more difficult for some. I'm not sure where I am going, and it is something that I can not shake. P.S. I watched your final State of the Union, and I thought it was well spoken. I too dream of a sustainable future for the next generation.

Sincerely,

Patrick A. Holbrook

私人回覆

寄件者：派翠克・艾倫・霍布克先生
寄件時間：東部標準時間 2016 年 1 月 14 日 下午 10:37
地址：夏威夷州，檀香山

親愛的總統先生：

　　歐胡島已經是晚上了，太陽很快就要沉入海平面之下。在我感到時間錯亂時，這個景象能給我些許安慰，在漫長一天結束時帶來寧靜。總統先生，我在 2010 年於阿富汗受傷，那是我第一份也是最後一份職業。我因為身體問題而從美國陸軍退役，之後我與家人做了幾次討論，決定搬到這裡來療傷——傷好得很慢，但我心懷希望。我來到這裡之後進了大學。學業很難，但若上帝許可的話，今年夏天我將成為一名大學畢業生。恐懼是很奇妙的東西，我在阿富汗時從來沒有害怕過，但我現在一想到我的未來就嚇壞了。我想要對國家有所貢獻，我想要做出改變，並發揮家人認為我擁有的潛力。我想我大概有些驚恐，因為我從來沒有計畫過要從事什麼職業。這對我來說是萬分困難的事，如今我們一家人將要離開這裡了；我覺得極度茫然。總統先生，我這輩子都想弄清楚怎樣的人才算是好人，我想要成為那樣的人，但如今我不再堅持，對某些人來說人生困難得多。我不確定我該何去何從，我無法擺脫這種不確定性。

　　附注：我看了你的最後一次國情咨文，我覺得你講得很精彩。我也和你一樣，希望下一代能擁有永續的未來。

誠摯的
派翠克・A・霍布克

THE WHITE HOUSE

WASHINGTON

Patrick —

Thank you for your thoughtful letter, and more importantly for your service and sacrifice. I can tell from your letter you are already a good man; you just need to find the calling that will express that goodness — or it will find you. So trust yourself, and remember, that your Commander-in-Chief didn't know what he would do with his life till he was in his thirties!

派翠克：

　　感謝你思慮周詳的來信，更感謝你對國家的服務與犧牲。從你的信件中可以看出你已經是名良善之人了，你只是需要找到你的志業，藉此傳遞出這種良善——又或許是你的志業會找到你。所以請相信自己，請記得，你的三軍統帥一直到 30 多歲才弄清自己這輩子的志業為何！

巴拉克‧歐巴馬

編號 No.096

From: **Mrs. Kelli McDermott**
Submitted: 9/14/2016 12:37 AM EDT
Email:
Phone:
Address:
Levittown, Pennsylvania

Message: Dear Mr. President Obama,

My grandfathers have been shamed, exiled, and ridiculed most of their young lives. What made it more difficult for them is that they were an interracial couple. They do not like to be in the spotlight, but I wanted to share our story.

My grandfather Richard and Vietnam Veteran Grandfather Al have been together for 35 years. I have grown up knowing that there relationship was perfectly normal. Surrounded by friends and classmates who would ridicule and even bully me whenever I spoke up about the LGBTQ community. To me, there was nothing wrong with love and my grandfathers truly love each other. They have been waiting patiently in Georgia to get married and I was so happy to see their wait was over. On June 26, 2015, Richard and Al finally married. However, a month late my Grandpa Richard was diagnosed with pancreatic cancer. He passed on November 22, just five months after they finally tied the knot.

With a sad heart, I can live on knowing that my Grandfathers were able to make their dream reality. They were able to share their bond legally. My family and I miss him dearly, but it helps to know that Grandpa Richard passed as a married man to the love of his life. I wanted thank you, President Obama and all the politicians involved that made marriage equality leg from the very bottom of my heart. You truly changed the world for the better for my family I. Thank you.

With the Deepest Appreciation,
Kelli McDermott

寄件者：凱莉・麥德蒙特
寄件時間：東部夏令時間 2016 年 9 月 14 日上午 12:37
地址：賓州，萊維頓

親愛的歐巴馬總統先生：

　　我有兩位爺爺，他們年輕的時候總是受到羞辱、驅逐與嘲笑，他們是跨種族伴侶，這使得他們的處境更加艱難。他們不喜歡受到矚目，但我想要與你分享我們的故事。

　　我的理查爺爺和越南軍人的艾爾爺爺已經在一起 35 年了。我從小到大都知道他們的關係是完全正常的。但我周遭的朋友與同學都會在我為 LGBTQ 發聲時嘲笑我，甚至霸凌我。對我來說，愛是不會錯的，而我的兩位爺爺真摯地愛著彼此。他們在喬治亞州耐心地等待結婚，我很開心他們的等待終於結束了。2015 年 6 月 26 日，理查和艾爾終於結婚了。然而在一個星期後，理查爺爺被診斷出了脾臟癌。在他們共結連理僅僅五個月後，他於 11 月 22 日逝世。

　　雖然我很傷心，但是我知道我的兩位爺爺都已經夢想成真了，兩人締結了合法關係。我的家人與我都非常思念他，能讓我們覺得比較好過的是，我們心中知道，理查爺爺是以他摯愛之人的合法伴侶身份過世的。我想要感謝你，歐巴馬總統，我打從心裡感謝所有盡力促成婚姻平權合法化的政治人物。對我的家人與我來說，你真的把這個世界變得更好了。謝謝你。

致上最誠摯的感謝
凱莉・麥德蒙特

ATLANTA METRO 300
05 JUL 2016 PM 5 L

FOREVER
USA
Bank Swallow

White House
President Ob

9/19/16
Fri

Sample
HR

Dear Mr President

My name is William Johnson. Im In
a Georgia prison serving a five year sentence
for failing a Urain test. I was self Medi-
cating Because I did Not have any Medical
Insurance And I dont qualify for the tax
Break for me to afford Obama Care.

I have been in and out of Jails and
prison My whole Life All Because of My
Drug use. Without Regulations on the
Drugs I have to get on the Street the
quality of the drugs vary and so does
the potency. Whitch Makes for a vary
dangerous Combination. Here is My point
and Why Im writing you. When I was
Working and had Medical Insurance I
Had No problems With Law Enforcement.
When I lost My Job and Insurance, I
started Buying Illegal Drugs on the Street
for Depresion I use Cocaine and Meth
for My Back Pains I Buy Pain pills on
the Street to. As soon as I got Caught
With these types of Drugs I was put
In Jail and then put on probation
the probation Department tells me I
Cant Do any Drugs unless given to Me
from a doctor. Here Lies the problem.
No Doctor Will See Me Without Insurance.

And I Cant Afford Insurance. the
prison System is full of people Just
Like Me When I get out the State Will
give Me a fresh Set of Clothes and
25 dollars. With No Medical Help.
Letting Drug Users out of prison Without
ACCsess to Doctors is a huge problem
they Will go Back to Self Medicating
As Soon as they feel Sick. and then
they Will Be Back In prison. In Georgia
you Can Beat Someone to death and
get Food Stamps But If you get Caught
With an once of pot you Can't. I
think the Affordable Care Act Should
Include people Coming out of prison. you
Want to Lower the Repeat Drug offenders
this is a Clear Choice. the Working Poor
Can Not Afford Medical Insurance
even With the tax Break Most Jobs
are keeping there Employee's under
40 hrs. So they dont have to pay
there Insurance that Loop Hole
Needs to be Closed. More and More
people are buying Street Drugs Because
of these problems.

thank You

Can you please   William Johnson
Reply Back With A photo   / 2016

親愛的總統先生：

我是威廉・強森。我因為沒通過尿檢，目前正在喬治亞州的監獄服刑，刑期預計五年。我沒有任何醫療保險，也不符合健保減免的資格，無法負擔歐巴馬健保，所以我只能靠吸毒自療。

我這輩子因為吸毒而不斷進出監獄。因為毒品欠缺品管與規範，我只好到街上去買。毒品的品質與性能很不一至（致），送（這）對吸毒者而言非長（常）危險。以下是本信的重點以及我寫信給你的原因。我還在工作的時候是有醫療保險的，我跟執法人士沒什麼衝突。但當我失去工作與保險之後，我開始在街上購買非法藥物。我用古柯鹼和安非他命來治憂鬱症，我也在街上買止痛藥來緩解背痛。我因為這幾種藥物而被抓，之後坐牢，然後獲得假釋。假釋部門告訴我，我只能用醫師開給我的藥，不能用任何街上買來的藥物。但問題就在這裡，除非我有保險，否則醫師不會幫我看病。而我沒錢買保險。監獄中到處都是像我這樣的人。他們和我一樣，在出獄的時候會拿到一套新衣服和25 美元，卻沒有絲毫醫療上的協助。讓吸毒者出獄卻不給他們管道好去看醫師，這是個很大的問題。一旦他們不舒服，就會繼續去買毒品自療，然後又被抓回監獄裡。在喬治亞州，把人毆打至死還可以領食物券，但要是你被抓到曾持有一盎司的大麻，就不能領食物券了。我認為《平價醫療法案》[1] 應該把出獄的人也包含在內。如果你想要降低吸毒者的再犯，這是個很明顯的選擇。很多有工作的窮人也沒錢買醫療保險，就算有稅賦減免也一樣。許多工作都會刻意讓員工的工作時數低於 40 小時，如此一來他們就不用支付保險費了。請你務必解決這個法律漏洞。有越來越多人因為這些問題在街上買藥物了。

謝謝你。

威廉・強森

2016 年

可以請你回信時附上一張照片嗎？

1　全名為「患者保護與平價醫療法案」（The Patient Protection and Affordable Care Act, PPACA），也被稱為歐巴馬健保。

THE WHITE HOUSE

WASHINGTON

January 13, 2017

Mr. William Johnson
Griffin, Georgia

Dear William:

Thank you for sharing your story with me. It's clear you've faced great challenges, and I want you to know I'm listening.

I believe that all people, even people who have made mistakes, have the capacity to make the right choices and to have a positive impact on those around them. Your story shows that improving our justice system will require broadening access to health care and public services, including for those who have been incarcerated. That is why I've worked to support reentry programming for adults with substance use disorders and improve the provision of treatment options. This includes the Affordable Care Act's provision to extend Medicaid to all low-income adults in all States. However, because of a Supreme Court ruling in 2012, each State must choose whether to expand Medicaid. As a result, Republican resistance in some States—like Georgia—has stood in the way of affordable coverage being extended to people like you, even though the Federal Government would cover virtually all of the costs. My Administration has been encouraging States like yours to expand Medicaid so more of our citizens can get the care they deserve, and your message drives us in that effort.

Thank you, again, for your letter. If you have faith in yourself and work hard to pursue a productive path, you can affect not only your own life but also the lives of those close to you. Your story will remain on my mind in the years ahead.

Sincerely,

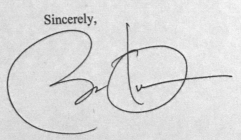

THE WHITE HOUSE
WASHINGTON

2017 年 1 月 13 日

威廉‧強森先生
喬治亞州，葛里芬

親愛的威廉：

　　感謝你與我分享你的故事。從信中可以知道你面對了很大的挑戰，我希望你知道我有在傾聽。

　　我相信所有人，包括曾犯過錯的人，都有能力做出對的選擇，並對周遭的人產生正向的影響。從你的故事中可以看到，若想要改進我們的司法體系，就要使人民有更多管道擁有健康保險以及公共服務，其中也包括受到監禁的人。正因如此，我支持物質濫用障礙[2]成人的重返社會方案，並改善提供治療的方案。《平價醫療法案》裡也包括擴大全國低收入成年人口醫療補助的條款。然而，由於 2012 年一項最高法院的裁決表示，每一州都必須自行決定是否要擴大醫療補助。因此，雖然聯邦政府會負擔所有費用，但在有共和黨反對的幾個州——例如喬治亞州——無法擴大補助的範圍，導致像你這樣的人無法受惠。我的政府團隊一直鼓勵各州擴大醫療補助，希望更多公民能得到他們應得的照顧，而你的來信將使我們更加充滿動力。

　　再次感謝你的來信。只要你對自己有信心，致力於尋找一條富足的道路，那麼你除了能影響自己的人生之外，也必定能影響周遭人的人生。你的故事在未來幾年內都將使我銘記於心。

誠摯的

巴拉克‧歐巴馬

2　物質濫用障礙（substance use disorder），又稱為藥物濫用失常（drug use disorder），指一個人使用一種或多種藥物之後，導致臨床上出現顯著減損或是不適症狀。

From: **Ms. Yvonne Arnetta Wingard**

Submitted: 7/9/2016 3:21 PM EDT

Email:

Phone:

Address: , Augusta, Georgia

Message: Dear President Obama,

My name is Yvonne Wingard, and I am an 18-year-old, African American female. With all of the recent events occurring around this country, many people are scared. Many people are concerned. They are afraid and don't know what to do or where to turn. What is even worse, is that many who share the same skin color as me are the most fearful.

I am terrified for my life. As a black youth, it is painful and heartbreaking seeing so many posts and hearing so many news reports of people killed or severely hurt because someone automatically saw them as a threat for being black. It should not be illegal to be black in this country, nor should it warrant suspicion or excessive force.

I am simply asking for change and reform. I am asking that all of the leaders of this nation look at all of the news and terror occurring everywhere and realize that something needs to be done to reform our broken system.

I have the utmost respect for our officers. They risk their lives every day to serve their communities and apprehend those who deserve to face the consequences of their crimes. We need to keep cops armed in case of dangerous situations, but we also need to find ways to train them to know the correct measures of protocol in situations where bullets are not needed to calm the situation.

I have to live my life in fear that an officer will try to kill me simply because he sees me as a threat. I have to fear that someone will think I'm a criminal or thug or thief simply because I'm walking down the street. I have to fear even attending protests or marches because I'm afraid someone will try to shoot me or hurt me simply because they don't want to see me and my people fighting and crying out for justice.

My people are hurting. We are scared. We are afraid to be in our own skin. I am asking simply for our leaders in power to come together and find ways to improve our police and criminal justice system. Thank you for your time and consideration, and I hope that you will find it in your heart to do what is truly best for your constituents, and this nation, as a whole.

Thank You,
Yvonne Wingard

寄件者：伊凡·安妮塔·溫嘉德
寄件時間：東部夏令時間 2016 年 7 月 9 日下午 3:21
地址：喬治亞州，奧古斯塔

親愛的歐巴馬總統：

　　我是伊凡·溫嘉德，今年 18 歲，非裔美國女性。這個國家最近發生的事件使許多人都感到害怕。許多人很擔憂。他們很害怕，不知道何去何從。更糟的是，和我擁有相同膚色的人是最恐懼的。

　　我替我的人生感到害怕。在看到這麼多報導、聽到這麼多新聞都在說，某些人下意識地把黑人視為威脅，因此導致許多人被殺或受到嚴重傷害，這讓身為年輕黑人的我很痛苦也很傷心。在這個國家裡，黑人不該因膚色就被認為是違法的，不該因膚色就被視為可疑份子，或者遭受濫用武力的對待。

　　我只希望美國能改變和改革。我希望這個國家的所有領導人去看看發生在全國各地的新聞和可怕事件，為我們已經崩壞的體制做些改革。

　　我對於我們的警察滿懷最高敬意。他們每天冒著生命危險服務社區，逮捕罪有應得的人。我們需要警察攜帶槍械以預防危險處境，但我們也需要想辦法訓練他們，在遇到不需要開槍就能控制的狀況時，應執行何種適當措施。

　　我很害怕會有警察因為認為我有威脅就殺了我。我很害怕有人會因為我走在街上，就認為我是罪犯、強盜或竊賊。我甚至很害怕參加抗議或遊行，因為我很害怕有人會因為不想要看到我和黑人為了正義而抗爭、呼喊，就想要射殺我或傷害我。

　　我們都很難過。我們都很害怕。我們因為自己的膚色而感到害怕。我只希望掌握權力的領導人能找出方法，改善我們的警察與刑事司法體系。感謝你撥冗閱信，也感謝你的體諒，希望你能用心找出好方法，做出對你的選民以及這個國家整體來說最好的決定。

謝謝你。
伊凡·溫嘉德

Anne ▓▓▓▓ Bunting   Submitted via whitehouse.gov
▓▓▓▓▓ ▓▓▓   11/13/2016 7:10 PM

Dear Mr. President,
Thank you for saving my life. My name is Anne ▓▓▓▓▓ Bunting. In 2008, I
was diagnosed with Heart Failure (HF) and had a pacemaker implanted. I was
in the final stages of HF. I did well until 2012 when my heart began to fail
again. By July, 2013, I was once more in the final stages of HF. I was told I
needed a heart transplant and was put on the list. That's when we discovered
that my individual insurance policy (I was self-employed) did not cover a
heart transplant.
The only way to save my life was to implant a Left Ventricular Assist Device
(LVAD - like Dick Cheney). A few hours after that surgery, the doctors
realized the right side of my heart was dying. So they went back in and
implanted a VAD on the right side of my heart. I was the first person at that
hospital to survive this surgery and go home.
My heart was powered by 2 pumps run by computers and batteries which
were attached to me at all times. I lived with those pumps for 9 months.
Then in 2014, the Affordable Care Act came into being and abolished the
restriction on pre-existing conditions. I was able to get an insurance policy
that covered heart transplants and was put back on the list. 10 days later, I
received the gift of life through a heart transplant. So, I tell everyone that you
saved my life and I truly believe that.
You and the First Lady have both been wonderful leaders. Thank you both
for what you have done for our country and its people.
And thank you again for saving my life.
Anne Bunting

安妮・邦丁
2016 年 11 月 13 日下午 7:10

親愛的總統先生：

　　謝謝你救了我的命。我是安妮・邦丁。在 2008 年，我被診斷出罹患心臟衰竭，因此裝了心律調節器。當時我正處於心臟衰竭末期。之後我的狀況有所好轉，直到 2012 年再次惡化。在 2013 年 7 月，我又再次進入末期。院方說我需要做心臟移植，並將我放在等候移植名單上。但在那時我們才發現，我的個人保單（我是自雇者）並沒有給付心臟移植。

　　唯一能挽救我生命的方法是裝上左心室輔助器（就像前副總統迪克・錢尼一樣）。在完成手術的幾個小時之後，醫師才發現我的右心也正在衰竭。所以他們再次開刀，在我的右心也裝上心室輔助器。我是那家醫院有史以來第一個在完成這些手術後還能活著回家的人。

　　我的心臟要依賴兩個幫浦才能跳動，兩個幫浦則靠著電腦與電池運作，我必須隨身攜帶這些東西。我與這些幫浦一起生活了 9 個月。在 2014 年，《平價醫療法案》誕生，該法案使我過去所受的限制消失了。因此，我如今可以使用涵蓋心臟移植的保單，也重新被列入了等候移植名單上。十天後，我收到了生命的禮物——心臟移植。因此，如今我總是告訴每個人，你拯救了我的生命，同時我也是真心誠意地這麼認為。

　　你和第一夫人一直都是出色的領導者。感謝你們替國家及人民所做的事。

　　再次感謝你拯救了我的生命。

安妮・邦丁

THE WHITE HOUSE

WASHINGTON

December 9, 2016

Ms. Anne ███████ Bunting
███████ ███

Dear Anne:

   Thank you for your kind words and for taking the time to share your moving story with me. It's clear you have faced tremendous challenges over the last few years, and I am glad to hear the Affordable Care Act helped you to get a heart transplant when you needed it most. Your story highlights how the Affordable Care Act has been life-changing for so many Americans. And in some cases, even life-saving. As a result of so many more people having coverage, we're avoiding an estimated 24,000 deaths annually. And countless other Americans are living better lives because they're receiving the care they need and deserve. It is why I worked so hard to pass health reform in the first place.

   Again, thank you for writing and for your support. Michelle and I send our very best.

Sincerely,

THE WHITE HOUSE

WASHINGTON

2016 年 12 月 9 日

安妮‧邦丁女士

親愛的安妮：

　　感謝妳親切的文字，也謝謝妳撥冗與我分享妳感人的故事。由信中可知妳在過去幾年面對了非常巨大的挑戰，我很高興得知《平價醫療法案》幫助妳得到妳最需要的心臟移植。妳的故事使我們更加清楚地了解到《平價醫療法案》改變了許多美國人的一生。在某些案例中，此法案甚至能救人一命。有許多人都因為該法案而被涵蓋在保險範圍中，我們每年因而大約避免了 24,000 個生命的消逝。此外還有無數美國人藉由該法案得到他們需要的應得照顧，使生活變得更好。這正是我最初致力於健保改革的原因。

　　再次感謝妳的來信以及妳的支持。蜜雪兒和我願妳一切安好。

　　　　　　　　　誠摯的

　　　　　　　　　巴拉克‧歐巴馬

08, 21, 2010

Dear President obama,
Remember the boy Who was
picked up by the ambulance-in
Syria? Can you please go get
him and bring him to
　　　　Park in the driveway or
on the street and we'll be wai-
-ting for you guys with flags
flowers and balloons. We
~~will~~ will ~~will~~ give him a
family and he will be our
brother. Catherine, my little
sister Will be collect-
-ing butterflies and fireflies
for him. In my school I have
a friend from Syria, Omar, and
I will introduce him to Omar and

We CAm all Play together.
We can invite him to birthday
Parties and he will teach us anoth
-er language. We can teach him Eng
-lish too, Just like we taught my
friend Aoto from Japan. Please tell him
that his brother will be Alex
Who is a very kind boy, Just like
him. Since he won't bring toys and
doesn't have toys Catherine will
share her big blue stripy white
bunny. And I Will share my
bikke and I Will teach him
how to ride it. I Will teach
him additions and subtraction
in math. and he Smell Catherine
's lip gloss Penguin Which is

green. she doesn't let anyone touch it.

Thank you very much! I Can't wait for you to come!

Alex
6 years old

2016 年 8 月 21 日

親愛的歐巴馬總統：

　　你還記得在敘利亞被救護車載走的男生嗎？可以請你把他帶來〔隱藏地點〕嗎？把車子停在車道或街上，我們會拿著旗子、花朵和氣球在這裡等你們。我們會給他一個家庭，他可以當我們的弟弟。我的妹妹凱瑟琳會抓蝴蝶和螢火蟲送他。我在學校裡有一個朋友來自敘利亞，他叫歐馬爾，我會讓他和歐馬爾認識。我們可以全部一起玩。我們可以邀請他來生日派對，他可以教我們不一樣的語言。我們也可以教他英語，就像我們教我的朋友奧圖一樣，奧圖來自日本。請告訴他，他的哥哥叫做亞歷克斯，是一個很好心的男生。就像他一樣。因為他不會帶玩具過來，也沒有玩具，凱薩琳會讓他玩她的藍白條紋大兔子，我會讓他玩我的腳踏車，我會教他怎麼騎腳踏車。我會教他數學的加法和減法。他也可以聞聞看凱薩琳的企鵝唇膏，它是綠色的喔。凱薩琳不讓任何人碰那條唇膏。

　　非常謝謝你！我很期待你們來這裡！

亞歷克斯
6 歲

Sample

Donald W. Molloy
United States District Judge

August 4, 2016

President Barack Obama
The White House
1600 Pennsylvania Avenue NW
Washington, DC   20500

    RE: Douglas George Jensen
           Cause No. CR 03-27-M-DWM

Dear Mr. President:

    I assume there is little chance that you will personally see this letter. Even so, I want to express my gratitude and appreciation to you for commuting the sentence of Douglas Jensen. On August 16, 2016, I will have reached my 20th Anniversary as a federal district judge. The life sentence I imposed on Douglas Jensen has haunted me for more than half of that time. Your commutation of his sentence finally eases my conscience and the struggle within me that was caused by following the law even when it was unjust. Thank you.

                  With great respect,

                  Donald W. Molloy
                  U.S. District Judge

Address:
Email:

Donald W. Molloy
United States District Judge

2016 年 8 月 4 日

巴拉克 · 歐巴馬總統
白宮
西北賓夕法尼亞大道 1600 號
20500 華盛頓，哥倫比亞特區

回覆：道格拉斯 · 喬治 · 詹森
個案編號 CR 03-27-M-DWM

親愛的總統先生：

　　我想你能看到這封信的機率大概微乎其微。但就算如此，我也想為了你減輕道格拉斯 · 詹森的刑罰而向你表達我的感激與欣賞之意。2016 年 8 月 16 日將是我成為聯邦地方法官的 20 週年紀念日。在這 20 年中有一大半的時間，我判予道格拉斯 · 詹森的終身監禁一直縈繞在我的心頭。你減輕了他的刑期之後，我終於能不再譴責自己，也不再因為當初明知法律不公卻依舊必須循法判決而感到掙扎。謝謝你。

致上最高的敬意

唐納 · W · 莫洛伊

美國地方法官

From:	**Ms. Dawn Benefiel**
Submitted:	8/12/2016 9:30 AM EDT
Email:	
Phone:	
Address:	Indianapolis, Indiana

Message: Dear Mr. President, I am a 44 year old woman who moved back to her hometown of Indianapolis IN from Southern California three years ago. I come from a mixed race blended family that began back in the late 70's. I was the only white child that walked to school. Back in the day, Indianapolis Public Schools had huge bussing campaigns to comply with desegregation. I was teased by the white kids since I didn't take the bus and I was beaten up by the black kids on the way home from school for that same reason. I still remember my 4th grade teacher who let me stay after school and sing with her until all the kids left. She knew I was tormented. She also had me sing in front of our class. All those kids that did not like me. I sang "The Greatest Love of All". This was long before Whitney Houston recorded the song. But it was my favorite song. I closed my eyes and sang that song with everything I had. For that few minutes, I forgot all the hatred in those staring eyes. I imagine that being the leader of the western world feels a lot like that. I told you that story because it bears reference to something I am about to say. Eight years ago, I worked on your campaign in Orange County CA. Not much, just worked the phone banks, went out to voter registration tables and talked to people about Barack Obama. You spoke to that 9 year old girl in me. You made me believe there is hope for our flawed country. You reminded a very jaded generation x that it is OK to hope, to believe in the good. You were our JFK. After 8 years, you still inspire. You and your wife remind me every day. You did what you set out to do. I just wanted to thank you for leading with grace and dignity. For closing your eyes and ignoring the hate and doing what you felt was right for our Nation. No one knew when you were elected, what we were about to face as a nation. No one knew how badly we needed someone that could ignite and inspire and stand tall. I don't believe there was anyone else who could have done it better. With all of the ugly things you may hear, I just wanted you to know that you have made a difference. Tears filling my eyes right now because I am sure I am not expressing exactly what I set out to. I suppose just to say, thank you for speaking to that little girl who faced so much hate and prejudice and giving her someone to believe in. With much respect and admiration, Dawn Benefiel.

寄件者：朵恩・班尼菲爾女士
計件時間：東部夏令時間 2016 年 8 月 12 日上午 9:30
地址：印第安那州，印第安那波利斯

親愛的總統先生，我是一名 44 歲的女性，三年前從南加州搬回我的故鄉印第安那州印第安那波利斯。我來自 70 年代組成的跨種族家庭。我過去是唯一一個走路上學的白人小孩。在那個年代，印第安那波利斯公立學校為了配合廢除種族歧視的計畫，浩浩蕩蕩地用巴士接送學生。我因為沒有坐巴士而受白人小孩嘲笑，又因為同樣理由在放學回家的路上被黑人小孩毆打。我還記得，我四年級的老師要我在放學後留在學校跟她一起唱歌，直到所有小孩都離開為止，她明知道我因此感到很痛苦，卻還是要我在全班面前唱歌。全班的小孩都不喜歡我。我當時唱的是〈最偉大的愛〉，在那之後過了很久惠妮・休斯頓才翻唱了它，但當時這首歌就已經是我最喜歡的歌了。我那時閉上眼睛，傾盡所有地唱這首歌。在那幾分鐘的時間內，我忘記了那些盯著我的眼睛中隱含的仇恨。我在心中想像，或許成為希望西方世界的領導人就是這種感覺吧。我告訴你這個故事，是因為這與我接下來要說的事情有關。在八年前，我在加州橘郡替你的競選團隊工作。並不是什麼了不起的職位，只是做電話宣傳、到外面做選民登記以及和人們聊聊巴拉克・歐巴馬。你和我心中的九歲女孩對話了，你讓我相信這個充滿缺點的國家還有希望，你提醒了一名筋疲力竭的 X 世代女性：妳可以去希望、去相信美好的事物。你是我們這一代的甘迺迪總統。八年後，你依然能啟發我，你和你的妻子每天都提醒著我。你實踐了原本要做的事。我想感謝你能以和善且尊重的態度領導我們，感謝你閉上眼睛，忽略那些恨意，執行你認為對國家有益的事。你當選的時候，沒有人知道國家將要面對的是什麼樣的情況；沒有人知道我們會有多需要一個能激勵人心、鼓舞士氣且充滿勇氣的人。我相信沒有任何人能做得比你更好。雖然你聽到了許多可憎的言語，但我希望你知道，你改變了這個國家。我的眼中現在滿是淚水，因為我很確定我並沒有完全表達出來我原本打算要說的話。我只是想說，感謝你對那個小女孩說話，她曾受到那麼多仇恨與歧視，但你讓她有了可以信任的對象。致上誠摯的敬意與欽慕。

朵恩・班尼菲爾

\ //

From: Mrs. Heather Wells

Submitted: 9/21/2016 2:37 PM EDT

Email:

Phone:

Address: Kokomo, Indiana   (Valid

Message: Dear Mr. President as you are coming to the end of your second term I wanted to share with you a story about the night you were elected. I am a nurse at an Indiana hospital. Due to being short staffed I was called and asked to work on election night. I agreed to come in as long as I could vote first. Late that night I received an admission from the ER. The patient arrived to the floor and I went in to see him. He was a black man who was about my age that was HIV positive and no longer responding to treatment. When I walked in to greet him he had the election coverage pulled up on the television. I introduced myself and noticed his Obama shirt right away. I asked if he had the opportunity to vote and he said that he refused to come to the hospital before he did. I laughed and pointed to my "I Voted" sticker and told him I said the same thing. I proceeded to pull open my scrub jacket and showed him my "Obama Mama" t-shirt and told him not to worry he was in good hands. We had a laugh and I proceeded to admit him. There weren't a lot of patients on the floor so I was able to spend a little more time just talking to him. He told me that he contracted HIV from IV drug use and that he had lived a rough life. He had two daughters at home and worried about their future. We discussed how much it meant to us for you to win the election. He shared how it gave him hope that his daughters might be able to grow up in a world where it didn't matter what race or background you came from, and that maybe one day they would have an opportunity to be president. We both laughed at that, because who would ever think a woman would get that opportunity (Boy I wish he could be here today to witness the possibility!) We spent most of that night laughing and sharing stories while we watched the votes roll in. When the final votes were tallied and the official announcement was made I am proud to say that I sat in that room with him and we held each other and cried tears of joy. Your election meant so much to me, because I truly believe in you. Your election however meant so much more to him. It meant hope, a promise that his daughters would be ok, security for their future. We spent the rest of the night celebrating he passed away 2 days later. I like to think that the moment we shared was one of his last good times on this earth. I will forever be grateful to that man for all of the hope he instilled in me for the future. Thank you Mr. President for being a part of that.

寄件者：海瑟・威爾斯女士
寄件時間：東部夏令時間 2016 年 9 月 21 日下午 2:37
地址：印第安那州，科科莫

　　親愛的總統先生，如今已經進入你第二任總統任期的尾聲，我想要與你分享一個在你當選那晚發生的故事。我是印第安那州一間醫院的護士。由於人員短缺，醫院詢問我是否能在選舉那晚工作。我同意了，但前提是要讓我先投票。那天晚上急診室的人把我叫了過去，病患到達醫院後，我便過去看看情況。他是一名黑人，年紀與我相當，HIV 篩檢為陽性，治療已不再對病情有助益。我走過去時看到他把電視轉到選情報導。我向他自我介紹，同時立刻注意到他穿著支持歐巴馬的上衣。我問他有沒有機會先去投票，他說要是沒有投票他會拒絕前來就醫。我笑了出來，指了指我的「我投票了」貼紙，告訴他我也說了同樣的話。然後我又拉開我的急診制服，給他看我的「歐巴馬媽媽」上衣，要他別擔心，他絕對會得到妥善照顧的。我們一起大笑了起來，接著我替他辦了入院手續。由於當晚急診的病人不多，我找了空檔時間跟他聊天。他告訴我，他是因為靜脈注射藥物而感染 HIV，日子並不好過。他家裡還有兩個女兒，他很擔心她們的未來。我們討論起你是否當選對我們來說有多重要。他說，只要想到他的女兒有可能會在一個不在乎種族與出生背景的世界長大，未來她們甚至有機會當選總統，他就覺得充滿希望。我們都笑了起來，因為沒人能想像得出來女人也能有機會選總統。（啊，我真希望今天他能在這裡一起見證這種可能性！）我們那天晚上大部分的時間都在大笑，一邊分享彼此的故事，一邊看著選情報導。我可以很驕傲地告訴你，在官方宣布最終的選票結果時，我和他一起坐在那個房間裡互相擁抱，我們都留下了喜悅的淚水。你的當選對我來說意義重大，因為我全心信任你。你能當選對他來說有更加重大的意義。你的當選是希望，是承諾，代表他的女兒們能擁有美好安全的未來。那天晚上我們都在慶祝你當選。他在兩天之後逝世了。我總是認為，我們一起分享的那些片刻是他在世上最後一段美好時光。他讓我對未來充滿希望，我會永遠感謝他。總統先生，謝謝你也在這段記憶中占了一角。

9/26/16
fr 1

From: Mrs. Myriah Lynn Johnson
Submitted: 9/22/2016 2:21 PM EDT
Email:
Phone:
Address: Lakeland, Florida (Valid)

Message: 22 September 2016

Mr. President,

I feel compelled to write you as I sit and watch a great tragedy unfold. You see, I am the one thing no parent wants to be, a Gold Star Mom. On July 12th of this year I lost my son, SPC Alexander Johnson, to a self-inflicted gunshot wound. All I'm left with is to wonder why.
He was a bright and talented young man with a beautiful fiancé and a large & loving group of family and friends. Alex, however, didn't want to address the fact he was suffering from depression. I don't and won't ever know what prevented him from seeking help, but I do know one thing. He was afraid of the stigma around mental illness. He was afraid he would lose something that has been his lifelong dream. That he should just be "Army Strong". To "be a man" and just "suck it up". All of these pressures prevented him from seeking treatment. Treatment which could have saved his life.
I have since been inundated with staggering statistics, that more of the young men and women in our armed forces are taken by suicide than in combat. Numbers range from 18 to 22 per day. 18 to 22 families that are shattered. 18 to 22 parents who lose a child, fiancés and spouses who lose their partner, children who lose their parent, brothers & sisters their siblings. What is worse is I have seen story after story of soldiers & sailors sent away from VA treatment facilities for any number of reasons. This has to stop. We heed to destigmatize mental illness. Seeking help is not weakness, it is a show of strength.
As a parent I beg you to consider finding a way to allow both active duty and veterans to seek low or no cost mental health treatment at any available facility, not just a VA facility. If it could save even one family from going through what we are it would be worth it.
Thank you for your time.
Sincerely,

Myriah L. Johnson
Gold Star Mom and Proud American

寄件者：彌莉亞・林・強森女士
寄件時間：東部夏令時間 2016 年 9 月 22 日下午 2:31
地址：佛羅里達州，萊克蘭
訊息：2016 年 9 月 22 日

總統先生：

　　我正眼睜睜看著悲劇發生，因此我必須寫信給你。我是沒有任何父母想要成為的那種人——金星媽媽[3]。我在今年的 7 月 12 日失去了我的兒子，技術下士亞歷山大・強森，他死於自戕的槍傷，只留下我獨自思索著為什麼。他是一名才華洋溢的開朗青年，有一位美麗的未婚妻、一大群愛他的親友。然而亞歷山大不願意解決他罹患憂鬱症這件事。我不知道、也永遠不會知道他為什麼沒有尋求協助。但我知道一件事，他很害怕精神疾病的汙名。他很害怕會失去自己一生的夢想。他應該要「像軍人一樣強壯」，要「當個男人」，要「忍著點」。這些壓力都阻礙了他尋求治療。治療或許可以救他一命。

　　之後我被令人難以置信的數據嚇到了：我國軍中的年輕男女自殺人數竟然多過死於戰場中的人數。每天約有 18 到 22 人自殺身亡。有 18 到 22 個家庭支離破碎。有 18 到 22 對父母失去孩子、未婚夫未婚妻或配偶失去伴侶、孩子失去父母、兄弟姐妹失去手足。更糟糕的是，我看到一名名陸軍與海軍軍人因為各種原因而被送離退伍軍人治療機構。我們必須停止這種狀況，我們必須替精神疾病去汙名化。尋求幫助並不代表你是弱小的，而是力量的展現。

　　身為父母，我請求你想辦法讓現役軍人與退伍軍人都能在任何可看病的機構，以低價甚至可免費做精神健康治療，而非只能在退伍軍人機構。只要這麼做能救下一個家庭，讓他們免於遭受我們所經歷的痛苦，那就算是值得了。

　　感謝你撥冗閱讀。

誠摯的
彌莉亞・L・強森
金星媽媽兼自豪的美國人

3　有親屬為國家戰爭犧牲的家庭，被稱為「金星家庭」（Gold Star family）。此處「金星媽媽」是指子女在服役過程中死亡的母親。

August 4, 2016

Dear President Obama,

Eight years ago, you came to UNC-Chapel Hill to speak — you weren't president yet, but, after hearing you speak, we all knew you would be soon. I want to thank you for that day. You were running a campaign based on hope rather than fear, and I want you to know that, for the 12-year-old-girl whose father had died suddenly just one week before your speech, your message was invaluable. I can't pretend to have understood, at the time, everything you said — nor can I tell you that I remember all of it. But the message — that we, as Americans, have a disposition that tends uniquely toward a hope that the future can look better — has stayed with me, from that day when I needed most to hear it all the way to the present.

I'm 20 now, and I'm actually a student at UNC-Chapel Hill. Sometimes, when I'm walking across campus, I still think of your visit. This November marks the first presidential election for which I can vote, and it's certainly shaping up to be an unusual one. I wish, of course, that I could vote for you, but instead I'll vote with your message in mind. Some of the popular political rhetoric right now is bent on using fear to create divisions and suggest that the narrative of hope is not worth striving for, and I just wanted to be sure that you heard from at least one more member of my generation that these fear-based strategies are ineffective. One of the reasons for the failure of fear (for us, anyway) is that we got to grow up listening to you.

I hope you never have days where you feel discouraged or ineffectual, but just in case you do, please know — you've done something remarkable for my generation. You helped show us that there exists far more power in hope than there does in fear. We learned that from you, and that knowledge and belief cannot be taken away. (And even if I can't speak for all my peers, I can speak for the 12-year-old girl who saw you that night one April. I haven't forgotten.) I don't know what's coming next or what my generation will one day have to accomplish, but I think you've prepared us well for it. We're not throwing away our shot.

Congratulations on all you've accomplished these past eight years. It means so much, in so many ways. Thank you.

Best,
Nell Ovitt

Chapel Hill, NC

2016 年 8 月 4 日

親愛的歐巴馬總統：

　　八年前你曾來北卡羅萊納大學教堂山分校演講——當時你還不是總統，但聽完演講之後，我們每個人都知道你很快就會成為總統了。我想要為了那天而感謝你。你在競選宣傳時的基礎是希望而非恐懼，我當時是個 12 歲的小女孩，在你演講前一週我父親突然過世，我希望你能知道，你傳遞的訊息對當時的我來說是無價的。我無法假裝我那時聽懂了你說的每一句話——我也無法告訴你我記得演講的所有內容。但你傳遞的訊息（我們美國人有一種獨特的特質，我們傾向於希望未來會變得更好）從那天開始直到現在都一直留在我心裡，只要我需要就能聽見。

　　我現在 20 歲了，是北卡羅萊納大學教堂山分校的學生。在穿越校園時，我偶爾會想到你當時來訪的情形。今年 11 月是我第一次能投總統大選，這次大選想必會不同尋常。當然，我很希望自己能投給你，可惜不能，因此我心懷你傳遞的訊息去投票。如今很常出現一些利用恐懼來製造分裂的政治語言，想讓選民覺得希望是不值得爭取的事物。我希望你能知道，我這個世代中至少又多了一個人認為以恐懼為基礎的策略是沒有效的。恐懼之所以會失效（至少對我們而言）是因為我們成長時聽過你的演講。

　　我希望你永遠不會感到沮喪或者無能為力，但以防萬一，請你記得——你替我們這個世代做了非常出色的事。你讓我們看到希望能帶來的力量遠甚於恐懼。這是你教給我們的，無人能奪走這種認知與信仰。（就算我不能代表所有同儕發言，但我至少可以為了那個四月夜晚看到你的 12 歲女孩發言。我沒有忘記。）我不知道接下來會發生什麼事，也不知道我們這個世代能有什麼成就，但我認為你已經替我們做好萬全準備了。我們不會放棄機會。

　　恭喜你在過去八年完成的成就。這些成就在各方面來講都意義重大。謝謝你。

奈爾・歐維特
北卡羅萊納教堂山

From: Ms. Madison Sky Drago

Submitted: 2/15/2016 7:43 PM EST

Email:

Phone:

Address: Holbrook, New York

Message: I am 13. I am American and I would like to peirce my nose to express myself. My parents disagree with my situation but I feel as I am my own person, I am American and i want to peirce my face. It is my face to show and it represents me and I feel as nobody should have a say against it. What happened to the land of the free? You only live once...who knows when my time will come and I want to make the best of my years.

寄件者：麥迪遜・思凱・德拉戈
寄件時間：東部標準時間 2016 年 2 月 15 日下午 7:43
地址：紐約州，霍爾布魯克

　　我今年 13 歲。我是美國人，我想要透過穿鼻環來表現自我。我的父母不同意這件事，但我覺得我應該做自己的主人，我是美國人，我想要在自己的臉上穿環。這是我自己的臉，代表的是我自己，我覺得不應該有人能反對這件事。這裡難道不是自由的國度嗎？一生只有一次……沒人知道我的死期何時會到，我想要每一刻都活得精彩。

Message: Dear President Barack Obama,

I am Noor Abdelfattah. Born in Chicago in November of 97', I was blessed enough to grow up on Chicago's North Shore. Growing up as child of a Muslim immigrant, I truly realize how privileged I am to live in the greatest country in the world. My grandfather left his homeland in 1951, the year my father was born, in search of his American dream. My father would not meet his own father until he was sixteen years old. Coming to this country with very little, my father was unable to attend college. However, he would spend long hours working low-paid jobs in order to provide for his family. Both my parents and five older brothers faced many difficulties before I was born.

At age seven, my oldest brother was caught in a Chicago gang fight where he took a bullet in the face. Today, that same brother is thirty-three years old and a graduate of University of Michigan Law School. The sacrifices my parents endured for their kids allowed us to prosper within our educational careers. Together, the educational institutions we have attended include University of Illinois-Urbana Champaign, Northwestern University, University of Michigan, and Loyola University Chicago.

Growing up, my parents have always taught us to treat everyone with respect. Although I grew up Muslim, my parents sent my siblings and I to Catholic high schools that placed us in an environment different than our own. Being the only Muslim in my class, I was allowed to interact with people who were raised different than myself. The opportunities my parents have given me allowed me to enter college open minded. I have met people I consider friends from all over the world.

However, with the hostile attitude some people carry towards Muslims, I believe that it is important that we remain together as a nation. I believe that the tradition of hosting an Iftar Dinner at the White House during the month of Ramadan is one tradition that shows the diversity our country holds. We, as Americans, are accepted for what we practice and how we look. On behalf of the Muslims living in the land of the free and home of the brave, I want to thank you for standing firmly with us in rejection of those who are hoping to limit our rights. Additionally, as your term comes to an end, I want to thank you for all the hard work you have done for all Americans and the rest of the world these past eight years as the President of the United States.

All the best,
Noor Abdelfattah

親愛的巴拉克‧歐巴馬總統：

　　我是努爾‧阿多法塔。我於 1997 年 11 月在芝加哥出生，有幸能在芝加哥北岸長大成人。我從小在穆斯林移民家庭中長大，我知道住在世上最偉大城市中的我是享有特權的。我的祖父在 1951 年離開他的家鄉，來追尋他的美國夢，我父親在那年誕生，但他直到 16 歲才跟自己的父親重逢。我父親來美國時幾乎什麼也沒有，因此無法上大學。然而他還是願意花很長的工時做低薪工作，藉此養家活口。在我出生時，我的父母與五個哥哥都遇到了許多難題。

　　我的長兄七歲時在一場芝加哥幫派鬥毆中受到波及，臉部中彈。如今他已經 33 歲，是密西根大學法學院的畢業生。我父母的犧牲成就了孩子的高學歷。我們幾個孩子念的大學包括伊利諾大學厄巴納香檳分校、西北大學、密西根大學與芝加哥洛約拉大學。

　　在我們成長的過程中，我父母總是教導我們要尊敬每個人。雖然我是在穆斯林家庭中成長，但我父母送我們到天主教高中就讀，讓我們進入完全不同於我們家的環境。我是班上唯一的穆斯林，這讓我有機會接觸成長過程與我大相逕庭的人。我父母給我機會讓我能以開放的態度讀大學。我認識了許多來自世界各地的朋友。

　　然而依舊有些人對穆斯林心懷敵意，我認為如今很重要的是，我們應該舉國上下團結一致。我相信每年齋戒月在白宮舉辦開齋晚宴的傳統能表現出國家的多元性。人們接受了我們美國人的身份、我們的舉止與外表。我要代表所有生活在這片兼具自由與勇敢的土地上的穆斯林感謝你，謝謝你堅定地站出來，對抗想要限縮我們權利的人。此外，由於你的任期即將結束，我想要感謝你在擔任美國總統這八年來曾為所有美國人、為這個世界所做的努力。

祝你一切安好。
努爾‧阿多法塔

●●●○○ Verizon 🛜   12:31 PM   93% ▰▰▰▷

Done   Samantha Frashier incoming.pdf   ⬆️

Ms. Samantha Lauren Frashier   Submitted via whitehouse.gov
Cincinnati, Ohio   7/20/2016 10:03 AM

Dear Mr. President,

I know this is a long shot, but I being optimistic and I'm trying. I want to
make a change. I may be one person but I've already changed the lives of
others. I am 29 years old, the mother of 7 month old twin boys and have
almost 3 years clean from using heroin. I have been contacting my local
officials and sharing my story of hope with others. I am helping start a non
profit recovery home here in Warren County,Ohio by Cincinnati. We have
nothing. I spent hours on the phone trying to find a place for a friend. I am
watching my friends around me die. And I can't help them because the only
option is to send them to Florida, New York, California ect. I remember
hearing you speak about putting in some funding into substance abuse and I
am curious what it went to? I am also interested in figuring out the best way
to help addicts. Prison is not helping and the laws are crazy with this
involuntary manslaughter charges. Prison is not the answer. I urge you to
please contact me, I have sooo many things I would love to speak with you
about. I know it may not be possible, but a girl can dream! Thank you!!

莎曼沙・羅倫・費雪
俄亥俄州，辛辛那提
2016 年 7 月 20 日上午 10:03

親愛的總統先生：

　　我知道機會渺茫，但我生性樂觀，正在努力嘗試。我想要做出改變。或許我只有自己一個人，但我已改變許多人的人生。我今年 29 歲，有兩個孩子，是七個月大的雙胞胎，目前已經戒除海洛因三年了。我過去一直持續與地方政府保持聯繫，與他人分享我充滿希望的故事。我目前正在俄亥俄州辛辛那提附近的華倫郡協助他人成立一間非營利康復之家。我們一無所有。我曾花好幾個小時打電話，想要替一位朋友找個地方戒毒。我正看著我周遭的朋友步入死亡，但我沒辦法幫助他們，因為我唯一的選擇只有把他們送到佛羅里達州、紐約州、加州等地。我還記得你演講時曾提到要把專款投注在藥物濫用上，我很好奇這些專款如今狀況如何？我也很想弄清楚，如何才能用最好的方式幫助成癮者。監獄毫無幫助，法律簡直是瘋了才會認為販毒犯的是過失殺人罪。監獄不會是解答。我希望你能盡快聯絡我，我有很多事情想要告訴你。我知道這或許不可能，但身為女生的我也可以有夢想！謝謝你！！

THE WHITE HOUSE

WASHINGTON

August 4, 2016

Ms. Samantha Lauren Frashier
Cincinnati, Ohio

Dear Samantha:

    Thank you for writing and for sharing your story. Every day, I am inspired by resilient Americans like you who summon extraordinary courage and strength to live healthy and productive lives in recovery.

    Too many Americans are affected by the prescription opioid and heroin epidemic. My Administration has been doing everything we can to increase access to treatment, but it won't be enough without more resources from Congress. That's why I have called on Congress to provide $1.1 billion in new funding to help ensure that all Americans who want treatment for an opioid use disorder can get the help they need. Unfortunately, Congress has repeatedly failed to provide these resources. Congress needs to act quickly because lives are at stake.

    My Administration is committed to promoting evidence-based strategies to combat substance use disorders, and to reforming the criminal justice system to address unfair sentencing disparities and provide alternatives to incarceration for nonviolent, justice-involved individuals with substance use disorders. Recovery can transform individuals, families, and communities.

    Thank you, again, for taking the time to write. With access to treatment and other supports, recovery is possible for American with substance use disorders, and I will continue to work alongside you until we achieve this reality.

Sincerely,

THE WHITE HOUSE

WASHINGTON

2016 年 8 月 4 日

莎曼沙·羅倫·費雪小姐
俄亥俄州，辛辛那提

親愛的莎曼沙：

　　感謝妳來信與我分享妳的故事。每天我都因為像你一般堅忍的美國人而深受啟發，妳以極大的勇氣與力量在重獲新生後活出健康且充實的生活。

　　處方鴉片類藥物與海洛因氾濫影響了很多美國人。政府正在盡我們所能增加治療管道，但除非國會提供資源，否則光靠我們是不夠的。這正是為什麼我會希望國會能另外撥出 11 億的專款，就是為了想要確保所有對鴉片類藥物成癮的美國人能得到需要的幫助。不幸的是，國會屢次失敗而未能提供這些資源。國會應該要盡快有所行動，因為有許多人命在旦夕。

　　我的行政團隊已決心要提倡實證4策略以對抗藥物濫用，同時改革刑事司法系統，如此才能解決不公的判決差距，讓有藥物濫用、涉及非暴力刑事案件的人能有監禁以外的替代方案。康復能為個人、家庭與整個社群帶來轉變。

　　再次感謝妳撥冗來信。只要我們能提供治療與其他支持，患有物質濫用障礙的美國人是有可能康復的，而我會繼續與妳一起努力，直到我們達成這個目標。

誠摯的

巴拉克·歐巴馬

4　evidence-based (madical)，實證醫學，其五大步驟為：1. 提出一個可回答的臨床問題；2. 尋找最好的證據；3. 嚴格評讀文獻；4. 應用於病人身上；5. 對過程進行稽核。

CHAPTER 14

The Writing Team

撰稿團隊

歐巴馬讀過的信上會蓋上「總統辦公室回覆」的印章。這些信會一批批送回 OPC，多數信件的邊緣留白處都會有一些注記。「這是怎麼回事？」總統可能會這麼寫，這樣的短語就是請工作人員提供更進一步資訊——例如關於他不理解的年輕人流行文化，他就會這麼寫。他可能會寫：「DOJ，我們能提供幫助嗎？」意思就是他希望工作人員請司法部（Department of Justice，簡稱 DOJ）去調查信裡面提到的狀況，像是確認某個犯人能得到他所需要的醫療幫助。又或者他可能會只寫上「回覆」，同時在空白處加上一些附注，讓撰稿團隊把這些附注當作提綱，以他的名義撰寫回信。

想要找到撰稿團隊並非易事。他們在閣樓工作，也就是 EEOB 的五樓——大部分電梯都不停這一層，你必須從後面的樓梯上去。這是一個狹窄的空間，天花板低矮且傾斜，小小的窗子嵌在牆裡；人們擠在角落，盯著發亮的螢幕。「就連白宮的人也不知道這間辦公室的存在，」其中一位撰稿人告訴我。

他們是負責整體運作的小精靈。每一封感謝函、謝禮信、弔唁慰問信、賀函——只要是電腦列印又附上了總統簽名的信件，都來自這個九人撰稿團隊（那些手寫的卡片都是總統親筆所寫）。他們最重大的工作，或許就是因應信件代碼而擬、用於自動回覆的制式信件。撰稿團隊所擬的所有制式回覆——總共有 100 多種針對特定主題的回覆，像是移民、種族關係、氣候變遷——都必須隨著新聞報導、政策改變、總統演講內容而不斷更新。每個星期都有一組人仔細整理並修改這些信件，另一組人，也就是所謂的「條件語言技術組」（conditional language tech team），則會不斷微調他們設計出來的演算法，使信件更加貼近個別寄件者。舉例來說，若有一名老師寫信來討論移民法改革，這名老師會收到「移民」這個分類的制式回覆，外加一段感謝他或她對學生付出的話；若剛退休的人寫信來討論氣候變遷，他收到的回信就會是「氣候變遷」的制式回信，外加

一句「祝你退休愉快」。這種演算法能構成數百種組合。

　　他們的目標，是確保每一個寫信給總統的人都能收到有實質內容的回覆。人民要相信總統到一個程度才會寫信給他，那種信任應該要加以培養。撰稿團隊的基本假設，是總統**真的**在乎。如果你無法秉持這份信念，那麼你在這裡做不了多久。費歐娜是掌舵者，負責品質控制，不斷宣揚同一件事：這很重要。她會追蹤這些制式信件所得到的回應，將之分到「微笑」與「皺眉」這兩個資料夾中，讓撰稿團隊判斷他們自己的成功率。「如果有人回覆『謝謝你為我母親的逝世而回信；你的信件對我來說意義重大』，那麼這封信就可以放進微笑資料夾，」費歐娜告訴我，「但若收到的回覆是『你對敘利亞議題的回信並沒有回答我的問題』，那就是皺眉。」

　　沒有人想被歸到「皺眉」，每個人都想得到「微笑」。一切都必須完美。格式、邊界（頁邊留白）、避免多餘的分段與隨機出現的句點、地址的標籤、列印——全都是撰稿團隊的責任，沒有任何細節是不重要的。這或許只是一封制式信件，但它是**來自總統**的制式回信。這將會成為某個公民的憑證。最後，這封信有可能會被裱框掛在某人的牆上——子子孫孫代代相傳。這是一件文明產物，是美國歷史的一部分。

· · ·

　　柯爾碧・布盧姆是撰稿團隊中負責回覆每日十信的人。若歐巴馬在信紙的空白處寫了「回覆」與潦草的幾句備注，那就表示他們必須創造出一封個人化的回信，這一類的信件全都由柯爾碧負責。

　　她有一間單獨的辦公室。「我**不是**這裡最年輕的人，」她在起身迎接我時這麼說道，好像是在搶先結束一個太過常見的話題。她看起來就像青少年一樣乾淨而樸素：一頭俐落的短髮；一件鈕扣扣到領口的上衣，還有一串珍珠項鍊。她當時 23 歲。「我大學畢業

後的第一份工作就是這個，」她說，「我的意思是，這讓我覺得壓力很大。」但她已經在這個崗位工作兩年了。

我花了一會兒才算出來。在歐巴馬第一次當選時，柯爾碧根本還不到法定投票年齡，她那時還在讀高中。「基本上，我的工作就是引自由世界領導者的精神上身，」她說。「我盡我所能地去做……他，」她說，接著又用在我看來十分適合她的方式加了一聲「嗯。」

我問她，她是怎麼學會用歐巴馬總統的語氣寫信的。

「大多是聽他的演講，」柯爾碧在辦公桌前坐下，示意我也坐。她說從她還是個孩子的時候，就會站在猶他州家裡的客廳電視前聽歐巴馬的演講，他的演講對她來說**意義重大**。「那種掌控字句的方式、那種表達概念的方式……」在那之前，她從沒有花時間聽任何政治人物說話過。那些人胡言亂語的對象是她的父母和其他人，不是她。但是這個人不一樣，**他是在對我說話**。她想要了解他，於是開始讀他的書。歐巴馬似乎是個危險人物：他是民主黨的。這種新奇感本身，可能也是吸引她的因素之一。她過去曾認識過民主黨的人嗎？猶他州有任何一個民主黨的人存在嗎？她愛上了他語句的節奏與韻律。「他能滔滔不絕、強而有力、深刻入骨地發表看法，讓人們感動落淚。」她變成了隱性民主黨支持者，後來又成為了公開的民主黨員。

「2012 年我第一次能投票的時候，我興奮得不得了，」她告訴我，「我記得我男朋友那時的反應是『**為什麼？**投票有什麼用？』這句話讓我有很深的感觸。我對這件事感到如此興奮，但卻有這麼多人對此感到厭倦；他們不覺得一票能造成多大的不同。」

「我的意思是，你當然可以說我在 2012 年的那一票並沒有什麼太大的幫助，尤其是在共和黨區域投給民主黨的一票。不過，這票幫助了**我**。因為這票使我充滿力量。我還記得拿到『我投票了（I voted）』的貼紙時，我把它貼在手機殼後面，我以此為榮。」

　　兩個月之後，那張貼紙才剛磨損，她就進白宮工作了，剛好在歐巴馬第二任就職典禮之前。那時她在猶他州立大學主修文學，經由學校獲得了去白宮實習的機會。「我只記得手機殼上還有貼紙的殘膠，整個手機殼都黏黏的——」

　　我還在努力適應這件事：有歐巴馬親筆簽名的所有私人回覆信件，都是這個年輕人寫的。

　　「我愛我的工作，」她說。

　　持續收聽歐巴馬的演講，能讓你變得特別擅長做這種工作。「我聽很多的演講，導致我的腦袋裡好像一直都有實況轉播一樣，」她說。OPC 的實習生在實習階段結束之後，有野心和動力的人會應徵正式職缺；柯爾碧只是其中之一。費歐娜很早就發現了她的本領，於是雇用她到撰稿團隊工作，沒多久之後就安排她負責每日十信。

　　「我在打草稿的時候會坐下來，大聲朗誦，」她試著解釋她用的方法。「我會聽聽看這像不像總統的語調。如果聽起來像他，那我就知道這封草稿不錯。如果聽起來不像他，我就會繼續嘗試，直到像為止。」

　　「我真希望我能告訴妳到底應該怎麼寫，但是……我就是每天這樣做。」

　　她為我舉了個例子。在她本日要完成回覆的那疊信件最上方，是一個來自塔爾薩的女人寄來的一封信。「我的工作是理解總統想要對這個人說的話，」她把信拿起來，「然後把這些話轉成每一位寄件者所應得的、量身打造的回覆，但也同時是總統想要傳遞給這位特定民眾的話。」那封信寫的是一場槍擊事件——一名白人警察開槍射死了一個沒有攜帶武器的黑人，根據信中所述，槍擊案後發布的影片顯示，那名黑人當時已經把雙手舉到頭上方了。那名女人

怒氣沖天；她想要知道歐巴馬為什麼沒有更努力處理警察與非裔美國人社群之間日益嚴重的緊張狀態。

費歐娜把這封信選入了每日十信之中，總統也讀了這封信。他在頂端寫下「回覆」，下面的空白處他寫道「我也一樣生氣」。他在幾個句子下面畫線，在旁邊的空白加上驚嘆號，潦草的幾句話，還有一些簡短的評論。

「看到了嗎？」柯爾碧指著歐巴馬寫的其中一個驚嘆號。「看到這個了嗎？還有這邊這個——」歐巴馬在信上寫下的凌亂符號或許非常簡單，但柯爾碧了解這些記號。

她轉向電腦，叫出一篇她正在進行的草稿。那是一個微軟文件檔，旁邊有一整排五顏六色的附注。替每個句子下注解——這是柯爾碧的信條。如果她是一字不差地引用歐巴馬潦草寫在信件上的字句，她會注明；如果是從他針對某個議題的演講、信件、或在市政廳與民眾的對話中借來了幾句話，她也會注明。她已經習慣在白宮的官方網站不斷搜尋各種檔案，從中汲取歐巴馬的語氣，用在回信上。到頭來，以總統的名義撰寫回信需要的是解讀密碼的能力，加上整理資訊的能力，還有超大份量的信心，認定你就是住在這個自由世界領導者腦中的人，才能夠把事情做好。

我問她這股信心從何而來。

她抓起珍珠項鍊玩弄起來。「要直線思考是非常簡單的事，」她說，「比如說，好，現在有個人寫的信跟氣候變遷有關，所以我們就插入一些和氣候變遷有關的句子。」但她說那種嘗試毫無價值。品質管控最偉大的領頭羊費歐娜，會把那種句子直接丟回去給她，並說「不行」、「再試試」以及「你沒抓到重點」。費歐娜必須提醒柯爾碧，她寫信的對象是有血有肉的人。總統也是有血有肉的人。

「我很清楚地記得，那時幾乎像醍醐灌頂，」柯爾碧告訴我，

「那一天我突然頓悟了。」她發現，每一封來自總統的信，其實都是同一個宗旨的不同變化。「那個宗旨就是，『你看，我聽見你了。你是存在的，你是重要的，我在乎你的聲音』。」

我想，或許這種最基本的訊息，這種沒有憤世嫉俗、沒有華麗文字、沒有意味深遠──沒有包袱──的訊息，就該讓柯爾碧這種距離童年還不算太遠的人張開雙臂來好好保護。

柯爾碧一一翻閱當天下午要完成的信，大概有 15 封。總統辦公室回覆、總統辦公室回覆、總統辦公室回覆、回覆、回覆、回覆。「其中有幾封比較簡單，」她一邊說一邊抽出其中一封信。有個人寫信來建議總統退休後應該要做什麼。「『每天騎腳踏車，做志工，不要害怕白日飲酒，盡可能多和歐巴馬太太一起外出午餐。』」總統除了寫「謝謝你的絕佳建議！」之外，幾乎沒什麼其他的評論。「我可能會再多加一點細節，」柯爾碧說，「我記得他最近曾開玩笑說他想要花上三到四個月睡覺；或許我會加上那幾句話──」

她又抽出另一封信。一名女人寫信來道歉；她在好幾年前曾經寫信指責歐巴馬是反基督教的人。如今她再次寫信來，說她的心態轉變了，她很抱歉。歐巴馬在上方寫下「回覆」，旁邊則是：「感謝妳的深思熟慮，也謝謝妳抱持開放的心態。我知道未來妳一定能做得很好。」

「我還沒有替這封回信打草稿，」柯爾碧說。「但回信不會比總統這裡說的多到哪裡。這封回信只需要……總統寫下的這些話。」她把信放回那一疊信之中，翻看起其他信。「妳也知道，大多數信件的開頭都是『我知道我的信永遠不會寄到你手上』，」她說，「或是『我敢說工作人員會直接把這封信丟進垃圾桶』。所以對我來說，知道寫下這些話的人會收到回信，知道他們的冷嘲熱諷或不抱希望的態度，將會因為收到回信而受到小小的打擊──我會

覺得好像獲得了勝利。」

　　我想起這陣子遇到過的寄件者，思考著歐巴馬的回信對他們的意義。

　　我想起了尚恩‧達比（詳見第 13 章），他在女兒自殺後寫了一封憤怒的信；總統在回信時把克莉絲蒂娜名字寫對了，這使他感到安慰。「多數人都會在克莉絲蒂娜的名字裡多加一個 h。」

　　我想起聖安東尼奧的律師唐娜‧柯翠普（詳見第 15 章），她寫信來感謝總統減輕她客戶的兩個無期徒刑。讓唐娜覺得感動的是，總統在回信中感謝她以公設辯護人的身份為國家付出。「從來沒有人感謝我們。」

　　我想起來自北卡羅萊納州的包柏‧米爾頓（Bob Melton），他在 2014 年寫信給歐巴馬感謝他的《平價醫療法案》；法案通過後，他終於負擔得起看醫生的費用了，這是他 12 年以來第一次去看醫生。總統回信了，包柏‧米爾頓把那封信拿給每個人看。「我簡直不敢相信！我立刻跳上車，衝到沃爾瑪買了一個畫框。」他受邀到北卡羅萊納州柏克郡參加民主黨大會，在會議上大聲唸出歐巴馬總統的回信，每個人都熱烈鼓掌，所以現在其他地方小組也在央求他去讀信給他們聽。「整個狀況讓我覺得受寵若驚。我的意思是，我是個微不足道的老人啊，就住在北卡羅萊納州這裡。你懂吧？我從來沒想過會有人為我鼓掌。」包柏‧米爾頓會告訴你，這封信讓他如今走在路上都能昂首闊步。

　　最後，我想起住在德州達拉斯的派蒂‧萊斯（Patty Ries），我最近才剛認識她。她在 2016 年寫信給歐巴馬，想讓歐巴馬看看她家的傳家之寶：一封她父親在 1943 年寫給羅斯福總統的信。

　　我想寫信給你已經好一陣子了。現在我開始擔心，這封信能否在你離開白宮之前寄到你手上……我對於唐納‧川普競選總統一事

感到極度憂心。我深深希望他不要贏得這次大選。我害怕若他真的當選了，我們的國家狀況會大幅倒退……我父親在德國出生，他在 18 歲時來到美國。我父親當時非常希望能成為美國公民，如此一來他才能在二次大戰中加入美軍對抗德國……華府收到這封信件後，讓他在凌晨兩點太平紳士[1]的見證下宣誓成為美國公民。若當時的總統是唐納・川普，我父親是不可能獲准入境美國的，更遑論宣誓成為美國公民了……戰爭結束後，他找到了他的母親。她曾被關在特雷辛集中營，於戰後來到美國，在這裡生活了將近50 年，享年 99 歲！可惜我沒有機會認識我的祖父。他在奧斯威辛集中營被殺死了。

1　太平紳士（Justice of the Peace）源於英國，是一個由政府委任民間人士擔任的職銜，以維持社區安寧、防止非法刑罰及處理一些較簡單的法律程式。

THE WHITE HOUSE

WASHINGTON

January 13, 2017

Ms. Patty Ries
Dallas, Texas

Dear Patty:

Your letter reached my desk, and I wanted to thank you for sharing your family's story with me. I was deeply moved by it and by the letter your father wrote to President Roosevelt—what a powerful piece of history.

It's clear you come from a long line of people committed to building a more inclusive, more just future, and your pride in that legacy came through in every word. I hear your concerns about our country's politics. I know it may sometimes seem as if the loudest and angriest among us drive our national conversation, but I firmly believe that the most thoughtful and compassionate voices will ultimately win out and shape the stronger America we all deserve. Hearing from folks like you only reaffirms my optimism for our country's future.

Again, thank you for writing to me, and for your father's dedication to our country. It's been a tremendous privilege to serve as your President these past eight years, and your words—as well as your father's and grandfather's—will stay with me.

All the best,

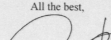

2017 年 1 月 13 日
派蒂・萊斯小姐
德州達拉斯

親愛的派蒂：

　　妳的信送到了我的書桌上，我想要感謝妳與我分享妳們家的故事。這個故事以及令尊寫給羅斯福總統的信讓我深受感動──這真是充滿力量的一段歷史。

　　從妳信中的每一字每一句能看出，妳家族中的人都決心要打造一個更加包容、更加公平的未來，而妳承襲了他們的決心，並因此感到驕傲。我理解妳對於國家政策的憂慮，我知道有時妳會覺得操控國家走向的好像是那些最大聲、最憤怒的人，但我堅信那些深思熟慮且充滿同理心的聲音終究會獲勝，進而塑造值得我們的、更強大的美國。妳以及那些與妳相似之人的發言，使我對美國的未來更加樂觀。

　　再次感謝妳的來信，也謝謝令尊對我們國家的貢獻。過去這八年能成為你們的總統，為你們服務是我莫大的殊榮，妳說的字句──以及妳父親、妳祖父的話語──將長存在我心中。

　　　　　　　　　　祝一切安好。
　　　　　　　　　　巴拉克・歐巴馬

我還記得這封總統的回信讓派蒂非常自豪，就像包柏·米爾頓一樣，就像無數其他人一樣。她把信件放在褐色畫框中，掛在電腦上方最顯眼之處，這封信將成為另一個傳家之寶，就像她祖父關在奧斯威辛集中營後被殺所留下的遺物。

我想真正寫信給派蒂的人，真正寫信給尚恩·達比、包柏·米爾頓和唐娜·柯翠普的人，真正寫下我曾讀過無數封打字回信的人，應該都是柯爾碧。我沒有特意問過柯爾碧這幾封信的事。這麼做等於是侵犯了聖誕老人的領域。我還記得葉娜告訴我，她和其他在 OPC 工作的人都不喜歡在外人面前談論他們的工作，因為他們覺得自己有必要保持一種夢幻的假象。就像魔術師的保密誓言一樣——你不應當向他人揭露魔術的秘密。你的沉默即是你的禮物。

「我每天都覺得不可置信，因為，第一，我在這裡工作；」柯爾碧那天下午告訴我，「第二，總統非常在意這些信。」

想要不幫柯爾碧加油根本是不可能的事。我與她相處的時間愈長，就愈覺得她是我認識的所有人之中最適合掌管這項魔法的人。她有一顆溫柔的心，對英雄的信仰尚未受到污染。

我問柯爾碧，她要怎麼回覆那封塔爾薩的女人寄來有關槍擊的信，她坐回電腦前，上上下下滾動著螢幕。

「好，我已經做好的，是把總統的想法分成好幾段，」她輕輕點了點螢幕。「看到了嗎？這是『我也一樣生氣』、『政府無法干預個案』、『但我們正在做這件事』、『沒有人應該害怕種族歸納發生在自己身上』，最後的結尾是『你需要這麼做』。」

「基本上，美國總統已經給了我主題句，我只要填補空白就可以了，」她聳聳肩。「我是英文系的。這就是我們的工作。」

她會把包含所有注解的最終版本傳給費歐娜，費歐娜再逐一檢查並編輯，之後再將信件交給負責列印的實習生。費歐娜會再次檢查列印出來的版本、頁面邊界的留白、墨水顏色的一致性——信件

上不可以有斑點或污痕——接著送到歐巴馬手上讓他簽名。然後信件會被送出門，丟進塔爾薩的郵箱中，最後可能會被裱框掛在牆上。

「如果沒有我這份工作，有很多人的信都不會得到回覆，妳懂我的意思嗎？」柯爾碧說。「他們不會知道總統在乎他們，他們不會知道他們的聲音是重要的。他們永遠不會**知道**。」

我問她，她是否曾有機會告訴歐巴馬，替他發聲是什麼感覺。

「我從來沒見過他，沒有，」她說，「我的意思是，他親手在這些信件上簽過名了，他知道這些信並不是憑空出現的，所以他知道有我這個職位。」

但歐巴馬對她的了解也就只有這麼多了。不過她告訴我，不久後這情況將有所改變。在總統執政的最後幾個月，每一名白宮工作人員都能和他一起拍張離職前的照片，柯爾碧的拍照時間就排在幾個星期之後。

「我正在試著做好心理準備，」她說，「這是我這輩子遇過最重大的事。有時候我會因為太興奮而當眾做出很出格的舉動，所以我想要做好準備。」

「我會和他握手。我會讓他知道我是誰。我會說『我叫做柯爾碧，我是你的聲音』。」

CHAPTER 15

Donna Coltharp and Billy Ennis,

August 4, 2016
El Paso, Texas

唐娜‧柯翠普與比利‧厄尼斯

2016 年 8 月 4 日
德州‧艾爾帕索

比利第一次被綁架時是 15 歲。那是 80 年代的一個星期六早晨，地點在德州艾爾帕索以北的新墨西哥州安東尼，比利的家人是在有錢之後搬到這裡的。當時比利在房間裡睡覺。他是個瘦小的孩子，熱愛機車越野賽，從小就遵循父母的教導：有人打你的時候，就更用力地打回去，不要一被打就跑去麻煩父母。自己的問題自己解決。

那天早上門鈴響了，比利跑去應門，門外的人問比利他爸爸在不在。「他不在家。」比利回答。那個傢伙走了，一個小時後帶著一大夥人回來，抓住比利的頭髮，拖著他走過庭院，把他塞進一輛車的後車箱裡。比利被他們帶到墨西哥某處，用手銬銬在一張床上，每個人都喊他切斯特。

「我的名字叫比利。」比利說。

切斯特是比他大幾歲的哥哥。

他們抓錯人了。提供一個擄人勒贖小知識：老大比較值錢。比利光是聽他們說話就學到很多，眼前這個狀況顯然和他爸爸日漸蓬勃的販毒生意有關，比利才剛剛開始對這有所了解而已。爸爸的事業對他來說一直只是個模糊的概念，這麼說吧，他知道一直有很多垃圾袋在他爸媽的臥室進進出出。比利被綁三天後，綁匪都還沒拿到贖金，比利就騙了保管手銬鑰匙的那個人，在半夜裡逃跑了。為了活命，他穿越沙漠，在一群墨西哥警察（他們認識比利的爸爸）的幫助下，被送到邊境，由他爸爸前來接他回家。

過了幾個星期後，比利再次被綁，這次他們連切斯特也一起綁走了。他們在半夜到家裡掃射，接著因為比利的媽媽不停尖叫而用機槍的槍托重擊她的頭部。他們再次把比利塞進後車箱，這次因為多了一個切斯特而變得比較擁擠。綁匪再次開車到墨西哥。這次他們綁住了比利的手腳，讓他面朝下地倒在沙發上。上次負責保管手銬鑰匙的人不停毆打比利，說比利當初不應該騙他。「要是你被綁

的話，你也會這麼做。」比利告訴他。「只要是正常人遇到這種狀況都會那麼做。」他們這次凶得多。他們威脅要殺掉比利的媽媽、毆打他和切斯特。又過了幾天，那群認識比利爸爸的墨西哥警方來援，與綁匪發生激烈槍戰之後，把他們救了出來。

從此之後一切都變了樣。比利對於自己被綁架兩次感到怒火沖天，切斯特也一樣。他們拿了槍，想要報復那群人，並認為自己知道這兩起綁架案的背後指使人是誰，說一定要抓到他。他們的爸爸懇求他們不要這麼做；媽媽卻說：「好吧，我不會讓你們這兩個孩子自己去的。」所以她帶上她的左輪手槍，一起坐上車，接著爸爸也上了車，他們四個人就這麼出發去討公道了。

整個過程並不順利。他們要找的那個人不在家，所以比利和他的父母與切斯特抓了那個人的妻子、一名女傭和兩個孩子當人質。他們把這四個人帶到飯店。「我當時是個混帳，」比利後來如此評斷自己當時的行為。雖然他還替人質買了食物和牙刷。這場綁架徹底失敗。每個人都嚇壞了。到了最後，比利的家人把人質關在租來的貨車上，向警局自首。他爸爸跟警方談攏交易。每個人都是販毒業的一部分，每個人都是。沒有人提出告訴，大家都全身而退。

「我後來才發現，那樣的童年並不正常。」2002 年時，比利告訴唐娜・柯翠普。他當時 33 歲。

這是唐娜第一次和她的客戶談話。比利是從佛羅倫斯聯邦監獄打電話來的。那是科羅拉多州一間中等安全級別的監獄；當時她是個剛在德州西區上任的聯邦公設辯護人，上級將比利的上訴案指派給她。

「很高興認識你。」在他自我介紹後，她對他說，「今天早上過得還好嗎？」

比利告訴她，他爸爸跟他住同一間牢房，而他爸爸睡覺時會打呼，所以他們正準備把他移走。

唐娜問比利，他怎麼會和他爸一起被關進牢裡，所以比利試著做個總結。他向她解釋那兩次綁架，然後告訴她，他在 16 歲時變成無家可歸的遊民。他爸爸因為十噸的大麻被關進監獄。切斯特也入獄了，但他被抓是因為牽涉到幫派。比利的媽媽無法負擔房子的開銷，所以離開了。她沒有帶比利一起走。「我那時是個混帳，」比利替他媽媽辯護道。比利在一座橋下找到地方住。學校告訴他，由於他在學區內沒有住址了，所以他不能上學（他沒有說自己住在橋下的事）。他闖進一輛空拖車中，在那裡住了一陣子。他從雜貨店偷食物吃，之後認識了一個人，那個人說他有維生的好管道。比利沒花幾個小時就賣了一公斤的古柯鹼。他在販毒的第一天就賺了 12,000 美元。從那時開始他就天天過著有派對的逍遙日子。

　　比利將故事快轉，告訴唐娜讓他落得今日光景的兩項定罪。他說他在青少年時期的古柯鹼事業做得很成功，被抓的時候曾經非常憤怒，那時他大約 20 出頭，直到後來才明白，當時被抓對他來說是最好的結果。他在監獄裡才知道何謂正常的童年。他戒了毒。他發現販毒其實只會有兩種結果：坐牢或者死。出獄後，他再次測試了這個理論；等到第二次入獄他才學乖。在服完第二份刑期之後，他重新振作，找了一份工作，也生了一個兒子。

　　比利不願意出賣任何人；或許這也是為什麼警察在 2002 年搜查他的房子時會那麼生氣的原因之一。他們沒找到任何毒品，只找到尿布和嬰兒玩具，比利叫他們不准碰他兒子。

　　比利的父親才是他們想抓的人。那時他爸爸已經出獄好幾年了，還和他媽媽一起開了間印刷店。比利懷疑他爸爸可能圖謀不軌，但他不會提供任何資訊給警察。後來警方終於在一次名為「高壓攻勢行動」的組織犯罪調查中，抓到他爸爸和另一名鄰居，也逮捕了比利。

　　「我跟這件事一點關係也沒有。」比利說。他坦承自己販賣大

麻，那是為了賺錢繳房租時的副業，但頂多就是賣大麻而已。他告訴警方，你們可以因為我賣大麻抓我，但不能因為我爸的事抓我。

　　他們一次審判三個人：比利、他爸爸，還有那個鄰居。陪審團決定其他兩人有罪，但在討論比利的判決時陷入僵局。法官要求陪審團繼續商議。最後，陪審團決定比利有罪。由於他有前科，加上「三振出局法」（Three-strikes law）規定屢犯者要加重刑罰，法官最後判決他兩次終生監禁。

　　「就只是因為毒品犯罪？」唐娜在電話上對他說。由於毒品犯罪而判兩次終生監禁這種事總是會讓唐娜很生氣。把非暴力犯罪者通通關起來，對社會一點幫助也沒有。

　　「好，那我們開始吧。」唐娜說。

　　經過這些年，唐娜和比利的感情愈來愈好，儘管他們從沒當面見過。他們只靠電話溝通，這對聯邦上訴法院的案件來講是很典型的模式。他們會聊各自的兒子；兩人的孩子都正在學走路的年紀。唐娜的兒子上幼兒園時，比利的兒子也上了幼兒園。兩個男孩同時學綁鞋帶和一些體育活動。唐娜和比利變成了朋友，就像其他父母一樣互相交流、彼此分享孩子的變化。唐娜知道，比利無法親眼看到這些變化。她能從孩子身上感受到時光流逝，但比利卻不能，這種差異讓她非常難受。

　　比利上訴案的癥結點是一個黑白相間的盒子。庭審時，警方作證說他們利用空中監測系統，看到比利把一個盒子帶進他爸爸家裡。他們在一個盒子裡找到 30 公斤的古柯鹼。那是個捷威電腦的盒子。當時捷威是相當有代表性的品牌，公司吉祥物是一隻荷蘭牛，捷威的每個箱子上都有非常大的黑色乳牛斑塊。直升機上的人看得到那些斑塊嗎？辯護律師說他應該看得到。那麼直升機上的人看到的，有沒有可能其實是比利帶給爸爸其他任何一個不同的盒子呢？在第一次庭審的審議中，陪審團卡在了盒子的問題上。沒有任

何指紋或者其他實質證據能證明比利與盒子有關，唯一的證據是空中監測。陪審團要求檢視盒子。然而，「抱歉，」他們告知陪審團。盒子被法院的清潔人員意外銷毀了。

唐娜認為這個消失的證據當初應該就能證明比利的清白，上訴時也理應如此。

但事實並非如此。

那時是 2005 年。她打電話告訴比利這個消息。這個被拒的上訴花了他們三年的時間。

「我真的很抱歉。」她說。

比利說他想要繼續上訴，他們一定還能做些什麼。

唐娜已經無計可施了。她告訴他，這個嘛，我們或許可以向美國總統請願赦免。這是她能想到的最後一個方法。

歐巴馬和前幾任的總統不一樣，他當時完全沒有行使過大赦的權力。人們都說他赦免的火雞比他赦免的人還要多。事實上，在 2011 年之前他從來沒有特赦過任何囚犯，2011 年也只特赦了一次。

大赦等同於原諒犯罪，將犯罪紀錄完全抹除；特赦則是留下紀錄但完全免去刑罰。

唐娜知道，想要總統特赦比利無異是在幻想，就像希望牙仙子是真的一樣。但他們只剩下這個方法了。所以她準備好請願書，在裡面敘述了比利的故事，請一名特赦律師提交申請。

直到第二任任期的後半段，歐巴馬才開始大開特赦之門。2015 年 7 月 14 日，他在費城全國有色人種促進會（NAACP）上首次發表重大刑事司法演講。「大規模的監禁使我們的國家變得更糟，我們需要

做出努力，」他說。「我將會把焦點放在這個議題上。被關在監獄中的人曾犯過錯，雖然有些是大錯，但他們依然是美國人。在他們坐牢並向社會還債的同時，我們必須確保要能增加他們翻身的機會。」

歐巴馬在演講過後兩天，造訪了奧克拉荷馬州的艾爾雷諾聯邦監獄。「當他們描述自己的年輕過往時，你就可以知道，這些年輕人所犯的錯，和我過去所犯的錯，以及你們許多人所犯的錯，並沒有太大的不同，」他在監獄中說。「不同之處在於他們沒有家庭或團體等社會支持結構、沒有第二次機會或資源，讓他們從那些錯誤存活下來。」

他是首位在任期內造訪聯邦監獄的總統。他的總統任期即將結束，他還有某些特定目標想要達成；他將行使他的特赦權，來達成某種形式上的刑事司法改革。

歐巴馬在 2015 年夏天特赦了 46 人，在 2016 年的 12 月又特赦 78 人，接下來又特赦了幾百人；在他執政的最後一天，2017 年 1 月 19 日，他特赦了 330 人。到最後他總共赦免了 1,927 名犯下聯邦罪刑的人，這個數字比過去 13 任總統加起來的赦免人數還要多。

• • •

唐娜從沒有想過要當律師。她原本想要當文學教授，她原本想要教授《白鯨記》，念法學院其實是她媽媽的想法。

在收到比利的語音訊息時，她在自己的辦公室裡。比利在留言裡的哭聲，讓她立刻回電，卻聯絡不上他。她查看了她的電子郵件，在信箱裡發現了最新的特赦名單，她不斷上下捲動螢幕，想確認眼前的畫面是不是真的。

U.S. Department of Justice

Office of the Pardon Attorney

Washington, D.C. 20530

August 3, 2016

FLORENCE
Warden
Florence FCI
5880 State Highway 67
Florence, CO 81226-9791

Re: William Edward Ennis
Reg. No. 62601-080
Recipient of commutation of sentence

Dear Warden:

Please find enclosed a certified copy of the warrant by which President Barack Obama has commuted the prison sentence of William Edward Ennis, Reg. No. 62601-080. Please deliver the enclosed warrant to the inmate and ensure he has completed the enclosed receipt acknowledging that he has received the warrant. The receipt should be returned to this office via email to USPardon.Attorney@usdoj.gov. Thank you for your assistance.

Sincerely,

Robert A. Zauzmer
Acting Pardon Attorney

Enclosures

美國司法部
特赦律師辦公室
20530 華盛頓哥倫比亞特區
2016 年 8 月 3 日

佛羅倫斯
典獄長
佛羅倫斯聯邦監獄
六十七號州際公路 5880 號
81226-9791 科羅拉多州佛羅倫斯

回覆：
比利‧愛德華‧厄尼斯
佛羅倫斯編號 62601-080
受特赦人

親愛的典獄長：

　　茲附上巴拉克‧歐巴馬總統赦免編號 62601-080 比利‧愛德華‧厄尼斯的赦免證明存證副本，煩請查收。請將所附證明轉交予該囚犯，並請他填妥附件領據，以表明他確實收到該證明。煩請將領據回寄至本辦公室電子信箱 USPardon.Attorney@usdoj.gov。感謝你的協助。

　　　　　　　　　　　　誠摯的
　　　　　　　　　　　　羅伯特‧A‧早茲莫
　　　　　　　　　　　　代理赦免律師

比利・厄尼斯——德州艾爾帕索
准予特赦：刑期減至期滿
2016 年 12 月 1 日

她把這個消息告訴辦公室裡每一個人、告訴整個司法管轄區的每一
個人以及她認識的每一個人。她坐不住。她一直試著聯絡比利。花
了幾個小時試圖專心工作後，她開車回家。她要她先生帶她出去吃
頓晚餐慶祝。她坐不住。她想著，不知道歐巴馬是否知道特赦能對
人造成什麼樣的影響。她想著，不知道他為什麼要這麼做。做這種
事沒辦法讓他得到政治資本。她想著，不知道有沒有任何一個媒體
人會說這是對的事。她想著，在美國竟然有政客能踏出既有的體制
並說：「夠了，該停止了。」這真是一件古怪有趣的事。這些思緒
在她的腦袋中停不下來，而她先生還沒到家，所以她本來打算倒一
杯酒來喝，讓自己冷靜下來，但她卻突然決定打開筆電，打了一封
電子郵件草稿，睡了一覺，第二天早上再次編輯信件。她想要把信
寫好。

　　她想著，不知道是否有任何人曾花時間向總統致謝過。當位高
權重的人做了一件影響深遠的事，聚焦多半是放在那件事上，而非
做了那件事的人身上。

• • •

9/9/16
8:5

From:	**Donna Coltharp**
Submitted:	8/4/2016 12:14 PM EDT
Email:	
Phone:	
Address:	San Antonio, Texas

Message: Dear Mr. President

Yesterday, you announced the commutation of the three-life sentences one of my first clients as a federal public defender is serving. His name is William (Billy) Ennis. No one I have ever represented is more deserving of a second chance. In fact, for this reason, I referred Billy's case to a commutation lawyer a year before our national commutation projects began.

Billy grew up with parents who trafficked in drugs at the border. At one point, when he was a child, he was actually kidnaped by people who were seeking to collect drug debts from his parents. For awhile, as a child, Billy lived under a bridge. It was not surprising that, as a young adult, he picked up two drug convictions -- one relatively minor. Then, he went straight. Quit using drugs. He had a son. But, he got pulled back into his parents' dealings and performed a role in a drug transaction. And, the drug laws put him away for three lifetimes. His son, whom he had custody of, was just a baby.

I lost Billy's direct appeal. But, I have remained in touch with him for the past 14 years. We talk at least once a month. So much has changed. His son now plays high school football in El Paso! His mother passed away a few years after he was sentenced. Billy has participated in every prison program available to him and has the respect of prison staff and inmates alike.

Billy deserved a second chance. But not many people would have given it to him. I am profoundly grateful that you have the courage to look at people whom society has decided are not worth looking at and see an opportunity for redemption rather than just a criminal. Yesterday, the day I heard about Billy's commutation, is the single best day I've had as a criminal defense attorney. I've seen clients walk free because of my representation (not many!), but I have never seen a client handed the gift of grace that you gave Billy.

Billy called me in tears yesterday. I may never hear from him again, but I will never forget him or that call. Please keep him in your prayers as he tries to find a way forward to a better life.

寄件者：唐娜・柯翠普
寄件時間：東部夏令時間 2016 年 8 月 4 日下午 12:14
地址：德州聖安東尼奧

親愛的總統先生：

　　昨天你宣布，要讓我擔任聯邦公設辯護人時最早的客戶之一減刑。他名叫比利・厄尼斯，被判三次終身監禁。他是我代表辯護過的人之中，最應該獲得第二次機會的。事實上，在我國的減刑計畫開始一年前，我還曾把比利的案子介紹給一位減刑律師。

　　從比利小時候開始，他的父母就在邊境非法買賣毒品。在他還是小孩子的時候，他曾因為父母買賣毒品欠債而被人綁架。在他還是孩子的時候，有一陣子必須獨自在橋下生活。因此毫不令人意外地，青少年時期他曾兩次因為毒品而被判刑，其中一個還是相當輕的定罪。之後，他回到正途，戒了毒，也生了一個兒子。但是後來他又被捲入他父母的交易之中，參與了一次毒品買賣。毒品法令使他被判了三個終身監禁。比利那時擁有他兒子的監護權，而那孩子還只是個嬰兒。

　　我在比利的直接上訴中敗訴了。但，在過去這 14 年中，我一直和他保持聯絡。我們每個月至少會講一次電話。好多事情都變了。他的兒子現在在艾爾帕索的高中踢足球！他母親在他判刑數年後過世。比利參加了每一個他能參加的監獄計畫，監獄中的工作人員與囚犯都對他心懷敬意。

　　比利值得第二次機會。但過去沒有太多人願意給他第二次機會。社會判定這些囚犯不值一提，你卻能勇敢地認真檢視這些人，我非常感激這一點。你在他們身上看到了救贖的機會，而非只看到一個個罪犯。我在昨天聽說比利獲得減刑，這是我擔任刑事辯護律師以來最棒的一天。我曾看過我的客戶因為我的辯護而獲得自由（雖然為數不多！），但我從來沒見過任何客戶獲得你給予比利的慈悲禮物。

　　比利昨天流著淚打電話給我。或許我以後再也不會聽到他的消息，但我永遠不會忘記他和昨天那通電話。他正試著讓自己能過得更好，請你也替他禱告。

比利從來沒和唐娜見過面。今天她到艾爾帕索來開會，所以他終於有機會能見見她了。他想像，唐娜應該留著一頭深色的頭髮，大概50歲。他知道自己變胖了一些，要是他頭頂上還有頭髮就好了。他將在數分鐘內準備好出門，但若你有興趣的話，你可以先四處瀏覽一下。

如你所見，這間房子需要整理。比利在數個月前初次踏進這裡時，蜘蛛網多到像是**阿達一族**[1]的家。他首先處理的是水電問題。當你到了47歲，回到兒時成長的房子是一件很奇怪的事。比利在這裡住到13歲，那時一切還沒亂了套。這棟房子是他祖母的財產，雖然在她過世時，比利還在獄中服他的兩次終身監禁——並不是像唐娜寫給歐巴馬信中說的三次終身監禁，畢竟在談論到多次終身監禁時是很容易搞混的——但她還是把房子留給了比利。

這些年來房子都無人照顧，有些人還會來「借」住，把屋子徹底毀壞，但這都沒關係。如你所見，他們留下了家庭合照。這張照片是大約1980年他們去納氏草莓樂園度假時拍的。比利那時應該是十歲。他、切斯特、一位表親還有比利的爸媽，全都穿得像牛仔一樣，那裡有個攤位提供古裝讓遊客穿戴。帶著警長徽章的是比利的爸爸。除了比利之外，這張照片中的每個人不是死了就是在坐牢。

他很高興他還有一間房子可住。他也見了兒子威廉幾面。威廉很高，非常熱中參加教會與學校的活動，所以生活很忙碌。他送了一隻狗給比利，他們把狗取名叫宙斯。

比利現在的工作是修繕屋頂，鐵皮屋頂。他很感謝願意給他工作機會的人。他才工作沒幾個月，就升任主管了。他有時會覺得自

1　The Addams family，美國經典動漫，亦曾改編為電影，主角為一家富有但古怪的家庭，他們居住的房子和家庭成員一樣陰森恐怖。

已像是《李伯大夢》[2] 的主角。如今每個人都那麼沉迷於智慧型手機。他 15 年前入獄時，市面上只有折疊式手機。比利還不太懂怎麼發簡訊。他最近才第一次踏進星巴克。還有，他最近交了女朋友，他們是在超市遇到的。

「我是不是認識你？」她說。

「我叫比利。」他說。

「厄尼斯！」她說。

他們是在七年級時認識的，那時一切都還沒發生。

親愛的唐娜：

謝謝妳在去年八月花時間寫信給我。我親自讀了你的信，從妳的角度了解比利的案件對我來說意義重大。任何犯錯的人都應該有機會爭取第二次的轉機。比利的故事正是我們必須使刑事司法系統更加公正、更加有效率的原因，在非暴力毒品犯罪這一塊上尤其如此。

我堅信，在導正公平與正義的基本理念過程中，為應得到赦免的人實施總統赦免權是很重要的一步。然而如今還有許多工作尚未完成，妳的經驗讓我們得知，我們有責任確保已從錯誤中學習的人能回歸我們的美國大家庭。

再次感謝妳寫下這封發人深省的信件。我非常感激妳身為

2　Rip van Winkle，19 世紀美國小說。描述主角睡了一覺後竟已過了 20 年，一切物是人非。

公設辯護人這些年來為國家的付出，我會將妳的話語放在
心中。

誠摯的
巴拉克・歐巴馬

比利來到艾爾帕索的辦公室時，唐娜正在吃生日蛋糕。當時有點尷
尬，他們幾乎無法直視對方的眼睛。她拿了一塊蛋糕給他，接著說
後面還有墨西哥酥餅。她發現自己很想要拿食物給他。
「你的兒子最近還好嗎？」她問。
「妳的兒子最近還好嗎？」他問。
兩人互相交代近況，很快就開始拿照片給對方看。
「他長得好像你喔！」
「我胖了。」
「你看起來棒極了。」
他說他升職做主管了；每個小時 17.5 美元的工資在艾爾帕索
算是很不錯的。她說她也升職成主管了，如今是副席聯邦公設辯護
人。「這一切都感覺好奇怪。但我猜這是值得的——」
「真的。」
「沒錯。」
「總之——」
有時候你很難找到對的字眼。
「我要妳知道，我很感謝妳為我做的一切，」他最後說道。
「你讓我能保持積極樂觀，」她說完後張開雙臂。
「我很抱歉，」他指的是當時哭了的事，她抱住他。

「我很抱歉，」她說。

最後兩人都一邊哭又一邊笑了起來。

「有時候我覺得活著真好，好到令人難以置信。」她說。

CHAPTER 16

Election Day

大選日

大選日當天，根據《紐約時報》的「結語」專欄（The Upshot）報導，希拉蕊·柯林頓有 85% 的機率成為下一任美國總統。「柯林頓女士輸掉選戰的機率等同於國家橄欖球聯盟的踢球員在 37 碼射門時失敗的機率，」《紐約時報》寫道。在 538 民調[1] 中，她有 71% 的機率會贏，他們預計她共會拿下 302 張選舉人票[2]。

葉娜和其他 OPC 的工作人員，一起到蕾西的公寓去看大選結果。他們打算開香檳慶祝一番，雖然那將會是苦樂參半的慶祝，但也沒關係。歐巴馬執政的最後一天，也就是 2017 年 1 月 19 日，將會是 OPC 工作人員在白宮工作的最後一天。他們可以選擇在新政府進駐白宮時再次申請職位，但沒人保證會錄用；這個團隊即將解散，每個人都心知肚明。

過去一個月中，他們專注於交接準備。費歐娜還清楚記得 2009 年的事；布希的 OPC 工作人員什麼指引都沒留給歐巴馬的團隊。沒有程序手冊、沒有信件模板、沒有軟體、沒有硬體、沒有電腦、沒有電話……沒有紙。麥可·凱萊赫當時不得不從零開始，為這個 OPC 帝國創造基礎，而費歐娜決心要把一切完完整整地交給下一任政府——並附上詳盡的手冊。她指示手下的人把所有事物都記錄下來：把所有流程都切分成最細節的步驟，分類、給樣本編上代碼（用鉛筆）、屬性、紅點、政策信、個案轉介、囚犯信件、孩童信件、慰問信、新興議題會議、條件式語言技術組、演算法。如果他們能把這些資料準備妥當，下一任執政團隊接手後就可以馬上順利運作。她把這些資料整理好放進文件夾，等到交接團隊來了之後（他們預計會在大選後沒多久出現），她會把這些資料交給他

1　美國著名的政治數據分析網站「538」（FiveThirtyEight）
2　美國總統的選舉方式為間接選舉：先由一般民眾選出各州「選舉人」，再由各州選舉人代表投票。各州選舉人票之和，即為該候選人最終獲得的總選舉人票。總選舉人票超過半數，即 270 張，即當選為美國總統。

們，告知他們若有問題可以問她，也可以請她協助訓練，有任何需要協助的地方都可以跟她說。

費歐娜不打算去參加蕾西家的派對，她想要在家和先生一起安靜地看大選結果。她已事先警告我，第二天早上會非常非常忙碌。她早早就告訴員工：大家不需要到紙本信件室。她將會需要所有人、所有實習生、所有志工、每個人的每隻手都要放在電子郵件室。每當有重大的國內事件發生，例如國情咨文這一類的活動，他們總是會一次收到極大量的電子郵件，而這次——第一次有女性當選總統、由有史以來第一位黑人總統交接給有史以來第一位女性總統——這一定會造成電路癱瘓。

科迪・基南選擇在他家與妻子以及兩位朋友班・羅德和丹・菲佛一起看大選結果。大概在凌晨兩點半時，他的電話響了。

是歐巴馬。「我想你應該知道，我們必須重寫明天的聲明稿了。」他說。

「對，我知道。」科迪關上電視。

他揉掉他之前替歐巴馬打的草稿，他們本來打算大選隔天在玫瑰園演講，祝賀希拉蕊・柯林頓獲得歷史性的勝利。

唐納・川普贏得了總統大選，科迪思考著歐巴馬到底應該在玫瑰園對全美國說些什麼。

早上六點，科迪把修訂後的演講稿寄給歐巴馬。

「有點太沉重了。」歐巴馬告訴他。

「是啊，我知道。」科迪說。

大選隔天的早晨下著雨，我早早抵達了白宮大門。EEOB 四樓的 OPC 主辦公室中，除了費歐娜之外一個人都沒有，我坐在她辦公桌的對面，看著她翻閱一疊疊紙張。

「好吧。」她抬起頭。她的臉因缺乏睡眠而有些微浮腫。

「好吧。」她又說了一遍，接著攏著一疊紙上下敲擊桌面，把紙張理順。她無法與人視線相接，窗外的天空是單調的鐵灰色，我可以聽到遠處印表機的嗡嗡聲，我腳邊放著一把溼透的雨傘。

「嗯，妳的頭髮看起來很棒。」她說。

我告訴她，不，她的頭髮比較好看。

「噢，這只是──」她搖搖頭，頭髮摩擦帶出了一陣窸窣聲。我們聊起我的瀏海。

頭髮的話題成了我們的避難所。

「我很抱歉。」她最後倒向椅背。「只是，妳是第一個跟我講話的人。」

「妳也是第一個跟我講話的人。」我說。

我們笨拙且遲疑地討論，那在大門口跟警衛打招呼算不算呢？不算，是的，不算。

我想應該有很多人會永遠記得，這天太陽升起時自己在哪裡。記得第一個和你說話的人是誰，記得你說的話。然後你接二連三地領悟那些話背後的含意。**等一下，什麼？事情不應該這樣啊。**這種感覺很奇怪，彷彿現實已經走在你前方很遠了，現在你得用賽跑的速度趕上去。如果你甚至還想趕上的話。不想面對現實的無力氛圍，就像流感一樣逐漸散播開來。

電子郵件室在傑克遜廣場街另一棟大樓裡的衛星辦公室中，很快的，費歐娜和我將會趕到那邊，加入那裡的工作人員，以及所有一早醒來得知選舉結果、並想著**「今天我需要寫信給歐巴馬總統」**的人從美國各地發出的聲音。

寄件人：山姆・K－G
寄件時間：東部標準時間 2016 年 11 月 9 日上午 8:20
地址：俄亥俄州格蘭維爾

親愛的總統先生：

　　我其實不是那種「寫信給總統」的人。我認為這種事基本上不過是一種理想主義的姿態。但今天早上，我替我們國家的未來感到害怕。我相信你也一樣。任何有理智的人都會有這種感覺。我的請求是：請你，拜託你盡你所能地掣肘川普。請你盡力減輕即將到來的這場災難。

我很遺憾你的總統任期將在這種狀況下結束。

山姆
附注：致讀到這封信的志工：你們今天一定忙翻了。請繼續加油

　　費歐娜最後還是在她的辦公室裡崩潰哭了起來。這是遲早都會發生的事，現在總算讓她解決掉了。「我很抱歉，」她低垂著頭說。她聊起了她的丈夫克利斯。他們是新婚夫妻。她告訴我，克利斯曾在OPC工作過，他們就是在這裡認識的；他們一起受訓，每天一起花八小時讀紙本信。她說，這種經歷會使你們緊密連結在一起。

　　「我很抱歉，」她再次重複。

　　我待在OPC的這段時間裡，好多人都跟我提起過這種連結。這種語氣讓我想起士兵說話的方式，又或者是礦工說話的方式：他們站在最前線，體驗著常人永遠無法親眼見證的事物。信件室。誰會想到信件室也能有這種經歷呢？

　　「妳準備好過去了嗎？」費歐娜說。我們拿起雨傘，穿上大衣。

　　我在往外走的路上看到了柯爾碧；她靠在牆邊，另一名工作人員似乎在安慰她。她低頭盯著自己的鞋子，不斷啃著拇指指甲。

・・・

　　傑克遜廣場街與白宮相隔一條街，形成拉法葉廣場的西側邊界。街道兩旁種滿了櫻桃樹，還有一整排建於 19 世紀的宏偉連棟磚砌房屋。許多外交官與政要都曾在那裡住過，其中包括了亨利・理德・拉斯柏（Henry Reed Rathbone），林肯在福特劇場的總統包廂內被刺殺時，坐在林肯身邊的軍官就是他；在那之後拉斯柏再也沒有從這創傷恢復過來——他瘋了，最後在精神病院度過餘生。在 1902 年白宮重新翻修時，老羅斯福總統和他的家人，也曾住在傑克遜廣場街的其中一棟磚房裡。聯邦政府在 50 年代獲得了這些建築的所有權，原本是打算拆除這些建築，在那兒蓋一間聯邦辦公室。1962 年，第一夫人賈桂琳・甘迺迪出手干預，她說，不要毀掉這些美麗的老建物，因此該計畫就此取消。如今有一整排聯邦辦公室設置在這些連棟磚房之中，這些辦公室溫馨有趣，卻又充滿爾虞我詐的氣息。

　　電子郵件室位在傑克遜廣場街 726 號的三樓；辦公室是一個開闊的開放式空間，原本可能是一間正式的會客廳。那裡的天花板挑高，窗戶周圍鑲嵌著華麗的飾板，有些窗戶還夠深到在窗台設了座位。除此之外，那裡充滿了一個接著一個用隔板隔開的辦公座位，每個隔間內的電腦螢幕閃爍著螢光，大約有 50 人擠在那裡；在辦公室的前後兩端，領頭的工作人員用盒子把電腦墊高，以便站著工作。

　　我們姑且稱其中一名領頭的工作人員為約翰，不過那並非他的本名。在大選後隔天早上發生的一件怪事就是，OPC 的人開始要求我不要透露他們的真實姓名。在此之前我從來沒遇過這種事。就好像每個人過去都藏在費歐娜、席艾拉與歐巴馬的保護罩之下；就好像 OPC 是個集體，而只要其中一人覺得這樣做不錯，大家就都

要求比照處理。

　　但如今他們覺得自己就像自由落體，抓不到重心。每個人都得自己照顧自己了，他們擔心自己的未來——也就是工作，而政治背景會很重要。

　　約翰在擠滿工作人員和實習生的房間站起身，說了一段鼓舞士氣的話。「我們可以看到，現在有許多人都陷入崩潰了，」他說。他很年輕，外表整潔，有著漆黑的頭髮。「聽好，總統需要我們把工作做好。所以讓我們開始吧。這是我們的專長，這是我們在這裡的原因。或許今天的狀況會比較怪一點……」

　　他告訴他們，如果信件開始讓他們覺得沉重，就去散散步。他告訴他們別開電視。「這是沒有用的。在那邊說『如果當初這個人去參選、如果有這麼做或那麼做的話就好了』是沒有用的。**這是沒有用的。**」

　　「聽好，我們每個人都還在消化這件事。」

　　大家不再看向螢幕、開始抬起頭來傾聽。面紙出籠了，有些人在哭，有些人多推了幾張辦公椅進來，順道帶來了甜甜圈、果汁和能量棒，約翰說完話後，工作人員和實習生又開始繼續讀信、講話、讀信，並試著安慰彼此。

　　「我們必須把工作職責放在情感之前。」

　　「這是一封 14 歲女孩寫的信：『親愛的總統先生：請你幫我弄清楚我應該怎麼做。』」

　　「這封信來自兩位在四年前結婚的女人，她們這個星期就要有孩子了，但她們現在很害怕讓孩子來到這樣的世界。」

　　「昨天晚上看電視的時候，我們當時只覺得：『好吧，好吧，哇噢。哇噢！』我們都沒有說話。到了最後，有人問說：『我們明天要怎麼回覆那些寄件者？我們明天要怎麼處理郵件？』我們全都

陷入了一片茫然。」

「我當時只覺得：『我必須去讀信。』」

「這種事會讓你有目標。一切都讓人感到無望，但讀信是積極主動的。」

「那是一種責任感，我們還是要來這裡，幫助那些想聯絡總統的人。」

「我不知道要怎麼回覆這些人，但還是得說些什麼才行……」

「我看到的是恐懼，大多都是恐懼。」

「我沒有看到任何人寫信來說：『我很高興。』」

「我們大概有 20 人。一瓶紅酒。我們喝光了一大堆伏特加。」

「重點甚至不是選舉結果，而是回顧過去的光景。」

「看著我們以為是進步的所作所為，然後一夕之間，你突然開始問說，這是真的嗎？這些作為還會繼續存在嗎？」

* * *

大家有很多問題想要問約翰；他們對於該如何進行感到困惑。電子郵件和紙本信件一樣，每封信都要給代碼。移民、以色列、經濟。不同代碼對應的是不同的政策回應信，撰稿團隊已經把這些回應信件處理好了，他們會靠著演算法把這些文字編輯成適合寄件者的信件。但這天工作人員必須想出全新的代碼：選舉正面、選舉負面還有政績。

「所以說，選舉正面就是：『唐納・川普最棒了，今天對美國來說是非常偉大的日子。』」約翰告訴團隊。「然後選舉負面是：『我很害怕。』」他接著說下去。他站在辦公室的正中間，你可以聽得出來，他並不習慣大聲說話。

「例如說：『我不知道該怎麼辦。我是殘疾人士。我是 LGBT 家庭。我再也不知道這個世界是怎麼了。』」這些都是選舉負面。

「政績則是：『你知道，我對昨晚非常失望；你的家庭很出色；我覺得你做了很多偉大的事』——這種是政績。有些信件可能會讓你覺得難以界定，我知道今天的工作並不容易，但工作過程中只要有問題都可以問，盡量確保問題問得清楚具體。」

「那些提到選舉重新計票、舞弊和操縱的信要怎麼辦？」一名實習生問。

「選舉舞弊？直接把它結案不予處理——」

「那在結果出來之前就寫信來的人呢？」另一個人問。「比如說有人寫信說：『我很期待希拉蕊·柯林頓總統的表現。』但顯然……並沒有這回事。」

「好，這些也直接結案，就直接結案。」

「要是他們說：『選舉讓我好緊張。我不知道該怎麼辦。』呢？」

「選舉負面。」

「『我們是否需要調動軍隊？』」

「選舉負面。」

「『我妻子沒有身份文件；我有三個孩子；我這輩子從來沒有這麼害怕過。』」

「選舉負面。」

「『我是殘疾人士；我有癲癇。我還能享有健保嗎？』」

「選舉負面。」

「『他會使我的婚姻變成無效的嗎？我還能繼續和我愛的人在一起嗎？』」

負面，負面，負面。

當天稍晚，撰稿團隊必須想出辦法來回覆這些關於選舉結果的電子郵件。更明確的說，到底歐巴馬該對這些人說些什麼呢？

三位身穿粉色上衣的年長女性闖了進來，她們要求工作人員打

開電視。「你們有看希拉蕊的敗選演說嗎？」其中一人問。

「請問妳們是從哪裡來的啊？」一位 OPC 的工作人員溫和地問。

「第一夫人那裡！我們是第一夫人那裡的志工！我們能看演講敗選演說嗎？」

但沒人打開電視。或許聽她們的話打開電視會是比較禮貌的作法，他們當然可以把電視打開。但他們非這麼做不可嗎？在一連串的推託遲疑之後，他們還是把電視打開了，但把音量調低。電視上的沃夫·布利茲（Wolf Blitzer）還在等希拉蕊，螢幕下緣的跑馬燈不停更新來自賓州、俄亥俄州和密西根州的新消息，電子郵件室的多數人都回到了電腦螢幕前面，繼續處理電子郵件和陷入崩潰的美國。

寄件人：馬丁·A·葛理森
寄件時間：東部標準時間 2016 年 11 月 9 日上午 8:07
地址：伊利諾州芝加哥

總統先生：很抱歉我讓你失望了。
我知道我只能投一次票，也知道我無法要求所有的中間選民出來投票或者贊助每一位民主黨的參選人。而我以及所有受過大學教育且在 2008 年與 2012 年把票投給你的白人男性，我們讓你失望的地方在於，我們沒有能力或者意願，去應對結構性的種族歧視，以致我們的總統當選人變成了川普。
對於種族歧視，我沒有發表過意見──對家人、朋友或鄰居都沒有。
對於我的美國同胞，我所做過的努力還不夠多。
對於其他白人的劣行或參與，我所做過的指責或鼓勵還不夠多。
為了讓我們的國家能夠恢復，像我一樣立意良善的白人應該從白人優越主義者手中「把槍拿走」。我們不但給了白人優越主義者

真正的槍（和炸彈），我們還毀壞了你曾試著修復的安全網。

我很抱歉。我們讓你失望了。

等你離開白宮並回歸平民生活後，我願意參與你要從事的任何工作。只要能讓你的政績繼續完整保持下去，我什麼都願意做。

在此致上愛與敬重。

馬丁・葛理森

那天下午，費歐娜必須從雪片般飛來的電子郵件中挑出每日十信，撰稿團隊裡面，一名坐在離柯爾碧辦公室不遠的工作人員，正在為陷入崩潰的美國撰寫回信。

「我沒什麼進展。」他坐在空白的螢幕前面說。他不想要我寫出他的名字。他整夜沒睡，在他父母位於俄亥俄州的家，他挨家挨戶敲門要大家出來投票，接著又飛回來工作，但他完全沒有想到今天必須寫這樣的一封信。

「就我個人來說，我覺得最糟糕的是，這像在非難我們原本想在總統與人民之間建立的連結。」他說。「就好像，如果我們的職責是讓總統與人民溝通，那我現在想問：『我們是否失敗了？』」

他看著我，好像在等著我說些什麼。

「而且我不懂，因為他已經是歷任總統之中讀信最多的一位了。」他說。「在歷任總統之中，他似乎是與人民最有聯繫的一位。」

我不得不提醒他，歐巴馬並沒有再次參選。輸掉選戰的人是希拉蕊。

「悲傷的討價還價期，」他喃喃自語道。

數個小時之後，他向我展示他以歐巴馬總統的名義寫給陷入崩潰的美國的信。

Thank you for writing. I understand the feelings of uncertainty many Americans have had lately. But one thing I am certain of is that America remains the greatest nation on earth. What sets us apart is not simply our economic and military power, but also the principles upon which our Union was founded: pluralism and openness, the rule of law, civil liberties, and the self-evident truth—expanded with each generation— that we are all created equal.

One election does not change who we are as a people. The America I know is clear-eyed and big-hearted—full of courage and ingenuity. Although politics can significantly affect our lives, our success has always been rooted in the willingness of our people to look out for one another and help each other through tough times. More than my Presidency, or any Presidency, it is the optimism and hard work of people like you that have changed our country for the better and that will continue to give us the strength we need to persevere.

Progress doesn't come easily, and it hasn't always followed a straight line, but I firmly believe that history ultimately moves in the direction of justice, prosperity, freedom, and inclusion—not because it is inevitable, but because people like you speak out and hold our country accountable to our highest ideals. That's why I hope you continue to stay engaged. And I want you to know Michelle and I will be right there with you.

Again, thank you for writing. Whatever challenges we may face, there is no greater form of patriotism than the belief that America is not yet finished and a brighter future lies ahead.

Sincerely,

Barack Obama

感謝你的來信。我能理解近來許多美國人所感受到的疑惑。但我能確定一件事，美國仍然是世界上最偉大的國家。讓我們如此獨一無二的，不只是我們的經濟狀況與軍事力量，同時還有建國的最基本原則：多元化與開放性、法治社會、公民權利，以及「人人生而平等」這個不言而喻、世代弘揚的事實。

我們並不會因為一次選舉而變樣。我眼中的美國頭腦清晰且寬容和善──充滿勇氣與創造力。雖然政治能大幅影響我們的生活，但我們的成功一直根植於人民願意互相照顧、幫助彼此度過難關。正是因為有像你這樣的人願意保持樂觀並努力工作，國家才能逐漸進步，我們才能獲得堅持下去的力量，這比我或哪個人當總統，都要來得重要。

進步得來不易，也並不總是直線前進，但我堅信歷史終將會邁向公義、繁榮、自由與包容──不是因為這是不可避免的趨勢，而是因為像你這樣的人願意站出來發聲，要求國家實現我們最崇高的理想。這正是我希望你能持續保持參與的原因。我也想讓你知道，蜜雪兒和我就在你身旁。

再次感謝你的來信。無論我們將來會面對何種挑戰，最偉大的愛國情操都是相信美國尚未走上末路，光明的未來就在前方。

誠摯的
巴拉克・歐巴馬

我聽到走廊傳來葉娜的聲音，她正大笑著和撰稿團隊的一些人開玩笑；這顯然有點矛盾，畢竟葉娜是你會希望出現在自己母親喪禮上的那種人。然而她正試著讓大夥兒正向看待這個情況。

「這不是很酷嗎？」她說著。「我覺得這是個絕佳機會，讓我們好好增進撰寫總統信件的技巧。但更酷的是，這可是他媽的美國耶。也就是說，這可是個大好機會。這可是天大的殊榮。你懂我的意思嗎？哇！天大的殊榮耶！你會覺得，啊！我這一生值得了！」

她跟我談到幫忙費歐娜整理交接資料的工作，她說她下定決心要代表全撰稿團隊，積極面對接手這一工作的新團隊。

「歐巴馬政府為了聽到人民的故事做了這麼多努力，」葉娜說。「他們怎麼可能會不先來認識我們，把這些努力更加發揚光大呢？」

我問她，在離開這裡之後想要做什麼。她說她在申請研究所；她想要學習關於人質危機談判的課程。這念頭源自於她在 OPC 的工作。我初次與她見面時她提到的那封信——一位母親說兒子被綁架的那封——徹底改變了她。蕾西也有類似的醒悟；她打算要從事與服務退役軍人相關的職業。她是在艾希莉寄信來說她爸爸、槍和槍擊的故事之後下了這個決定的。柯爾碧不確定她接下來要做什麼，可能是跟語言有關，跟孩子還有語言的力量有關的工作。費歐娜要花一小段時間專注在她的婚姻。

我走進費歐娜的辦公室，想看看今天每日十信的進度如何。她已經坐在沙發上了，腿上放著今天選出來的信。「我吃了一點米布丁，」她努力擠出一個微笑。選出的電子郵件都已經印出來了，她現在正一一翻閱，考慮該怎麼排序。「我想他會受到很大的打擊，就像我們一樣，這整疊信的敘事方式都很凌亂。」她一邊整理信一邊小聲說話，大多時候像是在自言自語。「擔心其他人的人，」她拿著其中幾封信。「擔心自己的人，」她講著另一組信件。排好信

件順序後，她在沙發上坐直。

「好，這是第一封。」她把第一封信拿給我看。寄件人為川普的勝利歡呼。他建議歐巴馬點起一把大火把他所有的行政命令都燒了，再和其他想要毀滅美國的自由主義者一起觀賞整個燃燒殆盡的過程。

「這封信像是引言，因為它有點像這天的開始，」費歐娜說。我看得出來她並不打算為這樣的選擇做任何辯護。

「然後我覺得這封信的私人性質很適合當第二封信，」她在解釋自己的選擇時，帶著一種作者閱讀最終草稿時的心滿意足感。「她的另一半投票選擇與她不同，但他們依然是一家人。我覺得開頭很適合放這種帶有熱忱、令人振奮的信件。」

「接下來這封讓我覺得很感動；他的信件內容與他自己的個人利益無關；他說，這是我希望你現在能用你所握有的權力替其他人做的事。」

「在他之後，是一名經濟狀況極度困難的人。我覺得像他這樣的人說的話，在如今這種時刻是非常重要的。」

「下面這封信來自一位殘疾人士，一個自我認定為弱勢的族群。」

「接下來這封簡直不可思議。這人真了不起。『我願意參與你要從事的任何工作。』」

「下一封信是川普的支持者聲明自己為何支持川普⋯⋯顯然這個選擇也有些困難的部分。但他是個會當志工幫忙的人，他想要分享他是誰，以及為什麼他希望川普當選。而且他對於移民在美國的存在，感到非常沮喪。」

「在他之後的寄件人覺得，他在工作上發展的科技，可能會帶來危害。」

「接著是一位暫緩驅逐法案的受惠人。」

「然後我會以這封信作結。因為我覺得有很多人都在思考，**我們今天該怎麼對自己的女兒交代？**」

她把信收齊。她檢查了電話。她拽了拽從不離身的玻璃水瓶上頭的蓋子。「我等一下要把這些信交出去。其他工作人員會掃描這些信、分寄給大家。」

幾個星期後，費歐娜接到了羅伯‧波特（Rob Porter）的電話。波特是總統當選人唐納‧川普雇用的未來白宮幕僚祕書。他想要見面，所以費歐娜就去了。他問起信件室如何運作，費歐娜說她準備了交接資料，都裝在文件夾裡，並盡她所能做出重點歸納。「一天十封信，」她說話的語氣就好像這是日常事務中再常見不過的。總統就應該要讀信並回信。羅伯做了筆記，兩人大概談了 20 分鐘，他說之後會有其他人再向她詢問更詳細的資訊。

但之後再也沒人聯絡她。

Samples, 2016

2016 年信件樣本

編號 No.116

11/9/16
fr1

From: james
Submitted: 11/9/2016 12:12 PM EST
Email:
Phone:
Address:

Message: Start packing ! Get ready to watch a big bonfire, maybe in the vegetable garden, where Trump will burn the AFA and most of your executive orders. You can watch it from your new residence with all the other liberals who have been trying to destroy the country.

寄件者：詹姆斯
寄件時間：東部標準時間 2016 年 11 月 9 日下午 12:12

　　快開始打包行李！也許是在菜園裡，準備觀賞一場盛大的營火晚會吧，到時候川普會把美國家庭協會 1 和你所頒發的大部分行政命令一把火燒了。你可以在你的新家，和其他一直企圖毀掉這個國家的自由主義者一起好好觀賞。

1　美國家庭協會（American Family Association，簡稱 AFA）是美國一個激進基督教團體，反對同性婚姻、墮胎等議題。

From: **Alessandra Shurina**

Submitted: 11/9/2016 8:08 AM EST

Email: ███████████████████

Phone: ███████████

Address: ████████████████ Tallahassee, Florida ██████

Message: President Obama -

My heart is broken this morning. It is so, seemingly irreparably broken. I am trying hard not to wallow in the hurt that I feel and instead trying to channel my outrage in grief into something productive. I have a five month old daughter and this is not the world I want her to grow up in - please tell me there is something I can do to help remedy this situation? To lessen the blow? How can I get involved? What do you recommend that I do to ensure that at the VERY most we only have four years of a fascist demagogue as president? I'm willing to devote my life to volunteering for a cause or a candidate with the promise of defeating not only Trump but the hateful principles that he was elected on. This has been a wake up call for me. I can't just vote. I must DO. Please, President Obama tell me, what do I do?

寄件者：亞歷珊卓·沙瑞娜
寄件時間：東部標準時間 2016 年 11 月 9 日上午 8:08
地址：佛羅里達州，塔拉哈西

歐巴馬總統：

今天早上我的心碎了。目前看來我是不可能修復這顆心了。我努力試著不沉溺在痛苦之中，試著把我的憤怒與悲傷都轉化成行動。我有一個五個月大的女兒，我不希望她在這種世界裡長大——請告訴我，我能不能做些什麼來補救如今的情勢、減輕打擊？我要如何參與？我想要確保這名法西斯煽動家**最**多只會當四年的總統，你覺得我該怎麼做？只要有任何一個事業或任何一位候選人能擊敗川普，擊敗讓川普當選的那些仇恨原則，我願意付出所有去擔任志工。這對我來說是當頭棒喝，我不能只去投票，我必須**行動**。歐巴馬總統，拜託你告訴我，我該怎麼做？

From: **Amanda Bott**

Submitted: 11/9/2016 2:29 AM EST

Email:

Phone:

Address: Rochester, Washington

Message: November 8, 2016

Dear President Obama,

Eight years ago on election night I wrote a letter to my unborn children telling them how proud I was to be one of the millions of Americans who voted for you. On that night I cried tears of joy and pride and happiness. Tonight I'm crying tears of sorrow. I'm crying for my beautiful country with its beautiful ideals. I can't see a way through four years of a hatemonger in the oval office. For the first time in my life I am terrified for my country. Terrified. I have two beautiful daughters. I have a two year old and a five year old and they deserve to have a future and I'm honestly and genuinely scared that there may not be a future with this man in office. He has the ability to deploy nuclear weapons and he has said he would use them.

How did we fall so far? How did this happen? Eight years ago we voted for hope and tonight we voted for hate. How is that possible? Eight years ago I voted for you to be my leader. I'm asking you to lead me now. Please Mr. President, tell us what we can do as a nation now? Tell me what to do as a citizen and a mother. Now that this person is Commander in Chief of the largest, most powerful military on earth what can I do? Do I have to write letters to world leaders apologizing and explaining that we really don't want a nuclear holocaust? Should I write to the heads of state of every nation on earth and apologize for the next four years and beg them to realize that this hatemonger does not speak for us? But, doesn't he?

We elected him. We elected him to speak for us. We heard the hate and prejudice and anger and bigotry. We saw him mock the handicapped and prisoners of war and gold star families - things both republicans and democrats alike always treated as sacred, and yet we voted for him. God help us we voted for him. God help us all.

寄件者：亞曼達・伯特
寄件時間：東部標準時間 2016 年 11 月 9 日上午 2:29
地址：華盛頓州，羅徹斯特
訊息：2016 年 11 月 8 日

親愛的歐巴馬總統：

　　八年前的選舉夜，我寫了一封信給我未出世的孩子，告訴他們我有多驕傲能成為數百萬名投給你的美國人之一。那天晚上，我留下的淚水充滿喜悅、驕傲與幸福。今晚，我留下的淚水充滿悲傷。我為我充滿美麗理想的美麗國家而哭泣。我無法想像要怎麼度過由一名仇恨煽動者坐鎮總統辦公室的四年。有生以來第一次，我被我的國家嚇壞了。真的嚇壞了。我有兩個美麗的女兒，一個兩歲，一個五歲，我的女兒理應擁有未來，但我發自內心感到害怕，因為這個男人掌權後她們很可能將沒有未來可言。他有權利部署核彈，他也說過他會使用核彈。

　　我們怎麼會淪落至此？事情是怎麼發生的？八年前我們把票投給了希望，今晚我們卻把票投給了仇恨。這怎麼可能呢？八年前我把票投給你，希望你能做我的領導人。如今我希望你能繼續領導我。總統先生，拜託你告訴我，我們這個國家如今能怎麼做？告訴我，身為一名公民、一名母親的我能怎麼做。如今這個人變成世界上最巨大、最強盛的三軍統帥，我能怎麼做？我是否需要寫信給各國的領導者，向他們道歉並解釋我們真的不想要核子浩劫嗎？我是否該寫信給世上每個國家的各地首長，為未來四年向他們道歉，並懇求他們理解，這個仇恨煽動者的發言並不能代表我們？但是，他真的不能代表我們嗎？

　　他是我們選出來的。我們選出他來替我們發言。我們聽到那些仇恨、歧視、憤怒與偏執。我們看到了他嘲笑身障者、戰俘以及金星家庭——這些是民主黨與共和黨都抱持尊敬的人，但我們還是把票投給了他。我們把票投給了他，願上帝幫助我們。願上帝幫助我們。

From: **Ms. Nicole Davis**

mitted: 11/9/2016 12:37 AM EST

Email:

Phone:

dress: Tobyhanna, Pennsylvania

ssage: Hello President Obama, thank you for all you've done for our country. During your terms you've made me feel safe, and safe to raise my daughter. Now I am entering a stage where I am terrified to survive with Trump. I am a disabled individual as I have seizures. Trumps comments about those who are disabled have turned individuals against those like me. I am afraid he will hurt individuals like myself, is this a rationalized fear? I'm just afraid and would appreciate any type of reassurance he can not hurt me for my sickness. Thank you so much.

寄件者：妮可・戴維斯小姐
寄件時間：東部標準時間 2016 年 11 月 9 日上午 12:37
地址：賓州，托比漢納

　　嗨，歐巴馬總統，感謝你曾為我們國家做過的所有事。你在任職總統的期間讓我感到很安全，也能安全地養育我的女兒。如今我對於將活在川普的統治下感到害怕。我是一名身心障礙人士，我是癲癇患者。川普大肆批評身心障礙者，這將會使人們對我這樣的人心懷成見。我很害怕他會傷害像我這樣的人，這種恐懼是合理的嗎？我真的很害怕，若有任何保證他不會因為我的疾病而傷害我的話，我將感激萬分。非常謝謝你。

2016

From:

Submitted: 11/9/2016 12:01 AM EST

Email:

Phone:

Address:

Message: Mr President,

First and foremost, thank you for all you've done. I am so proud to call you my president. I have such a tremendous amount of respect for you as a husband and a father. As I'm watching election results, I'm literally in tears. My wife is undocumented. I have three children. I have never been so scared in my life. I know there is very little you can do now for immigration reform, but thank you so much for trying. We've been working on adjusting her status, but I do not know what will happen now. There is now a very good chance I'll be separated from my family and that is terrifying to me. I know you've done all you can do and I thank you for that. I have been so proud of you over the last 8 years and I wish you the best for the future.

Sincerely,

寄件時間：東部標準時間 2016 年 11 月 9 日上午 12:01

總統先生：

　　首先最重要的是，我要感謝你所做的一切。我很自豪能稱呼你為我的總統。身為丈夫和父親，我對你充滿無窮敬意。在看到投票結果後，我真的流淚了。我的妻子沒有正式身份文件，我有三個孩子。我這輩子從來沒有這麼害怕過。我知道如今你能替移民改革做的事寥寥無幾了，但還是非常謝謝你過去的嘗試。我們一直在想辦法改變我妻子的處境，但現在我不知道之後會怎麼樣。我現在有很大的機會將會與我的家庭分開，這讓我非常恐懼。我知道你已經盡你所能了，非常謝謝你。在過去這八年來我一直十分以你為傲，希望你未來一切安好。

誠摯的
〔隱藏姓名〕

From: ▓▓▓▓▓▓▓▓▓▓
Submitted: 11/9/2016 2:17 PM EST
Email: ▓▓▓▓▓▓▓▓▓▓
Phone: ▓▓▓▓▓▓▓▓▓▓
Address: ▓▓▓▓▓▓▓▓▓▓ Santiago de los Caballeros, ▓▓▓▓

Message: Dear President Obama,

My name is ▓▓▓▓▓▓▓, I am not from the United States and do not live there.

I know that there is a big chance that you will not read this letter, but there are some things that I would like you to know.

Growing up as a gay man in a country where everything about being homosexual is wrong and embarrassing is hard. Death threats from parents, bullying at school, or just simple "Gay jokes" that make someone of our sexual orientation or with an open mind feel bad.

You gave me hope, reading about everything you did for our people in your country made me realize that, maybe, the world is not as bad as it seems, maybe there is more than being scared and hiding all the time. You inspired me to move on, to be better and to be the change that I want to see in the world, hoping that one day I would live in the United States so that I could have a normal life.

It is heartbreaking knowing that your presidency is coming to an end, and that the LGBT community will suffer a huge impact,

Thank you, Mr. President for 8 years of hope, for helping me growing up and for a doing a great job, not only for America, but for the rest of the world too,

▓▓▓▓▓▓▓

寄件時間：東部標準時間 2016 年 11 月 9 日 下午 2:17
地址：聖地亞哥－德孔波斯特拉

親愛的歐巴馬總統：

我是〔隱藏姓名〕。我不是美國人，也不住在美國。

我知道你很有可能不會讀到這封信，但我希望讓你知道一些事。

我是一名同志，對我來說，在一個認為同性戀是錯的、是令人難堪的國家中生活並非易事。來自父母的死亡威脅、學校的霸凌，或者簡單的「同志笑話」都會使與我有相同性傾向的人或思想開放的人覺得很糟。

你給了我希望，我讀到你在你們國家替我們這些人做的事，讓我發現這個世界沒有那麼糟，或許比起時時驚恐躲藏，我們還有更多可能。你讓我有動力前行與進步，成為我想在這個世界看到的改變，我希望有一天我能住在美國，擁有正常的生活。

你的總統任期將要結束了，我非常難過，LGBT 社群將會遭受很大的影響。

總統先生，謝謝你帶來八年的希望，謝謝你幫助我們成長，謝謝你這八年來的成就，你不只影響了美國，也影響了世界其他人。

From: ▓▓▓▓▓▓▓▓

mitted: 11/9/2016 9:13 AM EST

Email: ▓▓▓▓▓▓▓▓▓▓▓

Phone: ▓▓▓▓▓▓▓

ldress: ▓▓▓▓▓▓▓▓▓▓▓▓▓▓▓▓▓▓▓

ssage: Dear Mr. President,

I woke up this morning in a state of disbelief. Partly because I only slept 4 hours after drinking down a whole bottle of Jagermeister, but mostly because Donald Trump is President Elect.

My family has been in this country a long time. My earliest family came to this country on the Mayflower. They struggled and worked hard for "The American Dream" and the fruits of their labor was shown through their achievements. Most notably would be ▓▓▓▓▓▓ signer of the Articles of Confederation ▓▓▓▓▓▓▓▓▓▓▓▓▓▓ delegate to the Continental Congress and ▓▓▓▓▓▓▓▓▓▓▓▓▓▓▓▓▓▓

My dreams for what would be a happy and prosperous America are dimmer today. I took a walk this morning to take in the air and just experience the day. I live in ▓▓▓▓ and I heard no birds chirping. Here ▓▓▓▓▓▓▓▓▓ it was raining, very fitting in my opinion, because it feels like the world is crying. I keep in touch with pen pals overseas in the U.K. and they're all in disbelief as well.

I just find it hard to believe that we can "Make America Great Again" through the path that Trump is providing. The America he speaks of is a divided America. An America that wouldn't let women and African Americans vote, an America that would have me separated in schools and offices and bathrooms... I feel like I'm playing the 'Trumped up' version of a board game and we had to "Go back 5 spaces".

I never one-hundred percent agreed with everything you said. But I firmly believe that you're going to go down in history as one of the country's greatest Presidents. You've done so much for civil rights and upholding justice. Keeping Americans as healthy as you could. Honestly, my heart is breaking for you and Michelle and your family. I'm so sorry that for the next four years, you have to watch an angry Oompa Loompa with thin wisps of hair attempt to make America "Go back 5 spaces".

Wishing you all the best,

▓▓▓▓▓▓

寄件時間：東部標準時間 2016 年 11 月 9 日上午 9:13

親愛的總統先生：

　　我今天早上起來之後只覺得難以置信。有一部分原因是我喝了一整瓶野格利口酒後只睡了四小時，但最大的原因還是因為唐納・川普成為總統當選人。

　　我的家族在很久以前來到這個國家。我們家最早來到美國的祖先是搭乘五月花號來的。他們辛勤而努力地工作，追尋「美國夢」，我們可以從他們的成就看出他們勞動的成果。成就最高的包括簽署《邦聯條例》[2] 的〔隱藏姓名〕、受委派進入大陸會議 [3] 的〔隱藏姓名〕，以及〔隱藏姓名〕。

　　我的夢想是成為一個快樂而富足的美國人，但這個夢想在今天變得黯淡。我今天早上到外面走了幾圈，呼吸新鮮空氣並感受一下今天的感覺。我住在〔隱藏地名〕，我沒有聽到任何鳥叫。〔隱藏地名〕這裡在下雨，非常符合我的感受，我覺得這個世界正在哭泣。我一直和英國的幾個筆友保持聯絡，他們也都覺得難以置信。

　　我無法相信我們可以透過川普所說的方法「讓美國再次偉大」。他口中的美國是一個分裂的美國。是不讓女性和非裔美國人投票的美國，是要求我在學校、公司與廁所都要和其他人隔離的美國……我覺得自己好像在玩「川普上任」版本的桌遊，我們如今將要「後退五格」。

　　我並不是百分之百同意你說的所有事。但我堅信你將會名留青史，成為我國最偉大的總統之一。你為了公民權與堅持正義做了很多事。你盡全力讓美國人維持健康。老實說，我為你、蜜雪兒以及你的家庭感到難過。我很遺憾你們將要在未來四年眼睜睜看著頭髮稀疏的憤怒歐柏倫柏人 [4] 打算讓美國「後退五格」。

願你一切安好。
〔隱藏姓名〕

2　《邦聯條例》（Articles of Confederation），是 1776~1777 年由第二屆大陸會議（Continental Congress）起草，美利堅合眾國 13 個創始州的第一部憲法。大陸會議是美國國會的前身。

3　Continental Congress，美國國會的前身。

4　英國作家羅德・達爾（Roald Dahl）《巧克力冒險工廠》裡的矮人。

From: **Mrs. Katie Lowden Bahr**
Submitted: 11/9/2016 10:20 AM EST
Email: ▓▓▓▓▓▓▓▓
Phone: ▓▓▓▓▓▓
Address: ▓▓▓▓▓▓▓▓
Madison, Wisconsin ▓▓▓

Message: Dear Mr. President,

Eight years ago, when you won the presidential election I was elated. I was hopeful. I watched in awe as you took the stage with your wife and daughters. It felt amazing. Four years later, when you won once again, I was relieved. I had welcomed my first daughter two months earlier. A daughter born with a heart defect. A daughter who will forever have a pre-existing condition. Last night I watched in disbelief, as our country elected Donald Trump. I have another daughter now, and I'm sure as the father to two young women yourself, you feel the disgust over Mr. Trumps treatment of women as well.

I'm writing you this morning out of fear. This election was won on fear. Fear of the other, fear of the unknown. Fear of race, sexual orientation, gender, religion. Fear bred of ignorance. And now I too am afraid. I'm afraid of how this will change our country, and the world, in the next four years. You have always given me hope as a leader, and I could use a little of that right about now.

This morning I ask one thing of you; make these next two months count. As much as you possibly can. Secure the next four years for our country. For the American people that don't even realize what a grave mistake they have made. Do what you can to secure health care, foreign policy, immigration, education, the environment, jobs, and all of the other important issues we all know Mr. Trump is hoping to unravel.

Thank you for the last eight years. You will go down in history as one of the greatest leaders our country has known. Your accomplishments and grace under pressure has been a gift to us all.

Gratefully,
Katie Lowden Bahr

寄件者：凱蒂‧羅登‧巴爾女士
寄件時間：東部標準時間 2016 年 11 月 9 日上午 10：20
地址：威斯康辛州，麥迪遜

親愛的總統先生：

　　八年前你贏得總統大選時，我感到興高采烈。我覺得充滿希望。我敬畏地看著你與你的妻小一起步上台。我覺得不可思議。四年後，你又贏了一次。我鬆了一口氣。我在兩個月前迎來了我的第一個女兒。我的女兒生來就有心臟缺陷。我的女兒永遠都會因為「保險前罹患疾病」而被拒保。昨天晚上我看到我們國家選擇了唐納‧川普，我覺得不可置信。如今我懷了第二個女兒，我相信你身為兩名年輕女性的父親，想必也和我一樣非常厭惡川普先生對待女性的方式。

　　我在今天早上寫信給你，是因為我覺得恐懼。這次大選的致勝原因就是恐懼。恐懼他者，恐懼未知，恐懼種族、性傾向、性別、宗教。恐懼是由無知孕育出來的。如今我也感到恐懼。我害怕這次的選舉將會在未來四年改變我們的國家以及整個世界。在你成為領導人時，你總是給予我們希望，如今我正好需要這種希望。

　　今天早上我只想向你提出一項請求；妥善利用接下來的兩個月。請你盡你所能，替國家接下來四年做好防護。因為美國人民根本不知道他們到底犯了多嚴重的錯誤。請盡你所能地保護好健保、外交政策、移民、教育、環境、就業，以及其他各種我們知道川普先生將會破壞的重要議題。

　　感謝你過去八年來的貢獻。你將會被記入史冊，成為我國已知最出色的領導人之一。你在壓力之下的寬容與成就是我們所有人的福氣。

充滿感激的
凱蒂‧羅登‧巴爾

1/13/17
+1

Dec 20, 2016

Dear President Obama,

For five years I was a home health nurse in your old hometown of Chicago. My territory included Rogers Park and south Evanston, one of the most diverse neighborhoods in this wonderful country of ours.

I've been in more homes than most people, and I want you to know, that every African American home I entered had a picture of you in it. Usually it was the entire beautiful Obama family. You have meant so much to so many people — your grace, intelligence and integrity will be so missed.

Like so many other people I am horrified and anxious about the results of the election. I hope you continue to speak out and work for the values we hold so dear — the democratic process, and the equality of all people.

You and your family are truly beautiful, and will be so sorely missed. I certainly don't blame you for wanting to take a break, but this country continues to desperately need you. I hope to continue to see you on the world stage, fighting for good.

Much Love,

Tracy LaRoch

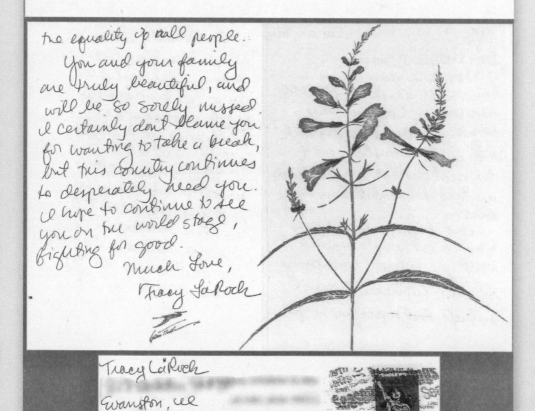

Tracy LaRoch

Evanston, IL

478

2016 年 12 月 20 日

親愛的歐巴馬總統：

　　曾有五年的時間，我在你的老家芝加哥擔任居家護理員。我工作的地區包括羅傑斯公園與南埃文斯頓，這裡是我們這個美麗國家中最多元化的地區之一。

　　我比大多數人還要更常進入不同人的家裡，我希望你能知道，幾乎每一個我踏進過的非裔美國人家中都有你的照片，照片通常是歐巴馬一家人的美麗合照。你對很多人來說都非常重要──我們將會非常懷念你的魅力、智慧與正直。

　　我和其他人一樣，都對這次選舉的結果感到驚慌而焦慮。我希望你能為我們心繫的價值──也就是民主進程與人人平等──繼續努力、繼續站出來發聲。

　　你和你的家人都非常出色，我們會深切地思念你們。我絕對不會因為你想要稍事休息而怪罪你，但這個國家依舊極度需要你。我希望未來還能在國際舞台上看到你繼續為良善而奮鬥。

致上無盡的愛。
崔西・拉羅克・伊凡史東，伊利諾州

November 20, 2016 *Sample Letter 1/3/17 8:10 DP*

Dear President Obama:

In January of 2009, in the absence of ability, time or energy (or all three) to travel to DC for your swearing in, our close-knit group of friends and neighbors decided to throw our own inaugural ball in your honor. We cleared out a living room, dressed to the nines, drank champagne and danced all night. Parents, kids, everyone. Several weeks prior to Christmas, I had been in DC for a visit (I am a DC native) and as I walked through Union Station, I saw Barack Obama in a gift store and knew I had found the perfect "party favor" for our ball. At the party, we hung the American flag from my father's funeral on the living room wall (he fought in the South Pacific in WWII), and stood O up in front of it (see small picture in the enclosed; that's me with you) and party guests "had their picture taken with the President". My father would have been so proud to be a part of this.

On November 13 this year, we had a post-election potluck. Alas, we had anticipated it being a celebration, but reality intervened. We considered cancelling, but quickly realized that gathering our friends around us was what we, and they, needed even more. We brought O down from the attic, and posted a board for all of us to "teach 'em how to say goodbye." (I am obsessed with "Hamilton".) Enclosed are photos of what we want to say to you.

I believe strongly that we <u>will</u> get through this, and that we will come out better on the other side, but it will be difficult, enraging and in many ways sad. Your influence in our lives and in the lives of our children was incalculable. My daughter is a NC Teaching Fellow, and she is in her third year teaching sixth grade math at a Title 1 school in Durham: she can tell by their behavior when her kids return from a school break who had food in their home during the break and who didn't. She recently did a successful GoFundMe campaign and raised money to buy new desks for her classroom: the old ones were falling apart right in front of the children. But she and her ridiculously dedicated teaching peers are the future of this country. (And I know she would welcome a presidential visit to her classroom, should you have future spare time…). We <u>will</u> get through this, in part due to the dedication of people like Millie and her fellow teachers.

Thank you for all that you did. Thank you for your kindness. Thank you for sharing your wonderful family with us. Thank you for being the president our children really knew first, and will always hold as the hallmark of what a president should be. I have your first acceptance speech taped to my home office wall, and read it periodically for inspiration. Your hair may be a little grayer now, but you can be sure that those gray hairs were honestly earned. Thank you.

Maureen Dolan Rosen,

Chapel Hill NC

11/20/16

2016 年 11 月 20 日

親愛的歐巴馬總統：

在 2009 年 1 月，我和一些親近的朋友與鄰居因為沒有能力、時間或精力（或者三者皆無）到哥倫比亞特區去看你的就職典禮，便決定特地為你舉辦一場就職典禮派對。我們把客廳清空，盛裝打扮，整晚都在喝香檳和跳舞。所有家長與孩子都來了。在聖誕節前幾週，我曾造訪哥倫比亞特區（我是在哥倫比亞特區出生的），在路經聯合車站時，我在禮品店看到了巴拉克·歐巴馬的人形立牌，我知道我找到了最適合我們舞會的「小禮物」。我們在派對上把來自我父親葬禮上的國旗（第二次世界大戰時我父親在南太平洋作戰）掛在客廳的牆上，在國旗前把「歐」立起來（你可以在我隨信附上的照片上看到；那是你跟我），派對的客人都「各自和總統合照」。我父親要是能參與這個派對，他一定會很驕傲。

今年 11 月 13 日，我們進行了選後聚餐。唉，我們約好聚餐時滿心歡喜，但現實卻與我們的預想不同。我們曾考慮要取消聚餐，但又很快想到，這時候我們才更需要和朋友相聚。我們從閣樓把「歐」拿下來，為我們所有人貼了一塊板子，上面寫著「教他們如何道別」（我很迷《漢彌爾頓》）[5]。我附上的照片上有我們想對你說的話。

我堅信我們必將熬過去，熬過去後我們將會變得更好，但過程必定充滿艱辛與憤怒，也必定會在各方面充滿悲傷。你對我們的生命、對我們孩子的生命帶來的影響不可計量。我女兒蜜莉是北卡羅萊納教學研究計畫中的一員，今年是她第三年在杜倫的〈第一篇章〉[6]學校擔任六年級數學老師：在學校的休息時間結束後，她能從她學生的舉動看出來誰回家時吃了東西，誰沒有。她最近在募資平台上成功替她的教室募到買新書桌的經費：舊的桌子在孩子的使用下壞掉了。她與她的教學同仁對教育都懷抱著不可思議的熱忱，這正是我們國家的未來（若你未來有空的話，我知道她會很歡迎總統參訪她的教室……）。我

---

5 百老匯劇《漢彌爾頓》第二幕有一首歌叫〈最後一次〉，歌詞有「教他們如何道別」。克里斯托弗·傑克遜曾於歐巴馬任期結束前到白宮表演這首歌。

6 《不讓任一孩子落後》法案（No Child Left Behind Act of 2001）中共有五個篇章，其中〈第一篇章〉（Title I）為改進不利地區學生的學業成就。。

們必能熬過去，一部分的原因就在於有蜜莉和她的教學同仁們這樣的人做出奉獻。

　　感謝你做的一切，感謝你心懷寬容，感謝你與我們分享你完美的家庭，感謝你成為我們孩子第一位認識的總統，他們將會永遠把你當作總統的標竿。我們家裡書牆上放著你第一次勝選演講的錄影帶。如今你的頭髮或許比那時還要更白了一些，但我很肯定這些白頭髮都是你辛苦之下換來的。謝謝你。

瑪琳・杜蘭・羅辛

北卡羅萊納教堂山
2016 年 11 月 20 日

BARACK OBAMA

April 26, 2017

Ms. Maureen Dolan Rosen
Chapel Hill, North Carolina

Dear Maureen:

Thank you for the very kind note and for passing along the thoughtful messages from those who attended your potluck. Your optimism is inspiring, and I share your hope for our country's future.

Remember that the long sweep of America is defined by forward motion. And although it sometimes seems like we take one step back for every two steps forward, I am confident that so long as engaged and passionate citizens like you keep speaking out and working in earnest to defend the values that make us who we are, our progress will continue.

Thanks again for thinking of me. Serving as your President was the greatest honor of my life—it was worth every gray hair! Please tell Millie I'm proud of her service in the classroom. I wish you and your loved ones the very best.

Sincerely,

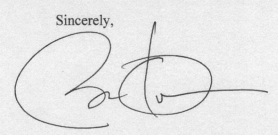

BARACK OBAMA

2017 年 4 月 20 日

瑪琳・杜蘭・羅辛女士
北卡羅萊納，教堂山

親愛的瑪琳：

　　妳的信件非常親切，傳遞了參與聚餐的所有朋友想給我的體貼訊息，謝謝妳。妳的樂觀帶給我很大的鼓勵，我也與妳一樣對國家的未來充滿希望。

　　請記得，美國長期以來不斷在進步。雖然有時候我們好像每向前走兩步就要往後退一步，但我有信心，只要我們的人民像妳一樣充滿決心與熱忱，只要他們願意為了維護美國人之所以為美國人的價值繼續發聲與努力，我們就會持續進步。

　　再次感謝妳替我考慮。成為你們的總統是我這輩子最大的榮幸——我頭上的每一根白頭髮都是值得的！請告訴蜜莉我因她為了教室的付出感到引以為傲。祝妳與妳所愛的人一切安好。

誠摯的

巴拉克・歐巴馬

1/18/17
f.c

December 6, 2016
Jaconita, New Mexico

Dear President Obama,

I heard your speech from Florida today and was comforted. I wondered what you did the day after the election to salve your wounds. I baked an apple cranberry crumb pie and ate half of it that very day. Two friends of mine went out for a salsa lesson. A neighbor down the road read "Hillbilly Elegy" until first light and then threw herself into putting her garden to bed for the winter. A retired teacherfriend in D.C. went to her scheduled piano lesson, stopping on the way home for a bottle of bourbon. (She usually drinks a little port at twilight)

At first I swore off watching the news. Then I decided that if I were going to hell in a handbasket

I would need to be prepared. Thus I decided to watch carefully, write down the letters I'm always composing in my head and then post or email when and where needed. I am 84, can look back on 25 years with bright-faced kids in mostly run-down schoolrooms or portables and hope that those kids learned the most important lessons I had to teach: fairness and objective thinking.

Thank you for epitomizing the values a truly just nation espouses. Thank you, Obama Family, for providing a model to embrace. History will treat you well, Mr. President. I am grateful for having lived long enough to see your day.

Sincerely yours,
Roberta Fine

IL PAPIRO - MADE IN ITALY

MODELLO DEPOSITATO

2016 年 12 月 6 日
新墨西哥州，傑可尼塔

親愛的歐巴馬總統：

　　我今天看了你在佛羅里達州的演講，感到深受安慰。我很好奇在大選之後那天，你是如何緩和痛苦的。我烤了一個蘋果蔓越莓酥派，當天就吃了半個。我的兩個朋友去上了騷莎舞的課。同一條路上的一位鄰居在日出時讀了《絕望者之歌》[7]，接著全心全意地為即將到來的冬天清理花園。一位華盛頓特區的退休教師依約前往鋼琴課，接著在回家的路上喝了一整瓶波本酒。（她通常只會在傍晚喝一點點波特酒。）

　　一開始，我發誓我絕對不看新聞。但後來我決定，若這場災難無法避免，那我至少要死得明白。因此，我決定要認真看新聞，寫下我以前就心心念念要寫的信，在適當的時間地點透過郵局或電子信箱寄出這封信。我今年 84 歲，回顧起來，我這輩子有 25 年都和滿面笑容的孩子一起待在教室或器材都最破舊的學校裡，我一直希望這些孩子能學到我教導的課程中最重要的一課：公平與客觀思考。

　　感謝你體現了一個真正公平的國家會信奉的價值。感謝歐巴馬一家成為我們的楷模。總統先生，歷史將給予你公正的評判。我非常感謝上蒼讓我活得夠久，能看見你執政的這些日子。

誠摯的

羅貝塔・費恩

7　《絕望者之歌：一個美國白人家族的悲劇與重生》（Hillbilly Elegy： A Memoir of a Family and Culture in Crisis）是 J.D. 凡斯於 2016 年出版的回憶錄，被譽為理解川普何以勝選的最佳傳記作品。

Michaela

601

12 NOV 2016 PM 4 1

President Barack Obama
The White House
1600 Pennsylvania Avenue NW
Washington, DC 20500

20500-

QC√#020

√#034

"RECEIVED DAMAGED"
455

NOV 17 2016

米凱拉

巴拉克・歐巴馬總統
白宮
西北賓夕法尼亞大道 1600 號
20500 華盛頓哥倫比亞特區

Dear Mr. President,

I am writing to you on the morning after the election after a restless night and two hours of sleep. I remember today going very differently eight years ago, when it was announced that you had been elected. I was in my first year at community college, walking through an icy quad in my snow boots with a big, dumb grin on my face, every closed door before me suddenly opening up, like magic. There was so much hope in that moment. It would be another four years before the DACA program would change my life.

I was born in the Philippines to two hardworking, college-educated parents. We lived in Manila, had a house, two cars, a dog I loved more than anything. We'd vacation in Chicago every few years. One of those early trips involved a rare April snow when I was four. One of my first memories was scooping some up in my mitten'd hand and taking it inside, only to watch it melt not two minutes later. It was my first snow. That might have been the moment I fell in love with this place.

When my father was forced into early retirement and unable to find work, my parents spent a year trying to make it on his severance and my mother's secretary salary. In 2000, they decided to leave everything behind and try to make it here. Though we were petitioned as a family through my maternal grandparents, the broken immigration system and extreme backlogs caused all three of us to become undocumented after overstaying our Visas. What followed were 16 of the hardest years of our lives. Countless lost jobs and missed opportunities, the university I never got to attend, the job offers I had to decline, days of staying indoors with nothing to do but wait and worry, depression and anxiety, the isolation of being friendless by choice (too many questions), losing our health insurance and deciding to go without to save money, the foreclosure of our home, my parents' eventual divorce. The pain of those years is still so palpable and raw that I doubt I'll ever be able to let it go.

I was amazed at how fast the transition was for me from "illegal alien" to "real person". Within 2 months of DACA approval I had a social security number, learned how to drive (properly, at 23), got a license and a part time job. Within a year I had landed a full time position _____ at a firm I still work for today (but never did let go of that weekend job). I started making friends again. I made plans for a future that included furthering my education and skillset _____ I happily paid rent, taxes and bills. I jokingly complained about, but secretly enjoyed, being tired from working seven days a week. I enjoyed the minutiae of my daily life. I was a real person, with the luxury of mundane, real person problems. I did not squander this gift. I have savored every last bit of it.

For the past four years, the road for me had been become quiet and predictable. But today, I am terrified. As an early DACA recipient, who has since renewed twice, everything I have worked for is in jeopardy. I grew up here. This has and always will be my home. But today I woke up feeling like I couldn't trust anyone, and have barely been able to eat or speak. It's been very hard to stay positive, but the more I look around, the more I see a community of support building, and with it, there is hope. Struggle has imbued us immigrants (documented or not) with a magic and a fire that cannot be quelled. We are here. Please don't give up on us.

Before I close this, I want you to know that regardless of what happens, _____ _____ I am grateful for everything the DACA program brought into my life. I would not have the courage, nor the will to go on after this election were it not for the confidence this program, my education and experience has given me. Someday I'll teach my future child about the value of compassion, sacrifice and hard work in the face of adversity. And who knows, maybe someday she'll be President.

With great admiration and respect,

Michaela _____

親愛的總統先生：

　　選舉那晚令人輾轉反側，我只睡了兩個小時，到了早上就開始寫這封信給你。你在八年前的今天宣布當選，那天與今天截然不同。那年是我進入社區大學就讀的第一年。我穿著雪靴走在校內結了冰的小廣場上，臉上掛著傻氣的大大微笑，每一扇原本在我面前關上的門都突然打開了，就像魔術一樣。那一刻充滿了希望。四年之後，《童年入境者暫緩驅逐辦法》則完全改變了我的人生。

　　我在菲律賓出生，父母都是受過大學教育的辛勤工作者。我們住在馬尼拉，有一棟房子、兩輛車和一隻我最愛的狗。我們每隔幾年就會到芝加哥來度假。其中一次來度假時我四歲，那次遇到了罕見的四月雪。我最早的幾段回憶中，有一段就是我戴著毛線手套捧起一些雪，把雪帶到室內，看著雪在兩分鐘之內融化殆盡。那是我第一次看到雪。或許我就是在那一刻愛上了這裡。

　　後來，我的父親被迫提早退休又找不到工作，我父母在接下來一年內靠著他的遣散費和我母親當祕書的薪水過活。在 2000 年，他們決定要拋下一切，試著來這裡生活。雖然我們透過外公來依親，但由於移民體制出了問題，加上我們的積蓄不足，我們三人最後在簽證過期後成了沒有正式文件的移民。接下來的 16 年是我們這輩子最艱困的一段時間。我們無數次丟掉工作，無數次錯失機會，我沒有機會就讀大學，我必須拒絕許多工作機會，有好長一段日子我都只能留在家裡，什麼也不能做，只能擔憂地等待，心中充滿沮喪與焦慮，我選擇成為沒有朋友的人（太多問題了），我們失去了健康保險，決定就當作是省錢，喪失了房子的抵押贖回權，最終我的父母離婚了。那幾年的痛苦如今依然鮮明，讓我不禁懷疑我是否從來沒有放下過。

　　我從「非法移民」變成「真正的人」的速度快得讓我感到不可思議。在《童年入境者暫緩驅逐辦法》的許可下，我在兩個月內拿到了社會安全碼，學會了如何（合法）開車（那時我已 23 歲了），拿到駕照，開始打工。在一年內，我獲得了〔隱藏公司〕的全職工作，如今我依然在這間公司工作（但我一直沒有辭掉我週末的打工兼差）。我重新開始交朋友。我計畫了未來，包括進

修及增進技能〔隱藏細節〕。我很高興我能夠付房租、繳稅並付清帳單。我會開玩笑地抱怨自己每週要工作七天，但其實在心底滿懷欣喜。我是一個真正的人了，我很奢侈地開始擁有世俗的、真正的人的煩惱。我沒有浪費這份禮物。我好好體會了這份禮物帶來的每一絲感受。

在過去四年來，我所走的路變得安靜且可預料。但今天我嚇壞了。我是最早受到《童年入境者暫緩驅逐辦法》協助的人之一，目前已重新申請過兩次，我過去所有的努力如今都岌岌可危。我在美國成長，這裡過去是、未來也永遠都會是我的家。但今天早上我起床時，我覺得我再也不能相信任何人，我幾乎無法進食也無法說話。想要保持樂觀是非常困難的，不過我在觀察周遭後發現，我所身處的社區人人都互相支持，我在其中看到了希望。我們這些移民（無論是否有正式文件）過去曾經歷過艱困，因此心中有一個永不失效的魔法、一簇不熄的火焰。我們都在這裡。請不要放棄我們。

在本信的最後，我希望你能知道，無論發生什麼事，〔隱藏細節〕我很感激《童年入境者暫緩驅逐辦法》計畫帶給我的一切。若非這個法案、我的教育與經驗給了我信心，在大選之後我不會有勇氣與意志繼續走下去。有一天我將會教導我未來的孩子，在面對逆境時，同理心、犧牲與辛勤工作有多大的價值。誰知道呢，或許哪天她將會成為下一任總統。

致上最崇高的感恩與敬意
米凱拉

Darin M. Reffitt

Wilmington, DE

President Barack Obama
c/o Fiona Reeves
Office of Presidential Correspondence
Room 412
Eisenhower Executive Office Building
1650 Pennsylvania Avenue, NW
Washington, DC 20502

November 9, 2016

Mr. President:

I wrote you on this same day eight years ago, which seems to have passed far too quickly and yet feels like a lifetime ago. I wrote the day after the 2008 elections, and was honored to learn recently that my letter was selected as one of the ten that you are given each day to read.

With everything that has happened in the intervening years, I do not expect that you would remember my letter or my specific situation. But on that day I congratulated you on your victory, and explained how—while my heart had soared with pride at you being elected as our 44th President—I awoke that next morning to news of passed ballot measures that had stripped or codified the removal of rights for my LGBT brothers and sisters in California, Florida, Arizona, and Arkansas. I then shared with you the story of my partner's car accident, and how the lack of same sex marriage had impacted us so dramatically as we dealt with everything from insurance companies to cell phone companies to hospitals. I poured my heart out about the frustrations I had faced at repeatedly hearing that I had no rights as his partner, hoping that my story could help you understand why the issue was so tremendously important.

And now, knowing that you actually read my letter within the first month of your presidency, I hope that it in some small way helped to ignite within you the understanding that led to your change of heart on marriage equality, and that my story had something to do with your decision to not defend the Defense of Marriage Act. I cling to that hope today, because the only thing keeping me from brink of despair at the outcome of last night's election is the hope that one person can indeed make a difference.

Because I will be fighting on and I do plan to make a difference.

But this letter isn't about me. It's about you. I am writing today to thank you. To thank you for so many things that you've done over the past eight years, and for the integrity, dignity, and class that you brought to the office of the President. To thank you because you validated every bit of faith that I had in you in 2008, and made me proud that I had been an advocate and volunteer during your campaign.

It hasn't been an easy eight years for those of us who supported you. First, we had to defend you to the people who were sure that you were going to take their guns, turn us into a socialist state, and destroy our economy. Instead, you shored up our economy, pulled us out of the worst financial disaster since the great depression, and fought for people who were less fortunate. Under your leadership, we were able to insure millions of less fortunate people who lacked access to healthcare, we saw the Dow soar to record levels, and we experienced the longest period of job growth on record.

But then, we also had to defend you to our own, to people who voted for you but then didn't think you did enough; people who either don't understand that a President isn't all powerful or who saw you trying to work across the aisle and viewed compromising and negotiation as weakness, instead of an integral part of how things were designed to work by our founding fathers. We had to explain that incremental change is better than no change; that sometimes you don't get perfect, but you accept better and go from there.

We had to watch in horror as Republicans in Congress blocked every initiative, brought us to the brink of defaulting on our debt, and refused to address the growing epidemic of gun violence in our nation. We cried with you as you spoke following shooting after shooting, even as those who opposed you failed to accept that you were expressing genuine sorrow, to our shock and dismay.

They vilified you at every turn, but we loved you through it all, knowing that you would keep fighting for what was right, and just, and fair for even the least fortunate of our citizens.

And through it all, you brought honor and dignity to the White House.

I have many friends in other countries, people who could attest first-hand to me how much you and your team—Secretary Clinton especially—had done to rebuild the reputation of our great nation overseas. I recall a trip we took to Italy in 2003 where our group of Americans was shunned because of the situation in Iraq, so much so that I began telling people we were Canadian to avoid being overcharged and snubbed. But you repaired all of that, and you brought us back to being a nation respected the world over.

And somehow you always stayed positive. You never sank to the level of some people who feel they need to respond to every personal attacks and perceived slight. And that's perhaps the most amazing thing of all.

I cannot remotely fathom what it must be like to see yourself and your family attacked in the vicious ways I've witnessed yours being assaulted online and in social media. I'm sure as a loving father you did your best to shield your daughters from being exposed to the hateful rhetoric lobbed against your family. But I know that at some point they inevitably became aware of it, and I can only imagine the heart wrenching pain it must have caused you to see them hurting as you explained that there are people who simply hate; how they would need to fight against that discrimination for the rest of their lives; and how even becoming the most powerful man in the world can't overcome it or matter to some people—people who will never accept that a man isn't inferior because of the color of his skin.

It wasn't until your wife—a paragon of grace and class as our First Lady—shared the mantra "When they go low, we go high," during the Democratic Convention, that I realized how you kept your beautiful daughters smiling throughout it all: you led by example. It's my fervent hope that they will someday follow in your footsteps and take a role in our great democracy. But whatever they do, I'm sure that they will succeed, inspired by the passion and determination of their father.

But it's not just them that you've inspired.

I'm sure that today you fear for your legacy; that, over the next four years, you will see so much of what you accomplished in the last eight years destroyed. I share your fear.

In Lin-Manuel Miranda's *Hamilton*, Alexander Hamilton asks, "What is a legacy? It's planting seeds in a garden you never get to see." Shortly thereafter, Thomas Jefferson states, "I'll give him this: his financial system is a work of genius. I couldn't undo it if I tried. And I tried."

The coming administration may work to reverse the progress you made. But they cannot undo the secondary impact of those accomplishments, nor the memory of the country as it is today.

Since I last wrote you, I'm pleased to share that my now-husband and I were joined in a civil union in August of 2012, which became a legal marriage in 2013 when Delaware became the 11th state to approve same-sex marriage. We now share full rights and privileges, at least for the time being. But 55% of Americans now support same-sex marriage, and will no longer buy into the hateful rhetoric that it will destroy society or hurt children. That's part of your legacy too. The changes in attitudes and values that your policies instilled won't just vanish overnight.

And unlike Mr. Hamilton, you are still here, still able to plant more seeds.

I have to believe in the basic goodness of Americans, that common sense will eventually prevail. I am sure that you and Secretary Clinton, and others like you, will find ways to bring some good out of what has happened. Whether it's convincing the 33% of eligible Americans who aren't registered to vote to do so, or getting more people engaged in the political process at local levels, or just enabling us to better understand the things that drove us to where we are, we know it's not over.

I had the great pleasure of hearing President Clinton speak at a conference in 2014. One of the things he said that inspired me was this (roughly paraphrased): "I travel all over the world, and one thing is consistently true: in places where people are focused on what they have in common, instead of on what divides them, great things are happening; in places where people are focused on what separates them, instead of what brings them together, great things aren't possible." I was proud to meet him and shake his hand that day, and I hope one day to meet you and shake your hand similarly.

In the meantime, I can only hope that the vast majority of Americans will soon realize how much our next President has driven us to focus on what divides us, and will recognize that we can't survive as a nation and do great things as long as that's the case.

And until then, we will continue to fight for the ideals you put forth eight years ago. We can afford to do no less. And I promise that I'll be here to support you and fight with you when the time comes to do so in the future.

So thank you, again. I've learned so much from you over the past 8 years. You've inspired me to care more and to be a better American.

I remain proud to call you my President.

Sincerely,

Darin M. Reffitt

巴拉克・歐巴馬總統
由費歐娜・里夫斯轉交
總統答信辦公室
412 室
艾森豪行政辦公大樓
西北賓夕法尼亞大道 1600 號
20500 華盛頓，哥倫比亞特區

2016 年 11 月 9 日

總統先生：

　　我在八年前的這一天也曾寫信給你，這八年的時間過得飛快，但又讓人覺得好像是一輩子以前的事了。我在 2008 年大選後的那天寫信給你，最近很自豪地得知那封信被選進了你每天讀的十封信之中。

　　在這之間發生了太多事，我不會預期你還記得我的信或者我的特殊狀況。我在那天恭喜了你贏得勝利，並解釋了在第二天早上醒來的感受——當時由於你成為我們的第 44 屆總統，我心中無比驕傲——同時我看到新聞報導說在加州、佛羅里達州、亞利桑那州、阿肯薩斯州的選民投票，推翻之前法律剝奪或禁止 LGBT 族群結婚的權利。接著我與你分享了我父母出車禍的故事，以及同性婚姻缺乏的保障是如何嚴重影響到我們，包括在保險公司、電話公司與醫院等場所的權益。我向你傾訴了我所遇到的挫折，我不斷聽到別人說我沒有權利成為某人的伴侶，我希望我的故事能讓你了解為什麼這個議題如此重要。

　　如今知道了你在任期第一個月就讀到我的信，我希望那封信曾稍微影響到你，在你對同性婚姻的態度轉變中盡一份力，希望從某方面來說，我的故事對你不再替《捍衛婚姻法案》[8]辯護起了某些作用。如今我只能依附這絲希望了，這絲希望讓我不至於在得知昨天晚上的大選結果後墜入絕望的深淵，這絲希望讓我相信人是能做出改變的。

　　因為我會繼續奮鬥，我決定要做出改變。

　　但這封信的主角不是我，而是你。我今天寫信的目的是想要感謝你。感謝你在過去八年完成的無數成就，為總統辦公室帶來了正直、尊嚴與典範。感謝

8　《捍衛婚姻法案》（Defense of Marriage Act）是一項美國聯邦法律，允許各州拒絕承認在其他州合法的同性婚姻，這項法案在 2013 年被判定違憲。

你沒有辜負我在 2008 年時對你的信心，使我非常自傲我曾在你競選時成為你的擁護者與志工。

對我們這些支持你的人來說，這八年並不容易。首先，在遇到認為你會拿走他們的槍枝、將我們變成社會主義國家、毀滅我國經濟的人時，我們要替你辯護。你提振了我國經濟、將我們從大蕭條以來最糟糕的金融危機中救起來，並替不幸的人挺身而出。在你的領導下，我們使數百萬不幸無法獲得健保的人能夠投保，我們看到道瓊指數回升，我們體驗到了有史以來最久的就業成長。

但接下來，我們又必須在自己人之中為你辯護，有些人把票投給你，但覺得你做得不夠；有些人不理解總統並非萬能，有些人認為你試著跨越兩黨分歧、做出妥協與協商是一種軟弱，而忽略了國家開創者在一開始就把政府運作設計成如此。我們必須向他們解釋，逐漸改變好過於一成不變；雖然有時事情並非「完美」，但你也可以接受「比較好」，並繼續進步。

我們恐懼地看著國會中的共和黨阻礙所有提案，使我們的國債瀕臨違約的邊緣，拒絕解決國家日漸增加的槍枝暴力。在你為了一樁又一樁槍擊案件演講時，我們與你一同哭泣，同時震驚而沮喪地聽那些反對你的人說，他們不認為你是真的感到難過。

他們次次詆毀你，但我們依然愛你，我們知道你會繼續為了正確、正義與公平奮鬥，就算是為了最不幸的那群人民，你也會繼續奮鬥。

這八年來，你替白宮帶來了榮耀與尊嚴。

我在其他國家有許多朋友，他們都親自向我證明你與你的團隊——特別是希拉蕊國務卿——為了重建我們偉大國家在海外的聲譽做了多少努力。我還記得我在 2003 年時曾到義大利旅遊，當時我們因為伊拉克的狀況而遮遮掩掩，我開始告訴別人我來自加拿大，以避免被冷落與多收錢。但你使一切都好轉了，你讓我們再度成為全世界尊敬的國家。

而且，你總是能保持樂觀。有些人會覺得他們必須回應每個人對他們的人身攻擊、覺得自己無關緊要，你從來不會沉淪到那種地步。或許這是你最讓人感到不可思議的地方。

我完全無法想像當你看到自己以及家人受到攻擊時會有什麼感受，我看過你在網路上以及社群媒體上受到的劇烈攻擊。你身為一位充滿愛的父親，我相信你一定已盡你所能地保護兩位女兒，不去接收那些對你們家充滿恨意的言

論。但我知道她們終究無法避免會注意到這些言論，我想像不到當你看到她們受傷時，要在多麼心痛的狀況下向她們解釋，有些人就是充滿仇恨，她們餘生都必須努力與這些歧視奮戰，就算你已成為這個世界上最有權力的男人也無法解決這件事，也無法影響某些人——有些人永遠都認為膚色與他不同的人就應該比較低下。

直到你的妻子——兼具魅力與典雅模範的第一夫人——在民主黨全國大會上向我們分享了堅定不移的至理：「他們表現出低俗粗鄙時，我們回以高尚情操。」我才了解你是如何讓你的一對女兒在面對這一切時還能保持微笑：你以身作則。我強烈希望她們在未來能跟隨你的腳步，在我們偉大的民主中占有一席之地。但無論她們將來投身何種行業，我相信她們都必定會成功，因為她們受到父親的熱忱與決心所啟發。

而你啟發的人遠不止她們而已。

我知道如今你必定很擔心你的政績；你也會擔心在未來的四年中，你過去八年的成就會被破壞。我也和你一樣擔憂。

在林—曼努爾·米蘭達的《漢彌爾頓》[9]一劇中，亞歷山大·漢彌爾頓問道：「什麼是政績？政績是種在花園裡的種子，你永遠沒有機會看到它們。」過不久，湯瑪斯·傑佛遜[10]道：「我會告訴他：他的金融系統是天才之作。就算我試著想要毀掉這個系統也是不可能的。而我的確試過了。」

接下來的政府可能會試著反轉你帶來的進步，但他們無法毀掉這些成就所帶來的二次影響，也無法毀掉我們對國家如今的記憶。

我很高興能告訴你，在上次寫信給你之後，我的現任丈夫和我在 2012 年 8 月成為伴侶關係，接著在 2013 年，德拉瓦州成為同性婚姻合法化的第十一個州時合法結婚了。我們如今享有完整的權利，至少目前是如此。現在有 55% 的美國人支持同性婚姻，他們不會再相信「同性婚姻將會毀掉這個世界或者傷害孩子」那套充滿仇恨的言論。這也是你的政績之一。你的政策改變了人們的態度與價值觀，這些改變不會在一夜之間突然消失不見。

9　《漢彌爾頓》是林—曼努爾·米蘭達（Lin-Manuel Miranda）製作的百老匯音樂劇，講述亞歷山大·漢彌爾頓（Alexander Hamilton，1757~1804）政治生涯中的幾件大事。漢彌爾頓是美國的開國元勳之一，也是美國的第一任財政部長，他一手創立的金融機制使美國快速地在戰後實現經濟繁榮。

10　湯瑪斯·傑佛遜（Thomas Jefferson，1743~1826），美國第三任總統。

而你不像漢彌爾頓先生已經是歷史人物了，你還在這裡，你還可以種下更多種子。

　　我相信美國人擁有基本的良知，這樣的常理終究會流傳開來。我很確定你、希拉蕊國務卿以及其他像你們一樣的人將會找到方法，從發生的事件中帶出我們的良善。無論是說服沒有登記投票的 33% 合法選民去投票，或是讓更多人投入地方政治，還是讓我們更了解為什麼會走到如今這步田地，我們知道這一切還沒結束。

　　我在 2014 年有幸聽到柯林頓總統在一場會議中發表演說。他所說的其中一段話使我感觸良多（大略意思如下）：「我曾到過世界各地，有一件事永遠不會變：若一個地方的人民專注於使他們團結的事物，而非專注於讓他們分裂的事物，這個地方便會發生偉大的事；若一個地方的人民專注於讓分裂他們的事物，而非專注於使他們團結的事物，這個地方便不可能發生偉大的事。」我非常榮幸能在那天與他見面並握手，希望我有一天也有機會能和你見面並握手。

　　與此同時，我只希望大多數美國人能盡快理解，我們的下一任總統將會引導我們專注於讓我們分裂的事物，我希望他們能知道，在這種情況下我們無法以一個國家繼續存活，也無法做出偉大的事業。

　　在那之前，我們會持續為你在過去八年提出的理想而奮鬥。我們可以付出與你同等的努力。我向你保證，我會一直在這裡支持你，並在未來有需要時與你並肩奮鬥。

　　所以，我要再次謝謝你。過去八年中，我從你身上學到了很多。你啟發了我，使我花更多心思關心周遭，成為更好的美國人。

　　我仍以稱呼你為我的總統為榮。

誠摯的
道林‧M‧瑞福特

CHAPTER 17

Vicki Shearer

November 9, 2016
Renton, Washington

薇琪・薛爾

2016.11.9

華盛頓州，倫頓

寄件時間：東部標準時間 2016 年 11 月 9 日 下午 12:11

你說太陽明天依舊會照耀大地。先生，我住在華盛頓州西雅圖，太陽並沒有照耀大地。事實上，現在正在下雨。我在各種層面上都對選舉結果感到很生氣。但最讓我難以面對的，是我在自己的家庭中感受到的分裂。我最大的兒子是同志。我小兒子娶了一名合法的墨西哥移民。他們在幾個星期前剛生了女兒。我的丈夫，也就是他們的父親，投給了川普。是的，正如他再三向我強調的，想投給誰是他的權利。我懂。但我心中依然認為他投下的這一票是在否定我們家。他本可以在選票上寫上別人的名字，或者像小布希一樣留下空白。在你的總統任期間，我的家人受到了看顧與接納，這讓我覺得非常安全與自信。然而現在我再也沒有那種感覺了⋯⋯

薇琪這一輩子都住在西雅圖南方的倫頓，在這棟小平房也住了 17 年。吊掛盆栽大多都是矮牽牛，如你所見，她並不在意配色。所以舉目所見都是顏色！爆開來的顏色！提姆在去年裝了自動澆水系統，這些花才會看起來這麼漂亮。照料植物是她的運動。此外，她早上會在附近散步走一圈，看看鄰里動態。

薇琪的年紀大約 60 出頭，身材圓潤，留著一頭黑色短髮。在其他人抵達之前，薇琪想先談談提姆。

「提姆是位紳士。他當然很愛我們的孩子和這個家庭。他擅長扭轉局面。他比較有邏輯，我則比較情緒化。」

她想讓提姆自己解釋他為什麼要這麼投票。「他已經跟我解釋過 100 次了，我還是聽不進去。」

薇琪和提姆結婚 41 年了。他們在她高中畢業那年夏天的一個下午認識。她總是會告訴其他人，那時她開的全新車子讓他印象深刻。（「那輛車是福斯『兔子』，」提姆會這麼說。他對那輛車沒

什麼好印象。）他們開始聊天。他們去了太空針塔。他們一直聊天、一直聊天。「你是第一個聽我說話的人。」他說。「誰會不喜歡聽到這句話呢？」她說。

薇琪聽說在 2016 大選後有許多對夫妻離婚了。她聽說有些家庭分崩離析，有些手足避不見面，有些人再也不邀請表親，姻親陷入冷戰或者銷聲匿跡。薇琪不認為這種事會發生在她自己家裡，但她承認最近感受到的壓力不小。

「那是一個傷心、沮喪、黯淡、黑暗又不快樂的夜晚。」

她和提姆在家關注新聞。請記得，這裡是西岸，一切都早了三個小時。這時他們兩人都很憤慨。他們想念伯尼[1]，伯尼退場的整個過程和方式──讓他們兩人都對民主黨很生氣。這是一件很悲哀的事，因為他們兩人都是民主黨的終身支持者。舉例來說，2008年大選夜，薇琪做了一個歐巴馬派。（大家都知道她很擅長做主題派。「派是開心的食物。」）那是一個草莓混藍莓派。她試著想要在派皮上刻出一個歐巴馬，但她在下巴的地方有點失敗──「太寬啦！」每個人都開玩笑說蜜雪兒會很喜歡那對大耳朵，因為他們知道蜜雪兒很喜歡笑巴拉克的耳朵。他們家的每個人都稱總統為「巴拉克」。

2016 年大選夜，薇琪完全沒有烤派的興趣。她計畫好要看著希拉蕊贏得大選，讓它長痛不如短痛地結束；她不是希拉蕊的粉絲。她很失望自己竟然如此在乎這場競選活動的每一個峰迴路轉，真是浪費時間，一切都醜惡無比，還讓她離開了她的花園。提姆應該是在他上班的瀝青工廠。那裡有很多人都是共和黨，或許那是原因之一。

但說真的，她完全不懂事情怎麼會變成這樣。有一天她抬起

---

1 伯尼・桑德斯（Bernie Sanders），美國無黨籍參議員，曾以民主黨黨員身份宣布參加 2016 美國總統大選，最終在民主黨協調下宣布退出選舉、支持希拉蕊並退出民主黨。

頭，突然發現自己嫁給一名投給川普的人。在她自己家裡的異類。**怎麼可能會發生這種事？**

在大選幾天前，她發現提姆要投給川普，當時——聽好了——他填好不在籍選票²之後——真的，注意聽好了——而她竟然是跑郵局的那個人。因此，這件事的難熬程度又上升了好幾倍。**選票就在她手上**，她站在郵筒前面遲疑了好一陣子，她不一定要把選票投進去，提姆永遠不會知道這件事。她思考著祕密，她思考著兒子。船、釣魚、登山和所有的愛。她盼望的幸福人生。她打開郵筒，閉上眼睛，輕輕一轉手腕，就把選票投進去了。

一張否定她家庭的選票。這張選票否定了她女人的身份，否定了身為同志的兒子尼爾，否定了尼克和他來自墨西哥的妻子達妮，也否定了伊絲萊。若他們還有養狗的話，這張選票也否定了狗。一個家庭要如何接受這種事？一個國家要如何接受這種事？國家各處都有派系在形成、背叛在發生、猜忌與仇恨在各地冒出。

我們必須忘卻這整團混亂。薇琪在大選夜和提姆一起坐在電視前看結果時這麼想著。希拉蕊會贏，川普再也不會出現，然後就可以開始遺忘。

但想當然耳，接下來藍州開始轉紅，薇琪只覺得不可置信，接著她就上床去了，用被子蓋住頭。後來提姆也回臥室了。她不知道提姆是什麼時候進來的。

這棟房子的客廳沒有放電視，這是長久以來的規矩。客廳是人與人溝通和相處的地方。客廳很小，就在廚房外，柔軟的米色地毯鋪滿整個房間，沙發靠著一張茶几圍成 L 型。這裡大多數的裝飾品都

2　美國有些州設有不在籍投票制度，可以讓無法到達投票所的美國公民執行投票權。

是薇琪做的，裱框的刺繡和幾瓶乾燥花；提姆把那個窄架釘在牆上，讓薇琪可以在架上擺放一整排可愛的迷你房子、穀倉和教堂——看起來像個愉快的小鎮。

大兒子尼爾是第一個進家門的。他今年 38 歲，身材高大，蓄著大鬍子，頭上戴著灰色棒球帽，笑起來就像他媽媽。他知道他今天想要在客廳裡做什麼。他想要有話直說。大選日至今已過了六個月，他希望他爸爸知道，他的那張票依舊使他感到受傷。「他在選擇某些事物的時候撇除了**我，**」尼爾說。「我知道這樣說很自我中心，我也並不是說他這麼做有任何對錯，我只是要說他讓我很受傷。」

尼爾總是很擅長於「解釋」。這就是為什麼他這麼熱愛他在保險公司的客服工作（就連保單上的文字都會有很細微的差別）。在解釋一件事的時候，最重要的不是傳遞知識；最重要的是對那些還不懂的人抱持同理心。尼爾經歷了千辛萬苦才領悟這個道理，他在大學畢業之後掙扎著要不要向父母出櫃。最後過程並不順利。當時正好有個朋友寄了張明信片到他家，他在明信片上談到一個尼爾覺得很可愛的男人，而他媽媽正好看到這張明信片。**等等，這是什麼？**她是不是應該和提姆討論這件事？於是他們經歷了祕而不宣、困惑與羞愧。

尼爾逐漸遠離他們，最後搬到了奧林匹亞。他下定決心要坦誠地生活，無論他父母是否理解都沒關係。但很快他就開始想念他們了，他不知道這種感覺會不會隨時間消逝。顯然不會。六年過後，他再也忍不住了，他決定要和父母團聚。他一開始表現的方式非常誇張——帶他們去吃精緻的晚餐、到城裡玩——然而一個比一個還要尷尬。

到了最後，尼爾決定只要回家就好，來到這個客廳，每週一次就可以了。每個星期五，無論如何，無論他們在上個星期談了什麼

或者如何收場。總會有下一個星期五。這使彼此的壓力都減輕不少，他們又開始了解對方了。那大概是十年前的事了，如今想起那也曾是問題，會令他們覺得有點荒謬。

· · ·

接下來抵達的是尼克和達妮。尼克在瀝青工廠和提姆一起工作。尼克小的時候喜歡玩特種兵公仔。「他好男孩子氣啊！」他的祖母會這麼說。（尼爾的玩具是安妮布娃娃。）到現在大家還是會說尼克和尼爾看起來像是雙胞胎，就連下巴上的凹陷也一模一樣，不過現在尼克把頭髮剃光了，也沒有戴帽子，所以你分辨得出兩人的不同。

尼克和達妮是去年結婚的。達妮幾乎一手包辦所有的談話，這讓尼克愛極了。她替這個家庭帶來許多活力。舉例來說，他們家裡只有她會罵髒話。（「就像放鞭炮一樣，」提姆說。）達妮在 12 歲時和她的家人一起離開墨西哥。他們為了賺錢買民生食品在街上賣光碟。他們花了 15 年的時間才成為美國公民。「整個過程像進了一趟地獄。」她的身材結實，濃密的黑髮散在一側，是個愛笑的人。她抱著八個月大的嬰兒伊絲萊坐在沙發上，伊絲萊的膚色像尼克，白到幾近透明。達妮第一眼看到她時，說她很開心伊絲萊天生如此。白皮膚，這能讓她活得比較輕鬆，但薇琪聽不得她說這種話。

提姆是最後進來的人。他看起來就像是圓滾滾版本的尼爾和尼克，頭頂光禿，周圍一圈白髮。他是那種你會在家得寶[3]遇到的人，是那種會因為你買的東西比較少，所以在排隊時讓你先結帳的人。提姆希望幾年後退休依然住在這棟房子裡、住在這個國家的這個美麗所在。那麼多的戶外場所、那麼多的活動，他可以挑週間的時候

3　家得寶（The Home Depot）是美國一家家飾品與建材的大型連鎖零售商。

做事，就不用排隊了。這整個地區到處擠滿了人、金錢和大房子。不過瀝青產業倒是因此而生意興隆。

總而言之，是時候該好好處理這件事了。這一家人必須好好處理提姆投的那一票，以及那票所帶來的痛苦。美國必須好好處理這件事。

薇琪拉了一張椅子過來，以便能清楚看見坐在沙發上的每個人。他們向當地的熟食店訂了魚肉餐——燻鮭魚、起司、餅乾——應該很快就會送來了。

「你知道嗎，我覺得你投的這一票是在否定我們家，」薇琪轉向提姆，首先發話。這不是她第一次說出這些字眼了。「我當時只覺得，我到底嫁給了什麼人？」

「我知道有些人的投票帶有一種，就是，挑釁的意味，」尼爾看著他爸爸道。「『選戰完蛋了。讓我們把它搞得更糟吧，**把票投給實境秀的電視明星好啦！**』」

「他的行動否定了我們家庭所代表的一切，」達妮說。他們一個接著一個說話，完全沒有中斷。

「最讓我生氣的是，你竟然**不**氣川普。你竟然不對他感到生氣！」

「對於持觀望態度的人，他允許他們走向種族歧視，他同意他們這樣做。你看，現在就是，我的天啊，種族歧視居然還存在。」

「那種憤世嫉俗主義——川普是憤世嫉俗的人才會做出的選擇。爸，我不相信你是憤世嫉俗的人。」

「他是個騙子。他騙了美國。有些人認為正因為他是騙子，他才能成為成功的商人。他是個騙子、惡霸。我覺得你應該聰明得多——我**知道**你其實聰明得多。」

提姆的雙臂在胸前緊緊交叉，他直直盯著地毯的某一點。「我懂，在這裡我是壞人，」他說，「但這種狀況必須停止了。」

尼克想要花點時間提起另一個相關的話題。他想要告訴大家，在大選夜那晚，他和達妮的房子就像地獄一樣。

「那天達妮的媽媽來我們家過夜，她們兩個大吵了一架，」尼克說。

「吵得不可開交。」達妮說。她很樂意分享這個故事，講幾次都沒關係，只要能讓她更容易……面對這件事。「那時我們在看電視，」她說，「我媽走進來，我爸也在。然後我說：『我不敢相信這個混帳竟然贏了』，然後她說：『喔，我們都投給他』。」

「我馬上回：『**你說什麼?!**』」

她深吸一口氣，坐在沙發上往前滑動一點，好像要找一個適當的位置來聚集並排出大量憤怒的情緒。伊絲萊則沒有發出什麼動靜。顯然伊絲萊打算在她媽媽進入加速模式時繼續睡。

「因為直到那時候，我們關注的一直都只有**這個**家庭而已，」達妮繼續說道。她講話很快，很容易吸引注意力。「在那之前我的想法一直都是，**我仍然不能相信尼克他爸爸投給川普。他的整個家庭都是川普打擊的對象。**所以當我爸媽告訴我說他們投給川普後，我只覺得，**你們到底在幹麼？他根本不希望我們留在美國！**我弟弟還沒取得公民身份。他在年輕的時候和他女友出了一點問題。所以我告訴我媽：『你知道你投的這個總統在進入白宮之後可能會想把你的兒子驅逐出境嗎？』我幾乎可以看到她頭上亮起了一個燈泡。我跟她說：『**這傢伙會把妳兒子驅逐出境！**』她說：『喔，我從來沒這樣想過。』喔，**不然妳以為他這陣子都在做什麼呢？**這兩年來我們一直聽到他們在說墨西哥人是強暴犯，我們是罪犯，我們是毒販，什麼都是我們。**妳覺得他接下來會怎麼做？**而她的態度是：『我只是覺得他是很成功的商人而已。』我當下只覺得：『拜託妳詳細說明一下。』我整個人都、就是——我簡直不敢相信。就連我爸都在那邊說：『那我們應該離開嗎？』連尼克的反應都是：『妳

應該冷靜一點。』」

「那時真的很糟，」尼克說。

「我一直很擔心我弟，」達妮繼續道，「我一直跟他說：『你一定要有備案』，去加拿大或比利時都好。現在只要我媽跟我提到政治，譬如當她說『妳看到川普說了什麼或做了什麼嗎？』我都會回她『不要跟我提這種事。妳沒有權利說他的不是；**這是妳的錯。就是有一群像妳一樣一點都不了解候選人的選民，才把這個混帳變成總統的**』。」

「現在還是滿糟的。」尼克說。

門鈴響了。是送魚肉餐的人。每個人都暫時休戰，一一打開袋子，盤子叮噹作響。薇琪整理了擺盤，讓餐點看起來比較美觀，檸檬胡椒煙燻鮭魚在兩側排成扇狀，糖煙燻鮭魚和楊木煙燻鮭魚在中間，盤子的邊緣擺了一圈迷迭香芝麻餅乾。

在客廳較遠的那面牆上，角落掛著一個相框，裡面是歐巴馬回給薇琪在大選後隔天早上寫的信。「**雖然政治能大幅影響我們的生活，**」來自白宮的信紙上寫著，「**但我們的成功一直根植於人民願意互相照顧、幫助彼此度過難關——無論晴雨。**」

「收到他本人的回覆，」薇琪說，「讓我覺得輕鬆許多，我覺得我被聽見了。這封信讓我覺得：世上還是有好事的。閱讀我寄給他的信是他一天中的一部分。我覺得這個世界上還有我存在的位置……」

這與選後她丈夫帶給她的感覺形成強烈的對比，這一點大家都很清楚。

「前任總統寫的一封信，」提姆指了指那封信，「他表現得好像我根本不住在這裡一樣。這讓我的處境變得有點困難。」

薇琪警告地看了他一眼：**不要把巴拉克牽扯進來。**

這件事和巴拉克無關。重點是川普。

「你不能在討論總統大選的時候不討論參選的人，」提姆堅定地說。「你不能在跟我討論這件事的時候，裝作不知道他的對手是誰。」

這件事和川普無關。重點是希拉蕊。

「嗯，我支持希拉蕊，」尼爾說，「這間房裡多數人的立場都跟我不一樣。」

這間房裡多數人的立場絕對跟他不一樣。尼克和達妮把票投給希拉蕊的時候非常不甘願，薇琪覺得兩個候選人都不該當選，所以她沒去投票。她知道決定不投票只會削弱她自己的聲音，每個人都知道，但沒有人，就連提姆——即使他很需要一些反擊的火力——也沒有明說這件事。這間房子裡的人都知道他們必須**尊重母親**。

「我真的受夠民主黨了，」提姆說。「我當初應該更直白地說出來。我投下這票的原因是因為想要阻止其他人。這是對民主黨候選人的抗議。就是這樣，就只是這樣。」

提姆覺得這段話應該就能終止這個話題了。他還需要多說什麼？抗議的一票。不能就此結束嗎？為什麼大家還是對此感到氣憤？換個人可能就氣走了。**你們這些人真是太荒謬了，我都已經把話說清楚了，請接受這個事實。**

「如果我們這邊是搖擺州⁴的話，」尼克問他爸爸，「你覺得你會做出不一樣的選擇嗎？」如果這裡是俄亥俄州、佛州或賓州的話，他爸爸一定會在投票的時候更……更負責任一點。

「不會，」提姆說。「對手是希拉蕊，所以我不會。我覺得她的故事已經過時了，而且她根本沒有代表誰——她只會代表她自

4　指沒有單一政黨取得絕對優勢的州。

己。」

「但川普也一樣，」達妮說。

「從這個角度來說，我覺得他們兩個人是一模一樣的，」提姆說。

「那真是太有趣了，」尼爾說。「所以說，她曾做過的工作、她曾經作為政治人物的經驗，一點意義也沒有嗎？」

「我並不希望往這個方向談，」提姆說。「如果你走的方向是錯的，你的速度再快也沒有用。」

「川普完全沒有相關經驗——這也沒差別嗎？」尼爾問他。

「當總統的唯一條件就是他是這個國家的公民，」提姆說。「我不認為職業政客比較有資格代表我。」

「我只是想要理解，」尼爾說。「所以川普的計畫對這個國家來說是比較好的嗎？」

「我覺得他是無關緊要的，」提姆說。「但他跟希拉蕊那班人不一樣；我對於那班大同小異的人沒有興趣。」

「所以說，這就像是你開著車，」尼爾靠在沙發邊緣說道。他在比喻的時候上下揮動手臂，1、2、3：**看清楚，爸，你的意思就是這樣**。「你開著車，發現快要沒油了，所以你就把車撞到牆上，然後說：『好吧，現在我不需要加油了，因為我停下來啦！』」

「我很抱歉這件事讓你生氣到這種地步。」他父親回答。

「讓我聯想到聖海倫火山爆發。」薇琪說。

伊絲萊醒了，她踢了踢腿。

「有人想要再吃一點魚嗎？」沒有人想。

或許提姆需要做的就只是道歉，承認他犯了一個可怕的錯誤。因為薇琪生氣了，尼爾花了太長的時間在譬喻，尼克給了他台階下，達妮覺得被冒犯了。你要怎麼收場呢？或許全美國的獨立選民都應該要道歉，無論他們覺得自己是否有錯都一樣。

伊絲萊握住了她母親的拇指，開始來回拉扯。達妮輕輕搖了搖膝蓋——「呼咿！」逗著伊絲萊——其他人都看著她們。

「對我來說最有趣的是，我們如今的政治狀態與社群意識是完全對立的，」提姆說。「我們把一切事物都分成左派和右派了。」

「投票給某人並不代表我們的所有問題都能獲得解決，」尼爾提出意見。「我們一開始就錯了。就算桑德斯當選，那也不過是讓一個人掌權罷了。」

這個觀點是這間房子裡的每個人（除了伊絲萊之外）都同意的，你需要一個開頭。「我的比喻一直是，我們有一艘大船，上面有很小很小的舵，」提姆說，「就算把舵推到底，船也只會轉動一點點。總統其實只能擁有一定的權力。」

「我相信要是如今掌權的是希拉蕊，而和俄國有瓜葛的是她的話，現在的聲浪一定會浩大十倍，」尼爾說。

「她老早就會被踢出白宮了，」達妮說。「早就會有人彈劾她了。」

「所以兩者浪費的時間會是相當的，」尼爾說。

每個人都希望能接受這件事。川普在浪費時間，希拉蕊也會是在浪費時間。

或許吧？

「巴拉克跟你說什麼？」提姆再次指了指那封信，問薇琪。「一切都會沒事的。他是這麼相信的；我也這麼相信。民主是渾水，還很聒噪。」

或許吧。

「那《走進好萊塢》[5]的錄音呢？」薇琪說。這是她永遠不能放下的一件事。「你聽到他說的話時作何感想？」她問提姆。「就

5　川普競選期間曾接受《走進好萊塢》（Access Hollywood）採訪，其中一段錄音被流出。川普對記者說：「我有名到可以隨便抓女人的私處。」

是他評論女人的那段話。」

「聽到他有那種觀念我一點也不驚訝。」他說。

「但他說的話是在否定**女人**，」薇琪又說了一次。「我對此非常生氣。」這對他來說不重要嗎？

「我覺得把這種事大聲說出來很糟糕，」提姆說。「但東岸有些人會使用某種特定的語言。他們好像比較……霍華德·斯特恩[6]在那裡很受觀迎。這種事在紐約比較典型、比較常見，但在我們這裡就不是了。他們的文化不一樣，我從來沒有多想。」

「我很清楚你有多尊重女人，我知道你多有禮貌，」薇琪說。「我一直覺得那種話會冒犯到你。」

「當然會，」提姆說。「那傢伙是隻豬。」

這句話似乎打破了房內的緊繃氣氛。

「你記得我們在電視上看女性遊行那次嗎？」薇琪說話的樣子，像是想要確認提姆真的覺得川普是隻豬。「我看到一個標語，那時我覺得要是你能拿那個標語去遊行的話我會很開心。那個標語是『不要再惹火我老婆了』。」

「我很樂意帶著那個標語去遊行，」提姆說。

好的，這讓大家鬆了一口氣。提姆還是他們以前認識、他們深愛的那個提姆。

可是，等等，提姆**故意**把票投給了一隻豬？

他到底是怎麼回事啊？

伊絲萊突然尖叫起來。

「她餓了，」尼克說。

「她要換尿布，」達妮邊說邊站起身，帶著伊絲萊去後面的臥房。她們步入走廊後，尖叫聲逐漸轉小。「尼——克！」達妮大聲

6　霍華德·斯特恩（Howard Allan Stern，1954~），美國電視的製片、導演和演員，他出生於紐約皇后區，以《霍華德斯特恩秀》廣受歡迎。

喊道，尼克跳起來，薇琪也站起身，兩人一起過去幫忙。

嬰兒在遠處大哭，客廳裡只剩下尼爾和他爸爸靠坐在沙發上，他們頭頂的高度一模一樣，都剛好在放著一整排小房子的架子下緣。兩人都用同樣的方式交叉雙腿，就好像其中一個人在模仿另一個人一樣。就像過去的每一個星期五，在這個客廳裡，每個星期五，無論如何，無論他們在上個星期談了什麼或者如何收場。他們又得以了解對方了。

「我很尊敬你，我愛你，」尼爾終於說道，「但還是會有，就是——那種瞬間，那個選擇，我不在現場。我一直在想那件事。我相信你很有智慧，也相信你充滿關懷、樂於分享與給予。但你能不能理解我會經歷那個時刻，就是，**怎麼會這樣？**」

「達妮也一樣，」提姆說，「你媽媽也一樣。你們都一樣。」

「嗯，我覺得你願意討論你投票的動機是很勇敢的事，」尼爾說，「就是，你是不帶惡意的。我懂。」

「我不像你們一樣，把這件事看得那麼嚴重，我永遠也不會。我也不打算改變這一點。」

「我覺得很有趣的一點是，有些過去覺得自己沒被聽見的人現在覺得自己被聽見了，」尼爾提出他的意見。「還有這對他們所代表的意義。」

這件事與巴拉克無關，與川普無關，與希拉蕊無關。現在這件事的重點在於重建。

「我不知道那些人以前覺得沒被聽見，」尼爾繼續說。「不是因為我以前不感興趣。而是我過去可能沒注意到，但我卻一直都不知道。」

「這些人現在都站出來發聲了，在一年前這些人都默不作聲，」

提姆說，「希望善良的人會挺身而出，找出懂得做事的領導人。」

「我很高興我們能繼續討論這些想法，」尼爾說，「這次選舉改變了我。我甚至都不知道我有沒有準備好，去體驗我的感覺有多不一樣。我的確對這個現代社會有著不同的感覺。」

達妮帶著換好尿布的伊絲萊大步走回客廳，後面跟著剛剛跟去的兩個人，這時客廳的氣氛已經完全不同了。就像日蝕一樣。但在客廳發生的事並不只是地球規律自轉所造成的，這種變化來自於人為努力。「我想告訴那些因為家人的投票選擇或家人討論政治的方式而感到失望或者困惑的人，」尼爾對眾人說，「我覺得我們都應該要傾聽彼此的聲音，並在不理解時坦然承認。我覺得現在每個人都想要被聽見。我甚至覺得連川普都想要被聽見。我覺得他只希望有人跟他說『你是總統呢！』讓他知道他**做到了**。從同樣身為人的角度出發，我能理解需要被聽見的感覺。」

「對！我同意，」達妮說，「我愛你。」

「我想分享一個我很喜歡又很傻氣的一句話，」尼爾說。「『原諒就是樂趣』，我能原諒的事物越多，我能享受的事物就越多，因為原諒使我擺脫牽掛。也就是說，爭論並不是我們的終點，爭論可以是我們的新起點。」

「嗯，我早就跟尼克說過，」達妮說，「我說『你應該跟你爸爸道歉』。我們應該要更懂得體諒。我們全都必須要繼續前進。我覺得我們都這麼做了，我們做得很好。我覺得我們都前進了，對吧？」

「我想是的。」薇琪說。

「我們還是很生氣，」達妮說，「但，不是對彼此生氣。」

「我不覺得這間客廳裡有任何人讓我生氣，」薇琪說，「但我對現在的狀況很生氣。」

「只要繼續努力下去，衝突就是表示愛的一種方式，」尼爾

說，「你必須一直堅持下去，一直努力。」

「我覺得你寫的信好像滿凶的，」提姆在大家都走了之後對薇琪
說，「我是唯一一個在你寫信時被捅一刀的人嗎？」

　　「我沒有寫信給其他人，」她說，「我只有寫信給巴拉克。我
只是在陳述事實。我告訴他說，你投的票否定我們的家庭，就像他
坐在我對面聽我說話一樣。就像跟朋友聊天。」

CHAPTER 18

Obama in Jeans

穿著牛仔褲的歐巴馬

費歐娜告訴我她很緊張,當我問她為什麼緊張的時候,她爆出一陣大笑,一副**這是什麼蠢問題的樣子**。這天是 2018 年 3 月的一個大風天,我們在我的飯店房間裡,正要前往歐巴馬在華府的卸任總統辦公室和他見面。

離開白宮後,費歐娜成為了媽媽。她在剛進入 OPC 工作時認識她的先生克利斯(他的工作是處理總統威脅信件),他們把寶寶取名為葛蕾絲。

歐巴馬同意在卸任後接受訪談一事已經是一種表態,或許比他當天所說的任何字句還要有代表性。離開白宮後,他極少出現在鎂光燈下,一直專注於他的基金會與著書,他沒有對美國的新政治格局中接二連三的騷動發表任何評論。歐巴馬就像小布希一樣,非常小心地走下了總統的舞台,無論情勢變得多麼詭異、無論新政府如何毀壞舊政府的建樹、無論有多少支持者呼籲他跳出來,拯救他們眼中已陷入暴君手中的美國,他都不會干預。

此時距離他卸任已經有一年多了,他只接受過三次訪問:一次訪問的主題是他早期身為社區發展工作者的經歷,另一次是深夜脫口秀節目主持人大衛·賴特曼(David Letterman)退休後重返大螢幕的首集節目,第三次則是接受英國哈利王子的訪問。

現在他將再次接受訪談:這次是與信件室有關的訪談。

關於信件室,和一位信件室小姐的訪談。

倒不是說他和費歐娜是老友,並不是這麼一回事。總統與信件室負責人之間的差別就像是,嗯,還真有其自成一格的比喻。國王和僕人,搖滾明星和樂器搬運員,總統和信件室小姐。若真要說費歐娜與歐巴馬之間有什麼關係,多半是一種默默無言的關係,僅限於每日簡報文件夾背後的紫色資料夾裡一疊疊人民之聲的樣本、留白處的少量潦草字跡中:回覆、回覆、回覆。我記得費歐娜曾說過:這就像是從門縫底下塞進一個托盤。

在這之前，她和歐巴馬只見過幾次面，多數都是為了公關拍照，還有歐巴馬在卸任之前的其中一天請她到辦公室，感謝她過去的付出。她告訴我，那次見面也讓她很緊張。「我想了好多種感謝他的方式，然後才走進去，他讓我方寸大亂，完全忘記本來打算要說什麼。他給了我一封信。這封信已經被他摺起來了，這是不常見的事。我們從來不摺他的信。

「他提到白宮單調乏味的部分，卻正是服務理念的核心。」接著，他給她一個擁抱。「他是習於擁抱的那種人。」她說。

我問起之前她寫給歐巴馬的那封信。這封信是她在一次 OPC 員工交流集會的「建立同理心練習活動」中寫下的。題目是：「若你要寫信給總統，你會寫些什麼？」員工們分成幾個小組，互相分享彼此的信件。活動的重點並不是讓總統讀到這些信。費歐娜把她的信塞進一個資料夾中，再也沒有拿出來過。

或許她會想要在今天把信交給歐巴馬？

「喔，他不需要那封信。」她直率地說完後匆匆穿上大衣，走向門口，用力深吸一口氣再緩緩吐出來。

我又問了一次，她為什麼會覺得緊張。「最糟的狀況會是什麼？妳說不出話來？還是妳會說出一些之後讓妳後悔的話？」

她站在那兒一動也不動，只是看著我。我幾乎忘記她的眼睛有多大、多圓；感覺可以讓一整個人爬進去。

「我可能會哭？」她說。她把手伸進外套口袋，拿出她出門前準備好放帶在身上的一團廁所捲筒衛生紙給我看。

「喔，這也太誇張了。」我從浴室抓了一疊面紙，整齊摺好，遞給她。

廳室裡的光線充足，空氣流通，色彩繽紛。等候區掛著巨幅的太平洋照片，還有些特別的小擺飾，像是以前放在總統辦公室餐廳的拳王阿里手套，和美式足球超級盃冠軍獎盃（Vince Lombardi Trophy）的複製品。從寬闊的中央走廊往歐巴馬辦公室走時，你會發現自己正逐漸走向小馬丁·路德·金恩的照片，這張掛在走廊盡頭的照片非常顯眼。金恩背對著照片鏡頭，他的面前是群眾——這是講者的視角，而非聽眾的視角。

這裡大約 12 位員工中，好幾位都曾在白宮替歐巴馬工作，他們大都認識費歐娜，紛紛從辦公室裡走出來問候她：「克利斯還好吧？**寶寶還好嗎？**」歐巴馬出現的方式和這些員工一模一樣，好像他也是溜出來休息的老員工之一；他突然就出現在我們之中，臉上掛著大大的微笑，說他才剛填好「三月瘋」贏家預測表[1]，他覺得這次填得不錯，真的很不錯。在你親眼見到他本人之前，你完全無法想像他到底有多瘦長，又高，體態又筆直；他看起來健康狀態很好，甚至可以說充滿朝氣，他的頭髮剪得極短，讓他在總統任內猛冒的白頭髮變得不那麼明顯。他走向費歐娜時張開雙臂，並問候她們一家，費歐娜羞怯地迎向他的擁抱。

「我很好。葛蕾絲很好。我們都很好……」

「好耶，我們這裡一直蹦出新生兒呢。」歐巴馬說。他指的是隨時即將臨盆的一位員工。「這是最棒的事。這些員工大概從 20 歲就開始跟著我工作。現在好像大家都突然有孩子了。這感覺很溫馨。而且有一堆人，妳懂吧，有很多人都是在競選團隊或白宮認識的。但到現在都沒有人把小孩命名為巴拉克——」

1　三月瘋（March Madness），全美大學體育聯盟（NCAA）第一級男籃總決賽，風靡程度僅次於美式足球超級盃，因賽事多半在三月舉行而有「三月瘋」的別稱。歐巴馬酷愛籃球運動，在任期間每年都會填寫這場賽事的贏家預測表（bracket），可惜只有上任第一年（2009）那次準確預測了北卡羅萊納大學奪冠，其餘均槓龜錯估。

「很多來信者都把孩子命名為巴拉克。」費歐娜說，但或許她的聲音太小了，他沒有聽見。

「害我覺得有點失落。」歐巴馬繼續笑著說。「我想說：『拜託一下好不好！』」

我們跟著他進了他的辦公室。裡面的空間寬敞，以各種層次的棕色與褐色裝潢，讓人覺得樸實、溫暖又溫馨。沒有任何會使人眼花撩亂的裝飾。他請我們在沙發入座，他則整個人陷入了旁邊的沙發椅中。他今天穿著牛仔褲和淺藍色的襯衫，領口的扣子沒有扣。他把腳放在咖啡桌上，腳踝交叉；整體來說，他看起來十分放鬆。咖啡桌上擺著皮特·蘇沙[2]的攝影集；小几上、牆上，到處都有歐巴馬的家庭合照；歐巴馬的大辦公桌位於房間的另一端，上面放滿一疊疊文件和書籍——顯然是他工作的地方。他提到他正在寫的那本書，他說那本書……很難寫。「寫作真的很難。很痛苦。很——每個人都覺得寫作是……妳懂吧。但這是工作。好像我無時無刻都在寫作業一樣。沒錯，真的很難。」

「對了，費歐娜，我應該跟妳說一聲，」他在我們逐漸坐定時說，「我們現在每年還是會收到大約 25 萬封信。真的很多——」

「之前艾蜜莉曾告訴我，你卸任之後還是會一直看民眾來信，我覺得很開心。」費歐娜說。「民眾寫信給你，不只是因為你是總統，不是覺得這個人當選了，所以現在我的問題也是他的問題。我覺得民眾認為，你可能會**相信他們**。所以聽到他們繼續寫信給你時，我其實不覺得驚訝。」

我以為費歐娜成功地掩飾了她的緊張，不然就是她的緊張感已經煙消雲散了。她不再是信件室小姐，他也不再是國王。我把費歐娜描述的「把托盤從門下塞過去」的比喻告訴歐巴馬，我問他，對

2　Pete Souza，美國攝影記者，於歐巴馬任職總統期間擔任白宮首席攝影師，陪伴歐巴馬經歷過許多歷史上的重要時刻。

於他與 OPC 那群陌生人之間默默無言的關係，他是否也有類似的感受。

「在成為總統沒多久之後，我就學到一件事：你身邊的人會不斷隨著你而改變。」他說。「他們不停地觀察你、衡量你的反應，而——你可以扭轉進而利用這種情勢。所以我其實很高興費歐娜和信件室的其他人不會受到『他會怎麼做？』或『他想要什麼？』這種問題的壓抑或限制。從某方面來說，他們在做的是從收到的信件去引進外界發生的一切、代表當下情緒的事件，並通過所有信件冒出的感情，藉此讓我聽見人民的聲音。」

我注意到他辦公桌旁的牆上掛著一封裱框的信件，以往他把這封信掛在私人書房與總統辦公室之間的走廊上。那是俄亥俄州梅迪納市的一名癌症倖存者，娜托瑪·康菲爾在 2009 年寫的信，她告訴歐巴馬，她的健保費用正不斷升高。歐巴馬曾說過，康菲爾讓他想起了他媽媽。歐巴馬的媽媽在 52 歲的時候因為罹患相似的癌症過世，這封信使他時時記得他對健保改革的承諾。

「我唯一給過他們的指示就是，我要每天的那十封信具有代表性，」他繼續道，「我了解這不可能十全十美。這並不是說，妳知道，不是說每十封信裡一定要有兩封正面的信、兩封負面的信、三封中立的信和一封有趣的信。不是這種制式化的東西。但我很堅持一件事——要是我收到的信全都是那種，生日祝福之類的，那沒有用。我覺得他們用這種方式讓我聽見了美國人民的聲音，他們做得非常棒。」

「不是我一個人的功勞。」費歐娜說。「我們是人數眾多的團隊。信件室的人全都來自不同的背景。我們還有志工的力量。裡面還有一些老人。所以我們有很多人一起把信推薦給你，很多人一起解讀『代表性』的意思。」

「我得說這也和我們一開始就試著在競選團隊裡發展的文化有

關，」他說。「我們全心信任一大群年輕人，無論他們是在外面幫忙競選，還是在白宮裡，都會用公平、有意義且熱忱的態度，反映出與他們互動的人民的心聲。」

這段話變成我們當天不斷重複談及的主題。這套價值系統在歐巴馬團隊競選初期即已訂定，後來一脈相承，保存並傳承給費歐娜這樣的人，他們一開始可能甚至不知道自己為什麼會受到歐巴馬團隊的吸引。

. . .

「所以，這個是瑪尼，」我把一個檔案夾放在咖啡桌上，拿出裡面的文件。這個檔案夾裡裝的都是我希望能和歐巴馬討論的信件，還有一些我採訪寄件者時拍的照片。

「今天早上我為了準備這次訪談，回頭讀了一些信和回信，」歐巴馬說。「我沒有背下來……」我不知道要怎麼告訴他，他其實不需要背下來。（怎麼可能全記得？）這個人連功課都要做到最好。

我拿出一張照片遞給他。「瑪尼‧黑澤爾頓，（詳見第 8 章）」我說。他傾身向前，仔細看了看照片。照片裡的瑪尼在羅斯福學區的行政辦公室中，坐在一張排場十足的大辦公桌後面，看起來就是一個**督學**的樣子。

「她是寫信向你求救的人之一，」我說。「你的回信，你寫的『我在為妳加油』──她無論去哪裡都帶著。她在《超級大富翁》對主持人大聲讀過你的回信。」

「我從沒聽說過這件事！」他說。「很棒啊。」

「但她太緊張，答錯跟『洗刷刷洗刷刷』兒歌有關的題目。」

「啊。」

「但現在她已經是整個學區的督學了！」

「那真是太棒了！」

「我很好奇你知不知道你的回覆對這些人來說有多大的力量。」我說。

「我想我能理解，寫信之後接到對方的回覆，會讓人有一種……被聽見的感覺，」他用心地考量過我提出的簡單問題。如今我已經不會因為歐巴馬特別緩慢的語速而感到驚訝了，但我還是一直覺得很奇妙。他是一個深思熟慮的人，萬事都要斟酌再三。他不會為了要聽到自己的聲音、或是為了滿足自己控制全場的欲望而滔滔不絕說個不停；他不是那種霸道說教男（mansplainer）。他是那種顧慮周到至極的人。他會熟記他的功課。他的用字遣詞精確，說出口的句子都很……密實，密實到好像當你往這些句子上倒水時，它們還可以不斷膨脹似的。

「許多寄件者面對的情況是很艱難的，尤其在 2009 年、2010 年和 2011 年那時，」他說。「他們很多人在面對困難時都覺得很孤單。有些人失去了房子，有些人在和銀行協商時，銀行的人說：『我們幫不了你。你的房子保不住了。』有些人收到解雇通知，失去了工作，他們一次又一次又一次的面試新工作。這種狀況長此以往下來，很容易讓人覺得自己隱形了，好像沒有任何人注意到他。所以我想，若我至少能讓他們知道『我看見他們了』、『我聽見他們了』，或許他們在面對這些困難時能不再覺得那麼孤單。」

我想，也許這正是會讓費歐娜伸手去抽面紙的話語。一種赤忱的仁慈。在任何人身上看見這種仁慈都會令人讚嘆，更遑論我親耳聽見一位總統說這是他的核心價值。

「當然，我在總統任期內學到的一件事，就是總統辦公室本身必須背負很沉重的負擔，」歐巴馬繼續說。「讓人難過的是，最能體現這件事的時刻是面對悲痛的罹難者家屬時。有時候他們所在的地區——我想這麼說好了——支持我的選票並不多。妳懂吧，在龍

捲風或者洪水或者槍擊案之後。但你會很明顯的發現，我的出席還是能讓那些家屬理解他們是重要的。他們所愛的人是重要的。他們所感受到的悲痛是重要的。這些心情都被看見了，也得到承認了。

「在我的總統任期內，這是相當始終如一的。」他說。

我想起了小布希總統，以及他在卡崔納颶風的災後重建時期如何搞砸了他的總統職責，還有他看起來對於洪水災民缺乏同理心的表現，對於他的總統任期造成了多大的傷害。我想起比爾・柯林頓迥然不同的處理方式；那是個做得太過頭的總統：「我能感受你的痛苦。」說完之後還會輕輕咬住下嘴唇。大家後來為此嘲笑柯林頓，或者至少不太相信他。也許他不是真心的。也許這個動作背後沒有什麼意涵。但對柯林頓來說，這個「也許」已成了既定印象。

我不認為歐巴馬遇過這種問題。在民眾回想起他的總統任期時，我想大家都會讚揚他把堅實的同理心帶進了白宮。

但是從什麼時候開始，同理心變成了總統的必須特質？同情心，這種憐憫他人處境的能力，大概是我們對好鄰居的最基本期許，更不用說領導人了。歐巴馬是近代史上第一位明顯且重複提高這項標準的總統。他在《歐巴馬勇往直前》一書中提到，同理心「是我的道德準則核心，也是我理解『恕道』（Golden Rule，又譯作『黃金律』）的方式——不只是就同情或慈善大聲疾呼，而是更嚴格的要求，是要設身處地透過他人的雙眼看待事物。」

他在總統任期中就是這麼要求自己的——每日十信的實驗，不正是每天都在提醒他用別人的角度體驗這個世界嗎？而他的期許，或許是同理心的價值能夠涓滴細流，影響在他的政府中工作的人。

「那種『被聽見』的感覺，」我談到瑪尼在尋求幫助後得到了他的回信。「『你很重要』這個訊息似乎貫穿了所有一切。」我告訴他，彼特・勞斯也曾提及這件事是如何在員工中擴散開來的。如果信件很重要，那麼讀信的人就很重要。我告訴歐巴馬，在我和這

麼多人、這麼多寄件者、這麼多郵件之友談話時，所有人都不斷強調這個訊息。「你很重要。」

「我到現在也依然這麼相信。」他說。

同理心難以置辯。這是一種相當令人欽佩的特質。是教宗方濟各，是基督教的信條，是世界各地的宗教領袖都在追求、都在教導跟隨者持續追尋的心態。

同理心能讓你成為一個好人。但能否讓你成為一位好總統？2009年，歐巴馬提到他在選擇美國最高法院大法官時，正是用同理心當作標準，這使得保守派犀利地批評他或許太過強調同理心了。「我認為同理心這個特質，能夠理解與認同……人們的希望與掙扎，是要做出公正決定並獲得公正結果所必不可少的要素。」保守派以「同理心標準（the empathy standard）」來稱呼歐巴馬的個人試金石，認為他正是因為這個糟糕的「感情豐沛」理由，而選擇索妮雅‧索托瑪約（Sonia Sotomayor）來擔任最高法院法官。「同理心，」猶他州參議員歐林‧海契（Orrin Hatch）說，「是行動主義法官的代號。」他們認為，依靠個人經驗判斷，會使法官主觀地解釋美國法律。我們的法官應該要不偏不倚，宣誓會遵照法律做平等的判決，不應受個人偏好影響。美國憲法中並沒有「同理心」這個字眼。

更甚者，你可以說，就是歐巴馬的同理心，引發了川普主義（Trumpism）。歐式同理心的死對頭。我們現在的總統似乎總是在刻意提醒我們，他有多麼不在乎那些較為不幸的人正面臨的掙扎。

這只是簡單的個人風格問題嗎？一個充滿關懷、深思體貼的總統，和一個不受控制的蠢總統？或許不同的領導者有不同的風格，而民眾喜歡的風格時常在變動。但我仍難以想像，難道我們不希望有個在乎人民的總統嗎？

「這個主意到底是從哪裡來的？」我問歐巴馬——他將同理心看作是身為總統的核心價值之一。

「我想這整個書信機制和它的重要性，反映了一種基本的願景，是我們試著想要在競選時做的事，也是我想藉由總統任期以及我的政治哲學做的事，」他說。「而這件事的理論基礎，或許與我剛開始競選的那段日子有關。我那時做的就只是走訪鄰里，傾聽人民說的話，問問他們過得怎麼樣，他們覺得什麼是重要的。他們為什麼會相信現在相信的事物？他們想要把什麼東西傳承給孩子？」

在他開始談到這些比較深入的事情時，他沒有看向我的眼睛。他直直地看著前方，視線落在他放在咖啡桌上的雙腳附近，他穿的是一雙棕色皮靴，就像是我在七年級時認識的男孩子們會穿的那種沙漠靴。

「我在那個過程中學到，只要你夠認真傾聽，每個人都有一個值得尊敬的故事。」他說道。「一個有起承轉合的故事。你能從這些故事中知道他們的身份、他們在這個世界中的位置。只要他們覺得你是在乎的，他們就會和你分享他們的故事。這變成建立你們彼此關係的強化劑，建立了信任、建立了社群。到了最後，我的理論是，最終這將會是建立民主進程的強化劑。」

「我在聽。」我說。

「好。」他說。他抬頭看向我，看進我的雙眼，好像要藉此換口氣。

「我不想讓妳覺得，我從一開始競選時就有這麼明確的看法了，」他說，「但我的確認為這和我的競選哲學密不可分。我認為我們就是這樣贏下愛荷華州的，我們有一大群年輕的孩子因為傾聽而與人民建立了那樣的關係。不是因為我們成功推銷了什麼政策方針，甚至也不是因為我們成功推銷了**我**。而是因為有個年輕人踏進了他們從沒去過的小鎮，四處走訪，與民眾說話，傾聽他們、看見他們。他們創造了一種連結，使民眾想要試著和他們一起努力。」

我看得出來，他說的就是費歐娜，還有那些像費歐娜一樣挨家

挨戶敲門的人。我看向她，她抬了抬眉毛。我想要說：「所以妳感覺怎麼樣？」不知道為什麼我們的對話愈來愈像是在做心理治療。

我再次看回桌上那張瑪尼的照片。她穿著黑色套裝，雙手恰到好處地交疊在書桌上，桌上堆滿了一疊又一疊的文件、便利貼和檔案──就像房間另一頭歐巴馬用來工作的辦公桌一樣。照片旁邊是歐巴馬回信的影本。「我在為妳加油。」

「特別是當我想到還有其他像瑪尼這樣的人，」他說，「這很重要，因為從她的信中，我相信這樣的環境只是暫時的，而非永久的。」

在他繼續談論他寫給瑪尼的回信時，我恍然發現他的注意力不是集中在「我在為妳加油」上；雖然我、瑪尼、主持人、節目直播現場的觀眾和電視機前的觀眾都認為這是最重要的部分。不，在歐巴馬寫給瑪尼的回信中，他關注的是枯燥乏味的那部分，是總統該說的話那部分。

> 我知道現況使人沮喪，但一旦經濟狀況與政府預算恢復，我國對於像妳這樣具有專業技能的人以及教育工作者的需求將會再次成長。

「在經濟大衰退（Great Recession）初期，」歐巴馬說，「州政府和地方政府發現他們的預算大於赤字。復甦法案中有很大一部分是要把錢注入到州政府與學區中，如此一來他們才不會大量裁撤老師、消防員和警察。根據瑪尼在信中所描述的狀況，我覺得若她能繼續堅持下去，就跟全國各地的學區一樣，她將來也會有機會能重新被雇用。」

復甦法案。那句寫給瑪尼的「我在為妳加油」，講的是美國復甦與再投資法案（American Recovery and Reinvestment Act，簡稱「復甦法

案」）？在他心中，顯然是。這句話的意思不只是「我聽見妳的聲音了」或者「我能感受妳的痛苦」，甚至也不是「我在為妳加油」。那句話的意思是「撐下去，我會解決這個問題的。」

「同理心的力量並非無所不能。」他說。「因為就算你聽見某些人的聲音，或者看見他們，他們還是有個具體的問題。他們失去房子，他們失去工作，他們不同意你對墮胎的看法。他們認為你太早讓軍隊退出阿富汗了，你懂吧，他們覺得你的舉動可能背叛了陣亡者的犧牲。這些問題都是切切實實存在的，都是真的。那些衝突是真的，那些選擇也是真的。

「但這種分享故事、同理他人以及傾聽他人的方式，其實創造出適合的條件讓我們能進行有意義的交談，釐清我們之間的差異和我們面對的挑戰，」他說，「使我們能在傾聽了所有人的聲音後做出較好的決定。因為每個人都覺得自己被聽見了，所以，就算今天他們覺得自己並不完全滿意做出的決定，至少他們會覺得，**好吧，我也是決策的一部分。事情並沒有一股腦地推到我身上。**」

「嗯，你現在聽起來就像尼爾，」我說。

想當然耳，他不知道尼爾是誰。尼爾的媽媽薇琪・薛爾沒有在寫給總統的信中提到他的名字（詳見第17章）。

我抽出薇琪的信。這一家人在經歷2016年的大選後，試著繼續團結在一起，他們之中的一個人——家庭中的父親——把票投給了川普，讓其他家庭成員覺得他們的權益不受重視。我帶來了一張他們坐在客廳沙發的合照。「這是尼爾，」我指著照片說。我告訴歐巴馬，薛爾一家人全都大力支持他。「在你贏得2008年的大選時，薇琪烤了一個歐巴馬派。」

我也帶了派的照片來。

「喔，這個派真棒。」歐巴馬接過照片。「這太厲害了。感謝這對耳朵啊——」

「對啊，薇琪覺得蜜雪兒應該會喜歡這對耳朵。」

「她做得剛剛好。」

我讀了幾句尼爾說的話給歐巴馬聽，主要是傾聽具有改變力量的那幾句。

有些人對於家人的投票選擇或談論現今政治的方式感到失望與困惑，我認為我們都應該傾聽彼此的意見，並在不理解的時候坦然承認。我認為，在現在這個時刻，每個人都想要被聽見。我認為連川普也想要被聽見。我認為他只希望聽到有人能對他說：「你是總統呢！」他希望有人能承認他做到了。從同為人類的角度來看，我能同理這種被聽見的需求。

「一點也沒錯，」歐巴馬說。（他沒有對「川普需要被認同」這部分提出任何意見。）「這就是我為什麼想要，妳知道的，想要提出這個但書：同理心，也就是設身處地為他人著想，並不能解決這個國家的分裂與衝突。那是一廂情願的想法。但如果一個人得到了他人認可，如果有人能認同他們的感覺，那麼他們會比較有意願投入，這的確是真的。他們將更有可能接納他人的觀點，甚至有一天會說：『嗯。我沒有這麼想過。或許我要重新思考我對某些事的想法。』」

「我可以告訴妳——費歐娜一定也記得——我最喜歡的信中，有幾封信其實是來自強烈反對我的人。所以說，你要罵我白癡也沒關係。嗯，我希望你能知道，正在聽你說話的這個人對這件事情的意見與你相反，而我之所以做出這些決定是基於這些理由。我能理解你為什麼這麼想，但我想在這裡提供一些平衡的觀點，希望你能

花點時間細想。

「我總是希望那些信件能盡量被傳播出去。對吧？在社區、家庭或者學校裡，會有一些人看到那些信，然後說：『嗯，我還是不同意這個傢伙的意見，但他願意花時間回信——這倒是件新鮮事。』或許，這些信件能開創一些新的可能性。或許不會立即見效。或許要等到將來。或許注意到信的是小孩子，他們會說：『嗯，白宮裡真的有這個人存在。如果你想要說些什麼，他就應該要聽你說話。』」

「我覺得這個作法常常奏效。」費歐娜附和。「有時候你會得到回音。在你收到某個與你意見相左的人的信並親自手寫回信之後，你會得知後續發展，他們會回信給你，要嘛是說：『我還是不同意，原因如下……』不然就是：『你知道嗎？我願意收回我先前所說的話。』有時候這些回信不會送到你手上，但信件室會收到一些消息，你懂吧，例如一封信被掛在教師休息室，或者某一封內容非常氣憤的深夜電子郵件後來成了大家聊天的話題。」

「這是雙向的，不是嗎？」歐巴馬說。「我想要強調的是，這對我的工作來說有多麼重要、多麼有用處。」

「有滿多的批評信件會讓我在閱讀後覺得：『嗯，這麼說很不公平，我不覺得這是事實，他們顯然不了解這件事。』但有些時候我讀了某個人的信，會覺得：『我能了解他們的觀點。』我會圈出關鍵字，在空白處寫上：『這是真的嗎？』或『你能解釋為什麼會這樣嗎？』或『我們何不來解決這個問題？』」

我們那天還談到另外兩封信，再度引他提起同樣的話題——這些信件對他的工作有多大的幫助。他的再三強調使我感到訝異，雖然我其實不該驚訝才對。我記得我們上次談話時他就說過了，那時他還

在白宮。我們那時在討論他在 2016 年總統大選剛結束時收到的一些信件。「我必須回應很多焦慮與悲傷的情緒，」那天他這麼說。「我還記得有個人說了『快打包行李吧，因為我們馬上就要把你做的事全都取消了，真是感謝老天；我簡直等不及了。』這一類的話。印象中我沒有回覆這封信……」

記得我當時曾問他，他會怎麼建議總統當選人唐納・川普處理信件。

他那時笑了起來。我想他會笑是因為尷尬，而不是因為這個問題可能讓人聯想到的任何畫面，但我不是很確定。

「但是……呃……這個……啊，」他談起總統候選人川普讀信一事。「你知道嗎，我覺得讀信是個非常棒的習慣。讀信對我之所以有用，是因為我不是為了別人而讀信。我這麼做是因為，正如妳所說的，因為讀信能支撐我。所以，或許讀信也能在未來支撐其他人。好嗎？」

好。但我從來沒用過「支撐」（sustain）這個字。我記得我當時有點好奇，這個字是從哪裡蹦出來的。

「我可以列舉許多法案、許多政策、許多成就，」他說。「但我可以告訴妳，在我擔任總統的這段期間，其中一件令我驕傲的事，是我覺得我從來沒有……迷失自我。」

如同其他字句一樣，那句話出爐的速度很慢。但我想，不迷失自我的確是件大事，也沒辦法想得太快。

「我覺得——就算我的臉皮因為，妳懂的，因為大眾批評而變厚，就算我更懂得政府的運作，我也沒有變得……憤世嫉俗，我也沒有變得無動於衷，而我私心認為這都是因為這些信件的關係，」他說。

在我們談到唐娜・柯翠普（詳見第 15 章）的信件時，他又再次提到了「信件能夠支撐他」這個概念。「她是一位律師，寫信來感謝你特赦了她的一位客戶——一位被判兩次終生監禁的人。」我邊說邊把一張照片遞給他。

「照片裡的人是比利嗎？」他問。

「正是比利！」我說。「這位是唐娜。這是他們有生以來第一次見面。他們聊了不少心底話，共度了一段很美好的時光。」

「這樣啊？」他認真地檢視照片，臉上掛著大大的微笑。「這不是很棒嗎？」

我告訴他，比利現在過得很好。他現在的工作是修繕屋頂，還升職做主管了。他交了一位女朋友。歐巴馬的特赦給了比利重活一次的機會，他下定決心要盡最大的努力。

「真是太棒了，」歐巴馬說。「這對我來說意義重大。」

我向他轉述了唐娜告訴我她寫信的理由。她想要感謝在緊要關頭執行了特赦的人；畢竟說到底，寬恕這個舉動其實是個人的行為。「她想要謝謝你。」

「這對我來說意義重大，」他說。「有些人寫信告訴我，某項政策為他們的生活帶來有意義的轉變，自私一點來說，他們的來信將抽象轉為真實，從而支撐了我。」

「統計數字能讓你知道，有 2,000 萬人透過平價醫療法案（ACA）申請到健康保險，」他說。「但統計數字比不上一位母親寫信來說：『我兒子申請到保險了。他終於能在十年後第一次去看醫生了。他們發現我兒子體內有腫瘤，他們把腫瘤解決了，他現在很好。』這時候你會發現，**好，那就是我們在做的工作。**」

「這個個案也是一樣的道理。你讀到的不只是『比利聯絡唐娜，向唐娜道謝。』你讀到的是『比利正在重新建構他的人生。』」

「你回信給唐娜的時候，在信中感謝她的貢獻。」我說。「這

對她來說意義重大。她當時只覺得：『從來沒有人感謝過我們。』」

「嗯，她理應得到感謝。」他說。「這是愛的團抱。」

「一個『多謝』循環。」

「一個良性循環！」

他發現我的檔案夾中露出了另一張照片。他微微歪著頭，似乎想要瞄一眼。

「這是瑪裘瑞的照片。」我把照片遞給他。

「瑪裘瑞？你看看瑪裘瑞！（詳見第 10 章）瑪裘瑞其實很可愛呢。我也喜歡她背後的那些照片。還有那些小洋娃娃——」

「她想要寫信告訴你，她一直在傾聽你。」

「那封信很美。」

她在信中提到，種族歧視像是毒藥般深駐她心中，她正試著消除自己的歧視心態。她發現了，並且想要擺脫種族歧視。

「現在瑪裘瑞在她住的小鎮裡新創了美國有色人種協進會（NAACP）的分部。」

「很棒的故事。」

「她真的去放手一搏。她希望你能知道這件事。」

「這讓我引以為榮，」他說。「我的祖母比任何人都還要愛我，但她和瑪裘瑞一樣，在年輕的黑人靠近時會出現很本能的防衛反應。」

他安靜了片刻，試著釐清思緒，他的視線焦點再次回到了他的鞋子上頭。2008 年他與希拉蕊·柯林頓於黨內角逐總統候選人時，曾在公開演講中說了一個與他祖母有關的故事。在那之後，他便因為對無意識偏見（unconscious bias）這類敏感的主題坦率發言而遭受批評。他又試著在隨後的廣播採訪中解釋，結果只是徒增爭議。「我想要說的重點在於，」他對廣播主持人說，「我的祖母其實對不同種族並沒有敵意。她真的沒有。但她是典型的白人，只要她在

街上看到她不認識的人，你懂吧，她會根據過往經驗總結出某種反應，這是深植心中的一種反應，有時候這種反應會以錯誤的方式展現出來，而這就是我們的社會對於種族的自然反應。」

「典型的白人。」你不應該說出這種字眼，尤其當你是第一個想要競選總統的黑人候選人時。希拉蕊的競選團隊砲火全開。那時的歐巴馬顯然是個新手。

那天當他與我、費歐娜一起靜坐沉思時，整個房間呈現靜止狀態，好像我們全都該靜止不動似的。他的背後是一扇大窗戶，木製百葉窗遮擋住了部分光線。窗戶後面是呼嘯而過的三月冷風；坐在這裡就能聽得見風聲。我想起人們說過，有的人是順風而走，有的人則是逆風艱辛前行。但我眼前的人不屬於這兩種，他超然而立，讓當前潮流洶湧而過。外面的世界一片喧囂，這裡則是一片沉靜。

他在這天所說的傾聽——長達八年的傾聽——都已經成為歷史。他在任職總統期間收到的那些信，那數百萬封信，都送去了美國國家檔案館。我很高興他，又或者是他執政團隊中的某個人，記得要留存這些信件。這些信件會繼續存世，在某一天成為博物館的展覽文物。這是 2009 年至 2017 年間，來自美國人民的聲音。這是歐巴馬執政時期的**我們**，撐過了經濟危機、健保改革、幾場戰爭、大規模槍殺、政府停擺、邊境危機、颶風、氣候變遷災損，還有種種困境。這就是過去的我們，帶有些許純真，正如你回頭檢視過去的自己時，也會發現些許純真一樣。如果靠得太近去看，是會痛的，端看你從多遠的距離去檢視比較。

沉湎於失去所帶來的憂傷，永遠會是一種誘惑。

但這些信件帶來的更多，它們能重新點燃想像力。而無論人民與總統的書信互動是否還流行（顯然在川普執政下，答案是否定的），這些信件都能提醒你善良的重要性（說真的，光這一點就值得我們砍掉重練，全都重新定位了。）這些信件能提醒你，政府**能**

夠有所作為，那些承諾要為大眾服務的人真的存在。更甚者，你能藉此對過去有更深一層的了解。這一切都發生你的眼皮底下，只是你可能沒有注意到。就連我，也是直到歐巴馬任期的最後幾個月，才知道信件室這個地方的存在。我從來不知道總統正與他的選民進行安靜的對談，不知道有一群毫無關聯的人不約而同相信總統會聽取他們的建議，相信他們只要寫個字條寄給總統，就能讓總統聽見他們的話。我完全不知道白宮裡有一整隊的看守人，每天善盡職責，確保總統與民眾的對談能順利進行。

這樣的發現能給予你希望。我們曾經擁有這樣的對談，這表示我們將來也能再次擁有這樣的對談。「而且，妳懂吧，現在這個時候，」歐巴馬終於脫離了鞋子的催眠術，抬頭迎向我的眼睛，對我說，「許多過去曾和我一起工作、支持我或者投票給我的人，會因為每天的新聞感到沮喪。這是可以理解的。我必須總是謹言慎行，不要讓人覺得我對未來只是抱持一種盲目樂觀的態度。」

未來。這個我還沒講出口的字眼。但顯然，未來是房間裡的大象（the elephant in the room），顯而易見卻人人避而不談。至少近來的美國，未來並不見優雅的坦途。他是否覺得自己必須負責？他是否想要重回政壇？

「我們必須努力，才能擁有更好的未來。」他說。「這很辛苦。在美國這麼大、且人口組成這麼多樣化的國家裡，民主是尤其困難的一件事。也是複雜的一件事。在我們的歷史中，我們也曾陷入醜惡的時期。因此很重要的是，我們不能忘記，我們必須理解，理想的美國與完美的美國並非天賜賦予。

「但我的確認為，當你聽到像瑪裘瑞這樣的人，在這樣的年紀還能為信念跨出一大步時，會讓你覺得自己的努力是值得的。

「若我們能重現這樣的時刻、這樣的互動與這樣的故事足夠多次，我們將會隨著時間流逝將民主這件事做得更好。這是我們每一

個人都有能力做到的事。這不是總統的職責。這不是一群專業決策者的職責。這是公民的職責。」

交給你了，公民。

. . .

「妳沒有哭。」事後我對費歐娜說。

「我熱淚盈眶了。」她說。

我問她是什麼時候。還有為什麼？

「敲門拜訪與回覆信件之間的相似之處，」她說。「一開始是我們向你提出要求，接著變成你來向我們提出要求。」

她說這部分讓她感觸很深。「他自己找到了這樣的共通點。我們是一群從來沒有在政府中工作過的年輕人。我們何其有幸能得到他的授權，他相信我們知道自己在做什麼。從某種程度上來說，我們都是在即興發揮，我們都是透過觀察他的所作所為，在沒有聽見他明言闡述的狀況下模擬他的價值觀。我們只能觀察他的行為舉止。我們沒有制式流程可以參考。所以，在聽到這整件事背後的『為什麼』之後，但願我們所體會到的，和我們所執行的，並沒有相距太遠。

「把同理心當作出發點，」她說。「但不把同理心當作遊戲的結束。他覺得我們的用心很好，還有那本身就是個值得讓人引以為傲的事。」

我告訴她，我還是希望她當面把她的信讀給歐巴馬聽，或者至少把信交給他。

「喔，他並不需要。」她說。

Dear President Obama,

Toward the end of my time in college, when I had no plan and no pull in any direction, my mother sent me Kurt Vonnegut's book "A Man Without a Country" with a note in it that said 'You and your generation have a lot of fixing up work to do!' I felt totally at a loss as to how I or even my generation could live up to that kind of task, and I thought that was such a classic mom move to put such an impossible ball in my court.

A few months later, I found myself walking down long New Hampshire driveways to interrupt family meals, first on hot days and later on snowy ones. As I walked by myself, I would repeat a few lines in my best imitation of your voice, which is a horrible imitation but made me laugh to myself and also somehow fortified me. I dreaded every unwelcome interaction, beginning with 'the primary isn't for 8 months' and moving into 'you've already been here too many times,' but I was able to keep going because I felt like I was part of a broader team, a team you understood, needed, and cared about, and a team that made me better than I had been without them. The people who came together for you in New Hampshire and in every state I went on to see made me so much better and stronger, and the road you sent me down taught me, among other things, just how emboldening a clipboard can be.

When your early state organizers fanned out for Super Tuesday and the later primaries, I found myself feeling flanked by your organization even when there were no other organizers in sight. When I stood on a garbage can at Delaware State University to let everyone lined up know there was no more room to see Michelle Obama but I really needed them to write down their contact information and sign up for canvassing shifts, I was able to draw on courage I didn't have but had seen in a Merrimack mom who, on a very rainy Saturday 6 months prior, had put garbage bags over herself and her son so they could spend the day canvassing their neighborhood. She had told me "there's always a reason not to," and she had canvassed every Saturday between that one and the New Hampshire primary. When I felt out of my depth speaking from a pulpit in Akron about the Ohio primary, and later felt like the ultimate enemy of fun while pleading with a group of Alphas hosting a Ted Kennedy speech to stop letting all the beautiful women circumvent the sign-in process, I knew I could do whatever needed to be done because kids like me were in over their heads for you in places all across America, and we owed it to one another to give it our all.

I was just one of many, but that was kind of the wonderful part. Together, we could really do something that mattered. One time before one of my mom's brain surgeries, you called her to wish her luck, and you told her a lie—you told her I was one of the best you had in the field. That wasn't true by a longshot, but man did it mean a lot to her. Thanks for telling her that, and thanks for building a movement that really wasn't about who was the best but rather what we were together. There were these pink and blue-haired teenagers who joined me to make phone calls one afternoon in Fond Du Lac, Wisconsin—they didn't get through many calls, in fact I ~~that lowest of volunteer tasks~~ have to admit they ended up making posters, but their presence reminded me what I was part of on a day when I needed it. They kept me going, like so many other people along the way.

When I interviewed the person who most recently started in my office, which of course is your office, she told me a familiar story I get the feeling a lot of people have told over the years since you first declared your candidacy. She described the experience of working on the 2012 convention, and the reasons it had felt right for her rang so true for me and should make you feel so proud. She said that it wasn't the work itself that made the job fulfilling, but rather working alongside the people who came together around your presidency and your campaign—people who felt passionate about what they were working toward and who wanted to play a part in making things better. I felt so lucky to know exactly what she meant.

Thank you for letting me have that experience too, and for letting me make so many people a part of it. Thank you for connecting with so many of us and connecting us with one another, and thank you for reconnecting me with our country and its promise. And most of all, thank you for making me and so many others like me feel like we could really be a part of the fixing up work my mom demanded of us.

Sincerely,

親愛的歐巴馬總統：

　　我在大學快畢業時，沒有任何計畫，也沒有任何方向，這時我母親送了寇特‧馮內果的書《沒有國家的人》給我，還附上一張紙條，上面寫著：「妳和你們這一輩的人還有許多未竟之事要做！」我感到茫然不知所措，不知道我、甚至我們這個世代的人，要如何才能不負所望達成那樣的任務，我覺得這根本就是典型的媽媽會做的事：把不可能的任務丟給孩子。

　　過了幾個月後，我卻發現自己正走進一條條新罕布夏州的長長私人車道，不停打斷無數個家庭的用餐，從炎熱的夏日一路走到了下雪的冬日。我獨自一人走在路上時，會極力模仿你的聲音，重複念誦幾句你說過的話，雖然我模仿得很爛，但這讓我能大笑幾聲，更加堅強地走下去。我懼怕所有我不喜歡的互動，從「初選還有八個月耶」到「你也未免來太多次了吧」我都聽過，之所以我還能堅持下來，是因為我覺得自己是這個大團隊之中的一份子，而這個團隊不僅是你理解、需要且在乎的團隊，更是一個因為加入而讓我變得更好的團隊。我在新罕布夏州以及後來走過的每一個州中，見到了許多為你而集結起來的人，他們使我變得更好、更堅強。這些事情，以及你派我走過的每一條路，都教我學到一個寫字板夾能帶來多大的勇氣。

　　當你最早期的助選幹部為了超級星期二以及後期黨內初選而紛紛四處出戰時，我發現即使沒有任何一位助選幹部在眼前，我也能感覺得到你的競選團隊圍繞著我。當我站在德拉瓦州立大學的垃圾桶上，要每個人排好隊，並告訴他們現在能見蜜雪兒‧歐巴馬的名額已經沒有了，但我真的很需要他們能留下聯絡資料並報名輪班拉票的時候，給予我前所未有的勇氣的，是我在梅利馬克鎮見到的一位媽媽，那是六個月前一個下著傾盆大雨的星期六，她為了能夠在這樣的天氣繼續向鄰居拉票，拿了幾個垃圾袋來替自己以及兒子遮雨。她告訴我：「放棄的理由永遠都不難找。」從那個星期六到新罕布夏州初選的這段期間，她每一個星期六都會出門拉票。當我覺得自己沒資格在亞克朗市走上講壇、發表針對俄亥俄州初選的演說之前，以及後來在我要求負責泰德‧甘迺迪演說的天之驕子別再看女生漂亮就特准她跳過報到流程、讓我覺得自己像是掃天下之大興時。每當遇到這種時候，我之所以知道我能做到我應做的事，是因為美國各地都有像我一樣的孩子正為了你努力奮戰，我們有義務全力以赴。

我只是無數人中的其中一個，但這恰好就是這整件事中最棒的一部分。只要我們一致同心，就能成就真正重要的事。有一次我母親動腦部手術之前，你打電話給她，祝她手術順利，然後對她說了一個謊──你告訴她，我是你手下表現得最好的工作人員之一。這件事絕對不可能是真的，但天啊，這句話對她來說實在意義重大。謝謝你對她說過這句話，也謝謝你讓我們了解，最重要的不是誰表現得最好，最重要的是我們一致同心。我在威斯康辛州芳拉克郡時，某天下午有幾位把頭髮染成粉色與藍色的青少年跑來幫忙打電話──他們打通的電話並不多，事實上，我必須承認，他們最後跑去做海報了（這是最低階的志願者雜務），但他們的出現提醒了我「我是在為了什麼而努力」，而這一天正好是我最需要被提醒的一天。就像我在這一路上遇到的許多人一樣，這些青少年讓我能繼續堅持下去。

　　前陣子我在面試我辦公室（當然也就是你的辦公室）裡最新近的一名員工時，她說了一個讓我覺得十分熟悉的故事，這個故事是從你宣布參選之後的這些年間，許多人都曾說過的故事。她描述了自己在 2012 年民主黨大會上工作的經驗，以及她覺得那次經驗很棒的理由。她的理由讓我覺得感同身受，應該也會讓你覺得很自豪。她說那份工作之所以能帶來成就感，並不是因為工作本身，而是因為和她一起工作的人，而那些人是為了協助你競選總統才聚集在一起的──這些人對於他們的工作目標充滿熱忱，這些人希望能盡自己的一份力使美國變得更好。我是如此幸運，才能（確實）理解她的意思。

　　感謝你讓我也擁有同樣的經驗，感謝你讓我帶領這麼多人成為這件事的一部分。感謝你和我們這一大群人連結在一起，感謝你讓我們這群人彼此連結，也感謝你讓我重新建立起我與我的國家及其承諾之間的連結。最重要的是，感謝你讓我以及許多跟我一樣的人感覺到，我們真的可以為我媽媽要求的未竟之業盡一份心力。

誠摯的
費歐娜・里夫斯

Samples, 2016-2017

2016~2017 年信件樣本

1/12/17
LH 4

Sample

Tuesday, November 29th, 2016

Dear President Obama,

    Hello! My name is Zoe Ruff. I am thirteen years old, and I live in Bath, Maine. I wrote you this poem to show you that people care about this election. I think, in the end, it all comes down to pride. Whether someone voting for Donald Trump or for Hillary Clinton, or for someone else, how you take the results is as vital as the results themselves. As an extremely opinionated liberal myself, I believe the citizens of America should be proud. Not that we elected Donald J. Trump into the White House, but that we got to live under the name Obama. That, in and of itself, is an honor. You have taught love and kindness to this country, and that's not something our future president can take away from us. We can make it through the next four years if we can keep our heads up, and not let anyone tell us we should act one way, believe in a certain god, or be threatened because of color. Because if we do, he's really won. And we cannot let anyone as afraid as him win. We have gained too much to go back now.

    I wanted to thank you for everything you've done for my home, and more. You have been honest, kind, and smart as our leader, and I couldn't be prouder to be American.

    Yours Sincerely,

Zoe Ruff
age 13
grade 8

Zoe E. Ruff
Bath, ME

Mr. President
1600 Pennsylvania Ave. NW
Washington DC
20500

485
DEC 07 2016

544

2016 年 11 月 29 日，星期二

親愛的歐巴馬總統：

哈囉！我是柔伊·羅夫。我今年 13 歲，住在緬因州巴斯。我寫這首詩給你是想讓你知道人們很在意這次選舉。我覺得到了最後，這一切都是因為驕傲。無論是投給川普、希拉蕊還是其他人，你看待結果的態度和結果本身一樣重要。我是很固執的自由主義者，我認為美國公民應該要自豪。不是因為我們選擇讓唐納·J·川普進駐白宮，而是因為我們曾在歐巴馬的治理下生活過。這件事本身就是一種榮耀。你讓我們的國家學會愛與寬容，這是我們未來的總統無法奪走的。只要我們能繼續抬頭挺胸，不要讓別人告訴我們該怎麼做、該相信哪位神，或者該因為膚色而覺得受威脅，我們就能撐過未來四年。因為若是我們做不到，他就真的贏了。而我們不可以讓像他那麼膽小的人獲勝。我們現在已經獲得了這麼多成果，不該再後退。

我想要謝謝你為我的家園所做的一切。你是我們誠實、寬容而聰慧的領導人，我非常自豪我是個美國人。

你誠摯的

柔伊·羅夫

13 歲，8 年級

Election Results
An Abecedarian

A shuffle of slippers awakes me. I arise from my
bed. Mom looks at me through tearstained cheeks. "Honey, she lost.
Clinton lost." I squeeze my eyes shut. I can't even pretend to suppress the
dry sob that
echoes in my throat. Someone
fear-driven will be the head of this
glorious nation, my
home country. How could we have done this?
I convince myself to get up. The days are now numbered until
January 20th, that dreaded day when our true leader is
kicked out, no
longer in the position to
make our country the place we
need it to be. Right now,
only Obama can make me feel better, so I
press the *Home* button on my iPad to watch his speeches.
Quiet tears leak down my face, a whispered
reminder: my Mexican, Asian, and Muslim friends may
soon be leaving me, all because of
Trump, who can't even begin to
understand the rest of the world's point of
view. I thought I
would be angry. Instead, I'm sad that he's brainwashed America with his
xenophobia-ridden lies. I turn back to Obama,
yearning for everything and nothing at the same time. I tell myself,
"Zoe. We can get through this."

—ZOE RUFF

This is an abecedarian. what makes an abecedarian special is that the first letter of each line follows the alphabet.

〈大選結果〉
字母離合詩

一陣拖鞋的窸窣聲驚醒了我。我從
床上坐起身。媽媽的臉上帶著淚水，她看向我。「親愛的，她輸了。
希拉蕊輸了。」我緊緊閉上雙眼。我喉中
乾澀的哭泣聲不斷
來回反覆著，我連假裝壓抑都沒有辦法。那個
受恐懼驅使的人將會成為這個
壯麗國度的領導者，我的
家鄉的領導人。我們怎麼會做成這樣？
我強迫自己起床。剩下的時間不多，
1 月 20 日就快到了，我們真正的領導人將會在那個可怕的日子
被趕走，他
將無法繼續待在如今的位置，
使我國成為我們
需要的國土。現在，
只有歐巴馬能讓我感覺好一點，所以我
點擊我 iPad 上的「**首頁**」按鈕，觀看他的演講。
安靜的淚水從我臉上蜿蜒而下，一個聲音悄悄
提醒我：我墨裔、亞裔和穆斯林的朋友可能
很快就要離開我了，這都是因為
川普，他甚至沒辦法試著
理解這個世界裡其他人的
觀點。我以為我
會覺得生氣。但我卻只是很難過美國人被他用那些充滿
排外主義的謊言洗腦了。我將注意力放回歐巴馬身上，
渴望著一切，同時又什麼都不渴望。我告訴自己，
「柔伊。我們一定可以撐過去的。」

——柔伊．羅夫

這是一首字母離合詩。字母離合詩特別的地方在於，每一行詩句的第一個字母
是按照字母順序 A 到 Z 排列的。

BARACK OBAMA

May 31, 2017

Ms. Zoe Ruff
Bath, Maine

Dear Zoe:

Thank you for writing to me and for sharing your thoughtful poem. In the letters I receive from young people like you, I see the creativity and patriotism of your generation, and in particular, your reflections on the election and your outlook for the future give me tremendous hope for what lies ahead.

I know it sometimes seems like for every two steps forward, we take one step back. But remember that the course our country takes from here will be charted by engaged citizens like you who step forward and speak out for what they believe in. And I'm confident that as long as you stay focused on your education, set your sights high, and seek out new challenges, you can help shape a brighter future and effect positive change in your community and in the lives of those around you.

Thank you, again, for your kind note. Know that I'm rooting for you in all you do, and I wish you the very best.

Your friend,

BARACK OBAMA

2017 年 5 月 31 日

柔伊‧羅夫小姐
緬因州，巴斯

親愛的柔伊：

　　感謝妳寫信給我並與我分享妳精心創作的詩。我收過許多來自像妳這樣的年輕人寫給我的信，讓我看到了你們這個世代的創意與愛國精神，而妳對選舉的反思以及對未來的展望，特別使我對將來充滿希望。

　　我知道有時候我們好像前進兩步就會後退一步。但請記得，我們國家未來的走向，將會由像妳這種積極參與公共事務的公民來領航，這些公民會為了他們相信的理念站出來發聲。我相信，只要妳繼續專注在學業上、將目光放遠並追尋新的挑戰，妳就能幫助國家形塑光明的未來，對妳所在的社群以及妳周圍的人造成正面的影響。

　　再次感謝妳溫暖人心的來信。請妳了解，我全心全意支持妳，希望妳一切安好。

　　　　　　　　妳的朋友

　　　　　　　　巴拉克‧歐巴馬

Greetings from WASHINGTON
The Evergreen State

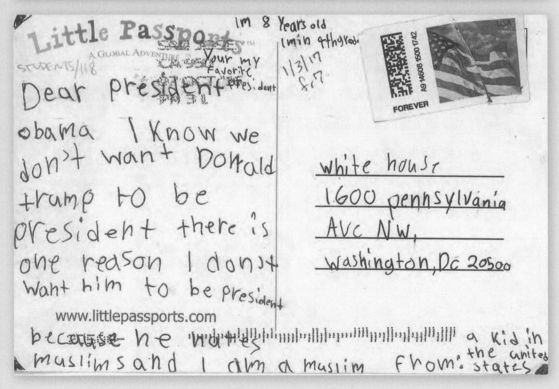

Little Passports
A GLOBAL ADVENTURE
STUDENTS/118

Im 8 Years old
Imin 4thgrade
1/3/17

Your my favorite president

Dear President obama I know we don't want Donald trump to be president there is one reason I don't want him to be president

www.littlepassports.com

because he hates muslims and I am a muslim

white house,
1.600 pennsylvania Ave Nw,
Washington, Dc 20500

a kid in the united states from:

FOREVER

（右欄郵票左上方小字）

我今年八歲

我是四年級

（左欄的右上方小字）

你足（是）我最喜歡的總統。

　　親愛的歐巴馬總統：我知道我們不希望唐納・川普成為總統。我不希望他成為總統的一個理由是他恨穆斯林，而我是穆斯林。

一個來自美國的小孩

白宮
西北賓夕法尼亞大道 1600 號
20500 華盛頓，哥倫比亞特區

11/19/17
×5

Submitted via Facebook Messenger
Case Number.

From:	**Jamie Snyder**
Submitted:	1/12/2017 11:24 PM EST
Email:	
Phone:	
Address:	Los Angeles, California

Message: Mr. President and Mrs. Obama, I am currently VERY pregnant with my second child (and first girl). My husband and I were thrilled to find out that her scheduled due date would be on what we thought would be HRC's historical Inauguration Day. We quickly became distraught knowing that she is now due to come into the world on the day that Trump takes office. After speaking truthfully with my angel of an OB, she rescheduled the c-section to happen on Thursday, January 19th. So my sweet girl will be born on the last day of your amazing presidency! The Snyder Family has the utmost admiration and respect for you both, and we hope to become a fraction of the superb parents you have been to your beautiful and brilliant girls. We thank you for your service and unwavering dedication to our country, and we will miss you dearly. We are excited to think that our daughter will be a small reminder of your legacy. Thank you for everything. Jamie Snyder

寄件者：潔米・斯奈德
寄件時間：東部標準時間 2017 年 1 月 12 日 晚間 11:24
地址：紐約州，伊薩卡

　　總統先生與歐巴馬太太，我現在懷著第二胎（也是我的第一個女兒），肚子**很大**。我丈夫和我之前很興奮地發現，預產日是我們以為希拉蕊即將就任的重要日子。後來我們又心煩意亂地發現，她來到這個世界上的日子將會是川普接管白宮的那一天。在和我如天使般的婦產科醫師懇談一番後，她幫我把剖腹產改到 1 月 19 日星期四。所以我親愛的小女兒將會出生於你出色的總統任期的最後一天！斯奈德一家都極為欽佩與尊敬你們，你們是一流的父母，有一對漂亮且聰慧的女兒，希望我們能做到你們的幾分之一就行了。我們很感謝你對於我們國家的服務與堅定不移的奉獻，我們將會深深懷念你。只要想到我們的女兒將會是對你政績的一個小小緬懷，我們就很開心。感謝你所做的一切。

潔米・斯奈德

BARACK OBAMA

June 14, 2017

Mrs. Jamie Snyder
Los Angeles, California

Dear Jamie:

    I read the email you sent just a few days before the birth of your daughter, and I wanted to congratulate you and your husband and let you know how moved I was by your message. Your love for and pride in your children is abundantly clear—a feeling I know quite well—and your kind words meant a great deal to Michelle and me. We hope your family has been able to enjoy some precious time together these last few months.

    I know that now remains a time of great uncertainty for many. But I'm confident that so long as parents like you and your husband continue striving to instill in their children the same values, selflessness, and sense of common purpose that came through in your email, the future will be bright. As your son and daughter continue to learn and grow, know that Michelle and I wish the very best for all of you.

    Thank you, again—for everything.

Sincerely,

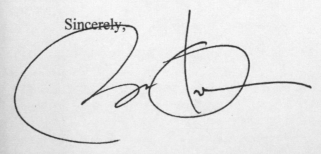

BARACK OBAMA

2017 年 6 月 14 日

潔米‧斯奈德女士
加州，洛杉磯

親愛的潔米：

　　我在令嬡誕生的幾天前讀到妳的來信，恭喜你們夫婦，我希望妳能知道妳的訊息讓我深受感動。從妳的信中可以看出妳對妳的孩子充滿愛與驕傲——我很清楚妳的感受——而妳親切的文字對我與蜜雪兒來說意義重大。我們希望妳的家庭在過去幾個月曾一起快樂地度過寶貴的時光。

　　我知道對很多人來說，如今仍然充滿不確定性。但我有信心，只要有像妳以及妳丈夫這樣的父母，繼續努力教導孩子同樣的價值、無私與共同的目標——這些妳在電子郵件中傳遞出來的價值觀，未來將是光明的。我希望妳知道，蜜雪兒與我會在妳的兒女不斷學習與成長的同時，致上最深的祝福。

　　為妳所做的一切再次感謝妳。

　　　　　　　　　　　　　誠摯的

　　　　　　　　　　　　　巴拉克‧歐巴馬

1/19/17
f.g

7:44 am
15 Dec 2016
Marietta, GA

Dear President Obama,

I'm writing this at the proverbial kitchen table, after sending my two boys (13, 16 y.o.) off to school. I haven't written a letter to a president for 40 years, since I was 7 years old and living in Alabama. I wrote to Jimmy Carter then, excited that a man my parents had taken me to visit on the campaign trail was in the White House. He seemed so tired and my little girl self had so many important things to share with him. And miracle of miracles, he wrote me back. Maybe that made me less ynical* over the years — or a lifelong Democrat,** which got hard in a State like Alabama. I'm picking up a pen to write another president — you — because I'm profoundly thankful for your service to our country and I

* about government and the good it can represent

** #proud

felt it was important for you to know what good your presidency did in the lives of just one family living in Marietta, Georgia.

When you were first running for office, in 2008, my husband was laid off, with his whole department, from CNN. This was in the spring and we had no idea that the whole economy was tanking. I was working as a teacher (and still do — college) and he got unemployment, which was thankfully extended for almost a year. It was scary — those lean times, but your win and presidency and your personal kindness and decency made us know that times would get better. We were able to put our youngest son in free pre-k, economize, and keep our house (we always paid the mortgage first). My husband eventually got a job, until the company folded, went on unemployment again (thankfully that safety net was still there) Finally, he got a good job in 2011, and

and for me to say in writing

and has worked ever since. Your steady leadership through the recession gave us hope (not just a slogan to us!) and I was thankful every day that my boys grew up with you in the White House,* with you as the model of a president. Our family is in a much better place than it was when you took office — two good jobs, a nest egg** for retirement, and kids who have known a president with a good heart and a work ethic and vision that made their lives better. To say that dealing with such push-back (from congress) wasn't easy is, I'm sure, an understatement, but we've all felt that you've put the people first and done tangible things to make our lives better. Thank you. Thank you. Thank you.

I'm not sure I can love two presidents as much as I love you and Jimmy Carter, but I hope all who follow can do as much good as you have.

Respectfully,
Lynn Murray Luxemburger

*and Michelle too!

**your steady economic policies made this happen

my actual tears (of gratitude)

上午 7:44
2016 年 12 月 15 日
喬治亞州，瑪麗埃塔

親愛的歐巴馬總統：

　　我在把我的兩個兒子（分別是 13 歲、16 歲）送去上學後，在典型的廚房桌上寫下這封信。我上一次寫信給總統是 40 年前的事了，當時我 7 歲，住在阿拉巴馬。那封信是寫給吉米‧卡特的，那時我很興奮，當上我們總統的人是父母帶我去競選活動時看過的人。他看起來好親切，還是小女孩的我有好多重要的事想要跟他分享。接著奇蹟中的奇蹟發生了，他回信給我。或許正是因為這件事，我這些年來比較沒那麼憤世嫉俗 *——或者把我變成了終身民主黨員 **，這在阿拉巴馬這樣的州並非易事。我如今拾筆寫信給另一位總統——也就是你——是因為我非常感謝你對我們國家的服務，另外我覺得應該要讓你知道，在喬治亞州瑪麗埃塔有一個家庭的生活，在你的總統任期間得到了改善。

　　你在 2008 年剛開始參選時，我的丈夫被遣散了，他在 CNN 的整個部門都被裁掉了。當時是春天，我們完全不知道全國經濟即將慘跌。我那時是一位老師（現在也是——我在大學教書），他有失業金拿，所幸這份津貼得以延長到將近一年。那一段拮据的時期實在很嚇人，但你的勝選、你的總統任期、你寬容而端正的個人特質讓我們知道，一切終究會好轉。我們得以讓最小的兒子就讀免費幼兒園、努力節儉，留住我們的房子（房貸一直是我們優先償付的帳單）。我丈夫終於找到了工作，但又在公司倒閉後再次領失業金（幸好那份社會福利還在）。最後他終於在 2011 年找到了一份好工作，持續到現在。你在經濟衰退時展現出穩定的領導能力，讓我們心懷希望（這對我們來說不只是口號！），我很感謝我的兒子在成長的過程中有你在白宮裡 *，有你作為總統的楷模。我們家現在的狀況比你剛上任時好太多

* 是你在經濟上的穩定政策使儲蓄成為可能

我真實的感激之淚

了——我們有兩份好工作，有退休用的存款 *，我們的孩子知道他們的總統有良善的心、有工作道德，有能使我們生活變得更好的遠見。對抗國會的反對聲浪是很不容易的一件事，我相信說「很不容易」可能太過輕描淡寫了，但我們都覺得你一直把人民擺在第一位，你的所作所為使我們的生活變得更好。謝謝你。謝謝你。謝謝你。

　　我不太確定我是否能像愛你與吉米‧卡特一樣去愛另一任總統，但我希望繼任總統都能做得和你一樣好。

充滿敬意的
琳‧莫瑞‧盧森堡

BARACK OBAMA

June 19, 2017

Ms. Lynn Murray Luxemburger
Marietta, Georgia

Dear Lynn:

Thank you for sitting down and taking the time to write me a note after sending your two boys off to school this past December. I read it on the final night of my Presidency and just wanted to let you know how much your story moved me.

It's folks like you and your husband who were on my mind every single day that I was President. You're right that "hope" is more than just a slogan, but rather what got so many through such difficult times. It certainly kept me going, and knowing our actions helped so many hardworking families like yours means so much. I'm glad to hear things are looking up.

From my family to yours, thank you—for everything. You have our very best wishes.

Sincerely,

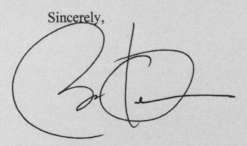

BARACK OBAMA

2017 年 6 月 19 日

琳‧莫瑞‧盧森堡女士
喬治亞州，瑪麗埃塔

親愛的琳：

　　感謝妳在去年十二月送兩個兒子去上學後，花時間坐下來寫信給我。我在總統任期最後一晚讀了你的信，我想要讓妳知道，妳的故事有多麼令我感動。

　　在我成為總統的每一天中，正是像妳與妳丈夫這樣的人長存於我的腦海中。妳說得對，「希望」並不只是口號，希望讓我們熬過了艱難時刻。希望使我能繼續前進，能知道我們的作為幫助了如妳家一樣的無數家庭，對我來說意義重大。很高興你們家的一切正逐漸好轉。

　　在此替我的家人感謝你們家所做的一切，並致上最真摯的祝福。

　　　　　　　　誠摯的
　　　　　　　　巴拉克‧歐巴馬

1/6/17
F.S

12-05-2016

Dear President Obama,

I owe you an apology.

There is no questions that we are at different places on the political spectrum. There few things that we agree on when it comes to policy and the direction of our government.

Here's where I went wrong. I let my disagreements with you taint the way I viewed you as a person. I held you in contempt and shared my poor opinion of you.

But that was wrong, and unchristian. As the years have gone bye I have taken a closer look. My opinion was way off. We still disagree on a vast number of things. But you, sir, are a patriot. I have come to admire you as a man of principle, a man with a good heart, a man with a tremendous sense of humor, a family man, a man of faith and a man who loves this country. I have seen and read about how you treat our military and the secret service with respect. I have seen your genuine humility (as much as one can see in a politician).

I do strongly agree with your openness to Cuba. I applaude your cancer initiative. So we can agree on some things.

YOU WILL NEVER MEET ME. YOU PROBABLY WON'T EVER EVEN SEE THIS LETTER. BUT I JUDGED YOU WRONGLY AND HARSHLY. MY FAITH AND MY MOTHER RAISED ME TO ADMIT WHEN I AM WRONG AND MAKE AMENDS TO THE PERSON I'VE OFFENDED. SO I THOUGHT THIS THE BEST WAY TO ATTEMPT THAT; A HANDWRITTEN APOLOGY.

So THERE IT IS. I WANT TO THANK YOU. THANK YOU FOR YOUR EXAMPLE OF FATHERHOOD, AS A HUSBAND AND A MAN. THANK YOU, MR PRESIDENT, FOR YOUR SERVICE TO THIS GREAT COUNTRY.

I PRAY THAT GOD MAY BLESS YOU AND YOUR FAMILY ALWAYS AND IN ALL WAYS.

SINCERELY,

Patrick J O'Connor

PATRICK J. O'CONNOR

AKRON, OH

564

2016 年 12 月 5 日

親愛的歐巴馬總統：

我欠你一個道歉。

毫無疑問的，我們處在政治光譜的不同立場。在談及政策與政府走向時，我們意見相同的地方狠（很）少。

我做錯的地方如下：我讓我對你的不認同影響了我對你這個人的看法。我蔑視你，還告訴他人我覺得你不好。

但那是錯誤的、不是好基督徒該有的行為。好幾年過趣云（去）了，我在這幾年間更仔細地觀察你，發現我對你的看法大錯特錯。我們依然在許多事情上有不同的看法。但是，先生，你是一位愛國人士。我漸漸開始欣賞你，你有原則、善良、極富幽默感、顧家、有信仰且深愛這個國家。我曾看過並讀到你十分尊敬軍人與特務，我曾看過你發自內心地表達謙遜（一個人能在政治家身上看到的大概也就只有這麼多了）。

我很同意你對古巴的開放態度。我也贊成你提出的抗癌計畫。所以說，我們還是有意見相同的事。

你永遠不會見到我。或許你甚至永遠不會讀到這封信。但我過去對你的看法是錯誤、嚴苛的。我的信仰以及我母親教我犯錯就要承認，並對遭我冒犯的人道歉。所以，我想這應該是最好的方式了：一封手寫的道歉信。

所以就是這樣。我想要謝謝你。謝謝你在作為父親、丈夫與男人時所展示的典範。總統先生，謝謝你對於我們偉大國家的貢獻。

願主時時刻刻在各方面保佑你與你的家人。

誠摯的

派翠克·J·歐康納

俄亥俄州，阿克倫

SYRACUSE NY 130
07 DEC 2016

The President of the United
                                    States
                                  of America
The White House
1600 Pennsylvania Ave NW
Washington, DC 20500

485
DEC 15 2016

✓/#039

Hope is a thing with feathers.
                                        E. Dickinson
11/19/17
8.5
Dear Mr. President,

Borders seem to be all the rage these days, mostly strengthening and reinforcing them. It has been a gift of my life to live it across borders. I am a white man married to a black woman for 26 years. We live in a small town in far northern NY, Canton. My wife, Dr. Sheryl Scales, teaches Literacy in the School of Education at SUNY Potsdam. My life drifts between the two worlds of Hillary and Trump;

Sheryl's circle of academia, and the local small town friends and acquaintances who are the perfect microcosm of Trump voters. Needless to say living across that border has caused me more than a little difficulty in recent days, sometimes feeling more like a curse than a gift.

Please know that your example of strength and compassion, resolve and empathy, intellectual curiosity and sense of wonder, have inspired us throughout your presidency, and more importantly will resonate in your legacy, continuing to inspire us to persevere.

Thank You Sir
Rost Eddy and Sheryl Scales

希望長著羽毛。
艾蜜莉‧狄更生

親愛的總統先生：

　　界線的話題最近似乎蔚為風潮，大部分的討論都使隔閡更深、更強化。能夠跨界生活，是我生命中的禮物。我是一名男性白人，與一名女性黑人結褵26 年了。我們住在坎頓——紐約北部的一個小城鎮裡。我的妻子雪柔‧希爾思博士，在紐約州立大學波茨坦分校的教育學院教授讀寫教育。我的生活在希拉蕊與川普這兩種世界中來回漂移：雪柔的學術圈，以及小鎮裡完美呈現川普支持者縮影的朋友與點頭之交。不消多說，在這樣的界線兩側游移為我們最近的生活惹來不小的麻煩，有時我會覺得這不是禮物，而是一種詛咒。

　　我希望你能知道，你是我們的典範，你的性格堅強又有愛心，果決且充滿同理心，聰明、好奇同時也享受探索的樂趣，你在總統任期間給了我們很大的啟發，最重要的是你的政績將會繼續在我們心中迴響，不斷鼓舞我們勇往直前。

總統先生，謝謝你。
羅斯特‧艾迪與雪柔‧希爾思

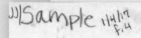

Sample 1/4/19
f.4

Charlotte Blome

Crystal Lake, IL

18 November 2016

President Barack Obama
The White House
1600 Pennsylvania Avenue NW
Washington, DC 20500

Dear Mr. President,

In this time of uncertainty, I would like to share with you a small, but bright spot that I am sure in not an isolated one.

We are a mixed race family that lives in the reddest county in Chicagoland. I am white. My adopted son Noah is black. His school is overwhelmingly white. Last year, his 7th grade elected him the most likely to become President of the United States, in spite of the fact that he reminded them he is Ethiopian by birth. They did not care. This year, he ran for student council president and won.

It may seem like a small thing on the surface, but I do not think that 20 years ago this would have happened at your typical 98% white school. Noah is likely the first black student council president at his Jr. High, but my impression is it is so normal for him and his fellow students, that it has not even been mentioned! He has experienced quite a bit of racial bias in his 13 years, but never from his peers. Even in a conservative county like ours. I attribute this largely to you. (He gets some credit, too, for being a good, hard-working guy!)

So, I thank you and the First Lady for setting us on the right course. We sure are going to miss you.

With profound gratitude and respect,

Charlotte Blome

Charlotte Blome

夏洛特・布洛梅
伊利諾州，水晶湖
2016 年 11 月 18 日

巴拉克・歐巴馬總統
白宮
西北賓夕法尼亞大道 1600 號
20500 華盛頓，哥倫比亞特區

親愛的總統先生：

在這個動盪的時刻，我希望能與你分享一個雖然渺小但充滿光亮的故事，我相信這種故事不止發生在我們身上。

我的家庭是跨種族家庭，我們住在芝加哥都會區共和黨支持者最多的郡。我是白人，我領養的兒子諾亞是黑人。他念的學校幾乎全都是白人。去年，他的七年級同學票選他成為最有可能成為總統的人，他還曾在事前特地提醒他們，從血統上來說他是衣索比亞人，他們並不在意。今年他參加學生會主席的競選並贏得勝利。

從表面上看來這或許只是一件小事，但我不認為在 20 年前這種事會發生在白人就讀率達 98% 的學校中。諾亞可能是他們國中第一個黑人學生會主席，但在我看來，這件事對他及他的同學來說很正常，他們甚至連提都沒提過這件事！他在過去 13 年的生活中經歷過許多種族歧視，但歧視他的人都不是同儕。就連在我們這麼保守的郡中也一樣。我認為這大部分都要歸功於你。（他自己也對此有些貢獻，他是個善良又努力的好孩子！）

所以，我要謝謝你與第一夫人讓我們走上對的方向。我們一定會想念你們的。

在此致上我最深的感謝與尊敬。

夏洛特・布洛梅

BARACK OBAMA

May 4, 2017

Ms. Charlotte Blome
Crystal Lake, Illinois

Dear Charlotte:

Thanks for your note. It's clear you've raised a wonderful young man, and I can tell how proud you are of Noah.

Noah's accomplishments reflect an idea at the heart of our nation's promise: that in America, all people should be able to make of their lives what they will—no matter the color of their skin or the country they are from. The story you shared of his experience in school gives me tremendous hope for our country's future.

Thanks again. You and your family have my very best.

Sincerely,

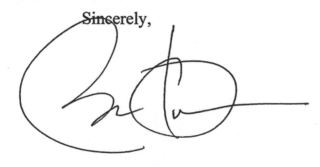

2017 年 5 月 4 日

夏洛特‧布洛梅女士
伊利諾州，水晶湖

親愛的夏洛特：

　　感謝妳的來信。從信中可以看出妳養育的年輕人非常出色，我知道妳有多以諾亞為榮。

　　諾亞的成就反映出了我們國家前景中最核心的理念：在美國這個國家裡，所有人都應該可以打造自己的生活——無論他們膚色為何，或者來自哪個國家。他在學校的經歷，讓我對我們國家的未來把持著無與倫比的希望。

　　再次謝謝妳。願妳與妳的家人一切安好。

誠摯的
巴拉克‧歐巴馬

BARACK OBAMA

May 4, 2017

Mr. Noah Blome
Crystal Lake, Illinois

Dear Noah:

Your mother wrote to tell me about all you've achieved in school—congratulations on being elected Student Council President! It's clear your mom is very proud of you, and I want you to know that I am, too.

In the face of challenges, I hope you'll remember that there are no limits to what you can achieve. As long as you hold on to the passion and determination that have brought you this far and keep dreaming big dreams, you can help effect positive change—in your school, across your community, and throughout our nation.

Again, congratulations—and good luck with your new responsibilities. I'm rooting for you and wish you the very best.

Sincerely,

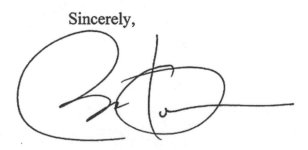

BARACK OBAMA

2017 年 5 月 4 日

諾亞・布洛梅先生
伊利諾州，水晶湖

親愛的諾亞：

　　你的母親寫信給我，告訴我你在學校的所有成就——恭喜你當選了學生會主席！從信中可以看出你媽媽非常以你為榮，我希望你知道，我也一樣非常以你為榮。

　　希望你在未來面對挑戰時，能記得你所能達成的成就是沒有界限的。只要你懷抱著讓你走到如今這個位置的熱忱與決心，並且繼續勇於夢想，你就可以帶來正向的改變——無論是在你的學校、你的社區各處，或是我們全國上下。

　　再次恭喜你——如今你承擔了新的責任，祝你好運。我會為你加油，願你一切安好。

　　　　　　　　　誠摯的
　　　　　　　　　巴拉克・歐巴馬

From: Mr. Joshua David Hofer

Submitted:

Email:

Phone:

Address:

Bloomington, Nebraska

Message: Honorable President Barack Obama,

Dear Mr President I appreciate how hard you work and as a former veteran I understand how things you believe get twisted against you by the military. That most saddest thing I see is the hatred towards the Muslim world and the separation our country is going towards. I feel your President Abraham Lincoln and Im watching history repeat itself against color of skin. I served in the military at a young age and being from Nebraska I learned their is no such thing as race. The people who still look out for me today are of different color. I think america is sheltered and needs to see what veterans have seen since the war on Terrorism began. We need more commercials that teach lessons and give other point of views like South Korea does in order to maintain their social customs for their younger youth. I truly believe in what you do buy because I served I saw were the money went to support Pakistan (Terrorism) and Iran. I believe america when you do a presidential speech need to see what life is like when you live in a country that is at war. I have photos of a one girl who reminded me of my sister as I was losing my mind in 2003 in Iraq. I never will leave me but I wanted to change lives for them. Their country has oppressed them to where they were starving. I gave her chocolate and all kinds of stuff but I realized the error in my ways. As I would try to help her out predators because she was a female made an example. As we were leaving I saw that an older child saw what I have done. She cared for her younger brother as well. He was stomped to death and she was being dragged down the street. I care her picture with me to this day. I didnt see Muslim or Christian, I saw human. When you oppress someone and kill their family, they grow up in a world of hate. I believe I have many more things to offer my country then retired veteran but in this new world where your born into privilege it is hard for a veteran who cries from his nightmares to separate. This country is filled with so much hate it kills me. I dont see black and white I see my brothers. I have been wronged and you are the only one who could help me move on. Like people that are angry I feel I was wronged but by leaders in my military service.

寄件者：約書亞‧大衛‧霍夫爾先生
地址：內布拉斯加州，布盧明頓

敬愛的巴拉克‧歐巴馬總統：

　　親愛的總統先生。我很感謝你辛勤地工作，身為一名退伍軍人，我能理解軍中有時會把你所相信的事物扭曲過來對付你。我見過最令人難過的事，是對穆斯林世界的憎恨，以及我國正逐漸走向分裂。我覺得你舊（就）像亞伯拉罕‧林肯總統，而我正看著不同膚色之間的戰爭如歷史重演。我很年輕的時候就從軍了，我來自內布拉斯加州，在那裡我學到沒友（有）種族這回事。如今還會照看我的都是和我膚色不同的人。我認為美國太受保護了，美國需要看看軍人在恐怖主義開戰後所見過的事物。我們需要下更多廣告，讓人們多學習並理解不同的觀點，就像南韓為了讓年輕的孩子維持社會習俗所做的事。我真心認為人們會買單，因為我服役時看到錢流向支持巴基斯坦（恐怖主義）與伊朗。我相信美國在你發表總統演講的時候需要看看打仗的國家的生活是什麼樣子。我有一個小女孩的照片，她讓我 2003 年在伊拉克發瘋時想起我的姐姐。我永遠不會離開我，但我想要改變他們的生活。他們被他們的國家壓迫到要餓死的地步。我給了她巧克力和一大堆東西，但我知道我的方式錯了。因為我幫她，弱肉強食者看她是個女孩就拿她來殺機（雞）儆犬（猴）。我們離開的時候，我看到一名年長的孩子看到我所做的事。她也是在照顧她的弟弟。他被踩死了，而她被拖到街上去。我直到現在還保留著她的照片。我看到的不是穆斯林或基督徒，我看到的是人類。當你壓迫某人並殺掉其家人，他們就只能在充滿恨的世界中成長。我相信筆（比）起當一個退伍軍人，我能貢獻更多給我的國家，但在這個一出生你就擁有特權的世界中，一名從惡夢哭醒的退伍軍人是很難做區分的。這個國家充滿憎恨，讓我痛入骨髓。我看到的不是黑人與白人，我看到的是我的兄弟。我過去曾被欺騙，只有你能幫助我繼續前進。就像憤怒的人一樣，我曾受到欺瞞，只不過欺騙我的是我在軍中服役時的領導者。

Save PDF
Light Version

From: **Mr. larry wright**

Submitted: 1/11/2017 7:17 AM EST

Email:

Phone:

Address: Greensboro, North Carolina

Message: Mr President

For 8 years you were loved, hated, mistreated and berated. For 8 years you sung, danced cried and amazing graced us when racism and hatred came knocking at God's door. You was a Muslim, Terrorist, half bread, African but never American. You help two industries that were on the verge of collapse and pulled this country out of its worse recession in years. We seen you go from dark hair to gray hair, we seen your kids grow and become beautiful young ladies and your wife is the woman most admired by many women around the globe. I credit your wife for restoring pride in all women especially black women. You gave people the opportunity to be insured and feel safe when it came to the safety of this country. I'm sure there are things that you are not proud of and wish you could go back and fix them, but we all have things we would love to fix in our lives as well. In closing I would like to say this. There may never be another face like your in the white house, there may never be another family like your in the white house and there may never be a husband and wife team like you and your wife that lived a scandal free campaign in the white house. The one thing that will be missed when you close that door behind you will be Mr. Barack Obama our 44th President of the United States.

寄件者：賴瑞・萊特先生
寄件時間：東部標準時間 2017 年 1 月 11 日上午 7:17
地址：北卡羅萊納州，格林斯伯勒

　　這八年來你曾被愛、被恨、被不當對待、被嚴責。這八年來，在種族歧視與仇恨敲響了神的大門時，你對我們唱歌、跳舞、哭泣、唱奇異恩典。你曾是穆斯林、恐怖份子、混血兒、非洲人，但從來都不是美國人。你幫助兩個即將破產的產業，將這個國家拉離最糟的經濟衰退。我們看著你從黑髮轉為白髮，我們看著你的孩子長大成為美麗的年輕小姐，你的妻子是世界上許多女性最欽佩的女人。我相信你的妻子讓所有女人——特別是黑人女性——恢復了她們的自豪。在談及這個國家的安全時，你使人們有買保險的機會並感到安全。我確信過去你曾做過的事中，一定有一些會讓你覺得不光榮並希望能回到過去重新來過，但我們每個人的生命中都有渴望能夠重新來過的事。最後，我想要跟你說，白宮裡或許再也不會有像你一樣的人了，白宮裡或許再也不會有像你們一樣的家庭了，白宮裡或許再也不會有像你和你的妻子這樣憑著乾淨選舉而入住的夫妻了。在你關上身後的那扇門之後，我們都必定會想念美國的第 44 任總統，巴拉克・歐巴馬先生。

1/5/17
fr 9

From: **Marjan Schneider Carasik**

Submitted: 12/24/2016 12:36 PM EST

Email:

Phone:

Address: Ithaca, New York

Message: Dear Mr President,

Thank you for standing up for the rights of Palestinians as well as Israelis. Answers to all questions lie somewhere in the middle.

I am the child and grandchild of Jewish refugees who suffered greatly before coming to America. It causes me much pain to see Palestinians sometimes being mistreated as my family members were mistreated before arriving on these shores.

I am grateful to you for your courage in standing where you do. This does not make you an anti-Semite, but rather pro-All Human Beings.

With Much Admiration and Affection, and Thanks,

Marjan S. Carasik

Ithaca, N.Y.

寄件者：馬里安・思奈德・卡拉希克
寄件時間：東部標準時間 2016 年 12 月 24 日下午 12:36
地址：紐約州，伊薩卡

親愛的總統先生：

　　感謝你為巴勒斯坦人與以色列人的權益同時發聲。所有問題的答案都不會是在極端，而是在中間某處。

　　我是猶太難民的子孫，他們來到美國之前曾吃過很多苦。看到巴勒斯坦人受到不當對待使我感到痛苦，就像我的家人在來到這片土地之前也曾受到不當對待。

　　我很感謝你有這樣的勇氣站在你現在的位置。你並不會因此成為反猶太主義者，這反而表示你是一位支持全人類的人。

　　在此致上無盡的讚美與鍾愛，謝謝你。

馬里安・S・卡拉希克
紐約州，伊薩卡

Mr. President and Mrs. Obama,   11/18/17
                                 f. 20

I cannot tell you how much I have loved and appreciated your work in the White House for the last 8 years.

As a daughter of immigrants and a woman of color, your actions in office have given me so much hope. Thank you for leading an America that was inclusive and that craved justice.

I got to attend your inauguration in 2008. I still have a lot of the cheesy keepsakes Pepsi was handing out that week. I remember that it was freezing, and that it hurt to cry because of that. I remember being stranded at the Air and Space Museum for 4 hours while we waited for our charter bus. I was interviewed like 3 times that week by Latin American news stations. I cried in all three as I explained that your presidency validated my dreams.

As you transition out of the presidency, I want you to know it was worth it. It was worth all the Fox news attacks. It was worth it to honor and respect Muslims. It was worth it to champion the rights of women. To cry out against injustice. To mourn the loss of black lives at the hands of law enforcement.

Your courage and humility in leadership will be sorely missed. But not forgotten. All the voices you've pulled out of silence — we're all in unison and ready to rally for justice, unity, and equality.

So when you move out of the White House, go on vacation. Drink some margaritas for me. We'll be here fighting the good fight till you get back.

So much love,
Mary-Beth Johnson

MILWAUKIE, OR

總統先生與歐巴馬女士：

　　非常感謝你在過去八年中於白宮所做的成績，我對你們的感激與愛溢於言表。

　　我是移民家庭的女兒，同時也是有色人種女性，你在執政時的行動給了我極大的希望。感謝你領導了包容且渴望正義的美國。

　　我有幸參與你在 2008 年的就職典禮。我到現在還留著百事可樂在那一週發放的俗氣紀念品。我還記得當時冷極了，因為太冷了，連哭泣也讓人覺得很痛。我還記得在等待接送專車時，在航空及太空博物館枯等四小時。我那個星期大概被拉丁美洲的新聞台採訪了三次。三次我都哭了，我向新聞台解釋說，你當上總統實現了我的夢想。

　　如今你的總統任期已快要結束，我想要讓你知道，這一切都是值得的。受到福斯新聞台攻擊是值得的。尊敬並尊重穆斯林是值得的。擁護女性權益、不平則鳴、為了在執法人員手下喪命的黑人生命而哀悼，都是值得的。

　　我們將會深深懷念你擔任領導者時表現的勇氣與謙遜。但我們不會忘記。所有因你而從沉默轉為站出來發聲的人──我們的意見一致，我們已準備好要為正義、團結與平等而集結與發聲。

　　所以，當你離開白宮時，去度個假吧，去替我喝點瑪格莉特（調酒）吧。我們會在這裡打個好仗，直到你回來。

致上無盡的愛。

瑪莉一貝絲．強森

奧勒岡州，密爾瓦基

BARACK OBAMA

June 14, 2017

Mrs. Mary-Beth Johnson
Milwaukie, Oregon

Dear Mary-Beth:

Thanks for sharing your reflections on the last eight years, including my first inauguration, in the letter you sent me—I agree; it was all worth it.

I was moved by your kind words, and I am inspired by your commitment to continue stepping forward, speaking out, and working to defend the values that make us who we are. As you do, please know Michelle and I will be standing right alongside you, as we always have been, fighting for the America we both know is possible.

Thanks again for writing—you, Benjamin, and Estel have my very best.

Sincerely,

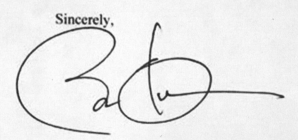

BARACK OBAMA

2017 年 6 月 14 日

瑪莉－貝絲‧強森女士
奧勒岡州，密爾瓦基

親愛的瑪莉－貝絲：

感謝妳與我分享妳對於過去八年的回憶，包括我的第一次就職典禮——我同意妳在信中的看法；一切都是值得的。

妳溫暖的文字讓我深受感動，妳在信中承諾要繼續前進、站出來發聲並捍衛使我們成為我們的價值，這讓我受到很大的啟發。在妳這麼做的同時，我希望妳能知道，蜜雪兒與我將會站在妳身旁，如同我們過去所做的一樣，為了讓美國成為我們理想中的美國而奮戰。

再次感謝妳的來信——願妳、班傑明與艾斯特一切安好。

誠摯的

巴拉克‧歐巴馬

Frank Heimbecker
De Forest, WI

21 DEC 2016 PM 5 L

President Barack +
First Lady Michelle Obama
The White House
1600 Pennsylvania Ave
NW, Washington, D.C.
20500

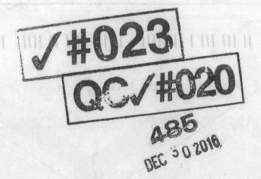

✓ #023

QC✓ #020

485
DEC 3 0 2016

President Barack &
First Lady Michelle,

11/19/17
fr10

This modest card probably
will not get to you. I want to
thank you for the last eight years.
It has been a honor. You started
out with a part of my heart, and
you leave with the whole thing.

Frank Hernbecker
DeForest WI

巴拉克總統與
蜜雪兒第一夫人：

　　這張平凡的卡片或許不會送到你的手上。我想要為過去的八年而感謝你。
有你這樣的總統是我莫大的榮幸。你上任時贏得了我心的一部分，你離開時卻
帶走了我完整的一顆心。

法蘭克‧漢姆貝克

威斯康辛州，德福雷斯特

BARACK OBAMA

June 19, 2017

Mr. Frank Heimbecker
DeForest, Wisconsin

Dear Frank:

On the final night of my Presidency, I read the handwritten card you sent me, and I wanted to reach out to thank you. Your kind words were deeply moving, and while I appreciate your thinking of me, please know the honor was all mine—it was the privilege of my life to serve as your President.

There are certainly milestone moments we will always remember from the past eight years, but for me, it was hearing from people like you that kept me going every single day. My heart has been touched time and again by the daily acts of kindness that embody the American people at their core, and as I take some time now to rest and reflect on all we achieved together, know that your thoughtful gesture will stay with me.

Sincerely,

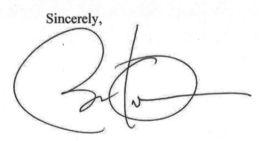

BARACK OBAMA

2017 年 6 月 19 日

法蘭克 · 漢姆貝克先生
威斯康辛州，德福雷斯特

親愛的法蘭克：

　　我在總統任期的最後一天晚上讀到了你寄給我的卡片，我想要回信感謝你。你的惠言讓我深受感動，謝謝你對我的看法，我希望你知道，深感榮幸的人應該是我——這輩子能成為你的總統是我的殊榮。

　　在過去八年中，有許多時刻是我們會一直記得的里程碑，但對我來說，傾聽你們的聲音才是讓我每天繼續努力的動力。看到人們每天表現出能夠體現美國人民核心精神的善舉時，我的心一次又一次受到觸動，如今當我休息一段時間歇個腳，並反思我們一起達成的成就時，請你記得，你體貼的舉動將會留在我的心中。

　　　　　　　　誠摯的

　　　　　　　　巴拉克 · 歐巴馬

Epilogue

後記

班傑明・杜雷特（信件編號 001）今（2018）年 28 歲，已婚，住在奧勒岡州。他在自來水公司擔任行政人員，沒有在任何黨派登記。

J・馬丁・波爾（信件編號 002）於 2011 年逝世。他的女兒娜塔莎還記得她父親寫信給歐巴馬的那一天——那天是她兒子的一歲半生日。她父親非常開心自己的孫子在長大後能知道美國有過黑人總統。

雖然理查・德克斯特（信件編號 003）與歐巴馬對於政府的觀點不同，但他很珍惜歐巴馬的回信，還計畫把這封信傳承給他女兒。

傑芮・哈里斯（信件編號 005）遵守承諾，在歐巴馬的兩任任期中每天替他禱告。她將總統回覆的信裱框掛在她家客廳的牆上。2016 年大選之後她寫了一封信給川普總統，說她也會替他祈禱。

席艾拉・莫瑞（第一章）覺得她寫的信還不夠多。她時常想到鮑比・英格拉姆和其他數千位美國人的故事，這些故事都放在她西廂辦公室的文件夾中，他們的聲音與信念成為了她的指路明燈。

鮑比‧英格拉姆（第二章）每天都會在大約三點的時候，看著他的貓普迪跑到屋後的門廊、跳上欄杆，然後把欄杆上的貓糧一點一點推下去。貓糧會掉進院子裡，而胖烏龜布噓則在那兒心滿意足地等著。「普迪愛死了這麼做。」鮑比報告道。

蕾尼特‧瓊斯（信件編號 013）很高興自己寄了那封氣憤的電子郵件給歐巴馬，若再給她一次選擇機會她還是會寄這封信；他的回應讓她覺得受到安慰。當初蕾尼特寫信給總統時，她的女兒蘇菲亞駐紮於喀布爾，如今她已安全返家，在佛州離她媽媽家不遠的地方居住。

麥可‧包爾斯（信件編號 015）讓白宮的工作人員公開分享他的信件以及歐巴馬的回信。這兩封信出現在一個保守派的部落格中，歐巴馬的手寫回信進了「歐巴馬上任首六個月出醜排行榜」的前十名。（他把「忠告（advice）」拼錯了，或者至少他沒有把 c 寫好。）

肯尼‧賈普斯（信件編號 023）如今（2018 年）22 歲，他於 2018 年從西北大學畢業，取得數學與環境研究雙主修學位。

費歐娜‧里夫斯（第三章）如今為一家民主黨通訊公司工作，他先生克利斯‧利德爾－韋斯菲爾的工作是在巴拉克‧歐巴馬總統圖書館中收集口述歷史資料。在他們女兒葛蕾斯的臥室牆上，裱框掛著一封歐巴馬的來信。葛蕾絲的爸媽說，她一有機會就會跟他們一起去拉票。

葉娜‧貝（第三章）在哥倫比亞大學攻讀國際安全研究碩士。她時常主辦紅酒之夜、百樂餐聚會（potluck）與聯歡會，繼續在這些場合分享「小人物小組」的故事。

湯姆士‧米漢和喬安‧米漢（第四章）的兒子達爾‧米漢若有三個女

兒，他將會為其中一個女兒命名為柯琳。

彼特‧勞斯（第五章）很高興能看到在「歐巴馬經歷」下長大的年輕人繼續為公民參與做出貢獻。他很享受與他的緬因　巴斯特相處的時光，巴斯特現在體重 27 磅，因此彼特決定讓巴斯特節食。

麥克‧凱萊赫（第五章）在華府哥倫比亞特區世界銀行中的聯合國聯絡處工作。此外，他還是專業的作曲人、編曲人與音樂表演者；他在 2015 年與他妻子凱琳（古典小提琴家）一起出了一張爵士樂專輯《雜集》。

蘿拉‧金（信件編號 037）如今已和麗莎合法結婚。

羅伯特‧B‧特拉普（信件編號 038）如今依然是里約格蘭太陽報的編輯主任。

退休的空軍上士羅伯特‧杜蘭（信件編號 039）發現他的未婚妻珍娜在死前沒有服用血壓藥，因為她負擔不起。杜蘭上士把歐巴馬的回信交給了珍娜的女兒。

察納‧桑卡加羅（信件編號 045）繼續成功經營他在羅德島十分受歡迎的美髮店。

蕾吉娜‧布萊恩（信件編號 046）收到了蜜雪兒‧歐巴馬寄來的一份素食豆泥食譜。「裡面有很多香料呢！」她把她寫的信與歐巴馬的回信都保存在一本相簿中，交給她的女兒凱特琳。

傑森‧赫南德茲（信件編號 047）因犯下毒品罪而被判的終身監禁，已於 2013 年 12 月 19 號由歐巴馬總統特赦。他現在住在達拉斯，正在寫一

本關於司法系統的書，此外他也協助當地被判終身監禁的聯邦囚犯撰寫緩刑請願書。

一名競選團隊工作人員在讀到珊蒂・史旺森（信件編號048）的信時深受感動，她叫了一份披薩送給史旺森一家人，後來歐巴馬總統從空軍一號上打電話感謝這名工作人員。

比爾・奧利佛（第六章）和他的妻子珊德拉，每週定期在他們家舉辦哲學研究小組討論。基克打算要去念烹飪學校。基克的妻子瑞貝卡現在是大學醫科預備生。比爾和基克每天都會交談。

2016年7月，達寧・柯拉德・布倫斯達（第七章）的先生大衛・羅諾・布倫斯達退役了，他在軍中服役了22年，曾兩度獲頒年度優秀空軍，退役時是二等士官長。達寧和大衛的慶祝方式是搭乘F-15戰鬥噴射機。他們現在是認養父母（foster parents）。

瑪尼・黑澤爾頓（第八章）在羅斯福學區展開第四個學年的督學生涯。2018年，她與一班三年級學生分享她寫給歐巴馬總統的信，讓他們知道寫作能力的重要性。

鄂夫與羅斯・尤克－沃克（信件編號053）要在2018年11月30日慶祝他們在一起61年以及結婚四週年。

喬丹・蓋瑞（信件編號061）在被他的兩位父親領養前，曾在11個寄養家庭裡待過。他在2015年受邀至白宮參加復活節滾彩蛋活動，並見到了第一夫人。

湯姆・霍夫納（信件編號062）如今是待在家中照顧兩個女兒的爸爸。他週末在一家照護身心障礙人士的療養院工作，目前正在為冒險喜劇系

列書籍《瑞斯與庫琪麥克勞的不可能歷險記》的第二集打草稿。他依然在他的專長領域裡尋找全職工作。

2014 年 6 月，丹尼・嘉文（信件編號 064）受邀至白宮參加慶祝 LGBT 驕傲月[1]的招待會。歐巴馬要求跟他一起拍照。丹尼於 2015 年逝世。他的行動主義以及他在石牆酒吧的請願活動，受到幾本出版物的表彰。

包柏・米爾頓（信件編號 066）每月週二在北卡羅來納州伯克郡的民主黨聚會上，繼續朗讀歐巴馬總統的回信。他和他的妻子譚美在一起已有 25 年，他們一起乘坐、維修沙灘車。

雪莉・穆尼茲（第九章）是《老鷹羽毛與天使翅膀：米卡的故事》一書的作者，該書描述了她兒子的疾病以及他們在處理醫療保險時遇到的困難。

朗恩・奧（第九章）曾寫信給歐巴馬，如今他兒子的朋友（34 歲）獲得符合「童年入境者暫緩驅逐辦法」（DACA）身分，因此得以持有綠卡、考取駕照、就讀大學並找到一份全職工作。

喬艾爾・葛雷夫（第九章）和一位 OPC 的工作人員成為 email 好友，該工作人員告訴喬艾爾，歐巴馬因為她的信而深受感動，他在白宮的住所把那封信讀給他的家人聽。喬艾爾後來又寫了一封信給英國女王，而英國女王也親筆回信給她。

瑪裘瑞・麥肯尼（第十章）重新翻修了房子，迎接她的女兒瑞秋與孫女柯碧來與她同住。她如今時常到賈納盧斯卡做禮拜，那裡是附近最古

1　源自 1969 年 6 月的「石牆事件」，自此，每年六月為 LGBT 驕傲月。

老的歷史性黑人住宅區。

艾希莉‧德里昂（第十一章）訂婚了，婚期訂在 2018 年 5 月，就是她在北卡羅萊納大學威明頓分校獲得海洋生物碩士學位的當天。她對海洋的愛承襲自她的爸爸。

蕾西‧希格利（第十一章）在美國退伍軍人事務部的數位服務小組工作，她建立現代化的數位工具，讓退伍軍人得以發現、申請並追蹤他們應得的福利。

在艾莉莎‧鮑曼（信件編號 076）於 2015 年寄信給歐巴馬的隔年，她與她跨性別的兒子一起在當地學校的董事會上，致詞支持跨性別學生。2017 年，艾莉莎獲選入董事會，董事會隨後通過一項保護學生性別認同的全面非歧視政策。艾莉莎在 2018 年又寫了一封信給歐巴馬，說她對於她第一封信裡的憤怒感到「尷尬」。「你讓我有勇氣不再渺小地活著，」她告訴歐巴馬。

維吉尼亞州紐伯恩基督教會的牧師克莉斯汀‧G‧萊斯曼（信件編號 078），在 2016 年 11 月 9 日、也就是總統大選次日和她的丈夫搬進一間新公寓。替她打包的搬家工人，在裝有裱框歐巴馬回信的箱子上，把『**易碎物品！歷史文物！歐巴馬的來信！**』重複寫了好幾次。

蘇‧愛倫‧艾倫（信件編號 080）由於寫信給歐巴馬而受邀參加 2016 年的國情咨文，她坐在第一夫人包廂中，見到了司法部長羅瑞塔‧林區。蘇‧愛倫告訴司法部長她在改革監禁文化上所付出的努力。「妳能想像嗎？我這個重罪犯居然和羅瑞塔‧林區見過面呢。」

德萊妮（信件編號 082）寫了一封感謝卡回寄給歐巴馬總統，卡片最上面貼了一張貼紙寫著「我最喜歡的人」。

瑪莉・蘇珊・山德斯（信件編號 084）出版了三本書，其中包括《獨奏》，關於失去她的伴侶藝術家兼木工雕刻家凱西・露絲・尼爾的一本書。瑪莉・蘇珊為她的草坪騎師小雕像上色時，用的是凱西的顏料。

葛雷琴・奧哈撒尼（信件編號 086）是喬治亞影像公司的編劇。

雪莉・庫辛諾（信件編號 089）信中那位在果園幫忙的鄰居，在被遣返後留在墨西哥，如今以開計程車維生。他的女兒潔妮薩則在雪莉家附近的不動產公司工作。

赫芭・哈勒克（信件編號 091）今（2018）年 20 歲，在德魯大學研讀生物化學。她計畫將來要成為小兒科醫師。

科迪・基南（第十二章）目前正在協助歐巴馬總統準備他的下一本書。

2018 年 5 月，尚恩・達比（第十三章）收到了一個神祕的包裹。寄件人是一位曾和克莉絲蒂娜一起服役的匿名空軍軍人。包裹裡面有一面美國國旗、一頂帽子、一枚繡著克莉絲蒂娜名字的徽章，以及一紙來自美國空軍第 494 遠征戰鬥機中隊的證書，上面的日期是 2018 年 5 月 4 日（她的生日）。「在一架支援「堅定決心行動」[2] 而出動到敘利亞以及伊拉克上空的 F-15E 攻擊鷹式戰鬥轟炸機上，這面國旗曾驕傲地飄揚著。這面國旗是為了紀念：克莉絲蒂娜・丹妮爾・西維斯。她的微笑總是堅強且真誠。」

威廉・強森（信件編號 097）獲得假釋出獄。他目前和兒子經營一個家居

2　Operation Inherent Resolve，美軍針對 ISIS（伊斯蘭國）的軍事行動。

繕修的雜工公司。

伊凡・溫嘉德（信件編號099）目前是伯朗大學的大三生，主修公共衛
生，她是學生會成員，同時也是同儕輔導員。

安妮・邦丁（信件編號100）和其他心臟移植外科醫師分享了歐巴馬總統
的回信。在心臟移植手術四年後的她，如今很喜歡健行與旅遊。

亞歷克斯・麥特貝里（信件編號102）今（2018）年八歲，他在臥室裡拼
了一個樂高白宮，而且不准任何人碰。他正在學鋼琴。

彌莉亞・強森女士（信件編號106）為了紀念她的兒子美國陸軍技術下士
亞歷山大・傑森，一直持續呼籲社會關注退役軍人的自殺問題。

麥迪遜・德拉戈（信件編號108）今（2018）年15歲，她收到了總統的回
覆，建議她聽父母的話。她要的鼻環還是到手了。「還有很多呢，」
據她母親說。

努爾・阿多法塔（信件編號109）受邀至白宮共進晚餐，慶祝穆斯林美國
人以及開齋節，也就是齋月結束的節日。

柯爾碧・布盧姆（第十四章）在國際教育者協會的媒體公關組工作，國
際教育者協會是全世界致力於國際教育與交流的非營利組織中最大的
一個。她送了一個禮物給費歐娜・里夫斯的嬰兒葛蕾絲：她把希拉
蕊・柯林頓在2016年11月9日演講的其中一句話用花體字寫出來裱
框：「給所有的小女孩：永遠不要懷疑，妳是有價值、有力量的，妳
值得世上每一個讓妳得以追求並成就夢想的機會。」如今這個禮物掛
在葛蕾絲的搖籃旁牆上，就在歐巴馬寫給葛蕾絲的信旁邊。

派蒂·萊斯（第十四章）的家在 2018 年 1 月遭遇火災，她幾乎失去了一切。但她在破瓦殘礫中找到了她父親的幾張照片和手稿，以及他的退役文件，完全沒有受損。派蒂覺得這是奇蹟，這是她去世已久的祖母賜給她的奇蹟。「我在集中營中活了下來；妳能撐過去的。」她想像她的祖母這麼對她說。

比利·厄尼斯（第十五章）修繕屋頂的職務再次獲得加薪。如今他的女朋友依然是那個他在超市認出的國一同學。他每週都會和依舊待在牢裡的父親聊天。當比利看到他如今長成青少年的兒子，在州立的田徑賽上獲得了擲鐵餅第四名時，他哭了。他兒子說他真是長不大。

亞歷珊卓·沙瑞娜（信件編號 117）收到歐巴馬總統要她「繼續參與」的訊息後，回到佛州大學上課，畢業後繼續攻讀政治科學與大眾政策碩士學位。

「雖然聽起來可能很做作，但這整件事讓我重燃對人以及對這個國家的信心。」瑪琳·杜蘭·羅辛（信件編號 125）在收到歐巴馬的親筆回信之後這麼說。

羅貝塔·費恩（信件編號 127）喜歡蒔花種菜。她很自豪自己如今是兩個孩子的曾祖母了。

薇琪·薛爾和提姆·薛爾（第十七章）買了一輛露營車，他們時常一起去露營。

約書亞·霍夫爾（信件編號 144）在軍中服役了 10 年。他還記得他曾在南韓破壞人口販賣行動。他一直為腦部嚴重受傷的後遺症所苦。

瑪莉－貝絲·強森（信件編號 147）把歐巴馬的信裱框放在床邊，旁邊是

馬太福音的句子「我常與你們同在」的印刷手寫體。她喜歡撰寫自己的食物部落格＜慶祝之心＞。

歐巴馬總統每個禮拜依舊會收到 5,000 封信。

Acknowledgment

致謝

本書源自於我為紐約時報雜誌所寫的一篇文章，在與我合作良久的編輯兼好友麥克·班諾伊鼓勵之下產生。感謝麥克最初對收發室的智慧所產生的信念，感謝傑克·希爾弗斯坦的支持以及出版的意願，感謝歐巴馬總統慷慨地對本文作出回應，並花時間與我會面——且准許我深掘他的信件。

這本書是集眾人努力之作。費歐娜·里夫斯從一開始就是本書的引路明燈；她以安靜且堅決的態度服務總統和國家，使我獲得許多啟發，我誠摯感激她的帶領。研究人員瑞秋·威爾金森自始至終都在提供協助，若沒有她，我無法完成這本書。她的惻隱之心與智慧充斥在這些頁面中，我深深感謝她。我也要感謝音訊製作人艾琳·安德森，她和瑞秋一起跋涉到全國各處與人們討論他們的信件，她的智慧引導我作了許多編輯上的決定，我還要謝謝水泥城製作的其他人——提姆·麥德克、艾琳·凱洛、泰勒·麥可羅斯基、瑞秋·梅柏、瑞秋·布里克納——他們的努力使引擎持續運作。此外，我也要謝謝麥克·路易斯幫助我找到了執行這本書的撰寫計畫的勇氣。

我想感謝歐巴馬的總統任後高級顧問艾瑞克‧舒茲的信任與支持，與他共事令我感到樂趣無窮；感謝通訊主任凱蒂‧希爾在提供素材時的親切態度與堅持不懈；感謝麥克‧凱萊赫的洞察力與慷慨；感謝席艾拉‧莫瑞的遠見與指導；感謝所有收發室的人與我分享他們出色的工作中遇到的故事，也感謝他們替我追蹤遍及全國的寫信人。我們盡力將要求匿名或者無法聯絡上的寄件人的個人資訊移除；源於 obamawhitehouse.archives.gov 上的信件在節錄至本書中前已先經過批准，我非常感激這幾位寄件者（尤其是艾蜜莉，她的信被放在本書美國版的封底），他們的文字與故事打造了歐巴馬的政績與歷史。

我的代理人伊莉斯‧錢尼是本書最熱忱的擁護者。我由衷謝謝她與其他代理人，尤其是艾力克斯‧賈可布、艾莉絲‧惠特奐姆、克萊兒‧吉利斯匹和娜塔莎‧菲爾魏德。

藍燈書屋的安迪‧沃德是所有作家夢寐以求的編輯；他是一個要求更多、使每個細節都比你預期更好的寫作夥伴。在我漫長的職業生涯中，他形塑了我的書與文章，一直以來我對他的感激都溢於言表。我想要感謝藍燈書屋的全體團隊所給予的支持，特別謝謝蘇珊‧卡米爾和湯姆‧派瑞，以及夏安‧史基與羅倫‧諾維克在製作上非凡的努力、安娜‧鮑爾所設計的（美國版）美麗封面、黛比‧格拉斯曼的內頁設計、馬修‧馬丁對工作的維護，以及辛蒂‧莫瑞在行銷全球方面的創意。

匹茲堡大學提供了很大的幫助，我要在此特別感謝他們為本書所做的一切。匹茲堡大學校長派特‧加拉格爾對本書的計畫提供了非常有幫助的見解，教務長兼高級副校長派蒂‧畢森與執行副教務長大衛‧迪瓊的鼓勵與關心帶給我非常大的幫助。我要誠摯感謝研究中心副校長約翰‧庫柏一直很積極地支持我，也謝謝迪特理希文理學院的院長凱希‧布利與英語系主任唐‧比洛托斯基的親切態度與慷慨贊助。感謝

寫作計畫的同事，尤其謝謝彼得·切丁伯格、麥可·邁耶與瑪姬·瓊斯在我請假期間填補空白，另外我想要特別感謝我的老友基特·阿亞爾，在我花時間寫書的時候在創意中心引領眾人的方向。

我想要謝謝我的先生艾力克斯，他的愛與支持讓本書成為可能，還有我的女兒安娜和莎夏，她們在我寫書的這段期間忍受了我的缺席。

最後，我要感謝所有寄信人允許我重新刊出他們的信件，也要感謝所有願意讓我傾聽並分享他們出色故事的人。

Permission Credits

許可權

歐巴馬總統辦公室准許本書使用歐巴馬總統卸任後寫的回信。來自 obamawhitehouse.archives.gov 的樣本在出現於本書之前已先經過批准。

Letter written by Dare Adewumi reprinted by permission of Dare A. Adewumi, M.D.
Letter written by Sue Ellen Allen reprinted by permission of Sue Ellen Allen.
Letter written by Adam Apo reprinted by permission of Adam Y. Apo.
Letter written by J. Martin Ball reprinted by permission of Natasha Ball-Madkins.
Letter written by Dawn Benefiel reprinted by permission of Dawn Marie Benefiel.
Letter written by Charlotte Blome reprinted by permission of Charlotte J. Blome.
Letter written by Amanda Bott reprinted by permission of Amanda Bott.
Letter written by Alisa Bowman reprinted by permission of Alisa Bowman.
Letters written by Darin Konrad Brunstad reprinted by permission of Darin Konrad Brunstad.
Letter written by Regina Bryant reprinted by permission Regina Bryant.
Letter written by Anne Bunting reprinted by permission of Anne Bunting.
Letter written by Marjan Carasik reprinted by permission of Marjan S. Carasik.
Letter written by Donna Coltharp reprinted by permission of Donna F. Coltharp.
Letter written by Sheryl Cousineau reprinted by permission of Sheryl L. Cousineau.
Letter written by Ellen Crain reprinted by permission of Ellen F. Crain, MD, PhD.
Letter written by Shane Darby reprinted by permission of Shane Darby.
Letter written by Nicole Davis reprinted by permission of Nicole M. Davis.

Letter written by Madison Drago reprinted by permission of Madison Drago and Susan Drago.

Letter written by Benjamin Durrett reprinted by permission of Benjamin Durrett.

Letter written by Rust Eddy reprinted by permission of Rust Eddy.

Letter written by Gretchen Elhassani reprinted by permission of Gretchen Elhassani.

Letter written by Rebekah Erler reprinted by permission of Rebekah Olson Erler.

Letter written by Samantha Frashier reprinted by permission of Samantha Frashier.

Letter written by Jordan Garey reprinted by permission of Jordan Garey, Matthew Garey, and Jeremy Garey.

Letter written by Danny Garvin reprinted by permission of Debra Carey.

Letter written by Martin A. Gleason reprinted by permission of Martin A. Gleason, MS.

Letter written by Joelle Graves reprinted by permission of Joelle Graves.

Letter written by Heba Hallak reprinted by permission of Heba Hallak.

Letter written by Jeri Harris reprinted by permission of Jeri L. Harris.

Letters written by Marnie Hazelton reprinted by permission of Dr. Marnie Hazelton.

Letter written by Frank Helmbecker reprinted by permission of Frank Helmbecker.

Letter written by Jason Hernandez reprinted by permission of Jason Hernandez.

Letter written by Tom Hoefner reprinted by permission of Tom Hoefner.

Letter written by Patrick Allen Holbrook reprinted by permission of Patrick Allen Holbrook.

Letter written by Bobby Ingram reprinted by permission of Bobby Ingram.

Letter written by Mary Beth Johnson reprinted by permission of Mary Beth Salguero Johnson.

Letter written by Mrs. Myriah Lynn Johnson reprinted by permission of Mrs. Myriah Lynn Johnson.

Letter written by William A. Johnson reprinted by permission of William A. Johnson.

Letter written by Linette Jones reprinted by permission of Linette St. Pierre Jones.

Letter written by Kenneth Jops reprinted by permission of Kenneth P.T. Jops.

Letter written by Dane Jorgensen reprinted by permission of Dane Austin Jorgensen.

Letter written by Sam KG reprinted by permission of Sam KG.

Letter written by Laura King reprinted by permission of Laura A. King.

Letter written by Tracy LaRock reprinted by permission of Tracy LaRock, R.N.

Letter written by June M. Lipsky reprinted by permission of June M. Lipsky.

Letter written by Lynn Luxemburger reprinted by permission of Lynn Luxemburger.

Letter written by Kelli McDermott reprinted by permission of Kelli McDermott.

Letter written by Marjorie McKinney reprinted by permission of Marjorie J. McKinney.

國家圖書館出版品預行編目 (CIP) 資料

親愛的歐巴馬總統 : 8,000 萬封信,由人民寫給總
統的國家日記 / 珍．瑪莉．拉斯卡斯 (Jeanne Marie
Laskas) 著;吳光亞、聞翊均譯. -- 初版. -- 新北市:
野人文化出版:遠足文化發行, 2019.03
　　面;　公分. -- (地球觀;50)
譯自:To Obama : with love, joy, anger, and hope
ISBN 978-986-384-347-4(平裝)

1. 歐巴馬 (Obama, Barack) 2. 書信 3. 美國政府

752.27　　　　　　　　　　　　108003870

親愛的歐巴馬總統

線上讀者回函專用 QR CODE,您的
寶貴意見,將是我們進步的最大動力。

地球觀 50

親愛的歐巴馬總統
8,000 萬封信,由人民寫給總統的國家日記
To Obama: With Love, Joy, Anger, and Hope

作　　者	珍・瑪莉・拉斯卡斯 Jeanne Marie Laskas
譯　　者	吳光亞、聞翊均
社　　長	張瑩瑩
總 編 輯	蔡麗真
責任編輯	徐子涵
協力編輯	張瑩瑩
	蔡麗真
	鄭淑慧
特約編輯	簡淑媛
校　　對	魏秋綢
行銷企劃	林麗紅
封面設計	周家瑤
版型設計	洪素貞

出　　版	野人文化股份有限公司
發　　行	遠足文化事業股份有限公司
	地址:231新北市新店區民權路108-2號9樓
	電話:(02)2218-1417　傳真:(02)8667-1065
	電子信箱:service@bookrep.com.tw
	網址:www.bookrep.com.tw
	郵撥帳號:19504465遠足文化事業股份有限公司
	客服專線:0800-221-029

讀書共和國出版集團

社　　長	郭重興
發行人兼出版總監	曾大福
印　　務	黃禮賢、李孟儒
法律顧問	華洋法律事務所　蘇文生律師
印　　製	成陽印刷股份有限公司
初版首刷	2019年3月

有著作權　侵害必究
歡迎團體訂購,另有優惠,請洽業務部(02)22181417分機1124、1135

**野人文化
讀者回函卡**

書　名 _____

姓　名 _____ □女 □男　年齡 _____

地　址 _____

_____

電　話 _____ 手機 _____

Email _____

□同意 □不同意　收到野人文化新書電子報

學　歷 □國中（含以下） □高中職　□大專　　□研究所以上
職　業 □生產/製造　□金融/商業　□傳播/廣告　□軍警/公務員
　　　 □教育/文化　□旅遊/運輸　□醫療/保健　□仲介/服務
　　　 □學生　　　 □自由/家管　□其他

◆你從何處知道此書？
□書店：名稱 _____　　□網路：名稱 _____
□量販店：名稱 _____　　□其他 _____

◆你以何種方式購買本書？
□誠品書店　□誠品網路書店　□金石堂書店　□金石堂網路書店
□博客來網路書店　□其他 _____

◆你的閱讀習慣：
□親子教養　□文學　□翻譯小說　□日文小說　□華文小說　□藝術設計
□人文社科　□自然科學　□商業理財　□宗教哲學　□心理勵志
□休閒生活（旅遊、瘦身、美容、園藝等）　□手工藝／DIY　□飲食／食譜
□健康養生　□兩性　□圖文書／漫畫　□其他 _____

◆你對本書的評價：（請填代號，1.非常滿意　2.滿意　3.尚可　4.待改進）
書名 _____ 封面設計 _____ 版面編排 _____ 印刷 _____ 內容 _____
整體評價 _____

◆你對本書的建議：
_____

_____

_____

_____

野人文化部落格 http://yeren.pixnet.net/blog
野人文化粉絲專頁 http://www.facebook.com/yerenpublish

廣　告　回　函
板橋郵政管理局登記證
板橋廣字第 143 號
郵資已付　免貼郵票

23141
新北市新店區民權路108-2號9樓
野人文化股份有限公司 收

請沿線撕下對折寄回

野人

書號：0NEV0050